Er ist der mächtigste Mann Europas: Kaiser Rudolf II von Österreich. Aber er ist auch ein kunstsinniger Monarch, der nur zu gerne manchmal den Regierungsgeschäften entfliehen möchte. In Prag, in seiner Kostbarkeitensammlung, gelingt es ihm, die Welt zu vergessen. Ausgerechnet dort begegnet er der jungen Katharina Strada. Ihr Vater ist der Hofantiquar und hat seiner Tochter die Liebe zur Kunst vererbt. Mit ihr kann Rudolf fern allen Zeremoniells sprechen und es dauert nicht lang, bis er sich in die schöne Bürgerstochter verliebt. Gegen alle Schwierigkeiten versucht er, ihre Liebe zu bewahren …
Die wahre Geschichte einer Leidenschaft, die Königreiche ins Wanken brachte.

Anna Ehrlich ist promovierte Historikerin und Juristin. Sie ist Expertin für die Kunstkammer des Kunsthistorischen Museums in Wien.
Bernadette Mayr studierte Publizistik und Germanistik an der Universität Wien. Sie lebt als freie Publizistin in Wien und veröffentlichte Artikel in verschiedenen Tageszeitungen und Magazinen.

Unsere Adresse im Internet: www.fischerverlage.de

Anna Ehrlich
Bernadette Mayr

Szepter und Rose

Roman

Fischer Taschenbuch Verlag

Bildnachweis
Arcimboldo, Vertumnus: akg-images/Erich Lessing; alle anderen Bilder wurden uns freundlicherweise vom Kunsthistorischen Museum, Wien, zur Verfügung gestellt.

Kurzbiografien der im Roman vorkommenden historischen und fiktiven Persönlichkeiten finden sich im Anhang ab Seite 371.
Um den Textfluss nicht zu unterbrechen, finden sich die Quellenangaben der Originalzitate auf den Seiten 362–367.

Veröffentlicht im Fischer Taschenbuch Verlag,
einem Unternehmen der S. Fischer Verlag GmbH,
Frankfurt am Main, Februar 2006

Lizenzausgabe mit freundlicher Genehmigung
des Langen Müller Verlags

Druck und Bindung: Clausen & Bosse, Leck
Printed in Germany
ISBN-13: 978-3-596-16616-0
ISBN-10: 3-596-16616-0

Inhalt

Vorwort

Dieses Buch ist aus einer Führung im Kunsthistorischen Museum in Wien entstanden, »Magie und Erotik am Kaiserhof« (www.wienfuehrung.com). Die Auswahl bestimmter Kunstgegenstände und Gemälde und die Beschäftigung mit ihnen brachte eine Menge von spannenden und unterhaltsamen Geschichten zum Vorschein, die sich nicht zu einem trockenen Sachbuch, sondern zu diesem Roman zusammenfügten. Er soll nicht belehren, sondern unterhalten.

Unsere Erzählung, angesiedelt um 1600, hält sich so weit wie möglich an historische Fakten. Gelegentlich haben wir uns in dichterischer Freiheit Abweichungen gestattet. Einige Personen sind frei erfunden, manches Schicksal, das nicht genau dokumentiert ist, haben wir ausgeschmückt oder um einige Jahre versetzt. Wir haben zeitgenössische Berichte verwendet und manchen überlieferten Ausspruch unseren Personen in den Mund gelegt.

Dieses Buch ist keine Biografie von Kaiser Rudolf II. Aber es ist ein Versuch, den Menschen Rudolf und seine Umgebung zu sehen und zu verstehen. Die Sammlungen des Kunsthistorischen Museums geben vieles preis, was in Geschichtsbüchern keinen Platz findet – private Interessen, private Vorlieben. Wir möchten unsere Leser zu bedeutenden Kunstobjekten führen und ihre kulturellen Hintergründe, nicht ihre Technik aufzeigen.

Der Mensch hat neben seiner Ratio eine magische Seele. Dem Kind belassen wir sie im Märchen, dem Heranwachsenden nehmen wir sie durch unsere einseitig »aufgeklärte« Erziehung. Was Wunder, wenn in uns aus diesem Zwiespalt heraus seelische Probleme entstehen, wir nur mehr kalt den Mitmenschen analysieren, mit Worten zerpflücken und definieren, statt mit ihm auf allen Ebenen zu kommunizieren.

Wir haben versucht, mit Rudolf II. und seinen Zeitgenossen zu kommunizieren. Das Ergebnis ist dieser Roman, ein historisches Märchen für Erwachsene. Wir wünschen viel Spaß bei der Lektüre!

Anna Ehrlich und Bernadette Mayr
Wien, im Oktober 2003

Man schrieb das Jahr 1585. Ruhig und gemächlich glitten die silbrigen Wasser der Moldau durch Prag. Vorbei an Vysehrad, dem Sitz des längst schon untergegangenen Geschlechts der Premysliden, flossen sie nordwärts zum Hradschin, dem Burgberg der Luxemburger, auf dem seit gerade einmal zwei Jahren wieder kaiserliches Leben eingezogen war. Rudolf II., römischer Kaiser, König von Böhmen und Ungarn, Erzherzog von Österreich, Herzog von Burgund, Infant von Spanien, Ritter des Ordens vom Goldenen Vlies und Träger von unzähligen weiteren Titeln, hatte dort im Jahre 1583 seine Residenz aufgeschlagen. Sein Gestirn leuchtete über Prag[1]. Hier und nur hier konnte er leben, wie es ihm entsprach: Nahe bei der Stadt und doch weit genug von ihr entfernt, unerreichbar und doch allgegenwärtig. Und hier konnte er auch seiner Fantasie freien Lauf lassen, seinen Neigungen nachgehen und seinen Träumen Gestalt verleihen. Dies galt auch für seine Burg: Ihre weit verzweigten Arme mit den dazugehörigen einzelnen Häusern nahmen damals noch nicht wie heute den ganzen Bergrücken ein.

Es war Mittagszeit. Fast niemand war auf dem gewaltigen Areal zu sehen, lediglich ein paar Hunde lagen faul im Schatten der Gebäude. Hin und wieder hoben sie blinzelnd den Kopf, um ihn dann wieder gähnend zur Ruhe zu senken. Auf einem Mauervorsprung schlief eine satte Katze, deren dreifarbiges Fell in der Sonne glänzte. Wem würde sie an diesem freundlichen Tag Glück bringen?

Da kam Katharina Strada auf leisen Sohlen vorbei, sie schaute lächelnd auf die Katze. Sie war auf dem Weg zu ihrem Vater, dem Hofantiquar Ottavio Strada, der in einem Palasttrakt seine Arbeitszimmer hatte. Da sie aber den Hradschin liebte, nutzte sie die Gelegenheit, um hier herumzuschlendern.

Das Mädchen war vor wenigen Tagen erst vierzehn Jahre alt geworden, aber schon fraulich anzusehen. Ihre Augen waren tiefblau und groß, sie strahlten vor Unschuld, Freude und Staunen, wie man es von Kinderaugen kennt. Ein kleines weißes Spitzenhäubchen versuchte vergeblich das lange Haar zu bändigen, die blonden Locken ringelten sich widerspenstig hervor und fielen lose bis auf die Schultern herab. Die Nase war ein bisschen kurz geraten, die vollen Lippen hatten die Farbe sonnengereifter Kirschen und entblößten beim Lächeln strahlend weiße Zähne. Gekleidet war Katharina wie ein Fräulein von bürgerlichem Stand. Das eng geschnürte blaue Mieder versuchte zu verbergen, was ihr die Natur gegeben hatte. Unter dem Mieder schaute ein weißes Spitzenhemdchen keck hervor, es war züchtig bis zum Hals geschlossen und hatte lange Ärmel, die über die zierlichen Arme bis zu den Handgelenken reichten. Der Rock war aus schlichtem, braunem Tuch von guter Qualität, er war beinahe bodenlang, weshalb man auf die zarten Füße nur selten einen Blick werfen konnte.

Niemand begegnete Katharina außer den schwarz gekleideten Türwächtern, die mit ihren eisernen Brustpanzern, ihren gestärkten Halskrausen und Hellebarden regungslos wie dunkle Statuen an den großen Toren standen. Sonst schien niemand auf dem weiten Burgberg zu wachen.

Katharina schlüpfte durch ein Tor des neuerbauten Flügels der Burg und stieg die Treppe hoch, die zum Arbeitsraum ihres Vaters im zweiten Stock führte. Im ersten Stock sah sie am anderen Ende eines langen Ganges einen der Wächter neben einer Wendeltreppe lehnen. Wohin führt wohl diese Stiege? Keck nahm sie all ihren Mut zusammen und schlich schnell an dem Mann vorbei, der in der Hitze im Stehen eingenickt war. »Hält er mich auf? Aber nein, er schläft ja wirklich!« Unsicher blickte sie sich um, aber alles war völlig ruhig!

Leer und still lag die Prager Burg da. Man konnte glauben, die alten Mauern selbst wären schlafen gegangen. »Komm doch und trau dich!«, schien ihr die Wendeltreppe zuzuflüstern. »Es sieht dich doch keiner! Geh weiter!«

Sie ahnte, wohin die Stiege führte, und bewegte sich ganz vorsichtig, wie auf gläsernen Füßen, zum zweiten Stock des Palastes hinauf. Dort lag das verbotene Ziel: die Privatgemächer des Kaisers. Katharina wusste genau, dass sie hier auf keinen Fall erwischt werden durfte und sagte sich: »Nicht auszudenken, welcher Skandal das wäre! Für mich, aber vor allem für Vater! Vielleicht müssten wir sogar die Stadt verlassen!« Ohnehin war ihr Vater lediglich dank der Fürsprache ihres Großvaters, des Archivars Jacopo Strada, den der Kaiser sehr schätzte, bei Hof angestellt worden.

Eigentlich ist es Vaters Schuld, dass ich jetzt hier bin, er hat mich neugierig gemacht!, beruhigte sie ihr aufkommendes schlechtes Gewissen: Seit ihrer Kinderzeit hörte sie den Vater oft vom Kaiser sprechen. Kein Wunder, dass sie immer neugieriger wurde auf den römisch-deutschen Kaiser Rudolf. Da die Gelegenheit günstig war, wollte sie sich nun selbst ein Bild von dem Herrscher machen. Vor einigen Tagen hatte sie ihn vom Fenster des Vaters aus gesehen, als er sich auf einen prächtigen Rappen geschwungen hatte, um zur Jagd aufzubrechen. Glanzvoll und überaus stattlich war er ihr erschienen und nicht mehr aus dem Kopf gegangen! Wie schade, dass sie so unbedeutend war, niemals würde sie ihn aus der Nähe sehen!

»Wenn Großvater mich jetzt sehen könnte.« Sie kicherte. Wie sie den Gang zu den Sommerzimmern entlang schlich, das hätte den geselligen, humorvollen Mann sehr erheitert!

Schon früh hatte Jacopo das mutige und aufgeweckte Wesen seiner Enkelin erkannt. Sie ist so gar nicht nach Ottavio gekommen, sagte er sich oft und legte dabei sorgenvoll die hohe Stirn in tiefe Falten. Ein übler Trunkenbold, ein Wüstling, so dachte er von seinem Sohn, ein Tunichtgut! Welch ein Kummer! Nur in einem einzigen Punkt verstand er sich mit seinem Sohn: Katharina war ein Engel! Sie war nicht nur entzückend anzusehen, sondern auch liebenswürdig und geistreich! »Engelchen«, so nannte man sie.

Der kleine Unschuldsengel gelangte zu einem kunstvollen Marmorportal und betrachtete es neugierig. Was da wohl dahinter sein mochte? Ihr Herz klopfte laut, aber ihre angeborene Verwegenheit kam ihr zu Hilfe und mutig öffnete sie das prunkvolle Tor. Reglos blieb sie in der Türöffnung stehen: die vielen Eindrücke, die auf sie einstürmten, konnte sie gar nicht verarbeiten. Die Sonnenstrahlen, die gedämpft durch die kleinen Fenster fielen, vermittelten ihr das Gefühl, sie befände sich in einer Traumwelt – viel zu schön, um wahr zu sein. Staunend ließ sie die seltsamen, mannigfaltigen Farben und Formen sowie den Glanz der Gegenstände auf sich einwirken. Das Licht verzauberte die bunten Gemälde, die vom Boden bis zur Decke in vielen Reihen an den Wänden angebracht waren[2]. Schimmernd und lockend tat sich eine Unmenge von Schätzen vor ihr auf: funkelnde Steine und Kannen, goldene Becher und Schalen, Truhen und Uhren im Übermaß, so kunstvoll und merkwürdig, wie sie es noch nie gesehen hatte.

Sie ging einige Schritte in die Kunstkammer hinein. Wie sollte man das alles fassen? Katharina war überwältigt! Da hing sogar ein Krokodil von der Decke! So eines hatte sie in einem der Bücher abgebildet gesehen, die beim Vater im Studierraum standen. Und nicht nur dieser Raum war mit Kostbarkeiten gefüllt! Auf der anderen Seite sah man noch weitere solche Zimmer.

Nun konnte sie verstehen, dass der Kaiser es liebte, sich immer wieder vom Glanz seiner Schätze berauschen zu lassen. Unzählige Stunden verbrachte er schweigend und in Gedanken versunken in ihrer Mitte, hatte der Großvater erzählt, und niemals wurde ihm dabei die Zeit zu lang. Für ihn kam kein Platz auf Erden diesem gleich, keinen Ort auf dieser Welt liebte er mehr als diese Räume, die er »mein wahres Reich« nannte. Langsam begann Katharina aus ihrer Verzückung zu erwachen und sich die Kostbarkeiten genauer anzusehen. Ein kleiner Schrank aus Ebenholz stach ihr besonders ins Auge: In den Deckel und die Seiten waren Steinplatten eingelegt, in die verschiedene Achate und Jaspise mühevoll eingearbeitet waren. Die Anordnung der wertvollen Mineralien war so geschickt gewählt, dass ihre Farben und Formen die Ansicht der Prager Burg darstellten. Katharina war fasziniert! Lange betrachtete sie den leuchtenden Himmel über den vielen bunten Burgbauten, das satte Grün des Berges und das kräftige Rot der Dächer. Sogar das zarte Spiel von Licht und Schatten einzufangen war dem Künstler gelungen!

Und erst die vielen Bilder! Auf einem davon erkannte sie Bacchus, den Weingott, und Ceres, die Göttin der Feldfrüchte. Sie war nicht nur von der liebevollen Berührung der beiden Götter angetan, ihr gefiel auch die Nacktheit, denn beide Götter waren lediglich mit Umhängen und durchsichtigen Schleiern bedeckt. Bilder von so freizügiger Art hatte sie noch nie gesehen. »Ob mein Körper diesem Gott auch gefallen würde?«

Sie fühlte sich sehr wohl in Rudolfs »wahrem Reich« und tänzelte an einer grünfarbenen, mit Karfunkelsteinen verzierten Schale aus dünnen Prasemblättchen vorbei, als sie über den Fuß einer Staffelei stolperte und unsanft auf dem Boden landete. Sie ärgerte sich über ihre Unachtsamkeit. Da drang plötzlich ein Kichern an ihr Ohr! Jemand hatte ihr Stolpern gehört, jemand hatte sie am verbotenen Ort ertappt! Jetzt würde es ihr schlecht ergehen! Sie wagte nicht, sich zu bewegen oder Atem zu holen. Zitternd und bangend blieb sie am Boden sitzen. Da war das Lachen wieder, doch niemand war zu sehen! War das ein Kobold, den der Kaiser hierher gebannt hatte? Ja, so musste es wohl sein, denn ein Wesen mit rotem Haar und voller Sommersprossen lugte hinter dem grünen Vorhang einer Staffelei hervor! »Wer seid denn Ihr?«, fragte der vermeintliche Kobold mit zarter Mädchenstimme. War das doch kein Kobold? Katharina schaute genauer und erkannte ein Mädchen, das sich da versteckt haben musste. Und sie hatte nichts davon bemerkt! Ein siedend heißer Schauer durchfuhr Katharina, so war sie die ganze Zeit beobachtet worden!

Die Kleine stampfte mit dem Fuß auf: »Nun sagt schon, wer Ihr seid!«

Da erst fand Katharina ihre Fassung wieder. »Was geht denn das Euch an?«, meinte sie recht selbstbewusst, fügte gleich darauf aber einlenkend hinzu: »Nun gut, ich heiße Katharina.«

»Und ich bin Doña Elisabeth, des Kaisers Tochter!«

Des Kaisers Tochter? Sonderbar, Katharina hatte noch nie von ihr gehört. Doch ihre Scheu war verflogen, das war ja nur ein Kind, noch jünger als sie selbst, wenn auch viel kostbarer gekleidet, und es schien freundlich zu sein!

»Nein, ich verrat' Euch nicht«, kicherte die Kleine, hatte sie doch selbst nicht die Erlaubnis, sich allein hier aufzuhalten! Schüchtern fügte sie hinzu: »Wir können ja Freundinnen sein!«

Ein Stein fiel Katharina vom Herzen, sie stand auf und ging auf Elisabeth zu, die sie kurzerhand umarmte. Vergnügt schlenderten die beiden durch eine offene Tür in einen weiteren Raum, in dessen Mitte sonderbare Dinge auf einem Tisch standen und sie magisch anzogen.

»Was ist denn das?!«, fragte Katharina unbedacht laut, belustigt und verwundert in die Stille des Raumes hinein.

»Pst, so seid doch leise«, flüsterte Elisabeth und Katharina hielt sich erschrocken die Hand vor den Mund. Sie warteten angespannt, ob sie entdeckt waren, aber niemand hatte sie gehört. Erleichtert näherten sie sich dem Tisch. Dort lagen mehrere Wurzeln, einige in Gold gefasst und zwei in Holzkästchen liegend.

Katharina schüttelte den Kopf. Sie tat das immer, wenn sie angestrengt überlegte oder eine Sache nicht verstehen konnte. »Wisst Ihr, was das hier ist?«, fragte sie, aber diesmal ganz leise.

Elisabeth neckte sie: »Ihr müsst wohl Euren Kopf so lange schütteln, bis das Richtige zusammenkommt! Es sind Alraunen[3].«

»Ach ja? Ich habe schon viel darüber gehört, aber noch nie welche gesehen!«

»Was habt Ihr denn gehört? Bitte erzählt doch!«

»Eine Alraune wächst da, wo der Samen oder der Harn eines unschuldig Gehenkten auf den Boden gefallen ist!«, sagte Katharina mit tiefernster Miene, um ihre neue Freundin zu beeindrucken. Diese griff nach den Kästchen.

»Die Wurzeln sind gefährlich«, warnte Katharina und zog sie am Ärmel zurück, »denn wenn ein Mensch sie aus der Erde zieht, dann muss er sterben! Außerdem schreien die Alraunen, wenn man sie herauszieht, so laut, dass einem die Ohren kaputtgehen.«

Elisabeth wurde blass und griff sich an die Ohren: »Schreien sie auch, wenn man sie nur berührt?«

»Ja, vielleicht«, antwortete Katharina. »Stellt Euch vor, man muss sich die Ohren mit Wachs verschließen, sonst wird man taub und herausziehen darf man die Wurzeln natürlich nicht selbst, sonst ist man tot!«

»Seid Ihr sicher? Ich kann das gar nicht glauben«, warf Elisabeth ein.

»Ich weiß es genau, denn der Onkel meiner Amme hat als junger Bursche eine solche Wurzel entdeckt und gezogen.«

»Erzählt doch, bitte!«, bat die Tochter des Kaisers.

»Als es finster war«, Katharina versuchte ihre helle Stimme gruselig und tief klingen zu lassen, »da haben er und sein Freund einen schwarzen Hund genommen und um Schlag zwölf haben sie die Alraune an den Schwanz des Tieres gebunden. Aber das arme Vieh bewegte sich kein Stück und die Wurzel steckte noch immer in der Erde. Sie riefen den Hund, sie zogen ihn und schließlich schlugen sie ihn auch, aber er wollte sich kein Stückchen bewegen. Der andere Bursche wollte schon umkehren und ohne Alraune nach Hause gehen. Aber der Onkel meiner Amme, der hatte keine Angst. Schnell stahl er nebenan ein Huhn, drehte ihm den Kragen um und mit dem blutenden Tier lockte er den Hund. Was meint Ihr, wie der Köter da gezogen hat! Und schneller, als sie schauen konnten, war die wundersame Wurzel gezogen!« Dann fügte sie ganz leise hinzu: »Und dann begann der Hund zu wimmern und ganz plötzlich tat er keinen Schnaufer mehr!«

Elisabeth zog ihren Umhang fester um sich und wich vorsichtig vor dem Tisch mit den beiden Alraunen zurück. Auch wenn sie die Geschichte ihrer neuen Freundin nicht ganz ernst nahm, geheuer waren ihr diese Gebilde jetzt nicht mehr. »Mein Vater hat aber schon einige Krankheiten mit Hilfe der Alraunen besiegt! Sie sind ein Heilmittel«, erinnerte sie sich.

Jetzt war Katharina neugierig. »Wie war das, sagt doch!?«

»Als er im letzten Winter starkes Fieber hatte, musste ihm ein Diener zwei solcher Wurzeln in sein Bett legen. Sie haben sich durch seinen Schweiß erwärmt und ihm die ganze Nacht lang wieder von der Wärme zurückgegeben.«

»Das hat genügt?«

»Ja und ein Gebet musste er sprechen, er hat es mich gelehrt: ›Herr, der du den Menschen aus Lehm und Schmerzen gebildet hast, hier lege ich dieselbe Erde, welche jedoch niemals gesündigt hat, zu mir, damit meine sündige Erde jenen Frieden, den dieselbe ursprünglich besaß, wieder erlange‹.«

»Und hat es geholfen?«

»Am nächsten Morgen war das Fieber verschwunden und mein Vater hat befohlen, von nun an die Wurzeln in diesen rot ausgeschlagenen Kästchen aufzubewahren. Sehen sie nicht aus wie kleine Menschen in Totenladen?«

»Ihr habt aber Einfälle!«

»Mein Vater hat das gesagt! Er hat mir erzählt, dass er den Dienern befohlen hat, die Alraunen gut zu pflegen. Seither werden die Wurzeln wie Kinder gebadet, allerdings nicht mit Wasser, sondern mit unverfälschtem Wein. Ansonsten, so sagte mein Vater, erhüben sie ein Geschrei wie ein Neugeborenes und hörten damit nicht mehr auf, bis ihnen ordentliche Pflege zuteil würde.«

Katharina warf einen letzten Blick auf die seltsamen Gebilde, von denen sie trotz aller Erzählungen nie mit Sicherheit gewusst hatte, ob es sie tatsächlich gab. Jetzt wusste sie es!

»Kommt, schaut, was ich entdeckt habe!« Elisabeth zog sie zu einer Staffelei. Geschwind zog sie den Stoff beiseite und ein höchst merkwürdiges Bild kam zum Vorschein. Katharina erkannte einen Mann darauf, aber er war nicht richtig porträtiert, sondern auf äußerst kuriose Art und Weise dargestellt: Früchte und Obst, Blumen und Getreide waren zu einem Gesicht zusammengesetzt. Katharina hatte noch nie etwas Derartiges gesehen. »Ein Obstgesicht!«, dachte sie erheitert und musste ein helles Auflachen unterdrücken. Ja tatsächlich, die Augenlider waren doch wirklich Erbsen, die Nase eine Birne und die Wangen große Äpfel! »Ist das ein Scherz oder eine neue Art von Kunst?«

»Nein«, lachte Elisabeth, »das ist mein Vater! Er ist hier als Vertumnus, als Gott der Jahreszeiten, dargestellt.«

»Tatsächlich!«, sagte Katharina leise, »dieser Mann aus Obst hat Ähnlichkeit mit dem Kaiser!« und sie erinnerte sich daran, wie sie ihn vom Fenster aus gesehen hatte. Sie war begeistert von dem Bild und konnte ihren Blick lange Zeit nicht von des Kaisers Antlitz losreißen. Ein sonderbares Gefühl strömte durch ihre Brust. Der Gedanke an den Kaiser beunruhigte sie. Du wirst doch nicht so närrisch sein!, schalt sie sich selbst, was kümmert dich der Kaiser?

Wahrscheinlich wären die Mädchen noch lange Zeit vor der Staffelei mit dem sonderbaren Abbild stehen geblieben, wenn sie nicht plötzlich von dem Geräusch näher kommender Schritte überrascht worden wären.

Gerade noch rechtzeitig schafften sie es, sich in einer kleinen Nische zwischen zwei Schränken zu verstecken. »Das ist ein Mann, es ist gewiss ein Kammerdiener des Kaisers. Er wird uns hier finden!« Schlotternd vor Angst, mit angehaltenem Atem und wild rasendem Herzen drückten sich beide so weit wie möglich gegen die kalte Mauer. Von ihrem Versteck aus konnten sie durch die offene Tür der Kunstkammer hinaus auf den Gang sehen. Die Schritte kamen immer näher und schließlich erblickten sie Johann Crato von Crafftheim, den alten Leibarzt und Apotheker des Kaisers, der zügigen Schrittes an der offenen Tür vorbeimarschierte. »Er sieht uns nicht, Gott sei Dank, er sieht uns nicht, er schaut nicht zur Tür! Bitte, dreh dich nicht um!« Doch im Weitergehen hörten sie den Greis leise murmeln: »Hier sind zwei kleine Mäuschen, ich werde gleich den Kater holen!« »O weh, er hat uns doch gehört!«, flüsterte Katharina besorgt. Nun galt es zu verschwinden, dem Kaiser war es gar nicht recht, wenn ungebetene Gäste ihre Nasen in seine Räume steckten. Das wusste Doña Elisabeth nur zu gut, sie hatte sich schon so manchen Verweis deswegen eingehandelt. Sie war nicht zum ersten Mal heimlich hier. »Crato wird schweigen, er wird uns nicht verraten!«, hoffte sie.

Sie warteten noch einige Zeit in ihrem Versteck, bis die Schritte des Arztes endgültig verhallt waren und atmeten erst dann erleichtert auf. »Das war ziemlich knapp«, flüsterte Elisabeth. Die beiden Mädchen verließen ihr Versteck, Katharina strich vorsichtig den Stoff über dem Obstgesicht glatt und dann schlichen die beiden so leise und flink, wie es tatsächlich nur Mäuschen zu Wege bringen, zur Tür hinaus, die Wendeltreppe hinunter.

Die Mittagsruhe auf dem Hradschin war zwar noch nicht vorüber, aber Katharina war der Meinung, sie hätte für diesen Tag genug Türen ins Unbekannte geöffnet. Sie ließ sich von Elisabeth nicht verführen, noch länger in der Burg zu bleiben, denn die aufgeweckte Kaisertochter wollte schon den nächsten Streich aushecken. Katharina saßen Schreck und Aufregung noch einige Zeit in den Gliedern, erst als die beiden Mädchen den Palast verlassen und den erlaubten Boden des Burghofes unter ihren Füßen hatten, fiel Katharina auf, dass es doch höchst seltsam war, dass Rudolfs Leibarzt in den privaten Räumen des Kaisers herumspazierte. Ob der Kaiser krank war?

Elisabeth folgte Katharina über den Hof zur vertrauten Georgskirche. Die beiden schlüpften hinein und begannen im Halbdunkel miteinander über Crato zu flüstern. »Er ist schon der Leibarzt Eures Großvaters Maximilian gewesen«, wusste Katharina, die es von Jacopo erfahren hatte. »Und der hat ihm großes Vertrauen entgegengebracht. Aber dann ...«

Elisabeth war ganz Ohr, denn selten genug erfuhr sie die Geschichten der Großen, »... erkrankte Euer Großvater in Regensburg zum letzten Mal schwer. Seine fromme Gemahlin, die Kaiserin, ließ Crato, der ja Protestant ist, nicht ans Krankenbett. Sie hatte Angst, Crato könnte den Kaiser in seiner letzten Stunde zum neuen Glauben bekehren. Stellt Euch vor, selbst als der Kaiser ausdrücklich nach seinem Arzt und Freund Crato verlangt hat, hat sie diesen nicht eingelassen. Und die katholischen Ärzte wollten nicht mit ihm zusammenarbeiten.«

»Es ist zum Haareraufen«, unterbrach sie Elisabeth zornig und ballte die rechte Hand zur Faust, »so also hat das feige Pack meinen kaiserlichen Großvater unnötig leiden lassen!«

»Ihr schimpft schon ganz wie Crato«, erwiderte Katharina, »doch wohl mit Recht. Großvater sagt, er schimpft so viel und so oft, dass niemand mehr genau weiß, wen er eigentlich damit meint, die katholischen Ärzte von damals oder überhaupt die Katholiken? Aber auch die Protestanten, die Juden, die Leute bei Hof oder die Bewohner Prags kommen dann und wann infrage.«

»Mir gefällt es, wenn jemand sagt, was er denkt! Ich tue das ja auch!«, rief Elisabeth laut aus, sie hatte ganz vergessen, dass sie in der Kirche waren.

»Psst«, mahnte jetzt Katharina, doch es war zu spät, Elisabeths Aja[4] war auf der Suche nach ihrem Schützling in die Kirche gekommen und hatte die helle Stimme erkannt. Sie stürzte auf das Mädchen zu und zog es aus der Kirche. Katharina blickte ihr nach, bis sie verschwunden war und machte sich auf den Weg zu ihrem Vater.

Zur selben Zeit, als Katharina mit Elisabeth in der Kunstkammer weilte, klopfte Christoph Ranft, erster Kammerdiener und Stiefelwischer des Kaisers, ein mittelgroßer Mann von vierundzwanzig Jahren, stürmisch an die Tür des Arztes Crato, gerade als sich dieser an den gedeckten Tisch gesetzt hatte, um ein gebratenes Hühnchen zu verzehren. »Der Kaiser wünscht Euch zu sprechen. Sofort!«, dröhnte Ranft und zog dabei die linke Augenbraue hoch, was ihn recht streng aussehen ließ. Unterstrichen wurde sein ernstes Aussehen noch durch den rötlich braunen Spitzbart unter seinen Lippen, den Schnurrbart darüber und die dunkle Kleidung. Er ähnelte dem Kaiser in Größe, Statur und Haltung, er war nur jünger. Wäre er prächtiger gekleidet gewesen, man hätte ihn aus der Ferne für seinen Herrn gehalten.

Ranft liebte dramatische Auftritte. Er selbst war ganz verliebt in seinen strengen Blick mit einer hochgezogenen Augenbraue, er übte ihn heimlich vor dem Spiegel, denn es machte ihm Spaß, gefährlich und wichtig zu wirken und er gab die Befehle, die er von Rudolf erhielt, gerne weiter. Hinter vorgehaltener Hand scherzte man bei Hof über ihn, man sagte lachend, er sei kaiserlicher als der Herrscher selbst, doch die bösen Zungen, die dies behaupteten, verstummten allesamt sofort, wenn Ranft in Hörweite kam.

Beim weisen Crato allerdings hinterließ so ein Auftritt keinen Eindruck. Er hatte die Ruhe des betagten Mannes und zudem keine Angst vor seinem Kaiser und schon gar nicht vor dessen Stiefelwischer. Ruhig legte er das Hühnerbein zurück auf den irdenen Teller, stand auf und wusch sich die Hände in der bereitgestellten, blank geriebenen Waschschale aus Kupfer. Die Zeit zum Händewaschen nahm sich Crato vor jedem Krankenbesuch, denn er wusste um die Existenz ganz kleiner Lebewesen, die sich im Schmutz auf den Händen befinden. Diese Vermutung einiger Ärzte war sehr umstritten und noch sehr neu, Crato jedoch schenkte dieser Theorie Glauben. »Wenn es nichts nützt, dann schadet es auch nicht.«

Erst nach dem Waschen nickte er dem sich ungeduldig räuspernden Ranft zu, der es gewöhnt war, dass sonst alle Leute aufsprangen und eiligst seinen Befehlen folgten. Dieser Arzt jedoch blieb nicht nur völlig ruhig, wenn ihn sein Kaiser rief, zu allem Überdruss wusch er sich auch noch die Hände! Im Übrigen war Ranft der Meinung, der Kaiser sei nicht wirklich krank. Dessen viele und häufige Beschwerden hielt er für die Folgen des reichlich genossenen Weins. Um Trunksucht zu heilen, brauchte man seiner Meinung nach keinen Arzt. Viel besser war folgendes alte Heilmittel: »Man reißt eine Kröte lebendig in zwei Stücke, brennt diese in einem irdenen Topf zu Asche, mischt dies mit Branntwein. Diesen flößt man dem Betreffenden, wenn er betrunken ist, ein.« Das würde dem Kaiser eher helfen als alle gelehrten Doktoreien!

Crato blickte Ranft prüfend an: »Ihren Hals sollte ich beizeiten genauer untersuchen, das Räuspern gefällt mir nicht. – Ich nehme an, Majestät befinden sich im kaiserlichen Schlafgemach?«

Ranft war nun so empört, dass er lediglich nicken und dem Arzt, der sich nun sehr eilig auf den Weg machte, verdutzt nachblicken konnte.

Zu Katharinas Glück interessierten Crato offene Türen rechts oder links des Weges nie, die »Mäuschen« sah er ganz genau, wollte sie aber gar nicht zur Kenntnis nehmen. Viel zu sehr war er in Gedanken schon bei seinem Herrn, den er keineswegs warten lassen wollte. Und Doña Elisabeth war schließlich eine Tochter Rudolfs, von diesem anerkannt und bei Hof erzogen. Verzogen, dachte Crato nicht zum ersten Mal. Recht oft schien dieses Kind frei herumzulaufen, ohne Begleitung und an Orten, wo dies gar nicht gern gesehen war. »Das Kind wär' besser aufgehoben in einem Kloster als hier bei Hof«, sinnierte er vor sich hin, »so jung und schon so frei in ihren Sitten! Ein Jammer, dass sie kein echtes, eheliches Kind des Kaisers ist! Sie ist nicht dumm, sie wäre ein Gewinn für das Haus Habsburg.«

Leise klopfte er an Rudolfs Tür und betrat langsam das Gemach. Rudolf saß mit einem Schlafpelz bekleidet wartend auf dem Bettrand. Er streichelte abwechselnd die beiden Hunde, zwei schwarz-weiß gefleckte Doggen, die sich an seine Beine schmiegten. Crato war erleichtert, den Kaiser in so guter körperlicher Verfassung anzutreffen und lächelte dem ernst blickenden Monarchen zu. Anscheinend hat er schon auf mich gewartet, Geduld ist seine Stärke nicht, das macht das rote Haar, die Rothaarigen sind von heftigem Temperament!, dachte Crato. Tatsächlich war Rudolf von hitzigem Temperament und Geduld gehörte wahrlich nicht zu seinen Tugenden!

Wie so oft war es eine Magenverstimmung, die dem Kaiser zu schaffen machte, auch ein leichtes Fieber war hinzugekommen, aber Grund zur Beunruhigung war das nicht. Crato wusste sofort, die Ursache des kaiserlichen Unbehagens war woanders zu suchen und gerade das war es, was ihm viel mehr Sorgen bereitete als die eigentliche Krankheit. Wahrscheinlich ist es wieder die Melancholie, die ihm zu schaffen macht, überlegte der Arzt, der für des Kaisers Leiden viel Verständnis hatte. Es ist ja auch kein Wunder, wenn einem dieses Theater hier bei Hof zu dumm wird, wäre ich Kaiser, ja, ich müsste glatt aus der Haut fahren!

Rudolf mochte seinen Arzt, ihm gefiel es, sich mit ihm zu unterhalten. Erzählte er ihm etwas Trauriges oder etwas Lustiges, dann konnte er am Gesicht des Arztes eine Reaktion erkennen. Das war anders als bei all den Menschen, von denen der Herrscher sonst umgeben war. Sie hüteten sich davor, eine Meinung zu haben oder sie gar zu zeigen und verzogen ihre Mienen nie. Schließlich erhob sich Rudolf langsam von seinem Krankenbett und forderte Crato auf, ihn in die Kunstkammer zu begleiten. Die beiden Hunde trotteten unaufgefordert hinterher. »Das ist der einzige Ort, an dem Wir Uns wieder erholen«, sagte Rudolf, als der Arzt für ihn die Tür geöffnet hatte.

Was haben die Mädchen doch für Glück gehabt!, dachte der Greis. Ein wenig länger nur verweilt, wären sie vom Kaiser selbst entdeckt worden! Aber die beiden jungen Damen hatten keine Spuren hinterlassen.

Wie Katharina und Elisabeth zuvor, blieben nun auch der Kaiser und sein Arzt vor dem Bild des Vertumnus stehen. Rudolf schob den grünen Stoff sachte beiseite und blickte auf sein eigenes Gesicht. Stolz erzählte er seinem Vertrauten, dass das Bild erst vor kurzem in einer Truhe aus Mailand gekommen war. »Unser neuester Schatz!«, fügte Rudolf hinzu und fühlte sich sogleich ein wenig besser. Dann berichtete er dem interessiert Lauschenden, wie zwei Höflinge das Bild auf die vorbereitete Staffelei gehoben hatten. Und neben dem Bild hatte ein Diener mit einem Spiegel Aufstellung genommen, sodass Rudolf seine eigenen Züge mit dem bemerkenswerten Bild hatte vergleichen können.

Auch jetzt betrachtete Rudolf fasziniert dieses Werk: »Arcimboldo, Freund, Ihr habt Euch selbst übertroffen!«, sprach der Kaiser zum fernen Künstler. Crato fühlte sich etwas unbehaglich, er wusste nicht, ob Rudolf zu ihm oder zu sich selbst sprach. »Mit des wahren Künstlers Auge habt Ihr Unser Innerstes erkannt!«, so setzte Rudolf fort. »Ein Gott, der über das ganze Jahr herrscht. Der Gott der Veränderung in der Natur. Aber auch der menschlichen Unbeständigkeit. Der Kaiser als Mensch, als Teil, doch immer eins mit der wandelbaren Natur. Alle Jahreszeiten vereint als Neubeginn des goldenen Zeitalters. Das Zeitalter des Schönen, Guten, ohne Unterdrückung und Furcht, das Zeitalter der höchsten Harmonie. Rudolfs Zeitalter, wie Wir es ersehnen und herbeiführen möchten. Rudolf als Sonne, der die Früchte aus dem Garten vollkommenster Harmonie zur Reife bringt.«

Der Kaiser stand gedankenverloren vor dem Bild. »Ja, ich[5] bin es: Augen wie Kirschen und darunter die Tränensäcke. Die Geister der Nacht sind daran schuld, sie lassen mich aufschrecken und nicht mehr einschlafen. Sie kommen so oft und quälen mich mit ihren grausigen Träumen.« Rudolf hatte tatsächlich Angst vor Geistern, aber nicht vor allen – die Geister seiner Vorfahren hätte er sehr gerne mit seinem Hofmagier Edward Kelley gerufen, der dabei angeblich helfen könne. Rudolf betrachtete weiterhin sein Porträt. »Unsere Wangen und die Nase weisen eine viel zu rote Färbung auf, wie alabasterfarben sind sie doch in Unserer Jugendzeit gewesen!«

Die roten Wangen kamen vom übermäßigen Weingenuss, Crato und sogar Ranft hatten die Majestät schon mehrmals vorsichtig darauf hingewiesen.

»Wir sind ein schöner Mann, nicht umsonst lieben Uns die Frauen so sehr!« So hakte Rudolf das Thema Wein und rote Nase ab.

Von den Frauen des Reiches wurde er tatsächlich verehrt, sie fanden an seiner stattlichen, männlichen Erscheinung Gefallen. Aber auch sein markantes Gesicht, die sinnlichen Lippen und der gepflegte Bart, den er sich der Mode gemäß auf Kinn und Oberlippe stehen ließ, wurden gelobt. Das hervortretende Kinn – ein Merkmal vieler Habsburger – verlieh ihm eine Ernsthaftigkeit und Strenge, welche nur durch den Blick seiner gütigen Augen gemildert wurde.

»Vertumnus, welch schöner Gedanke. Ein Gott. Ein Kaiser als Gott. Ein Gott als Kaiser!« Mit einer langsamen Bewegung der rechten Hand strich Rudolf über das Gesicht auf der Staffelei. Wieder blickte er zu Crato, der noch immer still hinter Rudolf stand und ihm höflich zunickte.

Rudolf fühlte sich von dem Bild ein wenig getröstet, aber schon den ganzen Tag über war er von schwarzer Traurigkeit erfüllt. Müde setzte er sich in einen bereitgestellten Lehnstuhl. Kein Laut war zu vernehmen. Selbst die beiden Hunde des Kaisers, die Gefährten seiner seltenen Jagdausflüge, waren unbeweglich zu Füßen des Kaisers gebannt.

Rudolf dachte an die Pracht Spaniens, die ihn zutiefst beeindruckt hatte. Prunk und Zeremoniell verdeckten wie ein

Vorhang völlig die Menschen auf dem Thron, die auch sündig und fehlerhaft sein konnten. Dies wurde den Untertanen nicht bewusst, sie sahen es nicht. Wie durch einen Schleier hindurch nahmen sie den König und seine Familie wahr. Nicht wie Menschen, sondern entrückt standen die Herrscher über jeder menschlichen Kritik. Unangreifbar, und daher unangegriffen. Wahrhaft königlich zwischen Gott und den Menschen. Auch Rudolf genoss dieses Gefühl und hatte daher am Prager Hof das spanische Hofzeremoniell übernommen. Nach strengen Regeln verlief sein Tag, alles war geplant und sicher. Sicher ...

Sein Kopf schmerzte. War er sicher? Sein ärgster Feind lauerte innerhalb der eigenen Familie, der ehrgeizige Matthias, der verhasste Bruder. Der ewig zurückgesetzte, erfolglose Matthias. Rudolf hatte Angst, eines Tages durch diesen Bruder Thron und Leben zu verlieren. Man hatte es ihm prophezeit und so empfand er es selbst. Immerzu musste er auf der Hut sein ...

Seine Krankheit, war sie vielleicht durch einen Anschlag auf sein Leben verursacht? Die eigene Familie, der Bruder, scheuten die Verwandten selbst vor Mord nicht zurück? Rudolf wurde unruhig, er fühlte das Fieber wieder aufwallen und fuhr sich mit der Hand über die heiße Stirn. Die Türkengefahr, die religiösen Streitigkeiten zwischen Katholiken und den vielen protestantischen Gemeinschaften und der allgemeine Hass gegen die Juden vergällten dem Kaiser ohnedies das Leben. Herrscher von Gottes Gnaden ... Doch so viele andere nahmen auch die Gnade Gottes für sich in Anspruch. Wo lag die Wahrheit? Der Kaiser beschloss, bald nach dem weisen Rabbi Löw zu senden.

Nein, dachte der Arzt, der noch immer schweigend in der Nähe seines Herrn weilte, gefährlich krank ist Rudolf nicht. Er ist erst dreiunddreißig Jahre alt, steht auf dem Höhepunkt seines Lebens und ist doch so bedrückt, besorgt, verzweifelt. Und natürlich hat er wieder viel zu viel und ungesund gegessen und getrunken.

Endlich bedeutete Rudolf dem Arzt, ihm zu folgen. Die beiden Männer gingen lange schweigend in der Kunstkammer auf und ab. Die Hunde waren liegen geblieben.

»Crato, Ihr seid ein Freund«, bemerkte der Kaiser schließlich mit kummervoller Miene, »ich vertraue Euch mehr als all den anderen Ärzten und Apothekern, denn Ihr wart schon meinem Vater tief ergeben. Sagt mir, haben die Sterndeuter Recht, dass mir von meinen Verwandten Gefahr droht?«

»Sire«, erwiderte der so huldvoll als Freund Bezeichnete, »ich würde es nicht wagen, Euren erhabenen Verwandten Böses zu unterstellen. Jedoch sind üble Gerüchte über Euren Bruder Matthias im Umlauf, über seinen krankhaften Ehrgeiz, seinen Hass.«

»Crato, traut Ihr Matthias zu, mich zu ermorden?« Rudolf blickte ihn ängstlich fragend und zugleich schmerzerfüllt an. »Würde er bis zum Brudermord gehen in seinem Hass und seiner Eifersucht?«

»Sire, nur Gott sieht in das Herz der Menschen. Doch hört man, Erzherzog Matthias sei ein frommer Herr. Und Brudermord wäre eine Todsünde, wer wagt es, eine solche zu begehen und sein ewiges Seelenheil zu verlieren?«, entgegnete Crato vorsichtig. Doch für sich dachte er: Sofort kann ich mir das vorstellen, Seelenheil hin oder her, Matthias will doch die Macht für sich haben! Schnell fügte der Arzt deshalb hinzu: »Jedoch, Herr, gibt es andere Menschen, die vielleicht von sich aus Eurem Bruder gefallen möchten und Euch ohne Auftrag schaden könnten. Ich rate Euer Majestät zur Vorsicht. Esst und trinkt nichts, was Euch nicht von Vertrauten vorgesetzt wird.«

Rudolf wies auf einen Becher, der kunstvoll gearbeitet war und einen besonders schönen Platz in der Kunstkammer hatte. »In Zukunft werde ich nur mehr aus diesem Bezoar trinken, er macht Gift unschädlich. Oder, noch besser, aus dem Einhornbecher, dann kann mir nichts Böses widerfahren.«

»Sire, man sagt, der Bezoar habe die Eigenschaft, Gift unwirksam zu machen.« Er lächelte sanft. »Am besten trägt man einen Bezoar sichtbar am Gürtel, wenn man zu einem Gastmahl eingeladen ist und dem Gastgeber nicht traut[6]. Keiner würde dann einen Anschlag wagen, weil alle an die Wirkung glauben.« Crato berührte den Einhornbecher mit dem Zeigefinger: »Das Einhorn aber hilft nicht nur gegen Gift, sondern auch gegen alle anderen Krankheiten.«

»Und die Alraunen auch, sie haben mich schon einmal mit ihrer Zauberkraft geheilt.« Rudolf wies auf eine der Wurzeln.

Der alte Mann wusste, dass Rudolf auf die Kräfte dieser Pflanzen hoffte, dennoch konnte er ihn nicht völlig beruhigen: »Sire«, erklärte er, »heilkräftiger als der Besitz der Wurzeln ist ganz gewiss die Einnahme des Pulvers, das ich aus ihr gewinne. Es ist ein bewährtes und bekanntes Heilmittel gegen innere Krämpfe. Schon oft habt Ihr das Pulver eingenommen und stets half es sehr rasch, wenn die Eingeweide in Aufruhr waren.«

»Ja, Crato, Eure Heilmittel versagen selten, wo Krankheit wohnt. Doch helfen sie auch gegen Gift? Um mich etwas zu schützen, werde ich nun täglich eine Prise Arsenicum zu mir nehmen und Ihr werdet es mir besorgen und mich beraten.«

Also das war es, was der Kaiser wollte! Diese Idee war nicht neu, schon andere Fürsten pflegten dergleichen zu tun. Schaden konnte Arsen nicht, sofern es nicht allzu hoch dosiert wurde, im Gegenteil, es war ein Stärkungsmittel und konnte dem Kaiser vor allem nach der Krankheit Nutzen bringen.

»Wie weit, mein lieber hochgelehrter Freund«, sprach nun der Monarch, der noch einen Blick auf Arcimboldos Bild warf, »das Goldene Zeitalter doch ist – wie weit entfernt und unerreichbar!« Traurig zog er sich zurück. Die beiden Hunde folgten ihrem Herrn, doch Crato wusste aus Erfahrung, wann sein Herr allein sein wollte. Er ging zu dem Bild, deckte es vorsichtig zu und wandte sich zum Ausgang. Endlich würde er seine Mahlzeit fortsetzen und seinen knurrenden Magen beruhigen können!

Zur selben Zeit betrat Katharina die Räume ihres Vaters. Im Gegensatz zum Kaiser sprühte sie geradezu vor Lebenslust, die Vierzehnjährige hätte an diesem Tag neben Rudolfs Kunstkammer auch noch die ganze Welt erobern wollen, jedoch waren junge adelige Damen in ihrer Freiheit sehr beschränkt.

Was Ottavios Aufgabe bei Hof eigentlich war, hatte Katharina noch nie so richtig durchschaut. Sie sah ihn stundenlang schreibend an seinem Tisch sitzen, mit der Arbeit an seiner »Keyser-Chronik« beschäftigt. Er zeichnete Embleme und Wappen und allerlei Entwürfe technischer Natur, wovon sie nichts verstand, weil diese Dinge nicht Gegenstand ihres Unterrichts waren. Er gab ihr das Werk nicht in die Hand und auf Erklärungen durfte sie nicht hoffen, wohl weil sie ein Mädchen war.

Katharina besuchte ihren Vater sehr gerne, konnte man doch von seinen Fenstern aus den großen Burghof, der sich jetzt nachmittags langsam mit Menschen füllte, überblicken! Vielleicht sehe ich den Kaiser wieder! So wie damals, als er sich zur Jagd aufgemacht hat!, dachte sie und ihr Herz klopfte sonderbarerweise schneller. Aber auch wenn sich Rudolf nicht zeigen sollte, alleine das Treiben der Händler mit ihren bunten Wagen, die dunklen Wachen und die stolzen Herren waren einen Blick wert! Katharina beobachtete gern, wie sie mit wichtigen Mienen ihren Geschäften nachgingen, die Hand am Degengriff und bunte Federn auf den Baretten. »Wie gespreizte Hähne!«, lachte sie halblaut. Sie beobachtete auch die schönen Damen mit ihren kleinen Schleppen, jede stets von einer

Dienerin gefolgt, dann das Gesinde, die Mägde, Knechte, die Bittsteller, Bettler und nicht zuletzt die zahlreichen Hunde. Wie farbenfroh und lärmend sich alles darbot!

Auch jetzt war der Vater mit einer Zeichnung beschäftigt. Sie versuchte, einen Blick darauf zu erhaschen, was nicht so einfach war, da der Antiquar stets ein Geheimnis um seine Arbeit machte. Schließlich aber sah sie einen Panzerarm mit Streitkeule und Ölzweig in einem Kreis auf einem Brunnen, gehalten von zwei fast nackten Nixen mit je zwei Beinflossen. Der Vater war eben dabei gewesen, Buchstaben in den Kreis zu schreiben. Auf ihre Frage hin zuckte Ottavio ungeduldig mit seiner riesigen Nase und meinte kurz angebunden, es würde sich dabei um das Emblem, das Sinnbild, des Ersten Rudolf[7] handeln.

Der Zutritt zu Ottavios Räumen war ihr zwar gestattet, sie wusste aber auch, dass es ihrem Vater lieber wäre, sie nicht so oft hier zu sehen. Und wirklich, gerade in diesem Moment schien er ärgerlich zu werden: »Du bist Maria schon wieder davongelaufen, sie wird dich verzweifelt überall suchen! Hast du kein schlechtes Gewissen?« Katharina hörte nicht hin, sie kannte die Reden des Vaters. – »Mir ist so langweilig«, schwindelte sie, ihre vorherigen Erlebnisse natürlich verschweigend. »Wann kommt denn Großvater wieder nach Prag?«

Unwillig runzelte der Antiquar die Stirn. Erst vor wenigen Wochen, als Jacopo seinen Sohn und seine Enkelin in Prag besucht hatte, war es zum Streit zwischen Vater und Sohn gekommen. Beide hatten festgestellt, dass sich vornehme Männer um das junge Mädchen bemühten, was Ottavio mit Freude und Genugtuung sah: »Gut so, dann ist es wohl an der Zeit, sie zu vermählen!« Jacopo war ganz entsetzt gewesen.

Ottavio verstand die Aufregung seines Vaters nicht. So wie jeder gute Vater würde auch er darauf achten, seine Tochter standesgemäß, ja vielleicht sogar über ihren Stand hinaus zu verheiraten. Ihre und auch seine Position würden dadurch gesichert sein, es würde ihnen an nichts mangeln, sie hätten ein feines Leben! Er wollte schließlich nur das Beste für sein Mädchen! Katharinas Herkunft allein würde ihr nämlich kaum zu einem Ehemann von Stand verhelfen. Zwar war sie Ottavios Tochter und trug seinen Namen, da er sie legitimiert hatte, andererseits war ihre Mutter eine einfache Prager Bürgerin namens Marianne Hofmeister gewesen. Ottavio hatte einst an der hübschen Marianne Gefallen gefunden, jedoch nie daran gedacht, die einfache Frau zu ehelichen. Als sie bei der Entbindung starb, überredete ihn Jacopo, die kleine, mutterlose Katharina zu sich zu nehmen.

Ottavios eigener Adel galt auch nicht allzu viel, denn sein Vater Jacopo war erst von Kaiser Maximilian II. in den Adelsstand erhoben worden. Der Antiquar lebte fast ausschließlich von des Kaisers Gunst, daher hätte er durch eine gute Heirat seiner Tochter mit einem wohlhabenden Herrn nur gewinnen können.

Aber unter all den Herren, die sich um Katharina bemühten, war bisher nicht ein Einziger gewesen, bei dem ihr Herz schneller geschlagen hätte. Nur mit dem Pagen Hermann Rusworm, einem jungen Mann aus großem Haus, der kein Hehl aus seiner Bewunderung machte und ihr wie ein Hündchen nachlief, scherzte sie gern und oft, er war ja nur wenig älter als sie selbst. Immer, wenn er sie sah, wurde er über und über rot bis zu seinen großen Ohren, was ihm bei ihr den Spitznamen »Ohr« eingetragen hatte. Die anderen Herren hielt sie auf Distanz, was manchmal nicht ganz einfach war.

Katharina hegte seit geraumer Zeit den Verdacht, dass Jacopo wegen ihres Vaters so selten nach Prag kam: »Ihr müsst ihn wieder einladen!«, drängte sie Ottavio. »Wann also wird Großvater kommen?«

»Ich weiß es nicht«, antwortete er gereizt und am Ende seiner Geduld. »Geh jetzt zu Maria, hier kannst du nicht bleiben. Ich habe alle Hände voll zu tun. Oder geh zu deiner Freundin

Frumet, ihr musiziert auch sonst so oft gemeinsam! Das ist die richtige Beschäftigung für dich!«

Katharina verzog mürrisch den Mund und fand sich mit dem Gedanken ab, einen äußerst langweiligen Nachmittag in Gesellschaft ihrer Amme Maria malend oder stickend daheim zu verbringen.

Plötzlich hörte sie ein Geräusch, das von der Tür zu kommen schien. So, als hätte sie jemand ein Stück weit geöffnet oder geschlossen. Da aber Ottavio nichts gehört zu haben schien, kümmerte sie sich nicht weiter darum. Eine Weile sah sie ihrem Vater bei seiner Arbeit noch zu, aber schließlich war auch das kein aufregendes Nachmittagsprogramm und so verabschiedete sie sich.

Als sie durch den halb dunklen Gang schritt, hörte sie wieder ein merkwürdiges Geräusch. Aber diesmal war es keine knarrende Tür, die ihre Aufmerksamkeit erwecken wollte: »Pst, meine schöne Dame, seht Ihr mich denn nicht?«

Es war eine bedrohlich wirkende Stimme, die aus der Dunkelheit hervor sprach und obwohl Katharina nur erkennen konnte, dass der Mann groß sein musste, fühlte sie sich unangenehm berührt. Er lacht über mich, so war ihr erster Gedanke. Erst nach und nach gewöhnten sich ihre Augen an die Düsternis und sie erkannte Bartholomäus Spranger, der sich ungezwungen gegen eine Wand lehnte. Spranger war ein Maler aus Antwerpen, den sie schon öfter beim Vater gesehen hatte, ein Mann mit breitem, spöttischem Gesicht und einem derben Mund; durchdringend roch er nach Tabak, den er regelmäßig aus seiner langen holländischen Tonpfeife zu rauchen pflegte[8]. Er hatte hier bei Hofe eine feste Anstellung als Maler.

»Ihr wart bei Eurem Vater und leidet an Langeweile ...«, sagte Spranger und trat aus dem Dunkel hervor.

»Ja, na und?«, erwiderte Katharina unhöflich, denn irgendetwas an diesem Maler war ihr nicht geheuer. Schon öfter hatte er versucht, sie mit seiner aufdringlichen Art in Gespräche zu verwickeln und ihr den Hof zu machen. Er stand in dem Ruf, die Damen reihenweise zu betören wie kein Zweiter hier auf der Burg.

Spranger war ein begnadeter Maler und wurde vom Kaiser sehr geschätzt und gefördert, jedoch war Katharinas Einschätzung seiner Person ganz richtig. Der Erfolg der letzten Jahre war ihm zu Kopf gestiegen und so glaubte er, er könne mit zweideutigen Sprüchen auch Katharinas Interesse wecken. Die Gelegenheit, eine junge Dame ohne Aufsicht anzutreffen war selten genug, die galt es zu nutzen.

»Gegen diese Langeweile wüsste ich ein Mittel!«, meinte er, kniff ein Auge verschwörerisch zu und erlaubte sich ein verschmitztes und vertrauliches Lächeln.

Da wusste Katharina wieder, wieso sie ihn nicht mochte. Wenn er wenigstens gut aussehen würde, dachte sie erbost, aber dieser Tabaktrinker hier sollte eine Dame erst gar nicht ansprechen. Ein frecher, aufgeblasener Kerl und aufgeputzt wie ein Pfau! Sie zeigte keine Reaktion auf seine kecken Worte, drehte sich kurzerhand weg und wollte auf und davon.

Spranger war klug genug, seinen Fehler einzusehen und versuchte das Mädchen aufzuhalten: »So hört doch wenigstens zu, was ich Euch sagen möchte!« Katharina verlangsamte ihren Schritt, ihre neugierige Natur zwang sie dazu. Was wollte der Maler von ihr? Sie fühlte sich trotz aller Abneigung geschmeichelt, dass der Schöpfer der Bilder, die sie vor noch nicht ganz zwei Stunden in der Kunstkammer so sehr bewundert hatte, mit ihr sprach.

Der Maler holte sie mit wenigen Schritten ein und ging schließlich neben ihr her. »Ich habe Euch bei Eurem Vater durch die angelehnte Tür hindurch beobachtet und Eure Schönheit bewundert.«

Jetzt wusste das Mädchen, wer das Geräusch im Arbeitszimmer verursacht hatte.

Er zupfte an seinem gepflegten Schnurrbart und fuhr fort: »Ich habe gehört, dass Ihr Euch langweilt, und deshalb möchte ich Euch einen Vorschlag machen, wenn Ihr erlaubt. Bleibt doch bitte endlich stehen!«

Widerwillig blieb sie stehen, verschränkte ihre Arme und sah ihn skeptisch an.

»Ihr wisst ja, dass ich Maler bin, und das recht erfolgreich«, grinste Spranger selbstgefällig. »Ich möchte sagen, ich habe einen geschulten Blick für alles Liebliche und Reizende. Und Ihr seid mir schon vor langem aufgefallen als Rose unter all den Blumen in der Burg und das meine ich ernst.«

Katharina hob abwehrend die Hand.

»Nein, ich spreche zu Euch als Künstler und nicht als Mann, denn als Mann würde ich mir diese Freiheit nie herauszunehmen wagen. Gerne möchte ich Euch malen und Eure Schönheit für alle Zeit fest halten. Ich bin überzeugt davon, dass es Euch gefallen wird, und falls nicht, dann können wir es auch beim Versuch belassen.« Spranger setzte sein unschuldigstes Gesicht auf und blickte Katharina fragend in ihre großen blauen Augen.

Nun fühlte sie sich doch sehr geschmeichelt, aber andererseits wusste sie seit heute genau, welche Art von Bildern dem Maler vorschwebten.

Er bemerkte Katharinas Zögern und freute sich, er wusste aus Erfahrung, dass dies ein gutes Zeichen war. »Ihr seid so anmutig und zart«, versuchte er es weiter, »Eure strahlende Schönheit muss verewigt werden. Man wird Euch noch in tausend Jahren bewundern, wollt Ihr Euch das vielleicht entgehen lassen?« Er bemühte sich redlich, aber Katharina achtete nur wenig auf seine Schmeicheleien. Die Komplimente erfreuten sie, aber sie wusste ganz genau, dass es den schönen Phrasen an Ernsthaftigkeit und Ehrlichkeit fehlte: Das sagt er gewiss zu jeder, die er malen möchte, dachte sie bei sich und hatte Recht damit.

Zudem musste sie an ihren Vater denken, der ihr so etwas niemals erlauben würde. Der Ruf der ganzen Familie stand auf dem Spiel, würde dies bekannt werden. Und Katharina wusste genau, wie wichtig dem Vater der Ruf war, wollte er sie doch mit einem feinen Herrn vermählen. Sie lehnte den Vorschlag mit einem schroffen »Nein« ab, der Künstler jedoch ließ sich nicht so leicht abschütteln: »Oh! Nun, das ist aber schade, sehr schade. Ach, gewiss hätte dem Kaiser Euer liebreizendes Abbild gefallen. Nun, da kann man wohl nichts machen ...«

»Dem Kaiser!?« Katharinas Herzschlag wurde augenblicklich schneller, wieso hatte sie nicht früher daran gedacht!

»Ja, aber natürlich! Das Bild wäre für ihn bestimmt.«

Daran hatte sie gar nicht gedacht! Würde Spranger sie malen, würde der Kaiser sie sehen, zumindest ihr Bild! Im Gegensatz zu den adeligen Herrn, die sie umschwärmten, reizte der Kaiser sie sehr wohl. Es war nicht nur seine stattliche Erscheinung, auch nicht der Reichtum, die Pracht, die Pferde, die Löwen und der Bär im Garten, was ihr gefiel, vor allem beeindruckte sie des Kaisers Macht. Niemand genoss solche Macht wie er. Wenn sie ihm doch nahe kommen, ihn sehen und von ihm gesehen werden könnte! Bot ihr Spranger vielleicht dazu eine Gelegenheit?

Der Kaiser wird mein Bild lieben, wünschte sich das Mädchen und so stimmte es zu. Schon in der kommenden Woche würden die beiden mit den Sitzungen beginnen. Spranger versprach Ottavio nichts davon zu erzählen, Katharina würde vorgeben, dass sie einige Malstunden nehmen wolle. Zu Sprangers Enttäuschung machte sie ihm klar, dass die Begleitung der Amme Maria unvermeidlich wäre, denn allein sein wollte sie nicht mit ihm. »Wie man die Amme günstig stimmen kann, damit auch sie dem Vater nichts erzählt, das überlegt Ihr, mein Herr«, sagte sie zum Abschied und lächelte keck in sein verdutztes Gesicht.

Ihre Langeweile war schlagartig verschwunden, sie freute sich auf die kommenden Tage, auf die Freundin Frumet und auch auf die erste heimliche Sitzung bei Spranger: Endlich tat sich etwas in ihrem Leben! Sie hatte sich bereits auf den Nachhauseweg gemacht, als ihr die verzweifelte Maria keuchend und schimpfend im Burghof entgegenkam. Und den ganzen Weg über die Burgtreppe bis hinunter zur Kleinseite hörte sie mit dem Zanken nicht auf. Dennoch verblieb ein kleines Lächeln auf Katharinas Lippen.

Auf der Kleinseite gab es eine Straße, in der sich vor allem italienische Handwerker angesiedelt hatten. Nicht weit davon stand das Haus, das Ottavio vom Kaiser zugewiesen bekommen hatte. Es war ein hübsches, schmales Bürgerhaus, nicht zu groß und nicht zu klein, bequem, aber nicht luxuriös. Außen war es mit graubraunen Sgraffiti bemalt, die mit ihrem Diamantmuster der Fassade den Anschein verliehen, sie sei aus Diamantquadern gemacht.

Nach ihrem ereignisreichen Ausflug zur Burg war Katharina mit der Amme rasch nach Hause gegangen und hatte sich früh zu Bett begeben. Am nächsten Morgen wurde sie von einem fröhlichen Summen geweckt. Müde und verschlafen öffnete sie einige Male die Augen, um sie gleich darauf wieder fest zu schließen. Doch das merkwürdige Geräusch war noch immer deutlich zu hören, es drang vom ersten Stock über die Treppen herauf bis in ihr Zimmer. Neugierig stand sie nun doch auf, warf sich einen Umhang über die Schultern, raffte ihr Haar mit einem Band zusammen und machte sich auf den Weg nach unten. Im Esszimmer sah sie schließlich ihren Vater gutgelaunt am Fenster stehen. Er hatte es geöffnet, blickte auf die von Vöglein umschwirrten, alten Bäume neben dem Brunnen vor dem Haus und schien den neuen Tag freundlich zu begrüßen. Katharina starrte ihren Vater verwundert an, dieser war doch sonst kein Morgenmensch und Fröhlichkeit wollte so gar nicht zu ihm passen, gleich ob es Morgen oder Abend war, gleich ob die Sonne schien oder ob es regnete.

Als Ottavio seine Tochter entdeckte, schenkte er ihr ein seltenes Lächeln und begrüßte sie: »Guten Morgen, mein Engelchen, hast du gut geschlafen?« Er nahm am Frühstückstisch Platz.

»Was ist los, warum seid Ihr schon wach und so gut gelaunt, Herr Vater?«

»Weil es gute Neuigkeiten gibt. Komm, setz dich zu mir und hör mir zu.«

Gespannt setzte sie sich hin und schaute ihn erwartungsvoll an.

»Wie gut ist es doch, dass die Gesundheit des Kaisers immer wieder zu wünschen übrig lässt. Er ist krank, weißt du, was das heißt?«

Ottavio blickte sie erwartungsvoll an, während er einen Schluck Wein zu sich nahm.

Der Kaiser ist also wirklich krank! Und Vater freut sich darüber!, dachte sie. Versteinert und erschrocken sank sie tiefer in ihren Stuhl und versuchte, mit dem heftigen Stich in der Magengegend zurechtzukommen, der ihr nicht nur jeglichen Appetit verdarb, sondern ihr für einen Moment lang das Einatmen unmöglich machte, beinahe so, als hätte sie Maria wieder zu eng geschnürt. Aber kein Korsett war der Grund für das Gefühl der Beengtheit, für ihren Unmut und ihr Unverständnis!

»Aber Vater«, sagte sie endlich mit vorwurfsvoller Miene, »wie könnt Ihr Euch freuen, dass der Kaiser krank ist?«

Ottavio bemerkte nichts von Katharinas Gefühlen, fröhlich fuhr er mit dem Frühstück und seiner Rede fort: »Ja, mein Engelchen, weißt du denn nicht, dass es immer ein großes Fest gibt, sobald er von einer Krankheit genesen ist? Sicher wird er wieder eines anordnen. Da trifft es sich besonders gut, dass sein Geburtstag auf den achtzehnten Juli fällt, da kann man gleich alles zusammen feiern. Und ich hoffe, diesmal werde ich der Organisator sein und dem Kaiser ein Fest gestalten, welches alle bisherigen in den Schatten stellen wird. Er wird begeistert sein und ich werde in seiner Gunst höher steigen als alle anderen! Höher als mein Vater!« Er breitete die Arme aus und ein selbstgefälliges Lächeln spielte um seine Lippen.

Katharina blickte ernst in Ottavios glänzende Augen, langsam wichen ihre Ängste einem stechenden Gefühl des Ärgers. Katharina fühlte sich stark genug, ihrem Vater diesmal ihren Unmut zu zeigen: »Es ist nicht richtig von Euch, dass Ihr Euch freut, wenn der Kaiser krank ist! Ihr denkt immer nur an Euch und Euren eigenen Vorteil. Was ist, wenn der Kaiser einmal so ernst erkrankt, dass er nicht mehr gesund wird?« Wütend funkelten ihre Augen.

Ottavio meinte, sich verhört zu haben und erwiderte verdutzt: »Wie? Was sagst du da? Wie siehst du mich an?« So kannte er seine Tochter nicht. Auch wenn sie nicht immer seine Meinungen teilte, so hatte sie doch noch nie so heftige Kritik an ihm geübt.

Sie ließ sich nicht aufhalten: »Ich will nicht, dass Ihr Euch freut, wenn der Kaiser krank ist!« Während sie sprach, sah sie den Vater nicht an. Lieber fixierte sie die kunstvollen, säulenartigen Schnitzereien des intarsierten Wandschranks, die einen römischen Palast darstellten.

»Katharina!«, rief Ottavio nun sehr aufgebracht. »Ich muss mich doch sehr wundern! Wie sprichst du mit mir! Du Undankbare! Du solltest nicht vergessen, was ich alles für dich getan habe! Ich habe dich bei mir aufgenommen, dir meinen Namen gegeben! Zwing mich nicht, dich an deine Herkunft zu erinnern und denk das nächste Mal daran, bevor du deine Worte wählst! Du gehst zu weit!«

Katharina blickte den Vater ernst, gekränkt und wortlos an und machte sich eilig auf den Weg in ihre Kammer, in der

Maria inzwischen schon wartete, um ihr beim Ankleiden behilflich zu sein.

Ottavio ärgerte sich über das Benehmen seiner Tochter, zornig und vor sich hin schimpfend ging er immer wieder im Raum auf und ab. Er beschloss, das weitere Frühstück ausfallen zu lassen und machte sich ärgerlich auf den Weg zur Burg. Katharina hat es geschafft und mir die gute Laune verdorben! Was kümmert sie der Kaiser! Ich aber brauche ihn, dachte der ehrgeizige Mann, als er mit gewohnt finsterer Miene durch die Straßen der Kleinseite den Weg zur Burg einschlug. Wie immer mied er die Menschen und diese ihn. Grußlos zogen sie aneinander vorbei.

Maria, die böhmische Amme, eine kräftige Frau von fünfunddreißig Jahren, hatte Katharinas Kleider schon vorbereitet. »Nicht so fest, Maria!« Das junge Mädchen war gereizt. »Was würdest du sagen, wenn du nicht mehr atmen könntest! Es reicht jetzt!«

Maria hörte auf, das Mieder noch fester zu schnüren und meinte gekränkt, sie habe es nur recht machen wollen. Sie hatte es tatsächlich nicht immer leicht mit ihrem Fräulein, das an manchen Tagen eng, an anderen wieder locker geschnürt werden wollte. Diese Wünsche hingen aber ganz einfach vom Tagesplan ab. Heute trafen sie schließlich keine vornehmen Herrschaften. Sie wollten lediglich Katharinas Freundin Frumet Maisl aufsuchen. Beim Musizieren war es von Vorteil, wenn man sich bewegen konnte, und zudem war es Frumet gleichgültig, ob Katharinas ohnehin sehr schlanke Taille einen Zentimeter mehr oder weniger an Umfang aufwies.

Die Amme hatte den Streit zwischen Ottavio und Katharina mitbekommen, sie war im Stillen stolz auf »ihre Katharina« und deren mitfühlendes Herz, mahnte sie aber zur Vernunft:

»Es schadet nicht, wenn du dich später bei Herrn Ottavio entschuldigst!« Schließlich schaffte sie es, Katharina etwas aufzuheitern, indem sie ihr vom Kaiser und seiner Krankheit erzählte, denn sie wusste darüber Bescheid und hatte da und dort viel vom Geplauder der Leute aufgeschnappt. »Ich hätte ganz einfach zwanzig dürre, weichgesottne Zwetschgen durch ein Sieb gerieben, sie mit Bittersalz vermischt und dem Kaiser alle zwei Stunden davon gegeben. Da wäre er sofort genesen!« Da konnte Katharina wieder lächeln!

Nach dem Ankleiden machten sich die Frauen gemeinsam mit zwei Dienern auf den Weg zu Frumet ins Judenviertel. Während Wenzel schon abmarschbereit vor dem Haus wartete, kam der junge Diener Pawel erst atemlos angehastet. Vermutlich war er wieder in der nächsten Gasse gewesen, bei dem Haus, in dem es junge Mägde gab!

Katharina hatte den Diener Wenzel, den sie seit ihren Kindertagen »Bär« zu nennen pflegte, sehr gern. Der Mann war groß und stark und Katharina fühlte sich in seiner Nähe stets sicher. Aus seinem breiten Gesicht blickte ein helles, bernsteinfarbenes Augenpaar unter den buschigen Augenbrauen hervor. Sein kräftiges, einst braunes Haar hatte schon viele graue Strähnen und die Falten in seinem sonnengegerbten Gesicht wurden von Jahr zu Jahr tiefer. Wenzel war ein stiller Zeitgenosse, denn er hatte keine Zunge mehr! Als junger Mann war er in eine religiöse Auseinandersetzung geraten, im Laufe derer ihm grausame Bauern die Zunge herausgeschnitten hatten. Seitdem war es ruhig in seiner Welt geworden, aber ab und zu brummte er und machte Geräusche wie ein alter Bär.

Er war ins Haus der Strada gekommen, da er vor vielen Jahren Jacopo auf einer einsamen Landstraße bei Prag bei einem Überfall beigestanden hatte. Zum Dank hatte ihn Jacopo sofort nach Prag mitgenommen und als Diener eingestellt. Später, als er nach Italien aufbrach, ließ er ihn zum Schutz für die kleine Enkelin in Prag bei Ottavio. Wenzel war glücklich darüber, denn Katharina war ihm sehr schnell ans Herz gewachsen und umgekehrt war es ebenso!

Jacopo hatte Katharina auch mit Frumet, der Tochter des berühmten Arztes Katz, bekannt gemacht. Es tat ihr gut, neben der Amme und den vertrauten Dienern auch eine Freundin zu haben, mit der sie plaudern und der sie alle geheimen Wünsche und Träume anvertrauen konnte. Die beiden jungen Frauen wurden Freundinnen und trafen einander regelmäßig. Die Unterhaltung fiel ihnen nicht schwer, waren sie doch beide der deutschen Sprache mächtig. Alle gebildeten Prager, Juden wie Christen, beherrschten sie, denn Böhmen war ein Teil des Deutschen Reiches.

Als Katharina mit ihrem kleinen Gefolge von der Kleinseite losging, waren ihre Gedanken noch bei der morgendlichen Auseinandersetzung mit dem Vater. Nicht einmal verabschiedet hat er sich von mir, seufzte sie leise vor sich hin und hielt dabei den Blick starr zu Boden gerichtet. Allerdings habe ich es wirklich an Respekt fehlen lassen!

Sie achtete nicht auf die Umgebung, ansonsten hätte sie bemerkt, dass auf der Kleinseite und auf der Steinernen Brücke viel weniger Gewimmel herrschte als sonst. Abgesehen von einigen Hausierern, die ihre Waren feilboten, war kaum jemand auf der Straße. Die vielen Karren der Händler, die ansonsten die Brücke von beiden Seiten in insgesamt vier Spuren überquerten, waren ebenfalls ausgeblieben. Es fehlten an diesem Tag sogar die zahlreichen Bettler und Krüppel.

Maria und Pawel waren zufrieden mit Katharinas Versonnenheit, denn sie wussten sehr wohl, wo sich all die Menschen befanden, vor dem Altstädter Rathaus nämlich. »Psst! Maria«, flüsterte der junge Diener, »unser Fräulein weiß wohl nicht, dass heute der Dieb gehängt wird! Sie geht geradewegs auf das Rathaus zu, wenn wir Glück haben, sehen wir ihn hängen! Das wäre doch ein Spaß!«

Wenig später erschrak Katharina beim Anblick des Galgens und wollte den Platz schnell hinter sich lassen. Sie trieb ihre Amme und die Diener an, schneller zu gehen, doch Maria und der junge Diener ließen sich Zeit und folgten ihr und Wenzel nur langsam. Die beiden hofften den Dieb zu Gesicht zu bekommen, immerhin sah man eine Hinrichtung nicht alle Tage!

Immer wieder drängte Katharina zur Eile, die zwei aber wurden immer langsamer. Die riesige Menschenmenge geriet in Aufruhr und von überall hörte man die aufgebrachten Bürger durcheinander schreien: »Hier ist er, da ist der Schurke!« – »Mörder!« – »Dieb!« – »Wir wollen ihn hängen sehen!« Einige bückten sich sogar nach den herumliegenden fauligen Äpfeln und begannen, damit in die Richtung des Verurteilten zu werfen. Die meisten zielten schlecht und kamen nicht einmal in die Nähe des jungen, hageren Burschen, der von drei bewaffneten Männern unter dem Gejohle und Geschrei der Masse vom Kerker zum Galgen gezerrt wurde.

Ein Brodeln und Gären von ungeahnter Kraft ging durch das Menschengewühl, Männer wie Frauen wurden gleichermaßen davon erfasst. Die Masse schrie, drängte, fluchte und spuckte wie ein einziges großes Ungeheuer. Und plötzlich wurde auch Katharina von einer Gruppe junger Burschen mitgerissen. Sie brüllten aus voller Kehle, so laut und lang, bis ihre Gesichter vor Hitze und Wut schwitzten und das schmutzige Nass in dicken Tropfen von ihren Schläfen rann. Einer der Männer blickte Katharina in die ängstlichen Augen, er kam ihr so nahe, dass sie seinen schlechten Atem roch und den verkrusteten Schmutz auf seinem Gesicht deutlich sehen konnte. Er sah sie an, als hätte er ihre Gedanken erraten, um ihr dann frech und laut mitten ins Gesicht zu lachen. Schließlich drängte er sich weiter und verschwand endlich in dem Gewimmel, seinen Kumpanen hinterher.

Katharina hatte jedes Gefühl für den Raum um sich herum verloren, sie fühlte sich von der tobenden Masse verschluckt, auch ihre drei Begleiter waren in dem Gewirr verschwunden. Sie blickte sich verzweifelt nach Bär um, sie hatte Angst vor den vielen Menschen und zudem tat ihr der junge Bursche da vorne Leid. Soll er doch gestohlen haben wie eine Elster, lieber ist er mir allemal als diese Horde hier!, dachte sie und versuchte mit aller Kraft durch das Getümmel zu kommen. Immer wieder scheiterte sie und wurde in den Trubel zurückgedrängt. Die Vollstreckung des schrecklichen Urteils, die sie keinesfalls miterleben wollte, rückte erbarmungslos näher. Und von Bär keine Spur!

Als sie allein mit ihrer wachsenden Verzweiflung inmitten der Masse stand, spürte sie plötzlich eine warme Hand auf ihrer Schulter. Katharina wandte sich um und blickte in ein Paar großer, brauner Augen. Magdalena, eine alte Wahrsagerin, die als Magd einer Schauspielertruppe nach Prag gekommen war, hatte Katharinas Hilfe suchende Blicke erkannt und schnell und gern beschlossen, der jungen, vornehmen Dame zu Hilfe zu eilen.

Auch sie erfüllte das Gedränge mit Grauen. Während sie wortlos, aber entschieden Katharinas Hand ergriff, um sie sicher aus dem Gewühl herauszuführen, tauchten in der Erinnerung der alten Frau die schrecklichen Bilder der eigenen Vergangenheit wieder auf. Kräftig stieß sie die Schaulustigen in die Seiten oder trat gekonnt gegen deren Schienbeine. Magdalena glaubte die Stimme ihrer armen Mutter wieder zu hören. Vierzig Jahre war es nun schon her, dass ihre Eltern und ihre beiden Brüder von einer ganz ähnlich tobenden Menschenmenge gehängt worden waren.

Dieser Junge kann nicht viel älter sein, als meine Brüder damals waren, dachte sie zornig und biss einer kreischenden Frau, die ihr den Weg verstellte, in die Schulter. Katharina hatte immer noch Angst, fühlte sich aber hinter Magdalena sicher. Seltsamerweise vertraute sie der unbekannten alten Frau und wusste, dass es dieser gelingen würde, sie von hier fortzubringen. Und Flucht aus diesem schrecklichen Trubel war alles, was Katharina in diesem Moment wollte.

Magdalena war neun Jahre alt gewesen in jenem Sommer, als sie mit ihrer Familie in ein kleines Dorf in der Nähe von Prag gekommen war. Als nutzloses Pack wurde die Schaustellerfamilie schon bei der Ankunft beschimpft, doch das hatte ihr nichts ausgemacht; noch nie gab sie viel auf die Meinung anderer. »Später, meine Magdalena, dann, wenn wir auf dem Platz unseren Bären tanzen lassen, dann werden die Leute lachen und uns mögen, du wirst es schon sehen«, so versprach ihr die Mutter.

In jenem Sommer kam es jedoch anders und die Familie erhielt keine Gelegenheit mehr, auch nur ein einziges Mal ihren zotteligen Braunbären an der Kette auf zwei Beinen tanzen zu lassen. Nicht an jenem, nicht an irgendeinem anderen Platz. Denn eines Nachts verbrannten eine Hütte und ein kleiner Hof. In den Flammen mussten sieben Menschen ihr Leben lassen. Da kam es den Dorfbewohnern ganz gelegen, dass sich gerade ein paar Schausteller in der Gegend aufhielten.

Mitten in der Nacht kamen sie, um der fahrenden Familie die Schuld an den Bränden zu geben. Magdalenas Eltern hörten den näher kommenden Lärm und weckten die Kinder. Als sie den Ernst der Lage erkannten, schickten sie ihre Tochter und die beiden Söhne weg: »Lauft, lauft in den Wald, so schnell ihr könnt, bleibt nicht stehen!« Das war das Letzte, was Magdalena von ihnen gehört hatte. Wie ihre beiden älteren Brüder gehorchte sie und lief in den Wald hinein. Sie kam aber nur ein kleines Stück voran, denn sie stolperte über eine Wurzel und blieb reglos und ängstlich in einer Mulde am Boden liegen. Ihre Brüder waren schon ein gutes Stück weiter und warteten nicht auf sie. Von ihrem Versteck sah Magdalena nur mehr den jüngeren der beiden und blickte ihm sehnsüchtig nach. Es war Janos, mit dem sie sich so oft gestritten hatte.

Schließlich drehte sie sich um, da sie zu den Eltern zurücklaufen wollte. In diesem Moment sah sie die wütende Menschenmasse. Schnell drückte sie sich wieder in die Senke und musste von dort aus beobachten, wie ihre Eltern herausgezerrt und von den Bewohnern grob ins Dorf gejagt wurden. Die beiden versuchten nicht zu fliehen und wehrten sich nicht. Wahrscheinlich haben sie gehofft, dass wir drei entkommen würden – davon war Magdalena überzeugt.

Aber leider hatte die aufgebrachte Horde noch nicht genug, einer von den Dorfbewohnern hatte die Kinder bei ihrer Flucht beobachtet und so schickten sie die stärksten Burschen des Dorfes hinter ihnen her. Sie sprangen an Magdalenas Versteck vorbei und jagten den Brüdern nach. Wenige Minuten später war die Hetze vorüber, sie holten die Halbwüchsigen ein und trieben sie mit Schlägen ins Dorf zurück. Magdalena war die ganze Zeit in ihrer Grube liegen geblieben und sah zitternd das schreckliche Treiben mit an. Am liebsten wäre sie zu ihren Eltern und Brüdern gelaufen, aber sie fühlte, dass dies auch für sie das sichere Ende bedeutet hätte. Die Dorfbewohner knüpften alle ihre Lieben noch in derselben Nacht an dem mächtigen, alten Baum in der Mitte des Dorfes auf.

Seit damals verachtete sie Menschen, die eine Hinrichtung als Unterhaltung und Abwechslung begrüßten. Normalerweise hielt sie sich abseits, wenn eine Exekution stattfand, aber diese war eine Ausnahme. In der letzten Nacht war Magdalena der Bruder Janos im Traum erschienen und hatte sie angewiesen, hierher zu kommen: »Dann endlich wird dir ein Glücksstern leuchten!« Magdalena, die Wahrsagerin, achtete auf Zeichen und Träume.

Magdalenas Erscheinen auf dem Platz war jetzt Katharinas Glück. In dem heillosen Durcheinander hielten sich die beiden einander fremden und so ungleichen Frauen an den Händen, bis es Magdalena endlich gelungen war, das Mädchen aus dem Menschengetümmel herauszuführen. Gerade als sie dem ärgsten Gedränge entkommen waren und am Rand des Platzes standen, wurde es still: Das Urteil wurde vollstreckt.

Die Stille hielt nur für kurze Zeit an, es waren die letzten Sekunden des jungen Lebens des Diebes. Der hagere Bursche war zu leicht, als dass der Strick sein Genick brechen und ihn sofort hätte töten können. Er strampelte in der Schlinge, schnappte hilflos nach Luft.

Die Leute auf dem Platz hielten den Atem an und beobachteten jede Zuckung des Sterbenden gespannt. Schließlich warfen sich die Henkersknechte auf den Burschen, packten ihn an seinen Beinen und zogen daran. Die, die in der ersten Reihe standen, sollten später erzählen, sie hätten das knackende Geräusch seines brechenden Genicks gehört.

Während die Masse am Platz in Jubelgeschrei und Applaus ausbrach, hielten sich die beiden Frauen noch immer an den Händen, noch immer abgewandt. Für einen kurzen Moment blickten sie einander an und jede sah in den Augen der anderen das eigene Entsetzen gespiegelt. Erst als die Jubelrufe verebbten, ließen sie los. Katharina blickte kurze Zeit zu Boden. Als sie wieder aufsah und sich bei der alten Frau bedanken wollte, war diese jedoch nicht mehr zu sehen.

Sie war so plötzlich verschwunden, wie sie aufgetaucht war und da sah Katharina bereits Wenzel auf sich zukommen. Er blickte sie mit traurigen Augen an und sie schenkte ihm ein stilles, vertrautes Lächeln. Von der anderen Seite kam der junge Diener gelaufen, er entschuldigte sich mit vielen Worten und erklärte, er hätte die ganze Zeit vergeblich nach ihr gesucht. Einige Minuten später kam auch Maria auf die drei zugerannt: »Ja, mein Kind, wie siehst du denn aus? Du musst dich bei Frau Maisl zurechtmachen, deine Haare sind ja ganz durcheinander und dein Kleid ist zerknittert, so kommt und lasst uns jetzt gehen!«

Ein jüdischer Musicus, ein schmaler, junger Mann mit langen, dunklen Schläfenlocken, bekleidet mit einem wallenden schwarzen Gewand, stand bereits am Tor des schmucken Hauses, begrüßte Katharina und ihr Gefolge und führte sie hinein. Er war bei ihrem Anblick errötet, sodass jedermann seine Gedanken erraten konnte, und die waren für das junge Mädchen höchst schmeichelhaft.

Katharina staunte über die vielen Menschen, die immer in der Eingangshalle des Hauses auf Mordechai, den Ehemann ihrer Freundin Frumet, warteten, um ihm ihre Nöte vorzutragen. Mordechai war bekannt für seine Großherzigkeit und als Hofjude des Kaisers hatte er nicht nur großen Einfluss auf die Geschehnisse im Judenviertel, sondern auch viel Geld, das er normalerweise verlieh, oft genug aber auch verschenkte.

Das bunte Treiben in der Eingangshalle lenkte Katharina von den schrecklichen Ereignissen dieses Tages ab. Da waren Kaufleute, die mit ihren dicken roten Wangen, aufgeplustert vor Wichtigkeit, uneins waren mit flinkzüngigen Händlern. Den Weg zum Rathaus wollten sich beide Parteien sparen, wussten sie doch, dass der großherzige Mordechai sie in seinem Haus bewirten lassen würde, während er versuchte, ihre Streitigkeiten zu schlichten. Schon oftmals hatte ein gelungenes Mahl einen nicht enden wollenden Zwist im Handumdrehen beendet.

Der junge Mann führte die neuen Gäste vom Tor durch die lärmerfüllte Halle. Katharina sah schreiende, Schmutz starrende Kinder auf den Armen Not leidender Frauen, die in ihrer Armut auf Almosen hofften. Ganz sicher würden sie nicht unbeschenkt von hier weggehen.

Den jungen Diener Pawel interessierten die vielen Menschen im Haus Maisl wenig, er wartete auf eine günstige Gelegenheit, sich aus dem Staub zu machen. Vorne auf dem Hauptplatz wurde heute gefeiert! Denn immer, wenn es eine Hinrichtung gab, schenkte die Stadt Freibier aus. Hier werde ich niemandem fehlen!, hoffte er und stahl sich unauffällig hinaus.

Katharina und der Musicus nahmen am Ende der Halle die Treppe zum ersten Stock, Maria und Wenzel hingegen gingen in die Küche, wo sie bereits von den Köchen erwartet wurden. Die beiden liebten die Besuche bei Frumet beinahe ebenso wie Katharina, da sie hier stets freundlich empfangen und reichlich bewirtet wurden.

Gerade als Katharina die Treppe hochsteigen wollte, entdeckte sie in der hintersten Ecke einen Greis mit langem Haar und noch längerem Bart. Obwohl er zerlumpt war, strahlte er eine gewisse Würde aus und las ganz versunken in einem dicken Buch. Der alte Mann war nicht wie ein Jude gekleidet und Katharina überlegte, ob er ein Philosoph auf Reisen war oder ein Alchemist, der hoffte, durch Mordechai zum Kaiser vorzudringen. »Nein«, sagte sie sich, »dieser sieht denn doch zu ärmlich aus. Jedoch, wer weiß?« Katharina konnte nicht ahnen, dass Rudolf schon viele Besucher empfangen hatte, denen es weder dem Stande noch dem Namen nach gebührte, vor ihn zu treten!

Katharina war so in Gedanken versunken, dass sie beinahe an den siebenarmigen Leuchter auf dem Treppenabsatz gestoßen wäre, der ihr bis zu den Schultern reichte. Er stand auf einem kleinen wollenen Teppich und seine Kerzen waren aus feinstem, weißem Wachs gefertigt. Dem jungen Mann kam Katharinas Unachtsamkeit sehr gelegen, höflich reichte er ihr seinen Arm, als wolle er sie stützen. Sie machte ihm jedoch nicht die Freude, schnell ergriff sie das hölzerne Geländer, in das kunstvoll allerlei Figuren geschnitzt waren. Vorbei an vielen buntbemalten Türen gelangten sie schließlich ans Ende des Ganges zu einer besonders breiten Tür, die der Musicus öffnete. Ehrerbietig ließ er der jungen Dame den Vortritt. Der Raum war groß und hell, drei Fenster standen offen und eine Tür führte auf einen breiten Balkon hinaus.

Frumet saß aufrecht auf einem vergoldeten Stuhl mit hoher Lehne. Die schöne junge Frau hatte das reiche dunkle Haar im

Nacken zu einem großen Knoten geschlungen und mit einer weißen Rose geschmückt. Ihre Kleidung war erlesen, aus Seidenstoffen von Florenz gefertigt, mit zartem Muster weiß in weiß und einem blauen Umhang aus feinstem Tuch von Flandern, das die schmalen Schultern und den linken Arm bedeckte. Mit der rechten Hand liebkoste sie ein Windspiel, das sich im Sitzen an das rechte Bein geschmiegt hatte. Nun erhob sich der Hund und wollte dem Gast entgegenschnüffeln. »Nein, bleib ruhig, setz dich wieder«, befahl Frumet und der Hund gehorchte. Da Frumet guter Hoffnung war, blieb sie sitzen und streckte Katharina freudig die Hand entgegen. »Liebste Freundin, wie froh bin ich, Euch zu sehen! Die Tage werden mir recht lang, der Arzt verbietet mir sogar, meinen häuslichen Pflichten nachzugehen. Man hält selbst allen Klatsch von mir fern, um meine Ruhe nicht zu stören. Sieh auf den Tisch, mir bleibt nur mehr das Sticken, um meine Langeweile zu bekämpfen, denn selbst das Lesen hat man mir verboten.«

Katharina erschauerte, war denn die Freundin in Gefahr? Viele junge Frauen mussten ihr Leben geben, um neues Leben zu schenken. Auch ihrer eigenen Mutter war es so ergangen. Doch nein, Frumets Wangen waren rosig, ihre Haut glatt und bisher machte ihr der erst leicht gewölbte Bauch nur geringe Beschwerden. Ihr würde bei der Geburt gewiss nichts geschehen.

Der Musicus öffnete einen holzgeschnitzten Schrank und nahm aus ihm die Laute Frumets. Katharina hatte ihre eigene Flöte mitgebracht. Rasch waren die Notenpulte richtig aufgestellt, die Noten aufgelegt und der junge Mann reichte Frumet, die sich nun erhob, die Laute. Er selbst hatte von Mordechai die Erlaubnis bekommen, dessen Gambe zu spielen. So stützte er sie nun auf einen Schemel und stimmte sie im Stehen.

Katharina lächelte über den Einband des Notenheftes, sie las:

»Lass dich darumb nicht wenden ab
Dass ich hierin nit brauchet hab
Vil Zierligkeit der Music
Wiss dass es sich durchaus nit schick
Mit Vilanellen hoch zu brangen
Und dardurch wollen preyss erlangen
Wird seyn vergebens und umb sunst
An andre Ort gehort die Kunst.[9] «

»Ja«, setzte sie hinzu, »vergnügliche Musik wollen wir spielen, ob kunstvoll oder nicht, Hauptsache, es gefällt uns.«

Der junge Mann gab den Einsatz, brach aber schon nach zwei Takten ab: »Werte Damen, bedenkt, auch wenn dies ›Teutsche‹ Lieder sind, sie sind nach der Art der Neapolitaner oder Welschen Vilanellen gemacht, daher spielt bitte allegro und nicht lento, die Fröhlichkeit ist hier gefragt.«

Die beiden Damen nahmen sich's zu Herzen, Meister Regnart[10] selbst wäre zufrieden gewesen – und so war es auch sein Schüler, der Musicus. Sie musizierten beinahe eine ganze Stunde, bis der junge Mann sagte: »In Prag sind vornehme Gäste angekommen, unter ihnen die hochberühmte Dichterin Westonia.«

Er zog ein Blatt aus seinem Ärmel. »Ich habe hier eines ihrer Gedichte aufgeschrieben, wollt Ihr es hören?« Frumet und Katharina nickten erwartungsvoll. Der Musicus deklamierte:

»Quid mea mendosae laceratis pectora curae?
Praevaleat stimulis nil caro blanda suis.
Nil sapiat, stupidi quod amat dementia vulgi
Et falso summum quod putat esse bonum.
Dissolvi cupio vitae melioris amore;
Nam bene velle sat est et potuisse mori.«[11]

Die Damen waren begeistert von dem lateinischen Vortrag und spendeten reichlich Beifall. Obwohl beide Latein beherrschten, wäre es ihnen nie möglich gewesen, sich so gekonnt und elegant wie die Engländerin auszudrücken. Als der Musicus erzählte, diese würde dem Kaiser vorgestellt werden, errötete Katharina leicht und begann zu schwärmen: »Der Kaiser ist der echte Herr, er ist nur gut und gerecht. Ganz alleine sitzt er in seiner Burg, ohne Menschen, die ihn lieben. Das ist die Schattenseite der Macht. Viele verstehen seinen feinen Geist nicht, er ist ein schöner Mann mit schöner Seele.«

Frumet horchte auf bei solch tief empfundener Begeisterung. War Katharina denn für den Kaiser entflammt? Daraus konnte nichts Gutes entstehen und so nahm sie sich vor, bei Gelegenheit ein ernstes Wort mit der Freundin zu sprechen, sie zu warnen vor dem Mann, der Kaiser war. Ein guter Fürst, doch sicher zu locker im Umgang mit den Frauen! Selbst ihr, der Jüdin, hatte der Kaiser recht gewagte Komplimente gemacht und dass sie die Frau des angesehenen Mordechai war, schien für ihn kein Hindernis zu sein!

In diese Gedanken hinein fragte Katharina: »Ist es wahr, dass ein jüdischer Rabbi Freund des Kaisers ist? Bitte erzählt mir davon! Dieser Rabbi soll einen Menschen aus Lehm erschaffen haben ...«

»Ihr sprecht vom berühmten Rabbi Löw«, antwortete Frumet, »ich will Euch gerne die Geschichte erzählen, aber was daran wahr und was falsch ist, kann ich nicht entscheiden.«

»Als wieder einmal die Prager Bürger gegen die Juden aufgehetzt worden waren«, erzählte sie, »bekam der Rabbi von ›oben‹ den Rat, einen Golem aus Lehm zu erschaffen, damit dieser das Judenfressergesindel erschlage. Zusammen mit seinem Schwiegersohn und einem seiner Jünger ging er zum Flussufer vor die Stadt. Sie formten aus Lehm die Gestalt eines riesigen Menschen. Dann schritten sie von rechts beginnend siebenmal um den Golem und sprachen dabei die vom Himmel eröffneten Worte. Da wurde der Lehmklumpen zuerst feuerrot, dann strömte Wasser durch den Körper und es wuchsen ihm Haare und Nägel. Als auch der Rabbi die sieben Runden gegangen war, legte er ihm ein Schem[12] in den Mund. Dann neigten sie sich in alle Himmelsrichtungen und sprachen gemeinsam: ›Und er blies ihnen den lebendigen Odem in die Nase und also ward der Mensch ein lebendiges Wesen.‹ So belebten die drei Elemente Feuer, Wasser und Luft das Element Erde. Dann sagte der Rabbi: ›Stehe auf deinen Beinen!‹ und der Golem stand auf. Der Rabbi und seine Begleiter zogen ihm Kleider an und brachten ihn zur Synagoge, wo er das Amt eines Rabbinatsdieners erhielt. Er war stumm und musste dem Rabbi in allem gehorchen.«

»Und war er immer gehorsam?«, wollte Katharina schaudernd wissen.

»Ja, wenn der Rabbi nicht vergaß, ihm Befehle zu geben, war er ganz fromm und brav. Nun weiter! Als die Gefahr für die Juden vorbei war, war der Golem überflüssig, da kein Jude mehr seinen Schutz brauchte! So schickte ihn der Rabbi auf den Dachboden der Synagoge zum Schlafen. Die drei Männer stiegen hinauf und sprachen alles, was sie bei der Erschaffung gesagt hatten, rückwärts und gingen je siebenmal nach links um ihn herum. Da wurde der Golem wieder zum Lehmkloß. Die Männer entkleideten ihn, um die Kleider zu verbrennen und bedeckten ihn mit alten Büchern und Resten von alten Gebetmänteln. Und überall ließ der Rabbi ein strenges Verbot verkünden, den Dachboden der Altneusynagoge zu besteigen. Niemand darf es wagen, das Verbot zu übertreten, es würde ihn das Leben kosten.«

»Und es wagte sich wirklich keiner hinauf? Wie gerne würde ich dort einen Blick hineinwerfen«, sagte Katharina unbeeindruckt.

»Nein, Liebste, keiner würde es wagen, dem Befehl des Rabbi zu trotzen, gar mächtig ist er in seiner Zauberkraft, es würde jedem schlecht bekommen.«

Ach, dachte Katharina, Ammenmärchen!

Frumet fügte noch eindringlich hinzu: »Der Rabbi ist gar mächtig, selbst der Kaiser weiß das und versucht, ihn sich günstig zu stimmen.« Nun, überlegte Katharina, wenn der Kaiser so denkt, dann will ich den großen Rabbi nicht verspotten und ihn achten.

Der Nachmittag war wie im Fluge vergangen und Katharina bedankte sich bei ihrer Gastgeberin. Frumet hatte eine Sänfte für sie bereitstellen lassen, denn ein Gewitter zog auf. Graue und gelbe Wolken lagen drohend über den Dächern, die Luft war drückend und in der Ferne blitzte es bereits.

Bei nächster Gelegenheit entschuldigte sich Katharina mit schmeichelnden Worten bei ihrem Vater für ihr Benehmen. Als sein Wohlwollen wiederhergestellt war, bat sie ihn mit ihrer unschuldigsten Miene, bei Spranger Malstunden nehmen zu dürfen. Ohne zu zögern gab er ihr die Erlaubnis dazu. Und so ging sie bald häufig in Sprangers Atelier auf der Burg, stets begleitet und beaufsichtigt von der treuen Maria, manchmal auch vom Pagen »Ohr«, der sich keine Gelegenheit entgehen ließ, mit seiner Angebeteten schöne Worte zu wechseln.

Auch der Maler war von Katharina begeistert! Da hatte er unverhofft ein Modell gefunden, das ganz seinem Geschmack entsprach: ein junges Mädchen, blond, zierlich, lieblich, das mit kindlicher Ungezwungenheit bereit war, in jede Rolle zu schlüpfen und stundenlang zu posieren. Für den Künstler erweckte sie die Heldinnen der Mythologie und Geschichte zu neuem Leben. Katharina regte ihn zu immer neuen und immer besseren Einfällen an. Da Spranger ein scharfer Beobachter war, entging ihm nicht, dass sich bei den zahlreichen gesellschaftlichen Treffen der Prager Künstler und ihrer Familien die größten Gelehrten und die höchsten Adeligen um das Mädchen drängten. Die Schöne, die den größten Helden versklavt, das junge Mädchen, das selbst den größten Weisen zum Narren macht ..., dachte er schmunzelnd, wenn er beobachtete, wie so mancher weise Mann um einen Blick, ein Lächeln oder ein paar Worte von ihr bettelte und dabei jede Haltung verlor. Ja, als Siegerin über den Mann wollte er sie darstellen ...

Nach und nach musste Spranger allerdings erkennen, dass er sie nicht für sich selbst gewinnen würde. Als guter Verlierer nahm er ihr das nicht weiter übel, seine unerfüllten persönlichen Wünsche verstärkten jedoch die schöpferischen Kräfte, was seine Darstellungen mit größter Leidenschaft erfüllte. Die Liebe mit ihren vielen Gesichtern, tragisch und tödlich als Eros Thanatos[13], erhebend als Pietas[14] und Agape[15], mitreißend als Begegnung zwischen Mann und Frau, jedoch einer gewissen Komik nie entbehrend, fand in Katharina ihre Verkörperung. Einmal als Göttin oder Muse, dann als Gefährtin und junges irdisches Weib, ja selbst als Opfer wollte Spranger sie darstellen.

Der Kaiser wird von den Bildern entzückt sein, hoffte er, wenn er abends seine Pfeife stopfte und genüsslich an ihr zog. Die Vornehmsten unter den Kunstkennern werden sich bald in meinem Atelier drängen. Dieses süße Mädchen verhilft mir zu gut bezahlten Aufträgen. Die reichen Herren werden mir ihre Stammbücher für Skizzen von ihr bringen oder meine Blätter kaufen.

An einem Vormittag war Katharina in ihrer Kammer damit beschäftigt, ein Madrigal zu üben.

»Katharina! Katharina! Komm herunter!«, das war Ottavios Stimme.

Hoffentlich hat Vater mein Geheimnis mit dem Maler nicht herausgefunden! Schnell legte sie die Flöte weg. Unmutig verließ sie ihre Kammer und beugte sich über das Treppengeländer: »Was ist, Vater? Wieso seid Ihr heute schon da? Es ist doch noch nicht Mittag!«

»Katharina, du wirst dich freuen, komm herunter, es gibt Neuigkeiten!«

Fürs Erste beruhigt, stieg sie die Treppen zu Ottavio hinunter: Er weiß also nichts von dem Bild. Seit dem Streit mit dem Vater versuchte sie jeden neuerlichen Konflikt zu vermeiden. Wer weiß, dachte sie sehr realistisch, mit wem er mich dann womöglich rasch verheiratet, um mich loszuwerden. Sie selbst träumte von einer anderen Zukunft: Sie wollte höher hinaus. Schon von klein auf war sie stets neugierig und wissbegierig gewesen. Sie lernte gern und viel, doch schon früh musste sie die Erfahrung machen, dass es sich für ein Mädchen nicht schickte, nach zu viel Wissen und Bildung zu streben. Wozu auch? Ihre Zukunft als Ehefrau eines reichen Adeligen, die Kinder zur Welt bringen und ab und zu eine Gesellschaft organisieren durfte, war schon lange vorgezeichnet. Nur auf ihr eigenes Drängen hin ermöglichte ihr Ottavio Unterrichtsstunden bei angesehenen Gelehrten und Künstlern, die das gewöhnliche Lernpensum eines Mädchens deutlich überschritten. Vielleicht war das Studium schuld an ihren Gedanken und Wünschen, die ihr selbst unbescheiden und merkwürdig erschienen.

Immer lauter und deutlicher wurden nun die stillen Wünsche wie eine verschwommene Gestalt im Nebel, die erst deutlich wird, wenn man sich ihr nähert. Wenn sie ihr Leben doch nur selbst in die Hand nehmen könnte! Selbst bestimmen könnte, welche Stellung sie einnehmen wollte! Aber das war ganz unmöglich. Was für ein Gedanke! Und wenn es doch möglich wäre? Von Anfang an war sie fasziniert gewesen vom Leben, das der Kaiser führte, und der Macht, die er genoss. Erst unlängst hatte ihr Frumet erklärt, dass sie als Juden nur deshalb unter annehmbaren Bedingungen in der Stadt lebten, weil Rudolf, wie vor ihm schon sein Vater Maximilian, sie hier gewähren ließ. In anderen Städten, unter anderen Herrschern, würden die Juden brutal vertrieben oder gar ermordet.

»Wenn er es nicht möchte, dann könntet ihr nicht hier sein?«, hatte Katharina ungläubig gefragt.

»Katharina! Der Kaiser hat unter den Menschen alle nur denkbare Macht, lediglich seinem Gott ist er untertan.«

Sie war durch Frumets Worte erschrocken, gleichzeitig aber auch fasziniert: Welche Macht er besitzt! Immer wieder meldete sich seither in ihrem Herzen eine kleine, aber kräftige Stimme: »Diese Macht, die möchtest du auch besitzen, wie ließe sich das anstellen?«

Damals war ihr mit einem Mal die Antwort auf die unausgesprochene Frage klar und deutlich bewusst geworden: Einzig und allein an der Seite eines mächtigen Mannes konnte sie Einfluss und Macht genießen und nutzen. Und der mächtigste aller Männer war nun einmal der Kaiser selbst. Halb im Scherz, halb ernsthaft, und von diesen Einfall wie vom Donner gerührt, überlegte sie: Wenn ich erst einmal die Frau an des Herrschers Seite bin, dann brauchst du dich nicht mehr sorgen um dein Volk, liebe Frumet. Es war eine recht verrückte Idee, die Frau an des Kaisers Seite zu werden! Verrückt war dabei noch nicht einmal der richtige Ausdruck, wenn man bedenkt, dass Katharina bei weitem nicht die erste und einzige Dame des Reiches war, die so eine Idee hatte! Aber selbst bildhübsche Damen aus dem höchsten Adel und begehrte Prinzessinnen hatten Rudolf nicht fesseln können! Gänzlich unmöglich und dreist war dieser Einfall, gleichzeitig jedoch erinnerte sie sich an die Erzählungen Jacopos über die schöne Philippine Welser. Hatte nicht die einfache Kaufmannstochter bewiesen, dass es möglich war, so hoch zu steigen? Natürlich, Erzherzog Ferdinand war nicht Kaiser. Jedoch war auch der Kaiser nur ein Mann!

»Mein Engelchen«, so begann Ottavio nun, als Katharina die Treppe herabgestiegen war: »Endlich steht es fest! Es wird ein großes Fest zu Ehren des Kaisers geben! Und wie ich hoffte, werde ich es organisieren. Ich werde berühmter werden als mein Vater!«

»Ja, das ist großartig! Das wird ein wunderbares Fest werden!«, lachte sie fröhlich und sah ihrem Vater überglücklich ins Gesicht. Dann eilte sie beschwingt zurück in ihre Kammer. Ein Fest, dachte sie, und bald wird mein Bild fertig sein, vielleicht rechtzeitig zum Fest? Und ER wird es sehen! Mit ein wenig Glück gefällt es ihm und dann will er mich auch kennen lernen. Ich habe also die Möglichkeit, in seine Nähe zu kommen, das werde ich zu nützen wissen. O Kaiser! Halte dich fest, denn wenn ich, Katharina Strada, etwas gut kann, dann ist es Kaiser einfangen! Bei diesen übermütigen Gedanken lachte Katharina laut auf und gab der Tür ihrer Kammer einen viel zu kräftigen Stoß. Gerade als sie mit lautem Krach ins Schloss fiel, schoss dem Mädchen durch den Kopf: Wenn es ein Fest gibt, dann kommt mein lieber Großvater sicher nach Prag!

Schnell lief Katharina nochmals die Treppe hinunter und überhäufte den Vater mit Fragen. Er erzählte seiner Tochter, dass nicht nur der Großvater geladen war, sondern noch wesentlich bedeutendere Gäste: die Geschwister des Kaisers, die liebenswürdige Königin Elisabeth und Erzherzog Ernst, der unbeliebte Erzherzog Matthias und Erzherzog Maximilian wurden erwartet sowie zahlreiche Fürsten und Gelehrte, die Liste war lang. Bereits in drei Wochen würde das Spektakel stattfinden.

Während Katharina ihren Tagträumen und Wünschen nachhing, Spranger und Ottavio an ihrem Ruhm und Erfolg arbeiteten, fühlte sich der Kaiser noch immer von der Krankheit schlaff und erschöpft, obwohl er bereits seit zwei Wochen vollständig genesen war. Crato war überzeugt, es sei der rote Wein, den der Kaiser jeden Morgen trank, der ihn müde mache. Rudolf wollte es nicht so recht glauben, zu süß und tröstlich war ihm der Becher roten Traubensafts geworden. An einem schönen Morgen streckte Rudolf seine Arme in die Luft und gähnte ausgiebig. Er hatte zwar bereits gefrühstückt, aber noch steckte der Schlaf in seinen Gliedern. Er stand am offenen Fenster seines Sommerzimmers und blickte auf Prag hinab. Er staunte darüber, wie freundlich die Stadt von hier oben wirkte, herrschte doch oft so viel Aufruhr und Unzufriedenheit unter ihren braunen und roten Dächern. Gerade jetzt, wo das Fest vor der Tür stand, brodelte und gärte es. Grund dafür war nicht die Vorfreude auf das Fest, sondern das Gesuch, das seit einigen Tagen auf Rudolfs Schreibtisch lag und auf Antwort wartete. Rudolf versuchte, einfach nicht an den Brief zu denken, wusste aber, dass damit das Problem nicht gelöst werden konnte.

»Würde er sich doch in Luft auflösen, dieser Brief! Wieso gibt es dafür keinen Zauber, wenn es doch sonst so viele gibt«, seufzte er schwer. Die Hunde, die friedlich zu seinen Füßen lagen, blickten kurz zu ihm auf, um sich dann wieder an seine Beine zu schmiegen. Sie genossen die Ruhe und Rudolfs unregelmäßige Streicheleinheiten. Als er die Hunde bekommen hatte, hatte er ihnen Brot zu fressen gegeben, welches er zuvor mit seinem Schweiß getränkt hatte, deshalb hingen sie so an ihm.

Sobald sich Rudolf an den Brief erinnerte, fühlte er sich sofort wieder krank. Crato hatte ihm mehrmals versichert, dass er wieder alles essen und trinken könne und nicht mehr schwach und fiebrig sei, aber der Herrscher schien zermürbt! Er war nicht mehr so stark wie in den Tagen seiner Jugend. Er zählte nun dreiunddreißig Jahre, aber er fühlte sich um hundert Jahre älter. Mächtig und beim Volk beliebt war er, aber einsam und still gingen seine Sommer und Winter dahin. Crato sorgte sich zu Recht um den Kaiser. In den letzten beiden Wochen hatte dieser wieder sehr unter Kummer, Sorgen und Melancholie gelitten, unterbrochen von Zeiten des Ärgers und Zorns über diese Stimmung. Seine Launen wechselten blitzschnell, überschäumende Freude über neue Kunstwerke, wütende Hassanfälle auf selbstsüchtige, dumme und verräterische Ratgeber und verzehrende Ohnmachtsgefühle lösten einander ab. Es kostete ihn Kraft, sich aufzuraffen, dem Tag zu begegnen und Entscheidungen zu treffen.

Schon griff er zu der feinen Seidenschnur, die zur nahen Kammer Ranfts führte, um dem Diener zu läuten; er würde den Brief bis nach dem Fest einfach liegen lassen! Dann überlegte er es sich anders. Es ist Zeit, es muss sein, dachte der Herrscher und ging langsam zum Schreibtisch. Er nahm das düstere Gesuch der Prager Ratsherrn in die Hand. Sie forderten darin die Ausweisung der Juden aus Prag. Mein Vater musste sich bereits mit den gleichen Fragen herumschlagen! Nichts hat sich verändert! Nichts! Und ich träume von einem goldenen Zeitalter, ich unverbesserlicher Narr! Rudolf war in einer schwierigen Lage, denn er wurde von allen Seiten unter Druck gesetzt. Er ärgerte sich, weil er sich so schrecklich hilflos fühlte. So schwierig, ja unmöglich war es, alle Menschen zufrieden zu stellen. Er seufzte: »Statt in Frieden miteinander zu leben gönnt keiner dem anderen etwas Gutes. Und jeder macht mich allein für Glück oder Unglück verantwortlich und versucht bei mir seine Wünsche durchzusetzen.«

So war es. Die Katholiken drängten auf seine Heirat und auf härteres Vorgehen gegen die Ketzer, seine Brüder auf energische Bekämpfung der Türken. Vertreter der verschiedenen protestantischen Glaubensgemeinschaften drängten ihn wiederum, dem Katholizismus ganz und gar abzuschwören. Das wollte er nicht. Er war ein Christ und diese religiösen Fanatiker auf allen Seiten stießen ihn ab. Durch Vorschriften von oben konnte man doch nicht das Gewissen der Menschen lenken! Die Juden wollten wie die Lutheraner in Frieden leben und gerade die Juden wurden am meisten angefeindet. Dabei waren sie gebildete Leute, jeder kleine Judenknabe konnte lesen, was bei großen Adelsherren oft nicht der Fall war. Und jetzt forderten die Prager Ratsherren die Ausweisung der Juden. Welche Überheblichkeit!, dachte der Kaiser, den schrecklichen Brief in der Hand wägend. Aber wie heißt es so schön? Ein Steinchen allein ergibt kein Mosaik? Nun ja, Rudolf hatte zwar seine eigenen Gedanken, aber er war als Herrscher und Katholik erzogen worden und er empfand beides stets als Verpflichtung. Er fühlte sich der katholischen Kirche gegenüber schuldig, weil er ihre Forderungen nicht erfüllte. Er hatte ein schlechtes Gewissen, weil er die Beichte ablehnte und nicht gern die Messe hörte. Zudem waren die Juden reich und die Krone arm. Das große Loch, das in der Staatskasse gähnt, es könnte durch eingezogenes jüdisches Vermögen zumindest verkleinert, wenn auch nicht geschlossen werden, dachte der mächtige Herrscher und legte den Brief auf den Tisch. Durch die Vertreibung der Juden könnte er sich auch mit der katholischen Geistlichkeit, mit der er ohnehin auf schlechtem Fuß stand, wieder besser stellen. Diese legte ihm immer wieder dar, wie verrucht doch diese »Gottesmörder« wären, dass die Christen nichts als Hunde in jüdischen Augen wären und dass die Juden somit auch die Kaiserliche Majestät anzweifelten. Als er merkte, wohin ihn seine Überlegungen führten, lief ihm ein kalter Schauer über den Rücken. Jedoch – seine Entscheidung schien gefallen zu sein. Die Vertreibung der Juden war der einfachste Weg für ihn! Niemand außer den Juden selbst wäre ihm böse, im Gegenteil. Und letzten Endes, was gingen diese denn ihn an? Plötzlich war es so einfach, dem Schreiben der Ratsherrn zuzustimmen, es fanden sich viele Gründe, wenn man nur ein wenig nach ihnen suchte und nicht zu genau hinterfragte! Er würde nur seinem Hofjuden Maisl gestatten, in Prag zu bleiben, da er ihn dringend für seine Finanzgeschäfte brauchte. Die anderen sollten gehen!

Entschlossen schritt er zu seinem Schreibtisch und setzte sich. Gerade als er unterzeichnen wollte, hielt er inne und erinnerte sich an seinen Vater Maximilian. Jener hatte die Prager Juden seinerzeit nicht vertrieben, obwohl das damals von vielen Seiten gefordert worden war. Gewiss hätte Maximilian auch von seinem Sohn so viel Stärke erwartet. Rudolf erinnerte sich an den Tag seiner eigenen Krönung und daran, dass die Juden in ihrem Viertel diesen Tag als Freudentag gefeiert hatten. Sie hatten ihn hoch leben lassen, ihn, der sie nun vertreiben wollte! Rudolf zögerte, er sah mit gerunzelter Stirn auf den vorbereiteten Ausweisungsbefehl auf seinem Schreibtisch. Noch tat er es nicht, noch wollte er nicht unterschreiben. Er fühlte seinen Tatendrang zurückkehren! Er beschloss, in die Altstadt zu fahren und mit den Ratsherrn zu sprechen. Er wollte versuchen, sie umzustimmen, vielleicht konnte er die drohende Ausweisung verhindern! Er wünschte sie umzustimmen!

Rudolf erteilte seine Befehle. Ranft hatte mehrere Boten in die Altstadt zu schicken und auch sonst alle Vorbereitungen zu treffen. Rudolf schritt mit seinem Gefolge in den Hof, wo ihn schon die kaiserliche Kutsche, bespannt mit sechs edlen Rossen, erwartete. Auf zweien der Schimmel saßen Reiter, um sie sicher durchs Gewühl der Stadt zu bringen. Prunkvoll in Schwarz und Gold erglänzte die Lackierung des Wagens, das Innere mit silbernem Brokat ausgeschlagen. Der Kaiser bestieg die Kutsche, sein Oberlandeshofmeister Georg Popel von Lobkowitz, ein überaus eifriger Katholik, folgte ihm. Voran ritten wie üblich die zwölf Reiter und zwei Trompeter, hinter der Kutsche folgten zwölf weitere Reiter. Erst ging es zügig den Berg hinab zur Steinernen Brücke[16]. Doch dort mussten die Reiter ihre Pferde anhalten, es waren so viele Menschen zusammengelaufen, dass ein Weiterfahren undenkbar war!

»Jetzt fährt er endlich, um den Ratsherrn mitzuteilen, dass er die Juden aus Prag verbannen wird!«, rief einer mit kräftiger Stimme. »Hoch lebe der Kaiser!«, schrien andere und die Menge drängte sich um die Kutsche. Rudolf, der sich nur selten und ungern dem Volk zeigte, nutzte die Gelegenheit und winkte den Bürgern zu. Nein, angenehm war ihm das Starren nicht, jedoch gehörte es wohl zu seinen Pflichten, sich hin und wieder sehen zu lassen vom Volk, das ihn, nach dem Jubel zu schließen, lieben musste. Die Liebe des Volkes, dachte Rudolf, während er sich mühte, die Hand zum Gruß zu heben, wie launisch und unzuverlässig sie doch ist!

Der Kanzler Lobkowitz war nicht nachdenklich, sondern sehr zufrieden; er spähte neben dem Kaiser aus der Kutsche hervor und ließ sich ebenfalls zujubeln. Er erwartete, dass Rudolf den Ratsherrn den lange überfälligen Ausweisungsbefehl überreichen würde. Im Rathaus wunderte sich nicht nur er, sondern auch die Ratsherrn, als Rudolf stattdessen mit einer vorsichtigen Verteidigung des Judenviertels und seiner Bewohner begann. Die Ratsherrn waren in ihrer Argumentation jedoch so fest und stärkten sich gegenseitig den Rücken, dass er wieder ins Wanken geriet. »Die Juden müssen weg!«, so lautete der harte Beschluss der Versammlung. Obwohl der Kaiser damit nicht zufrieden war, sah er bald keinen Ausweg. Zu stark erschien ihm der Druck der Ratsherrn. Er vereinbarte mit ihnen, den unterschriebenen Befehl am nächsten Morgen zu senden, sodann könnte begonnen werden, die jüdischen Besitztümer zu Gunsten der Stadt und der Krone einzuziehen.

Inzwischen wusste ganz Prag, dass sich der Kaiser im Rathaus befand und mit den Ratsherrn verhandelte. Alle möglichen Gerüchte wurden erzählt und weitererzählt. Der Kaiser werde die Juden hier behalten oder sie vertreiben oder lediglich ihre Privilegien einschränken. Die Aufregung war überall sehr groß, aber am größten natürlich im Judenviertel selbst.

Aber selbst Mordechai war ratlos und so beschloss er, den gelehrten und geachteten Rabbi Löw aufzusuchen.

Der alte Mann war ungewöhnlich still und hörte aufmerksam zu, dann machte er sich wortlos auf den Weg und schritt zügig und selbstsicher in Richtung der Steinernen Brücke. Der Rabbi wusste, dass sich keine Gelegenheit bieten würde, mit dem Kaiser zu sprechen. Lediglich ein Blick, so dachte er und atmete kräftig durch.

Rudolf wollte das Rathaus verlassen, ihm war nicht wohl zumute. Er fühlte sich schwach, er hatte sich nicht durchgesetzt. Er wandte seine traurigen, dunklen Augen von den Ratsherren ab und sehnte sich zurück auf seine Burg. »Wir wollen nun gehen«, sagte er müde und erhob sich langsam. Er ließ eine sehr zufriedene Gesellschaft zurück, die sich unterwürfig verneigte und dem Herrscher ihren Respekt zollte. Lobkowitz und zwei Ratsherrn geleiteten ihn vor das Rathaus, wo die Kutsche samt Reiter bereitstand. Ungehindert kam sie bis zur großen Brücke, aber dort bot sich wieder das gleiche Bild wie bei der Anfahrt. Noch mehr Leute versperrten den Weg in der Hoffnung, einen Blick auf den Kaiser werfen zu können. Diesmal dachte Rudolf nicht daran, sich zu zeigen und befahl, die Brücke räumen zu lassen. Jedoch – was war das? Schrecklicher Lärm erfüllte plötzlich die schwüle Luft. Die Menschen waren aufgebracht, ihre Schreie veränderten sich, wurden wütend und bedrohlich. Sie vermischten sich mit den scharfen Befehlen der kaiserlichen Reiter, welche ebenfalls lauter und eindringlicher wurden. Rudolf blickte neugierig aus der Kutsche. Was er sah, erschreckte ihn zutiefst: Rabbi Löw stand mitten auf der Brücke! Rudolf erkannte den berühmten Rabbi sofort, hatte er ihn doch schon zweimal zu sich auf die Burg geladen und mit ihm über Geisterbeschwörung und andere Magie gesprochen. Es betrübte Rudolf zutiefst, dem alten und würdevollen Mann nun zu begegnen. Der Rabbi stand eingehüllt in einen dunklen Umhang, starr und ruhig wie ein Fels in der

Brandung. Die Menschen um ihn herum bewarfen ihn mit Pferdemist und sogar mit Steinen, aber der Rabbi ließ sich davon nicht beeindrucken. Nur ein Blick!, dachte er immer wieder und wandte seinen Kopf langsam in Richtung der Kutsche. Seine alten Augen strengten sich an, so gut es ging und fanden endlich den Kaiser. Langsam nickte der Rabbi dem Kaiser ehrfurchtsvoll zu und murmelte dabei einige Worte. Er achtete darauf, mit seinem Blick Rudolf nicht loszulassen. Es gelang: Rudolf starrte den Mann wie versteinert an. Noch als die Kutsche endlich einen Weg durch die Menschenmassen gefunden hatte, starrte der entsetzte Kaiser in die Augen des Rabbi. Erst als Rabbi Löw nicht mehr zu sehen war, schüttelte sich der Kaiser und blickte nachdenklich auf seine Hände. Rabbi Löw hatte ihm bis ins Herz geblickt!

War das der böse Blick?, fragte sich Rudolf ängstlich in der Kutsche. Hat er mich nun verzaubert oder muss ich nun gar sterben? Rudolf war wachsbleich und voller Angst. Das längst besiegt geglaubte Fieber brach wieder aus und trieb ihm den Schweiß auf die Stirne. Er wollte so schnell wie möglich in sein Bett. Der Kaiser war so müde, als hätte er seit Tagen nicht geschlafen, dabei war er erst seit wenigen Stunden auf den Beinen! Sobald die Kutsche die Burg erreichte, ließ Rudolf nach Ranft rufen und sich von ihm in seine Gemächer geleiten. Kurze Zeit später erlöste ihn der Schlaf von der grausamen Wirklichkeit und geleitete ihn in die Welt der Träume.

Eine dunkle Gestalt begegnete ihm. Es war Rabbi Löw, der vor dem Wagen stand und die Weiterfahrt der Kutsche verhinderte. So wie es sich tatsächlich auf der Brücke ereignet hatte. Aber nun war Rudolf ungehalten, er wollte nichts mehr hören über die Sorgen der Juden! Die Leute bewarfen den Rabbi mit Kot und Steinen, doch dieser blieb unbeweglich stehen. Gebückt näherte er sich der Kutsche mit einer Bittschrift in der Hand, die Rudolf entgegennahm. Der Rabbi bat um eine Audienz, der Kaiser wies ihn an, die nächsten sieben Tage sein

Haus nicht zu verlassen. Am siebenten Tag ließ er ihn zu sich holen und sie führten ein langes Gespräch.

Der Rabbi bat den Kaiser, die Juden zu verschonen. Er bat ihn mit so bewegenden und überzeugenden Worten, dass Rudolf den Befehl zur Ausweisung nicht unterzeichnete. Die Feinde aber bedrängten ihn. Von links und rechts kamen schwarze Gespenster auf ihn zu und zwangen ihn schließlich, den Befehl doch zu unterzeichnen. Dann sah Rudolf im Traum das Judenviertel und seine Bewohner. Die Frauen weinten, während sie ihre Bündel schnürten, und die Männer blickten stumm zu Boden.

Dann sah er sich plötzlich alleine in der Kutsche durch die Sommerhitze fahren, erschöpft und voller Staub. Da kam er an einen Teich, der ihn mit seinem glänzenden, reinen Wasser zum Baden einlud. Er zog sich aus, trank und schwamm. Als er wieder ans Ufer kam, waren seine Kleider und die Kutsche verschwunden. Nackt machte er sich auf den Weg nach Prag zurück, wo er auf einen Bettler traf, der ihm seine Lumpen schenkte, obwohl er doch selbst nichts anderes hatte als die wenigen Kleidungsstücke! Dann sah er eine Kutsche näher kommen und hielt sie an. Lobkowitz saß darin! Rudolf meinte schon gerettet zu sein, doch der Oberstlandeshofmeister erkannte seinen Kaiser nicht und wies ihn schroff zurück.

»Aber erkennt Ihr Uns denn nicht, Wir sind der Kaiser!«, rief Rudolf aufgebracht!

»Du bist ein Narr«, sagte da Lobkowitz böse, »eben komme ich von der Burg und habe dort die Majestät gesprochen! Scher dich weg, geh aus dem Weg!« Die Kutsche rollte davon. Und da war es Rudolf klar, dass sich der freche Kleiderdieb für ihn ausgegeben hatte und jetzt auf seinem Thron saß. Verzweifelt und hungrig kam er endlich nach Prag, in die Judenstadt. Er dachte an Rabbi Löw und ging zu dessen Haus. Ehrfurchtsvoll kam ihm der Rabbi entgegen. Er führte ihn hinein, half ihm beim Waschen und gab ihm schöne Kleider. Dann bat er ihn zu

Tisch und schenkte dem Kaiser vom besten Wein ein. »Der gute Rabbi«, dachte Rudolf gerührt in seinem Traum, »er ist mir wirklich treu ergeben. Ich frage ihn um Rat.«

Rabbi Löw meinte, der Missetäter käme sicher voller Neugier an den Ort des Verbrechens zurück. Rudolf fuhr also hin und erwartete ihn dort. Als jener seinerseits ein Bad genoss, nahm Rudolf seine Kleider und die Kutsche und fuhr als Majestät nach Hause auf die Burg. Er ließ den Rabbi rufen und wollte ihn reich belohnen. Doch dieser sprach: »Ihr wisst nun, wie Ungerechtigkeit und Unrecht schmecken, und diese wenigen Stunden mögen Euch zeigen, was das Schicksal aller Prager Juden wäre, und das fürs ganze Leben.«

Schweißgebadet wachte Rudolf auf und hörte noch den Klang von Rabbi Löws Stimme in seinem Ohr, »das Schicksal aller Prager Juden, das Schicksal aller Prager Juden ...« Rudolf erhob sich, warf sich seinen Schlafpelz um die Schultern und verließ hastig seine Kammer. Schnell eilte er hinüber in die Schreibstube und ergriff den Ausweisungsbefehl, der noch immer auf seine Unterschrift wartete. Ohne zu zögern zerriss er das Blatt in kleine Stücke. Dann blickte er auf die Teile, die still zu Boden segelten und atmete erleichtert auf. Er setzte sich auf seinen Stuhl und lehnte sich erschöpft zurück, unwillkürlich ergriff er ein Tuch, das auf dem Schreibtisch gelegen hatte, und wischte sich damit den Schweiß von der Stirn. Nur langsam beruhigte sich sein pochendes Herz und er begriff, dass alles nur ein Traum gewesen war, den ihm der Rabbi mit seinem festen Blick gesandt haben musste. Doch plötzlich glaubte er seinen Augen nicht zu trauen. Ungläubig hielt er das schmutzige Stück Stoff in seiner Hand, starrte es entsetzt an und meinte schon, er wäre wieder in dem schrecklichen Traum. Das Tuch, mit dem er gedankenverloren seine Stirn abgetrocknet hatte, war der Bettlerlumpen, den er im Traum am Körper getragen hatte! Rudolf läutete nach den Dienern, ließ sich Wein kredenzen und dachte lange nach.

Es war einer dieser schrecklich heißen Tage, an denen die Hitze eine ganze Stadt erdrücken konnte. Wie eine Glocke stülpte sich die heiße Luft über ganz Prag, Wind und Wolken hatten keine Chance durchzudringen und die erhoffte Abkühlung zu bringen oder die üblen Gerüche zu vertreiben. Manchen Bewohnern schien es beinahe so, als freue sich die helle Sonne über die keuchenden, stöhnenden und schwitzenden Menschen. Nur den Juden konnte die Hitze nichts anhaben, überall wurde gelacht, musiziert, gefeiert und getanzt! Die Juden konnten in Prag bleiben! Der Kaiser würde sie nicht vertreiben. Rabbi Löw saß im Schatten einer alten Eiche und lächelte zufrieden vor sich hin. Auch Rudolf war erleichtert, wenn er sich auch bewusst war, dass er sich durch sein Hin und Her eine Menge Ärger eingehandelt hatte. Nicht nur die Ratsherren waren verärgert, auch große Teile des Volkes waren unzufrieden über die Ablehnung des Ausweisungsantrages! Es ist gut, dass in einer Woche das Fest gefeiert wird! Wir werden dafür sorgen, dass aus den Brunnen an diesem Tag Wein fließen wird, dann beruhigen sich die Gemüter wieder!, dachte der Kaiser.

Pawels Gemüt hingegen musste erst gar nicht beruhigt werden. Dem jungen Diener der Stradas waren die Juden ohnehin gleichgültig, er war einfach gut gelaunt und erklärte sich sogar bereit, für die Köchin Wasser vom Brunnen zu holen. Der groß gewachsene, magere Bursche zog gerade den ersten Eimer herauf, als ihm bereits der Schweiß in Bächen über die Schläfen rann und schließlich in den Brunnen tropfte. Er schnaufte, als hätte er eine Stunde Holz gespalten, aber als er den Eimer endlich oben hatte, da wusste er genau, was zu tun war. Er goss sich den Inhalt über den Kopf. Ungeniert ließ er sich das Wasser über sein Gesicht laufen, das kühle Nass rann ihm den Rücken hinunter, erfrischte ihn und machte ihn zugleich erschauern. »Ach herrje, ist das kalt!«, rief er, schüttelte sich und warf das schwarze Haar in den Nacken. Er lachte. Die Menschen um ihn herum betrachteten ihn argwöhnisch. Wie konnte ein Diener so gut gelaunt sein, obwohl er schwere Arbeit bei der Hitze zu leisten hatte?

Katharina sah Pawel mit zwei Wassereimern auf das Haus zukommen. Er pfiff fröhlich vor sich hin und sie betrachtete ihn neidisch. Sie konnte sich den Grund für seine gute Laune denken, denn am Morgen hatte ihr Vater den Bediensteten mitgeteilt, dass sie am Festtag frei haben sollten. Die Freude war natürlich groß, denn so bot sich für die Bediensteten die Gelegenheit, dem Spektakel beizuwohnen, in der Stadt unten oder oben auf dem Hradschin, auf dem Platz vor der Veitskirche. Der einfache Diener hat es besser als ich, dachte sie in einer Regung von Selbstmitleid und beneidete den jungen Mann um die Freiheit, die er genoss. Ihr war es kaum möglich, ohne Diener und Amme irgendwohin zu gehen, schon gar nicht am Festtag auf den Platz vor der Kirche mitten unter das einfache Volk! Wenn ich ein Junge wäre, wäre vieles leichter, dachte sie, als sich der Diener wieder davonmachte, um zwei weitere Eimer Wasser für die Küche zu holen. Katharina summte eine traurige Melodie und stellte sich ans offene Fenster. Ein Schmetterling besuchte sie, er wollte durchs Fenster ins Haus flattern. Sie versuchte, ihm den Weg zu versperren, indem sie ihre Hände wie eine Wand vor dem Tierchen aufstellte, doch der Schmetterling ließ sich nicht aufhalten, er flog ins Zimmer und setzte sich auf die Kante der alten Truhe. So, als wüsste er über seine Schönheit Bescheid, breitete er gefällig seine bunten Flügel aus und ließ sich von Katharina bewundern. Sie betrachtete ihn und dachte an die Raupen, aus denen sich die tänzelnden Schönheiten entwickelten. Eine einzige Verwandlung von der Raupe zum Schmetterling und man erkennt die Tiere nicht wieder! Gleich darauf kam ihr ein Einfall. Wenn sich eine hässliche Raupe verwandeln konnte, dann konnte auch sie sich verwandeln und niemand würde sie erkennen. Verwandeln in jemanden, der alles tun und lassen konnte, was er wollte: in einen jungen Burschen! Einen wie den Diener mit dem nassen Hemd oder, noch besser, wie den Pagen Hermann. Der war kaum größer als sie und von ihrer Schönheit angetan, er umschwärmte sie und würde ihr gewiss keinen Wunsch abschlagen. Gleich morgen, nachdem ich bei Spranger gewesen bin, werde ich Hermann um seine Kleider bitten und ihm einen Kuss dafür versprechen. Katharina strich sich über das enge Mieder und lächelte bei dem Gedanken. So, als hätte der Schmetterling erkannt, dass seine Mission erfüllt war, beendete er seine Ruhepause, schwirrte noch eine kleine Runde vor Katharinas Gesicht herum und flatterte zielstrebig auf das offene Fenster zu, hinaus in die Freiheit.

Am nächsten Tag – Katharina stand in ihrem Zimmer vor dem Spiegel – schmunzelte sie vergnügt. Sie zog des Pagen Kleider an und nachdem sie seine Strümpfe oben etwas umgeschlagen hatte, passten sie perfekt! Für den in Aussicht gestellten Kuss war Hermann sehr gern bereit gewesen, ihr zu helfen. Ein höfischer Page blickte sie jetzt mit großen, blauen Augen aus dem Spiegel an und lachte ihr verschmitzt zu! Tatsächlich, ein hübscher Junge wäre ich geworden, staunte sie über die Veränderung. Schnell versteckte sie die letzten Haarsträhnen unter der Kappe und blickte noch einmal prüfend in den Spiegel. Sie lachte laut über die kurzen grauen Pumphosen und die gelben engen Strümpfe, die ihr ein sehr ungewohntes Äußeres verliehen. Das gelbe Wams verbarg ihren Busen gut. Vorsichtig schlich sie die Treppe von ihrer Kammer hinunter und huschte wie ein Dieb aus dem Haus. Sobald sie sich auf der Straße befand, versteckte sie die Hände unter den Spitzen der Ärmel und schlenderte gemächlich auf die Steinerne Brücke zu. Ungeahnte Gefühle überkamen sie, während sie ungeübt große Schritte machte und ihre Schultern nach vorn drehte, um die ohnehin nicht sehr große Brust noch besser unter dem engen Wams zu verbergen. Sie fühlte sich ungewohnt und fremd, verwegen und glücklich. Frei wie ein Vogel!, dachte sie, denn erst jetzt verstand sie, wie eingeengt sie leben musste, mit Mieder, Dienern, Amme und Schutz da und dort. Sie ging zügig voran. Die Menschen, denen sie begegnete, beachteten sie kaum und wenn doch, so sahen sie in ihr einen jungen Pagen, der am Hof des Kaisers diente. Alles schien so zu verlaufen, wie sie es geplant hatte. Was Katharina aber nicht bemerkt hatte, war, dass ihr alter Freund und Diener Wenzel, der Bär, sie beobachtet hatte, als sie aus ihrer Kammer geschlichen war. Erst war er erschrocken, da er meinte, ein Dieb treibe sich im Haus herum, aber dann musste er schmunzeln, da er an der Art und Weise, wie sich der vermeintliche Dieb die Treppe hinunter stahl, sein Fräulein erkannte. Aus Neugier und Sorge folgte er ihr unauffällig. Bär war sehr geschickt als geheimer Beobachter. Es gab dem stummen Mann ein Gefühl von Sicherheit und Überlegenheit, viel über die Menschen in seiner Umgebung zu wissen, denn viele von ihnen glaubten, er wäre nicht bei wachem Verstand, nur weil er nicht sprechen konnte.

Katharina kam zur Brücke. »He! Sie da! Junger Mann!«

Sie reagierte nicht.

»Ja, ist denn das die Möglichkeit, da tut der gnädige Herr so fein, dass er meint, sich taub stellen zu können!«

Nun erschrak sie doch! Der alte Bettler meinte ja sie! Sie ärgerte sich, an alles hatte sie gedacht, aber nicht an die Bettler. Sie hatte keine einzige Münze bei sich und so ging sie einen Schritt schneller und ignorierte den schimpfenden Alten kurzerhand.

Der Bettler war außer sich vor Zorn. So ein Lümmel, dachte er sich, dir werde ich schon noch Beine machen, bückte sich nach einem Kohlkopf, der von einem Händlerkarren heruntergefallen war, und warf damit nach dem arroganten Bengel.

Katharina hatte Glück, sie drehte sich noch einmal nach dem Bettler um und so sah sie den Kohlkopf auf sich zufliegen. Schnell machte sie einen Satz zur Seite und mit voller Wucht landete das Gemüse neben ihr. Sie blickte wütend in die Richtung des Werfers und schwor sich: Nie wieder, weder als Mädchen noch als Page, kriegst du von mir eine Münze!

Kaum war der Satz zu Ende gedacht, musste sie wieder springen. »He! Steh um, geh weg!«, schrie der Fahrer des Getreidekarrens, der plötzlich hinter ihr aufgetaucht war und bedrohlich schnell näher rumpelte. Gerade noch rechtzeitig schaffte sie es auszuweichen; sie starrte erschrocken auf den vorbeiächzenden Wagen.

Dennoch bereute sie ihren Ausflug als Page nicht! Obwohl sie noch immer ein wenig zitterte, fühlte sie sich auf eine ungewohnte Weise lebendig und unbefangen. Sie spürte ihr klopfendes Herz, die weichen Knie und den warmen Wind, der ihr ins Gesicht blies. Mitten in der Menschenmenge auf der Brücke unter den Bettlern und Händlern, den Karren und Pferden, spürte sie, dass sie existierte. Sie war ein Teil der Welt um sich herum, niemals zuvor war ihr das so bewusst gewesen. Sie nahm das Missgeschick mit dem Bettler und dem Händler nicht weiter tragisch und genoss selbstsicher das neue Gefühl. Sie schlenderte – ganz in ihrer Rolle als Junge – zu einem Brillenstand und betrachtete neugierig die ausgelegten Exemplare. Spaßeshalber probierte sie eine der bügellosen Brillen aus. Der Rahmen drückte auf die Nase, die Gläser waren stark und dick, sie waren für die Alten bestimmt. Katharina drehte sich langsam um ihre eigene Achse und betrachtete die verschwommene Welt um sie herum. Plötzlich bewegte sich etwas Vertrautes durch ihr Blickfeld. Anstatt die Brille abzunehmen, kniff Katharina die Augen angestrengt zusammen. Schließlich sah sie eine alte Frau, die gerade einen Meter weit weg stand. Die lachte herzhaft und da erst erinnerte sich Katharina an die Brille. Sie nahm sie ab und erkannte in der freundlichen Alten sogleich ihre Retterin vom Rathausplatz. Magdalena war mit denselben Lumpen bekleidet und auch das gekräuselte Haar fiel ihr wie damals weit in ihr sanftes Gesicht herein. Das war so von tiefen Falten gezeichnet, dass Katharina glaubte, sie wäre der älteste Mensch, den es je gegeben hatte und den es je geben würde. Ihre Augen jedoch waren von einer seltenen Klarheit und Weisheit und ihre Zähne vollständig und heller als die der Kinder.

Sie sprach Katharina leise an, denn sie hatte bemerkt, dass der Brillenmacher auf sie aufmerksam wurde. »Ihr habt Euch ja hübsch gemacht, liebes Fräulein! Gönnt Ihr Euch ein wenig Spaß an diesem heißen Tag oder wollt Ihr gar den Liebsten überprüfen?«

»Ach, äh ... nein!«, stotterte Katharina und strich sich verlegen und viel zu weiblich über die Kappe; die blonden Locken, die ihre ruhelose Hand eigentlich gesucht hatte, waren aber darunter versteckt. Verlegen wanderte die Hand schließlich in der Luft herum, ziellos, bis Katharina schließlich erfasste, dass es sinnlos war, die Frau täuschen zu wollen. »Also gut, Ihr habt meine Verkleidung durchschaut, aber sagt, bin ich denn ein so schlechter Junge?«

Magdalena zwinkerte verschwörerisch und war erheitert wie schon lange nicht. Sie hatte in den letzten beiden Jahren wenig Glück gehabt. Wäre die Schauspielertruppe nicht gewesen, die sie als Magd aufgenommen hatte, so hätte sie den Hungertod erleiden müssen. Die regelmäßigen Mahlzeiten und die Wärme in den Ställen bei den beiden Rössern der Schauspieler hatten ihr in den letzten Wochen wieder zu alter Kraft verholfen. Sie war wieder gesund und kräftig und da sie der Truppe nicht länger zur Last hatte fallen wollen, hatte sie die hilfsbereiten Leute verlassen. »Nein, Ihr seid ein überzeugender Junge«, schmeichelte Magdalena, »für die Augen eines Tölpels«, fügte sie hinzu und lachte. Sie war begeistert. Eine vornehme junge Dame, die als Page verkleidet durch Prag spaziert. Da müsste sich doch etwas machen lassen, sagte sie sich, denn Geschehnisse dieser Art rochen geradezu nach Geld. »Aber macht Euch keine Sorgen«, meinte sie, »die Welt wimmelt von Tölpeln und ich werde Euch nicht verraten.«

Katharina war von ihr beeindruckt; die alte Frau war arm gekleidet, dennoch strahlte sie mehr Stolz und Würde aus als die meisten Adeligen, die Katharina kannte. Und obwohl sie gewiss von niederem Stand war, schien ihr die seltsame Frau gebildet und klug zu sein. Während die beiden ihr Gespräch fortsetzen wollten, wurde der Brillenmacher langsam ungeduldig. Wollte der Page nun eine Brille kaufen oder nicht? Magdalena sah den dicken Mann aus den Augenwinkeln näher kommen, schnell gab sie Katharina ein Zeichen, die legte die Brille zurück und ohne ein Wort zu wechseln machten sich die beiden aus dem Staub.

»Ich wollte mich bei Euch bedanken«, begann Katharina das Gespräch, als sie dann auf der belebten Brücke an einem kleinen Apfelstand vorbeischlenderten. »Ihr seid neulich beim Rathaus so plötzlich aufgetaucht und dann wieder so plötzlich verschwunden, dass ich nicht einmal Euren Namen erfragen konnte. Sagt an, wie heißt Ihr und wieso seid Ihr damals so schnell weggegangen?«

»Nun, meine Liebe, vor Euch steht –«, hier legte Magdalena eine kunstvolle Pause ein, blieb stehen, holte tief Luft und sprach die folgenden Worte laut und in einem gut einstudierten Singsang aus: »Magdalena«, sie streckte beide Arme elegant in die Höhe, »die wahre Seherin!«, danach verbeugte sie sich graziös.

Die Leute um sie herum sahen sie neugierig an, Katharina lachte. Magdalena nutzte die Aufmerksamkeit und stellte sich gleich allen vor. Mit eindrucksvollen Gebärden und geheimnisvollem Gesichtsausdruck ging sie in der Menge herum und erhob ihre dunkle und kräftige Stimme:

»Wo das Schicksal mich braucht, dort tauche ich auf,
ich gebe dir Rat bei unsicherer Tat.
Ich warne dich ob eines Unheils bevor,
damit du nicht tappst hinein wie ein Tor.

Auch sag ich aus, wenn Glück steht ins Haus,
ich bin schnell wie der Blitz und es ist kein Witz:
Geschrieben ist die Zukunft schon lang,
ob du reich bist ob arm,
ich zeige sie dir, willst du sie sehen, willst du verstehen?
Nun, dann komm und lass dich ein, am Ende wirst du der Klügere sein!«

Magdalena verbeugte sich unter Applaus, viele Menschen waren aufmerksam geworden, gewiss würden einige von ihnen bald um die Deutung ihrer Zukunft bitten, sie musste sich nur oft genug auf der Brücke zeigen und wache Augen haben. Aber nun wollte sie mit Katharina weiterplaudern, aus Erfahrung wusste sie, dass die Kundschaft ohnehin mehr bezahlen würde, wenn man sie einen oder zwei Tage warten ließ. Magdalena nahm das Mädchen freundschaftlich am Arm und machte sich mit ihr gemeinsam auf den Weg. »Habt Geduld, liebe Leute! Ich komme wieder! Fragt nach Magdalena – der wahren Seherin!«

Schnellen Schrittes entfernten sich die beiden von der Menschenmenge. Sie hatten nun die Steinerne Brücke überquert und schlenderten in Richtung Rathaus weiter. Magdalena zog einen Apfel aus der Tasche ihrer Schürze hervor und rieb ihn mit dem Ärmel sauber: »So, nun habe ich von mir erzählt, jetzt sagt auch Ihr mir, wer Ihr seid, liebes Fräulein.«

»O ja«, antwortete Katharina, »Ihr habt Recht, ich bin die Tochter des Ottavio Strada, des Hofantiquars des –«, hier stockte ihre Stimme und sie sprach leise und etwas zittrig, »des Kaisers.« Sie hatte die letzten Tage dieses Wort oft ausgesprochen, leise, hineingeflüstert in die Stille ihrer Kammer. Es fiel ihr schwer, es nun laut und ohne Gefühlsregung auszusprechen. »Kaiser«, das konnte sie nicht so einfach sagen wie »Spranger«, »Ohr« oder »Crato«. Der Gedanke in Katharinas Kopf, der Tagtraum, einen Platz im Leben des Kaisers einzunehmen, hatte sie nicht mehr verlassen. So unmöglich das schien, so sehr ihre Freundin Frumet über sie lachte und sie gleichzeitig mahnte: Sie wollte ihren Platz erobern, aber nicht irgendeinen, sondern den einzig wahren, den Platz an seiner Seite!

Magdalena durchschaute sie sofort und vollkommen, sie war geübt darin, zwischen den Zeilen zu lesen, aus Gesagtem verborgene Gefühle herauszufiltern und in Blicken geheime Wünsche zu erkennen. »Ja, unser Kaiser Rudolf«, meinte sie verständnisvoll, »ich verstehe Eure Begeisterung.«

Und weil es Katharina gut tat, dass ihr jemand zuhörte und ihre Empfindungen ernst nahm, erzählte sie der alten Frau die ganze Geschichte. Sie erzählte von dem Fest, zu dem sie nicht geladen war und wie gerne sie den Kaiser und den Festzug sehen würde, den ihr Vater so mühevoll vorbereitete. Sie verriet Magdalena ihre Gefühle für den Kaiser und ihren Wunsch, in sein Leben zu treten als seine Gefährtin. Sie berichtete ihr auch von ihrem heimlichen Besuch in der Kunstkammer und davon, dass sie hoffte, Rudolfs Interesse durch Sprangers Bild zu wecken. Magdalena hörte aufmerksam zu und merkte sofort, dass diese Geschichte für sie mehr bot als lediglich eine warme Mahlzeit. Sie freute sich darüber, denn sie liebte es, das Schicksal, von dem sie behauptete, es stünde schon fest, ein wenig abzuändern oder ihm auf die Sprünge zu helfen. Sie dachte an den geliebten Bruder Janos, der ihr immer wieder im Traum erschien und ihr riet, in Prag zu bleiben. Vielleicht konnte sie in dieser Sache Fäden spinnen, die nicht nur dem Mädchen, sondern vor allem ihr selbst nutzen konnten. Schließlich sagte sie mit tiefer und sanfter Stimme: »Ich sehe, dass Ihr Euch große Ziele gesteckt habt, Fräulein. Ein leichter Weg ist es nicht, den Ihr wählt, er ist gefährlich und voller Abenteuer, aber auch reich an Freude und Lust. Es steht ein guter Stern über Euch und vor allem sehe ich, dass Eure starke Liebe erwidert werden wird, habt noch ein wenig Geduld!« Als Magdalena die letzten Worte ausgesprochen hatte, ließ sie den

Apfel, den sie die ganze Zeit in der Hand gehalten hatte, so fallen, dass er nur wenige Schritte vor Katharina zum Liegen kam.

Diese bückte sich einen Augenblick, um den Apfel aufzuheben. Als sie sich der Wahrsagerin wieder zuwenden wollte, sah sie diese nicht mehr. »Wo ist sie? Wo ist sie hin?« Sie lief ein paar Schritte auf der Straße vor und wieder zurück, sie blickte um die nächste Hausecke und spähte sogar in die Fleischbraterei, an der sie vorbeigeschlendert waren, um nach Magdalena zu suchen, aber da war keine Spur mehr von der alten Seherin. Anscheinend hat sie sich abermals in Luft aufgelöst!, dachte Katharina verdutzt. Vor einem Schusterladen blieb sie schließlich ratlos stehen, betrachtete kritisch den Apfel in ihrer Hand, rieb ihn mit dem Hemdärmel ab und biss schließlich kopfschüttelnd hinein. Sie stand noch ein paar Sekunden ratlos da, zuckte endlich mit den Schultern und machte sich auf den Weg nach Hause. Katharina hatte Magdalena aus den Augen verloren, ihr heimlicher Verfolger aber, der stumme Bär, hatte genau gesehen, wie die alte Frau verschwunden war. Magdalena hatte sich schnell in einen gemauerten Bogen gedrückt, in dem Körbe und Kisten gestapelt waren. Ihre ausgewaschene, graue Kleidung hatte sich davon nicht abgehoben und perfekte Tarnung geboten. Sie war stillgestanden wie eine Katze vor dem Mauseloch, hatte Haare und Gesicht unter ihren Lumpen verborgen und darauf geachtet, dass die Kisten und Körbe nicht umfielen, die sie rasch vor sich geschoben hatte. Magdalena hatte allerdings nur auf Katharina geachtet und den stillen Mann nicht bemerkt, der die beiden Frauen nicht aus den Augen gelassen hatte.

Wer ist diese Frau? Was redet sie so lange mit meinem Fräulein? Magdalena, die wahre Seherin, so hat sie sich genannt! Ich werde ihr folgen! Wenzel war in seinem Element, eine unbekannte Person, ein Rätsel, Spannung in der Luft, er konnte nicht anders! Und so folgte er der alten Frau, die sich nach ein paar Minuten aus ihrem Versteck in Richtung Burg aufgemacht hatte. Bär hatte alle Mühe, ihr nachzukommen, sie war schnell unterwegs, auch die steile Anhöhe auf die Burg hinauf meisterte sie eiligen Schrittes. Zielstrebig ging sie auf den Wachsoldaten am Burgtor zu. Wenzel beobachtete, wie sie auf den Mann einredete. Der blickte erst misstrauisch und abfällig auf die arme Frau hinunter, kurze Zeit später aber lachte er gemeinsam mit ihr laut auf. Er nickte ihr zu, als kenne er sie seit Jahren. Schließlich setzte sich Magdalena in seiner Nähe in den Schatten eines kleinen Strauches am Wegrand und wartete. Wenige Meter dahinter tat Bär es ihr gleich. Im Gegensatz zu ihr wusste er aber nicht, worauf er wartete.

Es dauerte über zwei Stunden, aber endlich gab der Wachsoldat Magdalena das verabredete Zeichen: Gerade als Ottavio Strada, Bärs eigener Herr, an dem Mann vorbeiging, nieste dieser so laut, dass Ottavio erst erschrak und den Soldaten sodann mit bösen Blicken und einem bissigen Wort strafte. Magdalena begriff: Leicht wird es also nicht, stand auf und machte sich bereit, den Archivar anzusprechen.

»Ihr da, werter Herr! Ich sehe Ärger und Gram in Euch, aber lasst Euch deuten! Ärger ist nicht vonnöten, denn Großes steht Euch bevor!« Ottavio schaute nur kurz zur Seite. Wieder eine von diesen schrecklichen Weibern, dachte er und wollte rasch weitergehen. Magdalena folgte ihm, sie hatte die Verbitterung in den Augen des Mannes gesehen. »Unterschätzt werdet Ihr zu dieser Zeit noch – und Eurem Tun wird nicht genügend Ehre entgegengebracht, ich sehe es klar und das ist Euer Gram …«

Ottavio schmeichelten diese Worte, es stimmt, die Alte ist also doch keine Närrin, sie ist eine Wahrsagerin! Er ging nun langsamer und hörte Magdalena zu.

»Ich sprach Euch an, Herr, da ich so deutlich sehen kann, dass Großes geschehen wird, und nicht widerstehen konnte ich, Euch zu beglückwünschen!«

»Nun, redet weiter, alte Frau, was seht Ihr denn geschrieben?« Ottavio wurde neugierig, er blieb stehen und wartete.

»Ja, Herr, gerne erzähl ich Euch von Eurem Schicksal, aber vorerst, so müsst Ihr verstehen, gebt eine Münze, damit die Sehkraft während der Deutung nicht an Schärfe verliert!«

Der geizige Ottavio griff in seinen Beutel und zog widerwillig eine kleine Münze heraus. Magdalena neigte sich nach vorne, legte die Hände auf ihre Schläfen, konzentrierte sich und verlieh ihrer tiefen Stimme einen geheimnisvollen Ton: »Oh!«, sagte sie und blickte dabei zum Himmel auf. »Euer größter Wunsch wird sich erfüllen und bewundern wird man Euch! Alle werden Euch loben, ob arm oder reich, ob Herr oder Knecht!« Geschmeichelt lächelte Ottavio.

»Selbst der Kaiser!«, fuhr die alte Frau mit leiser Stimme fort, »Seine Gunst, Ihr werdet sie ein Leben lang genießen! Aber!«, ihre Stimme wurde schrill, sie legte die rechte Hand so auf die Stirn, als habe sie heftige Schmerzen, und streckte die linke nach einer zweiten Münze aus.

Ottavio erblasste, sollte die gute Weissagung nun doch ein schlechtes Ende nehmen? Schnell suchte er zwei Silberstücke und drückte sie der Wahrsagerin in die Hand in der Hoffnung, die Alte würde weitersprechen.

»Aber«, so wiederholte Magdalena und Ottavio war froh, dass er ihr die Geldstücke rechtzeitig gegeben hatte. Gespannt hing er an ihren Lippen: »Aber stark müsst Ihr sein und ein großes Opfer müsst Ihr bringen für den Ruhm. Einen Teil Eurer selbst müsst Ihr geben!«

Ottavio verstand nicht: »Wie geht das? Seht Ihr denn nicht genauer? Einen Teil meiner selbst, was soll das sein?« Aufgeregt suchte er nach weiteren Münzen und Magdalena erklärte: »Euer eigen Fleisch und Blut ist es, das Ihr dem Herrscher schenken müsst, unschuldig und rein, wunderschön und zart, ansonsten wird der Kaiser weder einen Blick auf Euch noch auf Eure Arbeit werfen!«

Ottavios Miene verdunkelte sich. Ja!, überlegte er, meint sie vielleicht Katharina? Mein eigen Fleisch und Blut, sie ist schön und jung und zur Vermählung bereit. Aber wenn der Kaiser sie einmal pflückt, wäre das kein Hindernis für eine Ehe? Nein, im Gegenteil, ist sie dem Kaiser gut genug, reicht es für einen anderen allemal. Einen Dienst könnte sie sich selbst damit erweisen, denn bestimmt findet sich ein besserer, ein höher gestellter Freier, wenn es heißt, die Tochter des Ottavio Strada, der Kaiser selbst hat Gefallen an ihr gefunden!

Magdalena sah Ottavios Gedanken förmlich, seine Augen leuchteten auf, seine Brust hob sich und sein Blick war nun stolz! Sie wusste, Ottavio war für seinen Erfolg, wie beinahe all die hohen Herrn, zu allem bereit. Sie wusste, dass er an Katharina dachte. Noch einmal drückte er der Seherin eine Münze in die Hand, gierig starrte er mit seinen kalten, blauen Augen in ihr Gesicht: »Wie, sagt an, wie kann ich meine Tochter dem Kaiser schenken?«

Die Alte hatte auf diese Frage gehofft und doch musste sie nun ihre Verachtung mühsam verbergen. Der Mann hatte wirklich keine Bedenken, die eigene Tochter dem Ehrgeiz zu opfern. »Ihr seid ein kunstfertiger Mann«, sagte sie und zwang sich zu einem Lächeln. »Beim Fest bietet sich gewiss die Möglichkeit für Euch, Eure Tochter dem Kaiser auf besondere Art zu zeigen. Nützt dies und Ihr werdet ein berühmter Mann.«

Ottavio nickte erfreut.

»Doch hört, auch dem Kaiser sollte man den glänzenden Blick in die Zukunft nicht vorenthalten. Wenn Ihr mir Gelegenheit verschafft, dem Kaiser selbst, noch vor dem Fest, wahrzusagen, so macht Euch keine Sorgen mehr um Euer Glück. Denn ist der Geist des Herrschers aufmerksam, so erfüllt sich meine Vision gewiss.« Ottavio war, wie beinahe alle seine Zeitgenossen, ein abergläubischer Mensch. Er war sich bewusst, dass Wahrheit und Lüge, Glück und Verderben so nahe beisammen liegen wie das Leben und der Tod selbst. Ein

Zittern lief über seinen Rücken. Der Kaiser gibt viel auf Prophezeiung und Wahrsagerei, schaden kann es mir nicht, wenn die Frau in meinem Sinn zu ihm spricht, und so überlegte er angestrengt, wie er Magdalena zum Kaiser bringen könne. Komm schon, beiß an, gieriger Ottavio!, hoffte Magdalena und war nicht wenig erfreut, als sie seine Worte hörte: »Ja, ich verstehe, Ihr könntet die Aufmerksamkeit des Herrschers schärfen und so will ich versuchen, Euch zu Ihm zu führen.« Magdalena fiel es schwer, ihr Lächeln zu unterdrücken. Sagte sie erst einmal dem Kaiser eine Zukunft voraus, die sich erfüllen würde, so bräuchte sie keine Angst mehr vor dem nächsten Winter zu haben!

»Kommt am Vortag des Festes nach der Mittagsruhe hier zum Tor. Ich werde Euch in den Garten führen, in dem unser Kaiser um diese Zeit zu spazieren pflegt. An diesem Tag wimmelt es auf dem Hradschin von geschäftigen Menschen. Ihr werdet auch in Lumpen nicht weiter auffallen.«

Schließlich war alles gesagt und vereinbart, ganz erfüllt von den freundlichen Zukunftsaussichten und damit zufrieden trennten sich die beiden voneinander, jeder in seine Träume versponnen. Es war ein ungewohnter Anblick; der Antiquar ging leichtfüßig den Berg hinunter und lächelte. Er hatte keine Skrupel, für den Erfolg seiner Karriere Katharina zu »verschenken«, hegte sie doch ohnehin eine Passion für den Kaiser. Selbst er hatte bemerkt, dass sie immer wieder die Münzen betrachtete, auf denen Rudolfs Antlitz zu sehen war. Und überhaupt, viele Mädchen gingen nicht unschuldig in die Ehe! Und was sollte es schon großartig sein, eine kurze Liaison, solange der Kaiser daran Freude hätte. Aber für ihn, Ottavio, wäre es mehr, endlich eine Gelegenheit, in das Licht des Ruhmes zu treten! Er glaubte, dass nun die Sterne günstig für ihn stünden, dass ihm die lang versagte Gerechtigkeit zuteil würde und er endlich seinen verhassten Vater übertrumpfen, in den Schatten stellen, ja, bezwingen könne!

Auch Magdalena, die in dieser Geschichte die Fäden spann, war zufrieden. Sie wollte endlich die harte Straße hinter sich lassen, sie träumte von reichlich Essen, von Wein und Fleisch und einem warmen Schlafplatz. Sie ließ die Münzen in ihrer Hand klimpern, lächelte gut gelaunt und beschloss, sich dafür gleich satt zu essen.

Wenzel, der noch immer im Schutz des Gebüschs hockte und ein paar Minuten abwartete, ob ihn auch keiner der beiden entdeckte, hatte alles beobachtet. Zwar hatte er die Worte nicht verstehen können, dafür waren die zwei zu weit weg gestanden, aber er ahnte, dass die beiden von Katharina gesprochen hatten. Daher beschloss er, sein Fräulein von nun an noch besser zu beschützen. Er wollte alles über die seltsame Magdalena in Erfahrung bringen und so folgte er ihr ungesehen in die Stadt.

Während Wenzel wie ein Spion hinter der alten Frau herschlich, zuerst zur Fleischbraterei am Rande der Altstadt, dann zur kleinen Insel hinüber, auf der die Hellseherin ihre Unterkunft zu haben schien, hatte auch Maria, die Amme, einiges herausgefunden! Sie entdeckte die Mädchenkleider in Katharinas Kammer auf dem Bett und machte sich schnell einen Reim darauf. Viel zu gut kannte sie »ihr Engelchen«, als dass sie nicht gewusst hätte, was vor sich ging. Diese Närrin muss sich verkleidet haben und streunt jetzt irgendwo herum! Erst wütend, dann ängstlich und zu einem kleinen Teil auch belustigt, passte sie Katharina am Hintereingang ab, als die sich leise und unbemerkt zurückstehlen wollte, und folgte ihr in ihre Kammer. Katharina blieb nichts anderes übrig, als die ganze Geschichte zu erzählen. Sie ließ sich in den Pagenkleidern aufs Bett fallen und berichtete ihrer Amme von der »einzig wahren Seherin Magdalena«.

»Du gibst dich mit Zigeunerinnen ab. Das ist nicht gut, wer weiß, ob das nicht eine Hexe ist und dich verhext!«, tadelte Maria kopfschüttelnd.

»Nein, liebe Maria, Magdalena ist nur eine kluge, alte Frau und ist mir beigestanden, als ich auf dem Altstädter Ring plötzlich allein dagestanden bin mitten in der aufgepeitschten Menge, damals, als der arme junge Bursche dort hingerichtet worden ist. Ich glaube nicht an Hexen, die Schaden stiften können. Magdalena ist eine Seherin, sie hilft den Menschen, sie schadet keinem. Wer kann denn Angst haben vor einer einfachen, alten Frau?« Katharina machte eine kurze Pause und einen großen Fehler, weil sie, statt klug zu schweigen noch etwas hinzufügte und dabei eine wegwerfende Handbewegung machte: »Du wirst doch nicht so närrisch sein.«

Das war zu viel für die leidgeprüfte Amme, zuerst verkleidete sich ihr Schützling und stahl sich wie ein Dieb davon, dann plauderte er mit einer Hexe und zu allem Überdruss schlug er auch noch ihre Warnung in den Wind! Maria griff energisch nach dem Schemel in Katharinas Kammer, rückte ihn lautstark zurecht und setzte sich schnaufend darauf. »Mein Engelchen«, so begann sie mit strenger Stimme, »es gibt sie wohl, die Hexen. Sie schließen mit dem Teufel einen Pakt, um uns zu schaden. Warum sonst hat es vorige Woche gehagelt, obwohl das Korn noch nicht geschnitten ist? Was denkst du, woher Wenzel die schlimmen Zahnschmerzen hatte? Und erinnere dich, ist nicht vor kurzem ein Kind verschwunden?«

Aber Katharina ließ sich nicht beeindrucken, sie lächelte nur kurz und meinte kühl: »Ja, ja, und das alles machen die Hexen? Was haben sie davon?«

»Freude am Bösen, denn der Teufel ist ihr Herr und Meister. Die Hexen sagen sich von Christus los!« Maria blickte auf ihre Katharina, die wie ein frecher Lümmel in den Knabenkleidern auf dem Bett lag und sie verständnislos anblickte. Sie konnte ihr einfach nicht böse sein! Viel zu sehr liebte sie ihr Engelchen, dennoch, diese Magdalena konnte gefährlich sein, sie musste Katharina warnen! »Hör zu«, sagte sie etwas beschwichtigt, »ich habe so einen Spruch sogar einmal gehört und ihn behalten, es ist nicht ratsam, ihn laut auszusprechen, der Teufel könnte einen sonst beim Wort nehmen.« Sie neigte sich zu Katharina hinüber und flüsterte ihr ins Ohr:

»Da stehe ich nun auf dem Mist,
verleugne Gott, alle Heiligen
und meinen Jesum Christ!«[17]

Sie erreichte damit allerdings nur, dass das Mädchen in schallendes Gelächter ausbrach. Aber Maria gab nicht so schnell auf, sie wartete einen Moment und erzählte dann mit düsterer Stimme und ebensolcher Miene: »In der Johannesnacht fahren die Hexen auf ihren Besen durch das Rauchloch, sie treffen einander und den Teufel auf einem Berg. Dort wird ein Gastmahl abgehalten und alle tanzen um den Teufel herum. Der ist ganz braun, trägt braune Kleider und hat einen Bocksfuß. Sie speisen von silbernen Schüsseln und trinken aus silbernen Bechern Wein, den sie aus einem Eichenstamm zapfen. Das hat mir der alte Zdenek erzählt, er hat es selbst gesehen!«[18]

»Der alte Zdenek war ganz gewiss kein sehr gescheiter Mann und nicht ganz richtig im Kopf«, meinte Katharina, »das war doch der alte Schweinehirt, der stets vom Teufel gesprochen hat!«

»Er hat sehr viel gesehen und ist dem Teufel einige Male begegnet. Als er damals bei den Hexen war und sie ihn einluden, an ihrem Gastmahl teilzunehmen, fiel ihm auf, dass er essen und essen konnte ohne satt zu werden.[19] Er wusste aber nicht, in wessen Gesellschaft er weilte und als er sich dann zum Dank für Speis und Trank bekreuzigte im Namen Gottes, war der Spuk plötzlich verschwunden und er saß unter dem Hochgericht. Er fürchtete sich gar sehr, ging in die nächste Kirche und betete, bis ihm das Herz wieder leicht wurde!«

Katharina schmunzelte erheitert, sie hörte diese Geschichten gerne, aber die Zeiten, in denen sie sich davon beeindrucken ließ, waren nun endgültig vorbei. »Warum hat er kein Salz verlangt?«, meinte sie schnippisch. »Es heißt, das sei ein Mittel, dem Spuk ein Ende zu bereiten.«

Maria war besorgt: »Mein Engelchen, sei wachsam, lache nicht, der alte Zdenek ist dem Teufel auch auf dem Feld begegnet.« Sie hielt den Zeigefinger der rechten Hand hoch und blickte mit großen Augen auf Katharina, aber auch das beeindruckte das Mädchen nicht.

»Liebste Amme«, meinte sie nüchtern, »das sind Ammenmärchen, kein Mensch kann das glauben!« Katharina wollte schon aufstehen, aber Maria hielt sie energisch zurück:

»Katharina! Vielleicht hat der alte Zdenek tatsächlich zu viel getrunken und sich alles nur eingebildet, aber es gibt sie, die Dämonen, Teufel, Zauberer und Hexen und viele von ihnen werden entdeckt und auf den Scheiterhaufen geschickt! Das ist keine Geschichte, über deren Wahrheit man streiten kann, das ereignet sich tatsächlich!«

Jetzt erst erschauerte Katharina. Ja, das war ihr bekannt, der Hexenwahn war überall verbreitet, unzählige Menschen waren deshalb schon verbrannt worden; Jacopo, der Großvater, hatte ihr davon erzählt. Auf einer seiner Reisen war er in Ulm und Nürnberg auf kluge Richter getroffen, die sich vom Hexenwahn nicht beeindrucken ließen und die beschuldigten Frauen nach Hause schickten. In Hessen pflegte man die Verdächtigen auszupeitschen und aus dem Land zu weisen. Doch überall sonst war es Sitte, die Zauberer und Hexen auf den Scheiterhaufen zu bringen. Auch hohe Damen und Herren konnten nicht sicher sein, so hatte Jacopo gesagt, einer Anklage und Verurteilung zu entgehen. Viele Richter und Fürsten sprachen das schreckliche Urteil, weil sie nach dessen Vollstreckung das Vermögen der Opfer einzogen und dadurch zu Reichtum und Ansehen gelangten.

»Meine liebe Katharina«, so begann nun Maria von neuem in strengem Tonfall, da sie merkte, nun endlich ein wenig Gehör bei ihrem Schützling gefunden zu haben: »Gegen die schlimmen Versuchungen sollst du täglich mit Andacht die Messe hören, nicht nur, wie du es tust, einmal die Woche. Und dann werde ich dir ein Schutzmittel bereiten, um die Hexen von dir fern zu halten, was weiß denn ich, was diese Alte mit dir vorhat. Meine Mutter hat mich dieses Mittelchen gelehrt[20]: Nimm so viel du willst Wachs von den Lichtmesskerzen, von dem Osterwachs und Weihrauch, ferner von an Mariä Himmelfahrt geweihten Kräutern und von am Gründonnerstag benedizierten Oblaten, pulverisiert und gesiebt; tue dazu pulverisierte Gottesackererde, Weihwasser und geweihtes Salz. Knete diese Substanzen in warmem Weihwasser zu einer Masse, forme hierauf in Weihwasser kleine Kreuze, indem du unterdessen das Vaterunser, das Ave und den Glauben betest. Diese Kreuzlein hänge im Namen der Heiligen Dreifaltigkeit über die Türen des Hauses, der Kammer und des Stalles.‹ Auch an die Wiegen der Kinder soll man sie heften und wer sie am Hals trägt, bleibt vor Verhexungen gewahrt.«

»Ja«, lachte Katharina, ob des langwierigen Rezeptes wieder erheitert, »auch ein geschriebenes Vaterunser und der geschriebene Anfang des Evangeliums Johannis mit dem Kreuzeszeichen, am Halse getragen, gewähren denselben Schutz!«

»Du lache nicht, mein Engelchen, es ist besser, einmal zu viel zu tun als stets zu wenig. Schon mir zuliebe hab Acht auf dich, man weiß ja nie und flugs wird jede Frau der Hexerei beschuldigt, gibt sie sich mit Hexen ab. Zigeunerinnen und Zigeuner sind gefährlich, sie sind gekleidet wie der Teufel, haben keine Religion, kennen Zauberkünste und verbreiten diese in allen Ländern, die sie durchwandern. Es sind Zauberer und Wahrsager, sie kennen Säfte vom Fluss Indus her, die mehr als berauschen und einen Dinge sehen lassen, die man sonst nicht sieht. Stechapfel und Mohn nützen sie dazu. Ich fürchte diese Magdalena!«

»Aber nein«, sagte Katharina, der die erregte Amme nun schon Leid tat, »sobald die Leute irgendetwas Außerordentliches sehen, suchen sie in ihrer Unwissenheit die Urheberschaft bei den Dämonen und halten das für ein Wunder, was das Werk natürlicher Wissenschaften ist.[21] Das hat Jacopo mich gelehrt und auch du hältst doch große Stücke auf ihn.« Aber Maria ignorierte nun ihrerseits Katharinas Reden. Mit wichtiger Miene neigte sie sich nahe an Katharinas Ohr. Ihr war der Spruch eingefallen, mit dem man das Böse austreiben konnte, und den flüsterte sie nun sicherheitshalber:

»Bei aller Landsknecht Frömmigkeit,
bei aller Reiter Demütigkeit,
Geist ich beschwör dich bei pix pax,
bey flederwisch, hering und lax,
dass du arger beltzenbock
ausfahrest aus …«[22]

»Ja, ganz gewiss, bei den frommen Landsknechten und den demütigen Reitern, wo hat man solche schon gesehen!«, lachte Katharina und stand nun endlich auf, um sich umzuziehen. »Wie dumm ist das, die Ammenmärchen machen dir Angst! Was das Volk für Zauberei hält, ist nichts als Betrug und Lügen, von bösen Buben erdacht, die einfältigen Leute zu närren und zu äffen.[23] Glaub nicht daran.« Katharina blickte in die Augen ihrer Amme und spürte förmlich deren Sorgen. Schnell griff sie nach ihren Händen und flüsterte jetzt ihrerseits in Marias Ohr: »Lern die Sprüche nicht und fürchte dich nicht davor. Es ist nichts, als dass der Teufel dadurch große Sünde anrichtet, dass man Gottes Namen missbraucht, in manchen Aberglauben verfällt und einer dem anderen verdächtig wird. Daraus dann Feindschaft, Zorn, Neid, Nachrede und alles Übel entsteht, das gefällt dann dem Teufel sehr wohl.[24] Und bitte, sei so gut und bring mir aus der Küche ein Glas Wein und ein Stück Kuchen, denn ich bin hungrig und durstig geworden in der Stadt.«

Das tat die leidgeprüfte Maria gern und fand ihren Schützling bei ihrer Rückkehr zwar in Mädchenkleidern, doch schon eingeschlafen vor.

Am nächsten Morgen stand der mächtige Herrscher am Fenster seines Sommerzimmers, immer noch melancholisch und immer noch wagte er sich nicht so recht in die Welt hinaus. Schon bald sollte das große Fest ihm zu Ehren stattfinden und eine Vielzahl an Gästen war geladen! Manche waren bereits eingetroffen, die Ankunft der kaiserlichen Familienmitglieder allerdings war erst für den kommenden Tag angekündigt. Rudolf hatte zu nichts Lust! Jeder erwartete etwas von ihm. Er fühlte sich überfordert und hätte sich am liebsten bei den Pferden im Stall oder in seiner Kunstkammer versteckt, aber Rudolf war der Herrscher, der Höchste des gesamten Reiches und als solcher war er erzogen worden, stark und mächtig zu sein, nicht schüchtern und feig! So griff er endlich zur Seidenschnur und läutete dem Kammerdiener Ranft. Der öffnete sofort die Tür. »Seid gegrüßt, mein treuer Diener«, sagte Rudolf mit fester Stimme. »Erzählt Uns, was ereignete sich unten in der Stadt?« Rudolf gab den Hunden Befehl, sich zu legen, müde trotteten sie zu ihrem Herrn.

Christoph Ranft begann mit seinem üblichen Bericht. Er öffnete stets seine Ohren für alles und jeden, damit er dem Kaiser Nachrichten zutragen konnte. Dabei schnappte er auch viele Gerüchte und Unwahrheiten, Intrigen und Übertreibungen auf, aber Rudolf schätzte diese Berichte trotzdem. Sie gaben ihm die Möglichkeit, die Stadt und ihre Menschen besser zu begreifen. »Ich beginne mit einem tragischen Ereignis, das dem Müller widerfuhr und nun in aller Munde ist. Ihm gehörte die

Mühle an der Kleinseite, gleich neben der Steinernen Brücke, aber heute lebt er nicht mehr.« Ranft erzählte mit Absicht das Ende der Geschichte zuerst, denn er kannte seinen Herrn. Tatsächlich nickte ihm dieser aufmunternd zu und so setzte er fort: »Es ereignete sich vor drei Tagen: Der Mann hat in einer Bierschänke so über den Durst getrunken, dass er am Nachhauseweg, bei der Rast an einem Brunnen, vornüberkippte, hinunterfiel und qualvoll ertrank. Erst am nächsten Morgen haben ein paar Frauen beim Wasserholen seine Leiche entdeckt, angeblich wurde eine der Frauen so verrückt, manche sagen, es war die alte Müllerin selbst, dass sie stundenlang jammernd und weinend durch die Straßen lief und alle Bewohner der Kleinseite erschreckte.«

Rudolf hörte die Geschichte etwas betreten an, Crato hatte vielleicht doch Recht, Bier und Wein konnten mit den Jahren den Verstand beeinträchtigen. Nur gut, dass er nicht zum Brunnen ging, wenn er mit Fürsten oder Gelehrten trank. Manchmal hätte wohl auch er Probleme mit dem Gleichgewicht!

Ranft sprach weiter. »Auch von der Judenstadt gibt es Neuigkeiten, Sire. Auf Grund der Privilegien, die Ihr Mordechai Maisl zukommen habt lassen, ist dieser ja sehr reich und konnte nun auch die letzten Wege des Judenviertels pflastern lassen. Der Nuntius hat gemeint, die Juden hätten die Pflasterung gut durchgeführt, selbst unsereins, im richtigen Glauben sattelfest, hätte dies nicht besser bewerkstelligen können.[25]«

»Aha, der Nuntius meint nun auch schon, es sei eine Frage des Glaubens, ob man einen Weg pflastern kann oder nicht?«, äußerte sich Rudolf verdrossen. »Habt Ihr denn gar keine gute Nachricht an diesem Tag?«

Ranft überlegte nicht lang, wie immer hatte er sich absichtlich das Beste für den Schluss gespart: »Natürlich, Sire, hab ich auch Gutes zu berichten. Der Stallmeister hat ein neues Pferd für Euch gekauft. Das prächtige Tier wird Euch gefallen. Es ist größer und schöner als alle bisherigen und seine Stärke fasziniert selbst den Stallmeister, der auch in der Schule Neapels[26] kein besseres Pferd je gesehen hat, wie er selbst sagt!«, fügte Ranft noch schnell hinzu.

Rudolf nickte erfreut, er beschloss, gleich nach dem täglichen Gespräch mit den Astrologen das neue Pferd zu betrachten. »Gebt Anweisung, dass es vor Unseren Fenstern auf und ab geführt wird![27]«, befahl er. »Und erzählt weiter!«

»Dann gibt es noch ein Gerücht, das derzeit den Hof und die ganze Stadt durchläuft. Aber«, und hier legte Ranft eine kurze Pause ein, »das ist nicht so wichtig.« Er wusste, wie er die Aufmerksamkeit und die Neugier des Herrschers wecken konnte, lang genug schon diente er seinem Kaiser. Und tatsächlich, nun blickte Rudolf erwartungsvoll zu seinem Diener hinüber. Ranft war an diesem Morgen durch den Besuch Ottavio Stradas überrascht worden, der ihm von der Seherin erzählt hatte. Obwohl der Kammerdiener und der Antiquar nicht viel gemeinsam hatten, tauschten sie doch gelegentlich interessante Neuigkeiten miteinander aus.

»Es stammt aus sicherer Quelle, Sire, dass eine Wahrsagerin in Prag angelangt ist, die große Erfolge auf dem Gebiet der Zukunftsdeutung feiert. Vielen hat sie schon geweissagt und mit Erfolg.«

Rudolf war ganz Ohr. »Wie heißt sie?«, fragte er eindringlich und mit strengem Unterton.

»Magdalena, die wahre Seherin«, sagte Ranft, zufrieden, Ottavio so detailliert ausgefragt zu haben. »So nennt sich die alte Frau, die in Lumpen gekleidet ist und Arm und Reich ihre Dienste anbietet«, ergänzte er noch. Nicht nur Ranfts Bestreben, dem Kaiser zu gefallen, erfüllte sich, sondern auch Ottavios kleiner Plan ging auf! Dem ehrgeizigen Mann waren am Abend nach dem Gespräch mit Magdalena Zweifel gekommen, ob sie auch tatsächlich die Gelegenheit haben würde, im Garten mit dem Kaiser zu sprechen. Wenn nun doch ein aufmerksamer Wachsoldat die alte Frau entdecken und vertreiben würde, bevor sie mit dem Kaiser sprechen konnte? Ottavio hatte dieses Risiko ausschalten wollen und war deshalb schon frühmorgens zu Ranft gegangen, um ihm von der Seherin zu berichten. Er wusste, dass der Diener dem Kaiser davon erzählen und dass Rudolf auf sie neugierig sein würde. Es war ja allgemein bekannt, dass Rudolf den Wahrsagern und Magiern, den Alchemisten und Astrologen gern seine Aufmerksamkeit schenkte. »Wird der Kaiser erst einmal neugierig auf Magdalena, so lässt er es nicht zu, dass sie von den Soldaten oder den Dienern vertrieben wird!«

Tatsächlich war Rudolfs Interesse nun geweckt, zudem war er ein ungeduldiger Mann. »Lasst sie sofort zu Uns bringen, macht Euch auf den Weg und holt Uns die Seherin. Wenn sie einen solch hervorragenden Ruf genießt, wie Ihr sagt, dann muss sie Uns die Zukunft deuten. Macht Euch sofort auf, den Weg zum Audienzsaal finden Wir in diesem Fall auch ohne Euch.« Rudolf wartete Ranfts untertänigste Verabschiedung nicht mehr ab, zu sehr war er in seine Gedanken versunken. Was würde ihm die Wahrsagerin wohl prophezeien? Würde er beim Volke beliebt bleiben, auch wenn er die Juden hier ließ? War sein Leben in Gefahr durch seine Verwandten? Er hoffte, Antworten auf diese Fragen zu finden und fröstelte zugleich, hoffentlich gelang es den Dienern, die alte Frau schnell zu finden!

Ranft machte sich sofort auf die Suche, begleitet von zwei Lakaien ging er zur Stadt hinunter. »He! Du da, alter Mann«, sagte er zu dem Bettler auf der großen Brücke. »Sag mir, kennst du die Seherin Magdalena?« Bei diesen Worten setzte er seinen strengsten Blick auf, zog die rechte Augenbraue in die Höhe und kniff den Mund zusammen. Er wartete auf Antwort und klopfte ungeduldig immer wieder mit den Schuhspitzen auf den Boden.

Der Bettler zeigte sich allerdings wenig beeindruckt, es war derselbe Mann, der am Vortag den Kohlkopf nach Katharina geworfen hatte. »Ihr habt Geld, Herr, gebt mir drei von den Silbermünzen und ich sage Euch, wie Ihr die Seherin findet!« Ranft atmete kräftig durch und zog schließlich langsam eine Münze hervor, die er dem armen Mann vors Gesicht hielt: »Entweder du sagst es mir für diese eine Münze oder ich frage den da drüben!« Dabei zeigte er ärgerlich auf einen Krüppel, der wenige Meter weiter ebenfalls um Almosen bat.

»Na gut!«, lenkte der Bettler ein und griff hastig nach der Münze. »Geht und fragt den Mann ohne Zunge nach der Wahrsagerin, er ist größer und breiter als all die anderen Männer und treibt sich immer wieder hier herum. Wenn es dieser Mann nicht weiß, weiß es keiner.«

Ohne den Bettler eines weiteren Blickes zu würdigen, gab Ranft seinen beiden Begleitern ein Zeichen, ihm zu folgen. Nein! Das war nicht seine Welt! Ranft liebte das Zeremoniell bei Hof, die Sauberkeit, die Ordnung und auch die Unterwürfigkeit, die man ihm entgegenbrachte und die auch er den Höherstehenden entgegenbringen musste. Wie ein Flamingo im Sumpf, der die zarten rosa Beine nur vorsichtig und widerwillig auf den schmutzigen Boden setzt, bewegte sich Ranft mit den beiden Lakaien über die Brücke. Seine Ähnlichkeit mit einem Vogel wurde durch die damalige Mode, kurze Hosen über engen Strümpfen, noch betont. Die Respektlosigkeit des Bettlers ärgerte ihn maßlos und der Lärm und der Schmutz machten ihn beinahe krank. Die Hitze drückte auf sein Haupt, seine blasse Haut färbte sich schon gefährlich rot. Zusätzlich sollte er jetzt auch noch einen Mann ohne Zunge finden! Und eine Seherin! Doch der Stiefelwischer hatte Glück, schon bald kam Wenzel entlang des Weges. Er hatte einen Sack Mehl auf die Schultern geladen und ging recht zügig. »Du da!«, rief ihm Ranft hinterher und lief ihm nach. Selbst jetzt war er so sehr Höfling, dass er auch in der Eile auf den Weg achtete und dem verschmutzten Stroh, das überall herumlag, auswich. Die Leute auf der Brücke spotteten über ihn! »Da schau, der feine Herr vom Hof, der stelzt wie ein Vogel und springt wie ein Geißbock!«, so verlachten sie ihn hinter vorgehaltener Hand.

Als Wenzel bemerkte, dass er es war, der von dem Kammerdiener angesprochen worden war, drehte er sich gemächlich um und blickte kritisch auf den viel kleineren Ranft herab. »Ähem, du ...«, der Stiefelwischer des Kaisers wusste beim besten Willen nicht, wie er das Gespräch mit dem Mann ohne Zunge beginnen sollte. Er fühlte sich sichtlich unwohl und völlig fehl am Platz! Ohne Acht zu geben, machte er einen Schritt rückwärts, unwillkürlich versuchte er Bärs ernstem Blick zu entgehen. Dabei trat er auf einen fauligen Apfel. Als er spürte, wie sich das feuchte Mus durch die dünnen, engen Strümpfe hindurch quetschte, verlor er beinahe den Halt. Die Menschen rundherum lachten nun ohne Hemmungen, selbst die beiden Lakaien konnten sich ein Lächeln nicht verkneifen. Ranft machte die Peinlichkeit noch schlimmer, er hob das beschmutzte Bein und versuchte den klebrigen Matsch abzuschütteln. In den eng anliegenden, dunklen Strümpfen sah er aus wie ein Storch auf einem Bein. Alle auf der Brücke schienen die Situation komisch zu finden, lediglich Bär blickte still und unbeweglich auf den verzweifelten Kammerdiener. Nach einiger Zeit beruhigte sich die Lage endlich. Die Hausierer und Händler gingen wieder ihrer Arbeit nach, die Frauen zogen die Kinder an den Händen, um ihren Weg fortzusetzen und die Bettler baten die Vorbeiziehenden um Almosen. Ranft hatte seine Fassung und Würde wiedergewonnen, er dachte an den Kaiser und das Lob, das er einstreichen würde, käme er mit der Wahrsagerin zurück. »Sag mir! Ich suche die Seherin Magdalena, man sagte mir, du wüsstest, wo sie zu finden ist. Führ mich zu ihr, denn dies ist der Wunsch des Kaisers selbst.« Bär blickte weiterhin auf Ranft herab. War es wahr, was er da hörte? Der Kaiser hatte Interesse an der seltsamen Frau? Bär war Magdalena am Vortag heimlich gefolgt, er wusste natürlich, dass sie in der alten Werft Unterschlupf gefunden hatte. Auch Magdalena war bald auf den großen, kräftigen Mann aufmerksam geworden, ihre Blicke hatten sich mehrmals getroffen. Einmal hatte Magdalena dem stummen Mann zugenickt und dabei viel sagend gelächelt. Bär hatte sich durch den Blick nicht nur durchschaut und ertappt gefühlt, da er ihr so offensichtlich nachspionierte, sondern auch geschmeichelt. Tatsächlich hatte sein altes Herz immer kräftig zu pochen angefangen, wenn ihn Magdalenas Augen eindringlich anblickten.

Nun stand Wenzel auf der Brücke und schaute starr auf Ranft. Dieser wurde immer unruhiger und fragte erneut nach Magdalena. Er meinte, der Mann ohne Zunge litte auch an geringem Verstand. Daher sprach er so mit Wenzel, dem Bären, als wäre dieser ein fünfjähriges Kind. Die beiden Lakaien standen ratlos dahinter. Bär überlegte kurz, entschied aber dann, die drei Männer zu Magdalena zu führen. Wer weiß, dachte der kluge Stumme, wenn sich der Kaiser von ihr die Zukunft deuten lässt, dann kann dies ihre große Chance sein.

Magdalena hatte indessen nichtsahnend am Fluss mit den Frauen, die dort ihre Wäsche wuschen, geklatscht. Auch sie selbst hatte einen Teil ihrer Kleidung am Morgen gewaschen, bei der Hitze trockneten die Lumpen in wenigen Stunden. Plötzlich entdeckte sie den großen Mann, der ihr tags zuvor gefolgt war, mit drei anderen Männern im Schlepptau! Sie war unschlüssig, sollte sie sich auf und davon machen? Ihre Neugierde siegte und etwas aufgeregt trat sie den Näherkommenden entgegen. Auch die Frauen hielten in ihrer Arbeit inne und blickten gespannt auf die Besucher.

»Ihr seid also Magdalena, die wahre Seherin?«, fragte Ranft bereits von weitem. Magdalena nickte und antwortete mit fester Stimme: »Ja, so ist es, hat Euch nun mein Ruf ereilt? Sucht Ihr meinen Rat?«

Ranft ging nicht auf ihre Frage ein und obwohl auch er Achtung vor der Wahrsagerei hatte, so übersah er doch nicht die Lumpen, in denen die alte Frau steckte. Menschen in Lumpen konnte er nur schwer mit Respekt behandeln, so auch Magdalena. Durch die Nase und mit hochgezogenen Brauen sagte er: »Der Kaiser wünscht Euch zu sehen. Ihr sollt ihm die Zukunft deuten, also kommt mit uns.«

Wenzel sah unsicher zu Magdalena hinüber, aber wiederum beschenkte sie ihn mit einem sanften Lächeln, und nun fühlte sie sich vollkommen sicher. Ihr Plan ging auf. Sie wusste zwar nicht, wie Ottavio diese »Einladung« zustande gebracht hatte, aber sie wusste, dass sie ein gutes Zeichen war. Sie würde dem Kaiser die Zukunft deuten und ihn auf die richtige Fährte bringen. Mit ihrer Prophezeiung würde sie seine Gedanken auf Katharina lenken. Wären die beiden erst ein Liebespaar, so würde sich der Kaiser bestimmt erkenntlich zeigen für die Weissagung, die sich dann bewahrheitet hätte. Magdalena dachte an Ottavio und an ihre Abmachung, sie wollte erst am Vortag des Festes mit dem Kaiser sprechen, zu groß wäre jetzt die Gefahr, dass Rudolf ihren Spruch auf eine falsche Frau übertragen könnte. Es waren immerhin noch drei Tage bis zum Fest, also drei Tage, bis Rudolf Katharina das erste Mal sehen sollte. Darum sagte sie abweisend: »Die Zukunft, Herr, ereilt den Herrscher noch früh genug, so wie jeden von uns. Wenn das Schicksal mich ruft, werde ich kommen, noch ist es zu früh. Bestellt dies Eurem Herrn.« Nach diesen Worten wich Magdalena einige Schritte zurück, mit einem letzten Gruß und einem letzten Blick auf Bär wollte sie sich davonmachen.

Ranft erkannte ihre Absicht und wies die beiden Lakaien an, sie mit Gewalt nach oben zur Burg zu begleiten. Er wusste, es war besser, nicht ohne sie beim Kaiser zu erscheinen.

Die alte Frau sah belustigt auf die beiden Burschen zu ihrer Rechten und zu ihrer Linken und meinte keck: »So hübsche Begleitung genoss ich seit meinen Jugendtagen nicht mehr, aber nun, meine Herren, entschuldigt mich.« Kaum hatte sie die letzten Worte gesagt, da huschte sie blitzschnell davon, rannte an den Waschfrauen vorbei hin zum Fährmann, der soeben angelegt hatte, und sprang in sein Boot. Der Mann kannte die alte Frau, er setzte sie regelmäßig zur Insel über, auch er war ihrer Weisheit und ihren Reden erlegen und unterhielt sich gern mit ihr. Da er schon schlechte Erfahrungen mit Leuten vom Hof gemacht hatte, überlegte er nicht lang und ruderte mit kräftigen Zügen davon.

Ranft starrte ungläubig hinterher, es war einfach nicht gerecht! Er hatte sich auslachen lassen, er musste sich mit Schmutz und Gestank abquälen und nun entkam die Alte auch noch! Rasch und gar nicht mehr vornehm lief er zum Fluss hinunter und schimpfte dem Boot hinterher. Der Fährmann musste lachen, aber Magdalena tat der verzweifelte Ranft Leid und so rief sie ihm zu: »Seid nicht bekümmert, Ihr werdet das Glück des Kaisers teilen!«

Nicht nur der Kammerdiener Ranft hatte schlechte Laune. Auch im Haus der Stradas herrschte keine gute Stimmung. Ottavio war schon am Vormittag unausgeglichen und launisch gewesen. Er hatte die Dienerschaft unfreundlich herumkommandiert und seine Tochter grundlos angefeindet, weil er wegen des Festes aufgeregt war. Alle atmeten erleichtert auf, als er zur Mittagszeit das Haus endlich verließ und zur Burg hinauf ging, um sich wieder den Vorbereitungen zu widmen. Katharina setzte sich an den Tisch im Esszimmer und unterhielt sich angeregt mit Maria über das bevorstehende Ereignis, als sie plötzlich auf der Treppe Schritte hörte. Eine bekannte Stimme sagte: »Sei gegrüßt, meine Liebe!«

Katharina drehte überrascht ihren Kopf zur Tür. Sie konnte es kaum glauben, da stand Jacopo Strada mit einem breiten

Lächeln und klopfte fest an den Türrahmen! Sie freute sich über alle Maßen! Endlich war ihr geliebter Großvater angekommen! Schnell sprang sie vom Tisch auf und stürmte auf ihn zu. Er lachte und schloss seine Enkelin fest in die Arme. Katharina küsste ihn stürmisch auf die sonnengegerbten Wangen und kraulte seinen weißen Spitzbart. Wie immer war er sorgfältig und erlesen gekleidet, seine Gestalt war noch immer straff und jugendlich.

»Oh! Das ist aber die schönste Begrüßung, die sich so ein alter Mann wie ich wünschen kann! Lass dich anschauen, wie geht es dir, mein Kind? Oder besser, meine Dame! Richtig erwachsen bist du ja nun schon.«

»Jacopo, lieber Großvater, ich bin so froh, Euch zu sehen! Wie war die Reise, wie habt Ihr die Hitze nur in der engen Kutsche ertragen können?«

»Mein Kind, ich reise nun schon so lange und zu jeder Jahreszeit im Auftrag der Könige und Kaiser durch ganz Europa, dass mir weder Hitze noch Kälte etwas ausmachen. Und ganz im Vertrauen, wir haben am Fluss Halt gemacht. Wenn auch die Diener nicht schwimmen können, ich liebe es sehr!«, lächelte der alte Mann.

Wie gut haben es die Männer, überlegte Katharina neidisch. Für Damen war es undenkbar, mehr als die Fingerspitzen ins Wasser eines Flusses zu stecken.

»Aber sag mir, Engelchen, wo ist mein Sohn? Auf dem Hradschin?«

Sie nickte.

»Dann komm, wir wollen ihn ein wenig ablenken!« Miteinander scherzend gingen sie den Berg hinauf, bis sie schließlich in Ottavios Werkstatt angelangt waren. Dieser bemühte sich erst gar nicht, seine Abneigung zu verbergen. »Aha«, sagte er anstatt einer Begrüßung, »der geliebte Herr Vater ist also wieder da!« und reichte ihm widerwillig und zögernd die Hand.

Er begegnete seinem Vater äußerst ungern, dabei war Jacopo stets gut zu ihm gewesen. Obwohl er nicht besonders begabt war, hatte ihm der Vater alles gezeigt und ihn sein eigenes Wissen gelehrt, sodass aus Ottavio, entgegen den Erwartungen seiner Familie, ein großer Mann geworden war. »Ich habe viel zu tun«, sagte er nun schroff zu seinem Vater. »Ich muss auch noch in die Stadt hinunter, ins Judenviertel, die Männer für die Brandwache bestellen.«

»Ottavio!«, schlug Jacopo freundlich vor, »das kann ich gerne übernehmen, denn ich wollte ohnedies zu Herrn Maisl gehen.«

Ottavio wollte sich eigentlich nicht von seinem Vater helfen lassen! Andererseits würde er dadurch Zeit gewinnen und so nahm er das Angebot an.

Katharina hatte die ganze Zeit über geschwiegen, sie war traurig, weil sie nicht zum Fest gehen würde. Ottavio hatte ihr nichts von seinem Plan, wie er Magdalenas Worte in Erfüllung gehen lassen wollte, erzählt. Er hatte Angst davor, dass Jacopo davon erfahren und ihm einen Strich durch die Rechnung machen würde. Nein!, sagte sich Ottavio mit einem kalten Lächeln. Es ist besser, Katharina erfährt das erst im letzten Moment!

Jacopo und Katharina kamen auf ihrem Weg hinaus durch den Gang vor Ottavios Werkstatt, wo die Schneider und Näher ihre improvisierten Arbeitsplätze hatten. Es herrschte unsagbar dichtes Gedränge, denn überall in dem Gang wimmelte es von Menschen, von Stoffballen und von Kostümen, die hier eigens für den Festzug gefertigt wurden! Der Großvater machte einen kleinen Bogen, um nicht ein Pfauengewand zu streifen, das auf einer Truhe abgelegt worden war, und rannte dabei fast in einen Tuchhändler. Dessen Murren geflissentlich überhörend wandte er sich Katharina zu: »Was machst du nur für ein trauriges Gesicht, gefallen dir denn die Kleider nicht?«

»Wisst Ihr, Großvater, wenn ich all das sehe, könnte ich weinen. Natürlich gefallen mir die Gewänder, alles zusammen gefällt mir, die Stimmung ist so ausgelassen, das Fest wird prächtig sein. Nur ich werde nicht dabei sein! So gern würde ich alles sehen und die Musik hören, ich bin so traurig! Und so gerne möchte ich den Kaiser einmal aus der Nähe sehen, nicht so wie damals, als ich ihn aus weiter Entfernung lediglich erahnen konnte.«

»Ich verstehe dich gut, aber du kannst nicht uneingeladen hingehen«, meinte Jacopo. »Ich habe das Glück, den Kaiser besser zu kennen als die meisten Leute und so bin ich sein Gast. Aber letzten Endes geht es hier nur um ein Fest und niemals kann es mehr als das sein!«

Katharina seufzte: »Ich wäre ja so gerne dabei!«

»Nun sei nicht so betrübt, meine Liebe«, ihm tat seine Enkelin Leid. »Ich werde mit Ottavio sprechen, am Festtag selbst sind die letzten Proben, da soll er dir erlauben, zuzusehen!«

»Ja, Großvater, das wäre gewiss schön, ist aber kein Ersatz für das Fest! Ach! Ich sehe schon, ich werde den Festtag in meiner Kammer verbringen und mich kränken.« Da erblickte Katharina einen roten Haarschopf, der hinter einer Truhe auftauchte. Er gehörte Doña Elisabeth, die sich gerade damit vergnügte, begeistert ein Löwenkostüm zu probieren. Das wollte nicht so recht über ihr Kleid passen und so sahen ihre Röcke überall hervor. »Ah, Katharina«, rief die Kleine, als sie ihre Freundin sah. »Schaut doch, ich bin jetzt ein Löwe!« Auf allen vieren kroch sie auf Katharina zu und hob eine Tatze. Sie sah so komisch aus, dass Katharina hellauf lachen musste. Jacopo schmunzelte, als sich die beiden Mädchen umarmten.

Auf dem Weg hinunter zur Kleinseite wurde nicht mehr über das Fest gesprochen. Jacopo erzählte von Florenz, wo er vor kurzem am gastfreundlichen Hof der Medici gewesen war. »Die Großherzogin Bianca, die Kaufmannstochter aus Venedig, ist wunderschön, wenn auch etwas üppig! Hast du schon von ihr gehört?«

»Nicht viel, denn in meiner Anwesenheit will keiner von ihr sprechen!«, beklagte sich Katharina.

»Kein Wunder, es heißt, der Großherzog habe wegen der einfachen Venezianerin, die schon jahrelang seine Geliebte war, seine Frau Johanna, die Mutter seiner Kinder und Tante unseres Kaisers, ermorden lassen!« Jacopo erzählte seiner Enkelin nur einen Teil von dem, was er über die Geschichte wusste. Der Rest war für ihre Ohren wirklich nicht geeignet. Ihre Augen wurden bei seinen Worten trotzdem immer größer. »Ach, weißt du«, meinte der Großvater dann, »es wird zu viel geklatscht. Eine Hexe soll Bianca Capello sein! So ein Unsinn! Liebe hat nichts mit Hexerei zu tun!«

Nachdem er das sehr nachdenklich gewordene Mädchen heimgebracht hatte, ging er mit raschen Schritten zur Judenstadt hinüber und war froh, sich endlich etwas Bewegung verschaffen zu können. Er hatte auf seiner Reise zu lang steif in der Kutsche sitzen müssen! Hoffentlich war Herr Mordechai daheim! Dort wurde ihm aber gesagt, der Primator sei zur Altneusynagoge gegangen, um mit einigen anderen Herren wichtige Dinge zu besprechen.

Jacopo wusste, dass unter Rudolf zumindest für die Prager Judenstadt das goldene Zeitalter angebrochen war. Nie zuvor hatte es so günstige Bedingungen gegeben für die gesellschaftliche und geistige Entfaltung der Juden wie jetzt. Diese liebten den Kaiser, weil er nicht nur in Prag residierte und sie in seine Dienste nahm, sondern sie sogar schätzte. Das war sehr ungewöhnlich, denn in anderen Ländern wütete die Inquisition. Domini canes, die Hunde des Herrn oder »die Müller«, wie man die Dominikaner wegen ihres weißen Habits zu nennen pflegte, hatten sogar dem spanischen König Philipp ihren Willen aufgezwungen. Aber Rudolf empfand wenig Sympathien für religiöse Eiferer. Weder Protestanten noch Juden mussten in Prag um ihr Leben fürchten, auch wenn seine Verwandten anderswo diese noch so heftig verfolgten. Auf dem

Weg zur Synagoge dachte Jacopo voller Hochachtung an Mordechai, der das jüdische Rathaus und zwei Synagogen gebaut, das Frauenbad, ein Waisen- und ein Krankenhaus der jüdischen Gemeinde zum Geschenk gemacht hatte: Unendlich reich ist dieser Mann, kein Wunder, dass ihn Legenden umranken. Die einen sagen, er hätte sein Vermögen, einen Schatz in einer Truhe, als Belohnung für seine aufrechte und ehrliche Gesinnung von einem armen Bauern bekommen, dem er großzügig Kredit gewährt hatte. Die anderen erzählen, er hätte sein Geld im Wald von zwei kleinen Männlein geschenkt erhalten wegen seiner menschenfreundlichen Wesensart. Ich hingegen weiß, dass er als Großfinanzier des Kaisers seine Privilegien geschickt zu nützen weiß.

Als er die Altneusynagoge betrat, sah er neben Maisl seinen Freund Jan Vermeyen und Jehuda Liwa Ben Bezalel, den Rabbi Löw, stehen. Er hatte den geistigen Führer der Judengemeinde vor einigen Jahren in Worms kennen gelernt. Als dieser später in Prag gepredigt hatte, war auch er unter den Zuhörern gewesen. Später hatte er dem Kaiser von dem hohen Geist der Nächstenliebe erzählt, die aus seinen Worten gesprochen hatte, seither fühlte sich auch Rudolf vom Wissen des Rabbi angezogen. Bald nach der Predigt wurde der Rabbi vom Fürsten Berthier[28] auf die Burg gerufen und dort in ein langes Gespräch verwickelt. Dabei wurde er gebeten, laut zu sprechen, damit der Kaiser, der unbemerkt hinter einem Vorhang stand, die ganze Unterredung hören konnte. Zu des Rabbi Verwunderung öffnete sich dann plötzlich der Vorhang und der Kaiser trat hervor, richtete an ihn einige Fragen und zog sich dann wieder zurück. Es war nicht bei dem einen Besuch geblieben. Rudolf schätzte den ehrwürdigen Rabbi so hoch, dass er immer wieder nach ihm sandte, um mehr über die jüdische Mystik zu erfahren. In einer kleinen, gelben Truhe verwahrte Rudolf wertvolle geheime Schriften, darunter eine reich verzierte Handschrift Roger Bacons mit geheimen Zeichen, die von niemandem zu entziffern waren. Stundenlang beschäftigte sich der Kaiser auch mit dem Studium der hebräischen Schriftzeichen[29].

Als Jacopo näher trat, unterbrachen die drei Männer ihr angeregtes Gespräch und begrüßten ihn herzlich. Jan Vermeyen, des Kaisers liebster Goldschmied, kam ihm freudig entgegen. »Wir haben soeben über den Kaiser gesprochen! Tretet näher, es geht um ein Amulett, das die Juden ihm verehren wollen.« Neugierig trat Jacopo zu den anderen.

»Ich habe mir ein Amulett ausgedacht«, erklärte ihm der Rabbi. »Es soll unseren Herrscher vor den bösen Gedanken der Menschen und dem Zweifel in der eigenen Seele beschützen. Ihr, verehrter Meister«, wandte er sich nun an Jan Vermeyen, »sollt dazu beitragen, es edel zu gestalten.« Der kleingewachsene Goldschmied freute sich sichtlich über den ungewöhnlichen Auftrag. Er zog seine Brille heraus und klemmte sie sich auf die breite Nase, als der Rabbi eine Lade öffnete und einen Stein herausnahm. Es war ein runder brauner Stein mit hellem Rand, nicht ganz handtellergroß und schon geschliffen. Im Stein sah man Schriftzeichen und Symbole.

»Der junge Meister Ottavio Miseroni hat bereits den Anfang gemacht und diesen Stein, der von Natur in verschiedenfarbigen Kreisen geformt ist, graviert.« Vermeyen nahm den Stein in die Hand, hielt ihn ganz nahe an seine Augen und bat den Rabbi: »Erklärt mir bitte diese Zeichen!« »Vom Sternzeichen der Fische verläuft eine Aszendentenachse zur Jungfrau als Bohrung im Stein«, erklärte Löw und wies auf die einzelnen Symbole. »Der Onyx ist der Stein des Saturn, des Planeten unseres Herrn«, setzte er hinzu. »Nach unserer Tradition bedeutet der Stundenplanet Saturn allerhand Pläne, aber wenig Erfolg. Er regiert tief angelegte, oft grüblerische und nachdenkliche Naturen mit Gelehrsamkeit, Zuverlässigkeit, Beständigkeit und Arglosigkeit. Und gibt dem Herrscher, was ihm fehlt: mehr Energie und Arbeitskraft.«

»Ja«, nickte Jacopo, »aber trotz manchen Missgeschicks gelangt er zum Erfolg.«

»Der Stein wird den bösen Blick auf sich lenken«, stellte Maisl fest, »damit er nie den Kaiser trifft. Das Amulett ist wie ein magischer Kreis, der schützt, wenn man ihn um sich herumzieht, der aber auch das Eingekreiste bannt und es zwingt, dem Herrn zu dienen.«

»Zwölf Engel dienen ihm«, erklärte der Rabbi und wies auf die äußeren Ringe des Steins. »Ich habe sie vor allen anderen gewählt, denn sie sind mächtig. Hier sind sie eingraviert. Der Rechtschaffene und Fromme steht über den Engeln und kann ihnen befehlen, wenn er sie beim Namen nennt.«

Jacopo, des Hebräischen mächtig, las den Zauberspruch: »Du bist ewiglich machtvoll, o Herr. O gewaltiger Gott, sei gnädig dem erhabenen König, stärke und segne ihn; verleihe ihm Gnade und Macht über alle lebenden Dinge und Herrschaft über das Volk unter seiner Führung durch die heiligen Engel Hadarniel, Gabriel und –«, hier stockte er, »Sekeliel. Amen. Sela. Gesegnet sei Sein Name, dessen glorreiches Königtum für alle Ewigkeit ist.«[30] Der Rabbi zeigte nun in die Mitte des Steins: »Der siebenarmige Leuchter[31] hier steht für Psalm 97[32], ›Der Herr ist König‹.«

Jan Vermeyen rauchte der Kopf. Um diesem Stein die würdige Fassung zu geben, würde er alle seine Kräfte und Kenntnisse brauchen. Ja, hier fehlt der goldene Rahmen rund um den Stein, dachte er, den werde ich mit den zwölf Steinen der Stämme Israels schmücken. Jan freute sich auf seine ungewöhnliche Aufgabe. Und auch auf die langen Gespräche mit dem Kaiser, die nach Übergabe des Amuletts zu erwarten waren.

»Verehrter Meister Jan«, sprach der hohe Rabbi, »Ihr habt, ich sehe es Euch an, das Meisterwerk der Fassung schon im Geist begonnen. Ihr zeigt Euch voll Bewunderung für Miseronis Kunst. Der Stein ist einzig und die Symbolik auch. Doch soll Euer Beitrag nicht geringer sein. Mit unserem hoch geschätzten Freund Mordechai habe ich hier auf einem Blatt die Rückseite entworfen und möchte Euch diesen Vorschlag anvertrauen.«

Jan legte den Stein in die Lade zurück und die Männer widmeten sich dem Dokument. In ein Quadrat eingezeichnet war der Davidstern, darin das Pentagramm. Jacopo betrachtete den Plan und sagte: »Jan, Ihr sollt, wie ich sehe, außen auf den Deckel ein Quadrat im schützenden Ring ins Gold gravieren. Die Vierheit geht allen anderen Zahlen an Kräften voran, sie ist der Grundstein und die Wurzel aller übrigen Zahlen. Auch der Name Gottes JHVH und INRI bestehen aus vier Buchstaben. Es gibt vier Himmelsgegenden, vier Elemente, vier Jahreszeiten, vier Hauptwinde, vier Erdteile[33], vier Temperamente, und vieles mehr. Die Vier ist somit die Welt, über die der Kaiser herrscht. Er tut dies im Zeichen des Kreuzes, das Ihr an allen Ecken eingravieren sollt, damit auch Christus unseren Herrn beschützt.«

»Und ins Quadrat setzt Ihr den Stern Davids«, ergänzte der Rabbi, »das Symbol für die Sechsheit, zusätzlich auch für die Siebenheit, da sich in der Mitte ein Schriftzeichen befindet. Sechs Flächen hat der Würfel, am sechsten Tag wurde der Mensch erschaffen, sechs Tage wird gearbeitet. Und somit führt die sechs zur sieben, am siebenten Tage ruht man, der Punkt in der Mitte des Sterns ist die Sonne, die Zacken sind die sechs Planeten. Die Sieben ist jedoch weit wichtiger, als Primzahl unteilbar, zusammengesetzt aus der Vier für die Welt und der Drei für Gott.«

»Im Hexagramm ist der Makrokosmos, es bannt die Geister«, sprach Maisl ehrfurchtsvoll. »Und hinein fügt Ihr das Pentagramm, das Zeichen der Gesundheit. Es ist der Mikrokosmos, der Mensch mit seinem Kopf und seinen vier Gliedmaßen.« Vermeyen rückte seine Brille zurecht. »Als Drudenfuß hilft es gegen Hexen und Druden, es hält sie von Türschwellen, Betten, Wiegen und Ställen ab.«

Nun ergriff wieder Jacopo das Wort: »Das Pentagramm im Hexagramm, der Mikrokosmos im Makrokosmos, der Mensch als Teil und Mittelpunkt der Schöpfung und mit ihr im Einklang ...«

»Und«, begeisterte sich der Goldschmied, »damit der Kaiser nicht der Ketzerei beschuldigt werde, den Namen von Jesus, deutlich sichtbar in die Felder geschrieben, der die Welt des Stoffes mit der des Geistes verbindet wie ein neuer Hermes Trismegistos[34], wie Rudolf selbst. Und hier«, er zeigte auf das Wort »Dies«, »ist der Jüngste Tag, er leitet über zur Innenseite des goldenen Deckels, zu Jesus als dem Richter. Ich sehe ihn schon vor mir, über dem Regenbogen[35] vor dem Sternenhimmel thronend und darunter fliegt ein Drache als Sinnbild seines Sieges über die Ewigkeit oder über den Teufel als Drache der Apokalypse[36].«

»Und seht, lieber Meister«, wies der Rabbi den Goldschmied an, »Jesus soll als Richter in der einen Hand das Schwert des Gerichts halten, in der anderen hingegen den Lilienstamm, Zeichen der vollkommenen Liebe, die in der Vereinigung von Gott und Mensch besteht.« Gleich einer Vision sah Jan das fertige Werk vor Augen, golden schimmernd mit einer Perle als Anhänger daran, dem Licht des Glaubens. Als er den Stein und das Dokument vom Rabbi entgegennahm, fragte er sich, ob Rudolf das Amulett wohl schätzen und tragen würde.

Jetzt fiel Jacopo wieder ein, weshalb er eigentlich gekommen war. Er nahm den Primator auf ein Wort zur Seite, um den Einsatz der Feuerwehrleute beim Fest zu besprechen. Einhundertfünfzig Mann, neben den Brunnen der Stadt aufgestellt, würden wohl genügen. Maisl versprach, alles in die Wege zu leiten und lud die anderen Männer ein, als Gäste mit in sein Haus zu kommen, um zu speisen. Gern stimmten diese zu, sie hörten gern Neuigkeiten aus der Judenstadt, vor allem schätzten sie den geistvollen Gastgeber und dessen vortreffliche Hausfrau Frumet, deren angenehme Gesellschaft sie zu genießen wussten.

Endlich war der Vortag des Festes gekommen und es wurde für Magdalena Zeit, sich zum Burgtor zu begeben, so wie sie es mit Ottavio vereinbart hatte. »Das wird schon werden, es kann ja nicht viel passieren! Oder doch?« Sie war aufgeregt, der Weg zur Burg hinauf schien ihr an diesem Tag länger und beschwerlicher zu sein als sonst. Im schlimmsten Fall sperren sie mich in den Turm, kam ihr in den Sinn und ihr altes Herz begann kräftig zu klopfen. Die pralle Sonne brannte erbarmungslos herunter. Endlich hatte sie das Burgtor erreicht. Ihre Spannung stieg, würde sie es schaffen, den Kaiser zu sprechen? Würde er auf sie hören? Die alte Frau spürte, dies war ihre große, wohl ihre einzige Chance auf ein besseres Leben. Sie musste nur kurze Zeit auf Ottavio warten, auch er war früher als vereinbart am Treffpunkt. Der Antiquar gab ihr schon von weitem ein Zeichen, durch das offene Tor hindurchzugehen. Magdalena zögerte nicht und steuerte auf ihn zu. Er hatte Recht behalten, es war so viel los an diesem Tag, die Wachen achteten nicht weiter auf die alte Frau. Sie waren mit den Dienern und Händlern beschäftigt, die noch Lebensmittel für den Festschmaus lieferten. Es herrschte reges Kommen und Gehen am Burgtor. Jeder konzentrierte sich auf seine Aufgabe, alles hastete hin und her. Ein alter Mann, dem von seinen Zähnen nur mehr ein einziger geblieben war, führte einen Bären an der Kette herbei. Das zottelige Tier erforderte die ganze Aufmerksamkeit der Wachen, denn der Mann ließ zu ihrer Freude den Bären an der Kette ein paar Schritte aufrecht gehen. Eine junge Frau wich dem Raubtier ängstlich aus, sie trug Kupferstiche unter dem Arm, die sie im Wladislawsaal den vornehmen Herrschaften anbieten wollte. Auch viele andere Händler waren dorthin unterwegs, war doch der Saal, in dem man auf eine Audienz beim Kaiser wartete, ein besserer Standort als jeder Marktplatz! Dort kamen beinahe täglich gut gekleidete Schneider, Kupferstecher, Goldschmiede, Graveure und andere, die mit Luxuswaren handelten, hin in der Hoffnung auf reiche Kundschaft, aber an diesem Tag waren es so viele, dass die Wachen jeden Überblick verloren hatten.

Im Hof stieß Magdalena mit einem Scherenschleifer zusammen, der vergeblich den Weg zur Küche suchte und langsam ungeduldig wurde. Er drängte sich rücksichtslos und grob durch die Menge und fluchte laut. Ottavio war wegen des kopflos herumlaufenden Scherenschleifers einen Augenblick stehen geblieben. Er nickte Magdalena unauffällig zu und ging dann zügig weiter. Sie achtete darauf, dass sie stets ein paar Schritte hinter ihm blieb. Selbst wenn jemand die beiden beobachtet hätte, so wäre er nicht auf den Gedanken gekommen, dass das ungleiche Paar einen gemeinsamen Weg hatte. Sie kamen am Veitsdom vorbei. Die alte Frau fühlte sich nicht besonders wohl in dem Gedränge. Sie bemühte sich, Ottavio nicht aus den Augen zu verlieren. In dem allgemeinen Durcheinander sah die Wahrsagerin kurz hinauf zu den mächtigen Wasserspeiern am Dom. »Wenn es regnet, muss es beeindruckend sein, das Wasser aus den Mäulern dieser Dämonen hervorschießen zu sehen!« Diese in Stein gehauenen Abbildungen gruseliger Tiere faszinierten sie und lenkten sie kurz von ihrer Aufgabe ab. Ottavio bog nach rechts ab, er ging am Gießereihof entlang hin zum Hirschgraben. Wenige Meter vor der hölzernen Brücke blieb er in einer dunklen Nische des Torbogens stehen und wandte sich an Magdalena: »Der Kaiser pflegt stets um drei Uhr im Garten zu lustwandeln, gerne hält er sich am Löwenkäfig auf. Der Kammerdiener Ranft wird in der Nähe des Herrschers sein, er weiß bereits über alles Bescheid.« Die alte Frau konnte sich noch sehr lebhaft an den vornehmen Höfling erinnern, dem sie vor zwei Tagen auf der Insel entwischt war. »Geht nun also über diese Brücke und dann noch ein Stück geradeaus, vorbei an der Reithalle zur Linken. Sodann stoßt Ihr rechts auf den Löwenkäfig am Anfang des weitläufigen Gartens. Der Kaiser ist irgendwo auf dem Areal. Macht Eure Sache gut.« Magdalena nickte und ging tapfer los, mit weichen Knien zwar und einem drückenden Gefühl im Magen, aber dennoch ihrer Sache sicher. Ottavio blickte ihr noch nach und wartete einige Minuten, dann überquerte er die Brücke ebenfalls und wandte seine Schritte nach links zur Reithalle, in der schon Proben für den Festzug stattfanden. Auch er war aufgeregt, sollte sich die Voraussage der Alten tatsächlich erfüllen, dann wäre bald er der »große Strada«! Ein kaltes Lächeln spielte um seine Lippen.

Magdalena war schon vor dem Löwengehege in die wunderschöne Gartenanlage eingebogen, da sie sich im Schutze der Hecken und Sträucher viel wohler fühlte als auf den kiesbestreuten Wegen. Sie musste nicht lange warten, bis sie Rudolf erblickte. In einiger Entfernung von ihm stand sein Diener Ranft wartend in der prallen Sonne. Sie beobachtete die beiden Männer einige Minuten lang und folgte Rudolf unauffällig bis zum Löwenkäfig. Magdalena gefiel es, wie der Kaiser gemächlich vor dem Gehege auf und ab schritt. Er betrachtete interessiert die Tiere. Sie waren wild und ungeduldig, anscheinend waren sie wieder hungrig, obwohl sie am Morgen wie immer von den Juden mit Kalb- und Rindfleisch gefüttert worden waren. Nur die Juden verfügten wegen ihrer rituellen Vorschriften über Fleischabfälle, die christlichen Fleischer pflegten alles Fleisch zu verwerten. Einer der Löwen sprang sogar heftig gegen das Gitter, als Rudolf näher zum Käfig trat. Erschrocken wich er einige Schritte zurück und betrachtete das wilde Tier aus sicherer Entfernung. Er hat Respekt vor diesen Tieren, das ist gut, dachte Magdalena. Schließlich nahm sie ihren Mut zusammen, trat aus dem schützenden Gebüsch hervor und machte mit ihrem Ruf auf sich aufmerksam. »Ich sehe großes Unheil und noch größeres Glück!«

»Wer ist das?« Rudolf war erschrocken, zuerst sprang das wilde Tier nach ihm und jetzt rief noch irgendwer »Unheil«. Gar nicht schnell genug konnte es ihm gehen, seinen Diener zu sich zu rufen. »So sagt mir doch, wer das ist!«, sprach Rudolf ungeduldig, während Ranft im Laufschritt auf ihn zukam. Er zeigte mit dem Finger in Magdalenas Richtung. Ranft schnappte nach Luft, der arme Diener war ganz rot im Gesicht, die Hitze und die Ungeduld seines Herrn, die zusätzliche körperliche Anstrengung durch die raschen Schritte trieben ihm die Schweißperlen auf die Stirn. »Sire, untertänigst wage ich zu vermuten, es handelt sich bei der alten Frau um die Wahrsagerin, nach der Ihr mich vor zwei Tagen schicktet.« Ranft schnappte nach Luft. »Erinnert Euch, sie nennt sich Magdalena, die wahre Seherin und ist den beiden Lakaien leider entkommen, nachdem ich sie so mühsam ausfindig gemacht hatte.«

»Ja, wir erinnern uns an Euren Bericht«, winkte Rudolf ab und obwohl er durch den Ruf der Alten erschrocken war, so war er dennoch neugierig. Er war nicht erfreut gewesen über das Versagen seiner Dienerschaft, auch jetzt noch ließ er in der Stadt nach der Frau suchen. Unglaublich, überlegte Rudolf, alle suchen sie und jetzt kommt sie von selbst. Rudolf hatte sich von seinem Stiefelwischer vor zwei Tagen genau erzählen lassen, was sich zwischen diesem und Magdalena abgespielt hatte. »Die Seherin hat gesagt, sie würde erst kommen, wenn es das Schicksal verlangt? War es nicht so?«

Ranft nickte seinem Herrscher zu: »Ja, Sire, so war es.«

»Anscheinend hat das Schicksal nun eine Nachricht für Uns, warum wäre sie sonst hier? Geht hinüber zu ihr und führt sie her. Wir möchten ungestört mit ihr sprechen!«

Magdalena stand noch immer vor dem Gebüsch, als Ranft auf sie zukam. Kein Wunder, dass die arme Magdalena aufgeregt war! Sie konnte nicht wissen, ob ihr der Kaiser gut oder schlecht gesonnen war. Immerhin hatte sie seinem Befehl nicht gehorcht. Zudem erschien er ihr nicht die Freundlichkeit in Person zu sein. Er blieb abwartend vor dem Käfig mit den Raubkatzen, die hungrig und wild darin herumsprangen, stehen. Er verschränkte streng und ernst seine Hände hinter dem

Rücken, stand völlig bewegungslos, wie immer kühl in tadelloser Haltung, unnahbar und undurchschaubar, mächtig und stattlich, wie es ihm am Spanischen Hof beigebracht worden war. Jeder, der ihn in dieser Haltung vor den brüllenden Löwen hätte sehen können, wäre verunsichert gewesen.

Schließlich war Ranft bei Magdalena angelangt: »Nun seid Ihr also von selbst gekommen«, meinte Ranft und ließ einen beleidigten und herablassenden Unterton durchklingen: »Der Kaiser wünscht Euch bereits seit Tagen zu sprechen. Geht also schleunigst zu ihm!«

Magdalena musste ihren ganzen Mut aufbringen, der Anblick des beleidigten Dieners, der ihr kaum in die Augen sah, während er sprach, machte sie nicht gerade zuversichtlich. Mit langsamen Schritten verringerte sie die Distanz zwischen sich und dem Kaiser. Kurz vor ihm blieb sie stehen. Die Löwen hinter dem Kaiser waren noch immer aufgebracht, sie tobten in ihrem kleinen Gehege. Magdalena wusste nicht viel über höfische Sitten, aber sie wusste, dass sie vor dem Herrscher niederknien sollte, und so hob sie erst ihre Arme ein wenig in die Höhe, um sie schwungvoll und graziös zusammen mit ihrem ganzen Körper zu senken. Dabei löste sich der grüne Umhang, den sie zur Feier des Tages über die Lumpen geworfen hatte. Sanft und ruhig sank der Stoff zu Boden und gerade als er den Boden erreichte, hörten die Löwen im Käfig auf zu toben! Schlagartig wurden sie ruhig, schlichen noch etwas verlegen hinter ihren Gitterstäben hin und her, um sich endlich niederzulegen und in einen gemütlichen Schlummer zu fallen. Vielleicht war es nur die sanfte, wehende Bewegung des Stoffes gewesen, die sie beruhigt hatte. Vielleicht war es aber auch Magdalenas Ausstrahlung, welche die Tiere schläfrig und zahm stimmte. Rudolf jedenfalls war fasziniert! Vor Staunen vergaß er beinahe den Mund zu schließen, wodurch sein vorstehendes Kinn noch markanter erschien. Neugierig und gar nicht mehr in spanischer Haltung wandte er sich ungläubig zu den Löwen und dann zur knienden Frau. Er war höchst erfreut, aber auch erregt! Tatsächlich! Sie musste die berühmte Seherin sein! Endlich fasste er sich wieder und fragte sie mit fester Stimme: »Ihr nennt Euch Magdalena, die wahre Seherin? Ihr seid zu uns gekommen mit einer Botschaft? So hoffen wir doch, Ihr wehrt Euch diesmal nicht!«

»Nein, Euer Majestät«, antwortete Magdalena, während sie aufstand. Es läuft gut, es läuft gut! Jetzt nur keinen Fehler machen!, dachte sie und fuhr fort: »Gerne deute ich, Sire, Eure Zukunft, denn ich sehe sie so deutlich und klar, wie ich noch niemals zuvor eine gesehen habe. Eine Vision ist es, die mich zu Euch führt, und meine Visionen werden immer wahr.«

»So sprecht doch, gute Frau! Steht auf!« Rudolf wurde ungeduldig, seine Handflächen schwitzten und nur die Erziehung verbot ihm, nervös von einem Fuß auf den anderen zu treten. Rudolf war bereits von Magdalenas Kunst überzeugt! Nicht nur die Löwen zähmen kann diese Frau, ich sehe es auch an ihren Augen, ihrer Haltung, ihren Worten, dass sie eine große Seherin ist.

Magdalena kniete noch immer, hielt dabei den Oberkörper ganz gestreckt und hob ihre Arme mit offenen Händen zum Himmel. »Ich sehe, Sire, ein holdes Wesen, das Ihr mit Euren Blicken gefangen nehmt.« Magdalena ließ die Arme sinken. »Haltet es! Haltet es, denn es wird Euer Heil und Glück sein!«

Rudolf hörte aufmerksam zu und wartete ab. Würde die Alte weitersprechen oder nicht? »Erzählt mir mehr darüber!«, forderte er Magdalena schließlich auf, die nun ein schreckensverzerrtes Gesicht machte und die Hände wie schützend auf ihre Stirn legte: »Tod und Unheil«, rief sie langsam und gleichzeitig scharf. Rudolf erblasste und trat einen Schritt zurück, aber nach einer kleinen Pause fuhr Magdalena fort: »Vor Tod und Unheil wird es Euch schützen!«

Rudolf atmete auf, es gab also einen Weg, wie er dem Unheil entgehen konnte! Er musste das Wesen finden! »Sagt an, wie kann ich das Wesen erkennen?«, drängte er ungeduldig.

Magdalenas Stimme wurde nun weich und lieblich, sie schloss verzückt die Augen und ließ ihren Kopf auf die rechte Schulter sinken: »Rosen sind es, ja, von Rosenduft ist er umgeben, der reine Glücksstern, der Euch leuchten wird. Schön und strahlend und niemals verblassend.« Magdalena hatte diesen Ausdruck sehr bewusst gewählt, denn sie kannte die Bedeutung aller Namen. Katharina heißt »die Reine«.

Rudolf war verängstigt und erleichtert zugleich, einerseits drohte ihm Unheil, andererseits gab es ein Wesen, das ihn davor schützen würde. So wie ihn der Einhornbecher vor Gift schützte. »Rosen also sind das Zeichen. Aber wie stark wird dieses Wesen sein?«, wollte er wissen. »Wird das Wesen denn wirklich die Macht haben, Uns zu schützen, wie Ihr sagt? Ist es von dieser Welt?«

Schlagartig änderte Magdalena erneut ihre Haltung. Sie erhob sich und blickte dem Kaiser ernst und durchdringend direkt in die Augen und sagte langsam und gewichtig: »Die Liebe ist die größte Macht, aber sie gefällt nur dem Herrscher über Leben und Tod und den Liebenden selbst.« Jetzt beugte sie sich ein wenig vor, um dem Kaiser noch tiefer in die Augen zu sehen und ihn mit ihrem klaren Blick zu fesseln: »Den Menschen aber gefällt die Liebe nicht!« Magdalena legte ihren Kopf in den Nacken und schloss langsam die Augen. Sie taumelte einige Schritte zurück, erst dann brachte sie wieder Spannung in ihren Körper und stand gerade. Ihre Augen hatten den gewohnten freundlichen und weisen Ausdruck angenommen und Rudolf war sicher, dass die Weissagung nun vorüber war.

Aber er stand stark unter dem Eindruck ihrer Worte und fasste sich grübelnd an die Stirn: »Eure Rede war doppeldeutig, ein Wesen wird Uns schützen und lieben, habt Ihr prophezeit. Aber auch Eure Warnung haben wir wohl gehört.« Kurz wandte sich Rudolf dem Gehege zu, noch immer glichen die Löwen sanften Kätzchen. »Geht nun zu meinem Diener«, sagte er schließlich und wies in dessen Richtung ohne hinzublicken. »Er soll Euch für Eure Dienste entlohnen.« Magdalena kniete erneut vor dem Herrscher nieder, auf seinen Wink entfernte sie sich rückwärts schreitend und immer wieder verneigend in Richtung des Kammerdieners.

Rudolf wollte noch lange über Magdalenas Worte nachdenken, aber die Zeit drängte, denn die kaiserlichen Geschwister wurden erwartet! Sobald Ranft die Seherin mit einem Beutel Silbermünzen belohnt hatte, hatte er seinen Herrn daran erinnert. Ein berittener Bote war soeben auf dem Hradschin erschienen und hatte gemeldet, die Gäste befänden sich bereits vor den Toren Prags. Der hohe Besuch rüttelte selbst jene unter den Pragern auf, die solchem Trubel ansonsten nur wenig abgewinnen konnten, sei es aus Gleichgültigkeit oder aus Bequemlichkeit. Aber nun war jeder Bürger auf den Beinen, um alles miterleben zu können, denn fast alle hatten nach besten Kräften fleißig zur Verschönerung der Stadt beigetragen.

Die Straßen waren fein säuberlich gekehrt und der faulige Mist entfernt, sogar Wasser hatte man über das holprige Pflaster laufen lassen, um es zu reinigen. Zum Glück gab es zahlreiche Brunnen auf den Plätzen der Stadt, da hatten viele Bürger zwei Tage lang Eimer für Eimer das Wasser aus der Tiefe heraufwinden müssen. Als Zeugnis all der Mühe und Plage sah man noch einige Wasserpfützen entlang der Straßen stehen. Die Sommersonne würde auch die bald aufgetrocknet haben. Prag erstrahlte in neuem Glanz. Trotz der vielen Arbeit der letzten Tage waren die Leute freudig gestimmt. Vergessen war der Gram auf den Kaiser, weil der die Juden in Prag gewähren ließ. Alle freuten sich auf das große Fest und über ihre Stadt, die sie so festlich geschmückt hatten. An allen Fenstern waren

Nadel- und Laubzweige mit bunt bemalten Äpfeln, Narzissen und Margeriten angebracht, das Alte Rathaus war über und über mit grünen Girlanden bedeckt. Sogar das Stadttor war mit Zweigen geschmückt. Und vor dem Hauptplatz hatte man aus Holz eine Triumphpforte gebaut und so mit Blumen versehen, dass man das Holz nicht mehr sehen konnte. Tatsächlich, die ganze Stadt gleicht einem wunderbaren Garten, hatte Katharina gedacht, als sie schon am Morgen mit Jacopo durch die Stadt spaziert war, um sich alles anzusehen. Auch Maria war dabei gewesen und hatte die Pracht bewundert.

Den drei Spaziergängern war aufgefallen, dass kein einziger Händlerkarren zu sehen war. So gänzlich ohne Pferde und Wagen und dem Geschrei der Verkäufer lag nun die Steinerne Brücke auf einmal ganz ruhig und befreit da, beinahe so still wie die Moldau, die unter der Brücke friedlich dahinströmte. Ein Windstoß hatte einige Blumen in den Fluss getrieben, langsam und unbeobachtet trieben sie jetzt in den sanften Wellen, als Jacopo, Katharina und Maria heimwärts strebten.

Ranft hatte Rudolf erzählt, wie sehr sich die Prager um ihre Stadt bemüht hatten, aber Rudolf interessierte das nicht. Seit seiner letzten Fahrt ins Alte Rathaus hatte er keinen Besuch mehr in der Stadt gemacht, er wusste, wer nun alles gegen ihn war, und wollte keinem von denen begegnen, deren Unmut er erregt hatte. Die Freude auf das Fest und selbst auf die Begegnung mit seinen Geschwistern hielt sich auch in Grenzen. Jedoch, so überlegte er, vielleicht begegnet mir schon bald das liebliche Wesen? Ich muss wachsam sein!

Während Rudolf also den kommenden Ereignissen mit gemischten Gefühlen entgegenblickte, trafen die Prager nach dem Mittagessen voller Vorfreude die letzten Vorbereitungen. Jeder, der ein gutes Kleidungsstück hatte, suchte es hervor und legte es an, selbst die Alten kämmten sich an diesem Tag die Haare und den Kindern wurden Gesicht und Hände gewaschen und die Nägel geschnitten. Sie waren aufgeregter als zu Ostern! Lediglich der Besuch der Kirchen und Synagogen bremste die Aufregung der Menschen für kurze Zeit. Schon seit dem Morgen wurde überall für die kaiserliche Familie gebetet.

Der Geleitzug setzte sich in Bewegung. Voran schritten der Bischof und der Bürgermeister, die Ratsherrn und ausgewählte Bürger folgten den beiden Würdenträgern. Mit dabei war ebenfalls ein Dutzend Trommler. Während sie zum Stadttor gingen, strömten die Menschen aus der Neustadt und der Kleinseite auf den Weg in die Altstadt, um neben den Altstädtern einen guten Platz zu erobern! Auch Maria und Pawel waren darunter. Dichtes Gedränge säumte die Straßen, jeder war erpicht, sich eine Stelle zu suchen, von der aus man die Gäste gut würde sehen können. Väter hatten sich ihre Kinder auf die Schultern gestemmt, um diesen einen besseren Ausblick zu ermöglichen. Die Fenster der Häuser waren bis zum letzten Platz von Schaulustigen besetzt, manche hatten selbst die hohen Dächer erklommen. »Schau, Maria! Sogar auf dem Turm der Teynkirche haben sich zwei wagemutige Burschen mit Seilen festgebunden!«, rief Pawel, der sich mit Maria ebenfalls den Einzug ansehen wollte. Die hörte ihn aber nicht, weil sie sich die Ohren zuhielt, denn auf dem Altstädter Ring standen die Musikanten, stimmten ihre Instrumente und probten wild durcheinander.

Es dauerte noch geraume Zeit, bis endlich die ersten Reiter auf ihren stolzen Rossen kamen. Sie trugen Fahnen mit den verschiedenen Wappen ihrer Herrschaften, während sie sich zügig näherten. Hinter den Reitern sah man erst nur eine große Wolke aus Staub, welche die Kutschen der kaiserlichen Gäste und die sie begleitenden Soldaten aufgewirbelt hatten. Beim Stadttor, wo die Vertreter der Stadt warteten, hielten die Wagen an. Pawel drängte sich ganz nach vorn und zog Maria mit.

Sie sahen, wie der Bürgermeister zum letzten Wagen trat, in dem Erzherzog Matthias reiste. Matthias war der Bruder, den Rudolf am meisten fürchtete, denn er strebte nach Macht und Einfluss. Nicht nur Rudolf, sondern auch die Protestanten hassten ihn. Humorlos sei er, so hieß es, streng katholisch, fromm und dabei hochmütig, ganz wie seine Mutter. Auch auf den Bürgermeister wirkte Matthias wenig freundlich, denn er ließ ihm mitteilen, es solle kein Halt in der Stadt gemacht werden.

Welche Enttäuschung für die Menschen! Sie würden also nur die Gesichter der vorbeifahrenden Gäste sehen, und das auch nur, wenn sie besonderes Glück hatten. In der Zeltnergasse warteten die Juden vor den alten Häusern mit den schön gestalteten Hauszeichen – Bären, Wassermännern, Nixen, Haustieren, Löwen oder Sternen – auf die Gäste. Die Juden wollten vor allem einen Blick auf Matthias erhaschen, von dem sie schon viel, wenn auch nichts Gutes, gehört hatten. Sie wussten, dass sich der Erzherzog bei den Juden in Wien unbeliebt gemacht hatte. Er bediente sich ihrer als Geldgeber, ohne Respekt oder Achtung vor ihrem Glauben und ihren Sitten zu zeigen. Keiner von ihnen jubelte, als Karl von Österreich, Markgraf von Burgau, mit verbissener Miene im ersten Wagen vorüberkam. Er hatte noch alte Schulden bei den Prager Juden, aber nie an Rückzahlung auch nur gedacht!

Die Leute in den Straßen und auf den Plätzen unterhielten sich recht offen und ungeniert über ihn und seine Mutter Philippine, die »Beywohnerin« Ferdinands, wie sie respektlos genannt worden war. »Ihre Söhne hat sie zuerst als Findelkinder ausgeben müssen«, wusste einer. »Und ihre Eheschließung ist neunzehn Jahre lang geheim gehalten worden!«

Ein alter Mann, der Philippine noch gekannt hatte, sagte versonnen: »Wenn sie aus einem Becher Rotwein trank, sah man ihn durch die Kehle abwärts laufen, so zart und weiß war ihre viel gerühmte Schönheit!«

Mit rotem Gesicht, beide Hände in die breiten Hüften gestützt, mischte sich eine Marktfrau ein: »Eine Hexe und Hure war sie, eine ›lose Brekin‹, eine zügellose Hündin!«

Der alte Mann wurde böse: »Halt den Mund, du dummes Weib, wie kannst du so über Frau Philippine sprechen? Wer sie kannte, liebte sie!«

Zustimmend nickten einige der Leute, die den Wortwechsel gehört hatten.

Der Zug von Trommlern, Kutschen, Reitern und Fußvolk kam an den Vertretern sämtlicher Zünfte vorbei, da waren die Bäcker und die Tuchmacher, die Seiler und die Tischler, die Metzger und die Fischer und viele andere mehr, sie alle hatten Aufstellung genommen und winkten den Gästen zu. An dem alten Haus vorbei, in dem seit den Hussitenkriegen die Münzen geprägt wurden, ging es weiter in Richtung Rathaus. Im Wagen hinter dem Markgrafen fuhr Erzherzog Maximilian, ein jüngerer Bruder von Rudolf und Matthias. Er blickte streng und hochmütig auf das Volk, das Deutschordenskleid unterstrich seine wichtige Miene.

Ihm folgte der Wagen mit Erzherzog Ernst, dem Lieblingsbruder des Kaisers. Rudolf hatte mit ihm seine Jugendjahre in Spanien verbracht. Er vertraute Ernst und hatte ihn zum Statthalter in Österreich ernannt. Allerdings hatte Ernst große Probleme mit seiner Gesundheit, er war wachsbleich und müde und litt entsetzliche Schmerzen. Ernst warf Gold- und Silberstücke in die Menge und beobachtete das Gedränge und Gebalge. Jeder wollte eine Münze erhaschen. Männer, Frauen und Kinder stritten um die Geldstücke und der Erzherzog kam mit dem Austeilen kaum nach.

Pawel hatte eines der Goldstücke erhascht. »Lauf, Maria, weiter, wir müssen zur Teynkirche! Dort stehen die gelehrten Professoren!«, rief er. Die Erzherzöge Maximilian und Matthias betrachteten die angesehenen Männer der Universität wegen ihres hussitischen Glaubens mit verschlossener Miene und einem gewissen Maß an Misstrauen. Oben auf der Kirche glänzte damals unübersehbar der goldene Kelch als Zeichen der Reinheit dieses Glaubens.

Hinter Erzherzog Ernst folgte die Kutsche seiner Schwester, der Königin Elisabeth, die von sechs Schimmeln gezogen wurde. Jetzt blieb Pawel nichts anderes mehr übrig, er musste die nicht gerade leichte Maria hochheben. Sie konnte einen Blick auf Elisabeths schönes Gesicht unter der Nonnenhaube und dem schwarzen Schleier erhaschen. Wo Elisabeth vorbeikam, brandete Jubel auf, die Menschen klatschten, riefen und streuten mitgebrachte Blumen auf ihren Weg und ihren Wagen.

Maria kannte die Geschichte der schönen Königin und erzählte sie dem jungen Diener: »Die Prinzessin war noch ganz jung, als man sie nach Frankreich verheiratet hat, an König Karl IX., einen groben Patron. Statt sich seiner jungen Frau zu widmen, hat er seine Zeit mit einer Geliebten vertan. Er war ein grausamer Mann. Am Hochzeitstag seiner eigenen Schwester hat er alle Protestanten in Paris hinschlachten lassen. Die Königin hat versucht, sie zu retten, sie hat auf den Knien für sie gefleht. Viel Erfolg hat sie nicht damit gehabt, aber einige hat sie retten können.«

Als Elisabeth wenig später Witwe geworden war, kehrte sie nach Wien zurück und gründete ein Klarissinnenkloster, der Königin der Engel, Maria, geweiht, neben der kaiserlichen Burg. Im Kloster lebte sie still in Gelehrsamkeit und in Barmherzigkeit, kein Bettler wurde von der Pforte abgewiesen, vor keiner Not verschloss sie ihr Ohr. Nur selten verließ sie Wien.

Als letzter Gast fuhr Erzherzog Matthias vorbei. Der Jubel verstummte. Die Menschen blickten furchtsam in sein strenges Antlitz. Hatte es schon je ein Lächeln verschönt? »Wenn der Kaiser stirbt, wird dieser hier der Herr!«, murmelten die Leute. »Denn der gute Erzherzog Ernst ist krank.« Sie riefen: »Unser Kaiser Rudolf möge ewig leben!« und Matthias zog verächtlich die Mundwinkel herunter.

Inzwischen war oben auf der Burg Kaiser Rudolf immer unruhiger geworden. Er freute sich auf Elisabeth und Ernst, Maximilians Ankunft ließ ihn kalt, aber Matthias fürchtete er. Wieder einmal gab er Ranft die Anweisung, ihm den Wein stets nur im Einhornbecher zu kredenzen, damit jedes Gift unwirksam würde. Ranft hielt die Furcht des Kaisers vor Matthias für übertrieben, denn schließlich gab es ja Erzherzog Ernst und der stand auch noch zwischen Matthias und dem Thron. Matthias würde wohl kaum gleich zwei seiner Brüder vergiften! Die Kutschen drängten sich über den Krönungsweg, die Soldaten ritten voraus, um für eine ungestörte Durchfahrt zu sorgen und die Menge zurückzuhalten. Dort, wo der huldigende Klerus stand, war das Gedränge besonders schlimm. Maria, die mit Pawel noch immer mittendrin steckte, schrie auf. Ein schwerer Mann war ihr auf den rechten Fuß getreten. Das war Grund genug, schleunigst Zuflucht in einer kleinen Schänke zu suchen. Sie hatte genug gesehen. Durch den Brückenturm fuhren die Gäste hinauf auf die »Steinerne Brücke«, über die manch weit gereister Soldat staunen musste. Sie war so lang, dass man schon ohne Gedränge für ihre Überquerung sechs Gehminuten brauchte, und so breit, dass Fuhrwerke in jede Richtung paarweise nebeneinander fahren und noch sechs Reiter dazwischen Platz finden konnten.

Auf der Kleinseite ging es zügig weiter über den Neustädter Ring, vom Klang der Glocken in den vielen Kirchen begleitet, vorbei an schönen Adels- und Bürgerhäusern und hinauf zur Burg. Die Kutschen holperten über das Pflaster der Einfahrt in den Hof vor dem Veitsdom hinein. Auch dort war alles voll von neugierigen Menschen; Künstler, Gelehrte und die Dienerschaft drängten sich gegen die Soldaten, die einen Teil des Hofes abgesperrt hatten. Viele Fenster waren mit Neugierigen besetzt und auch Katharina stand mit Ottavio, der seine Arbeit unterbrochen hatte, am Fenster seines Zimmers und konnte von dort die Ankunft der Gäste bestaunen. Der Vater war in guter Laune und erklärte ihr, was zu sehen war. »Schau, Katharina, da tritt der Kaiser heraus!« Ihr Herz begann schneller zu klopfen.

Rudolf atmete tief durch, er spürte Ranfts beruhigenden Blick in seinem Nacken und schöpfte daraus Kraft. Würdevoll und ohne ein Lächeln trat er vors Tor. Erst als er die geliebte Schwester Elisabeth begrüßte, lächelte er, ging ihr ein paar Schritte entgegen und küsste sie auf beide Wangen. Hinter ihm war noch jemand aus dem Tor getreten: eine zarte, kleine Gestalt in einem goldbestickten schwarzen Mantelkleid, das rote Haar gebändigt unter einer kleinen Kappe mit einer großen weißen Feder. Katharina hätte ihre kleine Freundin Doña Elisabeth fast nicht erkannt, so fremd und erwachsen sah sie aus. Die Königin umarmte ihre Nichte liebevoll. Dann nickte der Kaiser den anderen Verwandten zu, reichte der Schwester die Hand und führte sie in die Burg hinein in den Wladislawsaal. Nur ihretwegen war er aus seinen Räumen gekommen, Gästen entgegenzugehen entsprach sonst nicht seinem hohen Rang. Doch sie war früher eine Königin gewesen, daher hatte sie das Recht auf einen solchen Empfang. Den anderen Gästen reichte der Kaiser erst im Saal die Hand. Dabei erkannte er mit Sorge, wie schlecht es seinem Bruder Ernst ging, und nahm sich vor, Crato um Rat für ihn zu fragen. Mit Matthias sprach er nur so kurz wie möglich. Schließlich zog er sich in seine Räume zurück. Auch die von der Reise erschöpften Gäste wurden nach einer kurzen Bewirtung zu ihren Unterkünften gebracht.

Rudolf dachte noch lange über seine Verwandten, aber auch über Magdalena nach, bevor ihn die Müdigkeit überkam. »Ein liebliches Wesen«, wiederholte er vor dem Einschlafen Magdalenas Worte und schloss erstaunlich beruhigt die Augen.

Die ganze Nacht über begleiteten Rudolf diese Worte im Traum. Zwar war er rasch eingeschlafen, aber bereits vor sechs Uhr morgens saß er wach in seinem Bett und konnte vor Aufregung nicht mehr weiterschlafen. Er läutete nach Ranft, der eigentlich damit gerechnet hatte, in dieser Nacht überhaupt kein Auge zu schließen. Der Stiefelwischer war eher erstaunt, dass der Kaiser erst jetzt nach ihm verlangte.

»Ranft, ich fühle mich verwirrt und finde keine Ruhe. Die Prophezeiung der Seherin, mein treuer Diener, Euch vertraue ich sie an!«, sagte Rudolf aufgeregt. »Die Alte verkündete mir, ich würde bald einem reinen Wesen begegnen, das nach Rosen duftet, und dieses wird mich vor Gift und Tod beschützen!«

Ranft lächelte aufmunternd, Rudolf glaubte also bald seinem Schutzengel zu begegnen: Gott sei Dank, endlich einmal eine gute Prophezeiung, vielleicht vergisst der Herr dadurch seine ständigen Ängste. Ranft, der Tags zuvor Magdalena einen Beutel mit Silbermünzen gegeben und dabei nicht gewusst hatte, ob die Bezahlung nicht zu großzügig bemessen war, war nun erleichtert: Die Alte hat sich den Beutel verdient, der Kaiser hat fast die ganze Nacht geschlafen, ohne nach einem von Cratos Tränken zu verlangen. Und das trotz des großen Festes und der Anwesenheit des bösen Bruders!

Rudolf berichtete weiter von der Seherin und auch von der Warnung, die sie ausgesprochen hatte. Er wollte vorsichtig sein, denn noch hatte er seinen Schutzengel nicht gefunden: »Halte die Augen offen, lieber Ranft, und vor allem, beobachte Matthias und seine Wege. Ich traue meinem Bruder nicht!«

Ranft seufzte, während er nickte, er kannte diese nicht ganz unbegründete Angst. Auch ihm war der Bruder des Kaisers nicht geheuer. Gleich nach der Ankunft auf dem Hradschin hatte der Erzherzog versucht, ihn bezüglich des kaiserlichen Gesundheitszustands auszufragen. »Der ist wohl schon begierig, die Krone zu erben, der kleine Bruder meines Herrn, der sich kaiserlicher gibt als der Kaiser selbst!« Auch dass Matthias sehr gute Verbindungen zur katholischen Geistlichkeit hatte, missfiel dem Kammerdiener, der in seinem Herzen noch immer am Judentum hing. Ranft hoffte, der Kaiser würde ihn bald entlassen. Er hatte noch viel zu tun an diesem Morgen: dem Herrn das Frühstück bringen, seine Kleider zurechtlegen, den Leibarzt einlassen.

Rudolf hielt ihn mit seiner ungewohnten Redelust auf. »Was gibt es Neues in der Stadt?«, fragte er und machte keine Anstalten, das gemütliche Gespräch zu beenden.

»Sire, die hättet Ihr gestern nicht wiedererkannt. Die ganze Stadt war gesäubert und geschmückt, Prag war ein einziges Blumenmeer. Heute dürften die schönen Blumen allerdings schon welk sein.«

»Ja«, seufzte Rudolf, »Schönheit ist vergänglich, sie blüht und vergeht zu rasch. Wie wir Menschen.«

O weh, dachte Ranft, schon wieder fällt der Kaiser in eine melancholische Stimmung. Er überlegte, womit er Rudolf eine Freude machen könnte. »Eine weit gereiste Schauspielertruppe ist in der Stadt, gestern am späten Abend gab sie unten in der Stadt eines der neuen Stücke des englischen Dichters Shakespeare. Es war ein Riesenerfolg, Stunden später wurde noch davon gesprochen.«

Nun war der Kaiser interessiert. »Hat man auch vorgesehen, die Truppe auf die Burg zu holen? Wir haben von Shakespeare gehört und würden gern eine solche Darbietung verfolgen.«

»Hm«, sagte Ranft, »ich werde zu Ottavio Strada gehen und ihn fragen, ob das geplant ist.«

»Nein«, protestierte der Kaiser, »Wir wollen Uns überraschen lassen. Was habt Ihr Uns sonst noch zu berichten?«

»Zur Feier Eures Geburtstags wird der Brunnen auf dem Hauptplatz der Altstadt mit Wein gefüllt, so wie Ihr es angeordnet habt.«

»Das ist sehr gut, gerne erfreuen Wir die Menschen mit ein wenig Wein. Anderes können Wir nicht geben, Wir wollten,

Wir könnten ihn mit Gold füllen. Doch nun helft Uns aus Unserem Bett heraus, Wir müssen zur Kirche.«

Ranft schlug seinem Herrn die Decke zurück, stellte ihm die Hausschuhe zurecht und hielt den Schlafpelz bereit. Der Kaiser liebte es, morgens kurz aufzustehen, einen Schluck Wein zu nehmen, seine Morgentoilette mit Ranfts Hilfe zu erledigen und im Zimmer auf und ab zu gehen. Dabei hielt er Ranft mit seinem Geplauder noch lange auf. Dann ging er zurück ins Bett und die hohen Herrn, die das Privileg hatten, dem Kaiser beim zeremoniellen Ankleiden zu helfen, traten ein. Unter ihnen befand sich diesmal auch der Markgraf von Burgau, der hochmütige junge Herr, der Sohn der Philippine Welser, der diesen Dienst als Pflicht und Ehre betrachtete.

Während also ein halbes Dutzend hochwohlgeborene Herrn damit beschäftigt waren, Rudolf unter Verbeugungen die vom Kammerdiener zurechtgelegten Kleider einzeln überzustreifen, an ihnen herumzuzupfen und die vielen Knöpfe und Schleifen zu schließen, polterte Ottavio auf der Kleinseite wie ein Verrückter durch das Haus. Kein Wunder, dass er als Organisator des Festes Herzklopfen hatte; seine Zukunft stand auf dem Spiel. »Wo ist Wenzel? Wo treibt er sich herum?«, so weckte er schon in aller Frühe seine Tochter und alle Bedienten, denen er freigegeben hatte, auf. Wenzel aber wartete bereits vor dem Haus. Ottavio hatte ihm schon am Vortag befohlen, heute mit ihm zur Burg hinaufzugehen und ihm einige Sachen zu tragen. Tatsächlich war dies nur ein Vorwand, er wollte einfach nicht allein sein. Er schätzte den stillen Mann, seine beruhigende, stumme Gegenwart war für ihn der seelische Halt, den er an diesem Morgen brauchte.

Bevor Ottavio das Haus verließ, sagte er zu seiner Tochter, dass sie mit Maria zur Mittagszeit zur Burg hinaufkommen könne. »Ganz sicher werden dir die herrlichen Kostüme und die Dekorationen gefallen. Ich möchte auch, dass du siehst, was ich geleistet habe!« Dass er dabei einen Hintergedanken hatte, erriet Katharina nicht. Sie freute sich über die Einladung und dachte an Jacopos Worte, dass man auch mit wenig zufrieden sein soll. Nach wie vor wollte sie zwar beim Festumzug dabei sein, nicht wegen der Kostüme, sondern wegen des Kaisers. Da das aber unmöglich war, würde sie den Tag eben anders genießen, wie es ihr Jacopo geraten hatte. In ihrem Innersten wünschte sie, dass Spranger mit dem Bild bald fertig würde. Etwas Geduld noch und dann würde der Kaiser auf sie aufmerksam werden!

Als das Lever und der Morgenimbiss, bestehend aus fettem Schinken, Eiern, Brot und Wein, vorbei waren, schritt Rudolf gemessen, gefolgt von all den Herrn, die Schwester an der Hand, zum Hof hinunter, wo ihn die Verwandten erwarteten. An seinem Geburtstag verzichtete er auf den direkten Zugang von der Burg zur Kirche, um sich dem Volk zu zeigen. Wie jeder Festtag begann auch dieser im Dom des heiligen Veit. Die Kirche war nicht so majestätisch wie die Teynkirche, denn sie war erst zur Hälfte fertig gestellt. Die Messe erfreute den Kaiser nicht, lediglich der helle Gesang, mit dem die Knaben den ganzen Dom und auch die Seelen der Menschen erfüllten, gefiel ihm. Er schloss die Augen und lauschte. Wir müssen die Musik mehr fördern, beschloss er. Oft hatten ihm seine Hofkünstler den Vorwurf gemacht, er sei an Musik nicht sonderlich interessiert. Dabei gefiel sie ihm sehr wohl, aber eben alles zur rechten Zeit. Die ernste Feierlichkeit der Gesänge machte ihn müde und er begann vor sich hin zu träumen. Sanft nickte er für einige Minuten ein, was der Aufmerksamkeit des Nuntius, der vom Altarraum immer wieder heraufblickte, nicht entging.

Auch Ottavio war in der Kirche, er stand weit hinten unter den Künstlern und Gelehrten. Er dachte an seine Tochter, die noch immer nichts von seinem Plan für den Abend wusste. Er hatte alles geschickt eingefädelt. Sie verbrachte den Vormittag mit ihrer Amme daheim. Zur Mittagszeit würde Wenzel die beiden abholen und zur Reithalle bringen und erst danach, knapp vor dem Fest, wollte er Katharina mitteilen, dass er ihr nun doch eine kleine Rolle beim Fest zugewiesen habe als Zeichen seiner väterlichen Liebe ...

Als ein Lied angestimmt wurde, schreckte Rudolf von seinem kurzen Nickerchen hoch und bemerkte, dass er nicht der Einzige war, dem die Augenlider schwer geworden waren. Auch andere waren bereits eingeschlafen. Er musste sich bemühen, das Gähnen zu unterdrücken, sonst würde ihm sein Beichtvater Johann Pistorius dafür wieder eine Buße auferlegen. Pistorius war ein recht umgänglicher und vertrauenswürdiger Mann, der Einzige unter den Geistlichen, den Rudolf schätzte und dem er traute, aber auch er sah des Kaisers mangelnde Begeisterung für die Messe nicht gern. Wir haben Glück, dass der gute Pistorius Uns niemals die Geißel als Buße auferlegt, dachte Rudolf, der aber selbst die freundlichen Ermahnungen des friedlichen Vaters gar nicht schätzte. Da unterhielt er sich schon viel lieber mit ihm über die Alchemie! Denn davon verstand Pistorius eine ganze Menge. Die Geistlichkeit!, dachte Rudolf und ließ noch einmal seinen Blick zum Chorraum schweifen, darauf hoffend, dass ihn seine Gedanken wach hielten. Der Nuntius des Papstes, Germanico Malaspina, war zwar ein gestrenger und fantasieloser Herr, welcher dem Papst getreulich über den Hof Bericht zu erstatten pflegte. Sogar Rudolfs Gähnen wurde von ihm bis nach Rom weitergetragen, wo es erneut als Zeichen mangelnden Glaubens gewertet wurde. Alles in allem aber war der dicke Mann nicht weiter gefährlich. Er ließ die Lutheraner und die Juden weitgehend in Frieden, hatte eine Vorliebe für gute Weine, erlesene

Speisen und sogar, was für einen Italiener erstaunlich war, für die deftige böhmische Küche. Rudolf wandte seinen Blick nach hinten und erblickte an der Wand den Sekretär des Nuntius. Fray Bartolomé hieß der Dominikanermönch, Bruder Bartolomé, der im Gegensatz zum dicken Nuntius recht hager und gelenkig war, und mit einem der Vorgänger Malaspinas, dem umgänglichen Bonomi, nach Prag gekommen war. Der Nuntius war gegangen, der Sekretär als Seele der Nuntiatur geblieben. Rudolf empfand den Mann als sehr sonderbar und seine verhärmte und verbitterte Miene war ihm nicht geheuer. Der Spanier war ihm wegen seiner außergewöhnlichen Finsternis schon mehrfach aufgefallen, auch heute stand er unbeweglich und starr in der Menge. Rudolf überlief eine Gänsehaut. Am liebsten würde ich diesen Mann des Hofes verweisen, dachte er, aber er wusste genau, dass es einige wenige Dinge gab, die sich nicht einmal ein Herrscher erlauben konnte. Der Konflikt mit Rom war ohnehin schon groß genug, Rudolf musste versuchen, das Feuer nicht weiter zu schüren, und so duldete er den »Schatten des Nuntius«, wie er ihn nannte. Der Mann ist schließlich nicht von Bedeutung, nicht mehr als eine lästige Fliege!, sagte er sich und schnippte mit den Fingern.

Während Rudolf in der Kirche seinen Gedanken nachhing und gegen den Schlaf ankämpfte, waren die Prager unten in der Stadt schon kräftig beim Feiern! Waren die Stimmung und die Begeisterung beim Einzug der kaiserlichen Geschwister schon großartig gewesen, so sollte doch dieser Tag den vorherigen bei weitem übertreffen. Aus dem Brunnen am Hauptplatz sprudelte roter Wein – das Geschenk des Kaisers. Das teure Getränk machte die Mürrischen zufrieden und die Zufriedenen lustig, denn die Bürger waren nur an das preiswerte Bier gewöhnt. Schon in den Vormittagsstunden wurde getanzt und musiziert;

überall dort, wo sich jemand aufhielt, der eine Trommel schlagen oder eine Fidel streichen konnte, sprang der Funke der Fröhlichkeit über und verbreitete sich flugs von Straße zu Straße.

Schließlich war die Messe vorbei und die Hofgesellschaft begab sich über die hölzerne Brücke in den großen Garten. Das Wetter war wunderschön, aber sehr heiß und so drängte alles in den Schatten. Ein bunt gekleideter Akrobat zeigte seine Künste, sehr bestaunt von der jungen Elisabeth, die ruhig wie eine Erwachsene neben ihrer Tante einherging. Rudolf nutzte die Gelegenheit, einige hübsche Worte mit seiner Schwester und seiner Tochter zu wechseln, seine strengen Gesichtszüge wurden dabei ganz weich. Er bemerkte, wie gut sich die beiden verstanden, denn seine Tochter nahm die Tante immer wieder bei der Hand. Rudolf musste darüber schmunzeln, denn die Zwölfjährige war für solch kindliches Verhalten viel zu alt. Bald schon musste er sich Gedanken über den künftigen Gatten seiner Tochter machen, aber sie schien die mütterliche Fürsorge der Tante zu genießen. Vielleicht wäre sie tatsächlich in einem Kloster besser aufgehoben, dachte er und erinnerte sich an Crato, der gemeint hatte: »Das Mädchen ist zu wissbegierig und neugierig, als dass sie als Ehefrau verkümmern sollte. Nur in einem Kloster kann sie lernen, forschen und hat ihre Ruh' vor den Männern.« Nun ja, er würde mit seiner Schwester sprechen. Vielleicht würde er seiner Tochter erlauben, mit ihr nach Wien zu reisen. Ein kürzerer Aufenthalt im Kloster würde Elisabeth vermutlich gefallen. Dann würde man weitersehen …

Verstohlen ließ er seine Blicke nach links und rechts schweifen. Von den verheißenen Rosen war nichts zu sehen und vor allem nichts zu riechen. Gern wäre er noch länger im Garten geblieben, doch Crato bestand darauf, dass Rudolf nicht den ganzen Tag mit seinen Gästen verbrachte. Die Feierlichkeiten würden ohnehin bis zum späten Abend dauern und Crato wollte verhindern, dass Rudolf bis dahin zu viel Wein genoss. Wenigstens Mittagsmahl und Mittagsruhe sollte der Kaiser ungestört und allein halten, um für den Festzug am Abend ausgeruht zu sein. Rudolf fühlte sich aber ausnahmsweise wohl unter so vielen Menschen und so hörte er nicht auf Crato. Er ließ der Reihe nach einige Damen zu sich rufen, um festzustellen, ob sie nach Rosen dufteten oder nicht!

Erst als Rudolf der unverfänglichen Gespräche müde geworden und ohnehin bei keiner der Damen zur Überzeugung gelangt war, dass es sich bei ihr um ein Wesen mit Zauberkraft handeln könne, ließ er sich bereitwillig von Crato, Ranft und einigen anderen Dienern zurück zu seinen Gemächern geleiten. »Im Garten war kein Glücksstern, auch nicht in der Kirche«, sagte er zu Ranft, der ihm aufmunternd zulächelte. »Habt Geduld, Sire«, antwortete der, während er seinen Kopf untertänigst senkte. Auch die anderen Gäste zogen sich bald zurück, um sich in der Mittagszeit zu stärken und auszuruhen. In den großzügigen Räumlichkeiten der Burg war es kühl und angenehm ruhig.

Die Prager Bürger aber ruhten nicht. Sie strömten von der Stadt in Scharen den Burgberg hinauf, die Stimmung auf dem Weg war ausgelassen und fröhlich. Gaukler und Schauspieler zeigten am Wegrand kleine Kostproben ihrer Kunst, Frauen wie Männer blieben stehen und schauten ihnen belustigt zu. Ein Gaukler warf bunte Teller in die Luft und fing sie wieder auf. Daneben war die Darbietung einer Schauspielertruppe zu sehen, die mit dem Einsatz eines grünen Ungeheuers viel Beifall erntete. Ein Ritter prahlte mit seiner Kunstfertigkeit im Bogenschießen, während neben ihm ein hübscher Junge mit langem, goldenem Haar in Frauenkleidern Liebesbeteuerungen flötete. Eine Gruppe von Holzpfeifenspielern entlockten ihren Instrumenten Klänge, die in den Ohren schmerzten, bis sie von einer Schar junger Burschen johlend in die Flucht geschlagen wurden. Auch Katharina befand sich auf dem Weg hinauf, denn so, wie es vereinbart war, hatte Wenzel sie und Maria von der Kleinseite abgeholt, um sie zu Ottavio in die Reithalle zu führen. Katharina amüsierte sich über einen drolligen Kerl, der sich durch die Menge schob, er zwickte Männer und Frauen in die Waden, rollte die Augen, bis nur mehr das Weiße von ihnen zu sehen war und leckte mit der Zunge an seiner Nasenspitze. Auch Maria hatte er ins Bein gekniffen, sie schrie auf und rannte schnell ein paar Schritte weiter, während die Leute rundherum lachten und auf den Narren zeigten. Der kleine Mann nutzte nun die Aufmerksamkeit für weitere Späße. Er streifte mit der Spitze eines Schuhs den zweiten Schuh ab, kratzte sich an seinem Kopf, den er traurig herunterhängen ließ, und griff nach dem unbekleideten Fuß, der ihm im Weg zu stehen schien. Dann schlug er unversehens und behände wie ein Affe einen Purzelbaum und machte sich davon. Katharina genoss den Anmarsch und stimmte aus voller Brust in die vielen Jubelrufe zu Ehren des Kaisers ein. Auch Maria, die sich von der Attacke des kleinen Narren schnell erholt hatte, fiel mit ein. Nur Wenzel blieb wie immer stumm und aufmerksam. Er trat an die Seite des Weges, wo ihm ein alter Mann aufgefallen war, und gab den beiden Frauen ein Zeichen, es ihm gleichzutun. Die beiden wurden aber von einem Puppenspieler aufgehalten, der fröhlich um sie herumtanzte und einmal Maria und einmal Katharina in sein kleines Spiel mit einbezog. So ging Wenzel allein zu dem alten Mann, der wenige Schritte weiter hinten auf einer Bank saß. Trotz des warmen Sommertages war der Alte bis zu den Ohren in schäbiges graues Zeug eingepackt, sodass man von seinem Gesicht nur wenig sah. Auf den Knien hielt er eine alte Harfe, die er sacht berührte. Die feinen Silbertöne klangen dabei wie Regentropfen. Wenzel erkannte die alte Weise, in der von Liebe und Treue, Glück und Verzweiflung die Rede war. Plötzlich entglitt dem Alten die Harfe und fiel mit ein paar gebrochenen Tönen zu Boden, zeitgleich sank der Kopf des Alten herab. Er saß ganz still, obwohl vor ihm der hellste Trubel herrschte! Einige wenige bemerkten, was vor sich ging, und entblößten betroffen ihre Köpfe. Gerade als sich

Wenzel dem Toten nähern wollte, kam ein Mönch, drängte sich durch die kleine Ansammlung und kniete neben dem Alten nieder. Er schloss ihm die Augen und begann zu beten. Wenzel nickte ihm zu und eilte zu Katharina und Maria, die noch immer mit dem Puppenspieler beschäftigt waren und von all dem nichts mitbekommen hatten.

Er bahnte Katharina und Maria einen Weg durch die Menge, bis sie endlich bei der Reithalle angelangt waren. Ottavio lief geschäftig hin und her, um den Damen und Herren, die beim Festzug mitwirken sollten die letzten Anweisungen zu geben.

Als er aber sein Engelchen erblickte, nahm er sich einige Minuten Zeit, um sie in der Halle herumzuführen. Geschickt brachte er sie zu dem wunderschönen Muschelschlitten und erklärte ihr, es handle sich hierbei um den Schlitten der Venus. Er erlaubte ihr, sich hineinzusetzen. Seine Tochter war entzückt von der Kunstfertigkeit und der Schönheit des Schlittens, an dessen Schienen kleine Räder angebracht waren, auf denen er laufen konnte. »Nun ja«, seufzte sie tief und erinnerte sich an Jacopos Worte, der um diese Zeit in den kühlen Räumen der Burg rastete. Es war immer noch besser, bei den Vorbereitungen dabei zu sein, als gar nichts vom Festzug zu sehen. Die Zeit in der Reithalle verging wie im Flug und je näher der Abend kam, umso aufgeregter wurden die Mitwirkenden. Schließlich war der Zeitpunkt ihres Auftretens vor dem Kaiser ganz nahe gekommen, die Trompeter in ihren festlichen Kleidern stellten sich schon auf, um dem Zug voranzuschreiten, als Ottavio Katharina zur Seite zog und ihr etwas ins Ohr flüsterte.

Oberhalb einer Wendeltreppe liegt über dem Wladislawsaal ein kleiner Raum, der von ihm nur durch Fenster getrennt wird. Dort warteten bereits eine Stunde später die Musiker gespannt auf ihren Einsatz. Am Ende der Königshalle führen ein paar Stufen hinauf zum Eingang der Hofkapelle. Dort saß der Kaiser zwischen seiner Schwester Elisabeth und seinem Bruder Ernst auf dem Thron, zu seinen Füßen die anderen Brüder und Verwandten. Er blickte ernst, hochmütig und gelangweilt über die Anwesenden hinweg, obwohl er sich schon auf das Spektakel freute. »Als Herrscher stets die Form wahren«, hatte er gelernt und das erschien ihm richtig. Ottavio trat nun ein, die Wangen vor Aufregung gerötet, inmitten von sechs Hoftrompetern, deren lautstarke Fanfare die Aufmerksamkeit aller Anwesenden auf ihn lenkte. Er ging langsam vor bis zu den Stufen und verbeugte sich tief vor dem Kaiser. Auf dessen Nicken gab er mit einem Heroldsstab das Zeichen zum Beginn. Von links, über die Reitertreppe, würden einzelne »lebende Bilder« einziehen, sich während der Dauer eines Musikstückes durch den Saal bewegen, vor dem Kaiser kurz anhalten und den Weg zurück zum Ausgang nehmen. Und schon war es so weit:

Jedes der Bilder war für den Kaiser und seine Gäste ein wahrer Augenschmaus. Verkleidete Mitglieder des Hofstaats, Leute aus dem Volk und Schauspieler stellten in vielen kurzen Szenen Symbole und Bilder aus alten Sagen und Mythen dar und vermittelten eine Vielzahl von reizvollen Eindrücken. Da gab es schöne Frauen in prunkvollen und farbenprächtigen Kleidern, über und über mit Gold und Edelsteinen behängt, starke Männer in glänzenden silbernen und goldenen Rüstungen, kleine Kinder in zierlichen Tierkostümen und sogar lebende Tiere, die mitgeführt wurden und edelsteinbesetzte, goldene Halsbänder trugen. Menschen wurden zu Zwergen oder Riesen, zu Göttinnen und Göttern, einige waren lieblich, andere gar grässlich anzusehen. Die Bilder verformten sich, lösten sich auf, um wieder neu zu entstehen. Alles mischte sich ineinander, die Federn und Perlen, die feinen Stoffe und Blumen, die zarten Mädchenkörper, die muskulösen Arme der Krieger, geschmückte Hände, gefährliche Waffen, geflochtenes Haar und bunte Masken, alles schien miteinander zu tanzen und in der Bewegung sich selbst verändernd etwas Neues zu erschaffen, bunt, aufregend und faszinierend. Die Gäste im Saal hielten vor Staunen die Luft an und wünschten, dieser traumähnliche Bilderrausch würde nie mehr enden.

Auch Rudolf wünschte es, denn er liebte kunstvollen Mummenschanz[37]. Seine Tochter Elisabeth teilte seine Freude; immer wieder spähte sie hinauf zu ihrer Tante, um ihre Begeisterung mit ihr zu teilen. Die Königin bemerkte die kindlichen Blicke und erwiderte sie mit einem Lächeln. Erzherzog Matthias aber war mit seinen Gedanken nicht beim Festzug, immer wieder sah er unruhig zum Ausgang der kleinen Wendeltreppe, wo der Nuntius seinen Ehrenplatz hatte. Die schöne Erscheinung der Europa auf dem Stier schien er nicht zu genießen und auch nicht die der singenden Sirenen und der Sieben Künste, die ihr folgten. Ranft hatte die Ehre, bei diesem Bild mitzuwirken, er folgte dem Darsteller der Rhetorik als Redner Cicero. Nun ja, dachte Rudolf erheitert, mein schweigsamer Ranft als Redner, das passt nicht ganz!

Jetzt trat Neptun auf, eingehüllt in grobe Fischernetze, auf denen goldene Seesterne glitzerten, den Dreizack in der Rechten. Sein Gefolge rekrutierte sich aus jungen Männern, die als Fische verkleidet waren mit Schuppen aus Silberplättchen, die im Schein der unzähligen Fackeln und Kerzen schimmerten und funkelten. Ihr Glanz wurde von dem einer lieblichen Meerjungfrau übertroffen, die in einem silbernen Schlitten lag, umgeben von Meerestieren und Muscheln aus fernen Gewässern. Ein Raunen ging durch den Saal, der Kaiser nickte beifällig.

Als nächster Gott kam Bacchus: Ein großes Fass wurde von vier Flüssen, Dienern in langen blauen Seidengewändern, hereingerollt, oben sah ein Kopf heraus, geschmückt mit Weinlaub. Von den Drehbewegungen war dem im Fass steckenden Mann so schwindlig geworden, dass sein Gesicht ganz rot war und er die Augen wie ein Betrunkener verdrehte. Als einige männliche Zuschauer in ihm den geizigen Wirt der Kneipe beim Daliborturm erkannten, brachen sie in schadenfrohes Gelächter aus. Hinter ihm wurde Tantalos vom Fluss Styx, dem Fluss der Unterwelt und des Vergessens, gezogen: Der Knecht des Wirtes saß halb nackt auf einem kleinen Fass und streckte den Kopf durch ein Loch in der Mitte eines großen runden Tisches auf seinen Schultern, voll mit unerreichbaren Leckerbissen, mit Fleisch, Käse, Brot und Wein. Als Hut trug er einen Krug. Auch er war ganz rot im Gesicht, da er gegen Niesreiz kämpfte, und die Enden seines Schnurrbarts zitterten heftig. Doña Elisabeth kreischte vor Vergnügen und konnte sich lange nicht beruhigen, obwohl der Kaiser sie mit schmalen Augen tadelnd ansah.

Und schon näherte sich Gott Mars hoch zu Ross inmitten von vier Hornbläsern in fransigen, blau gefärbten Umhängen, die den Ostwind darstellten. Ottavio hatte den Pagen Hermann in einen Harnisch aus blankem Eisen gesteckt, der seine schlanke Gestalt mit den breiten Schultern und den schmalen Hüften vorteilhaft zur Geltung brachte. Die Rüstung war ganz bedeckt durch Treibarbeit mit punziertem Grund: Man konnte Hopfenranken mit Tierköpfen, Fabelwesen, Aktfiguren, Satyrn und verschiedene Darstellungen des Helden Herkules unterscheiden. Das Visier war geöffnet, sodass man das aufgeregte, kühne Gesicht des Pagen sehen konnte. Auch das Pferd, ein Rappe, war gerüstet mit eiserner Ross-Stirn und Sattel. Rusworm hielt die Zügel in der Linken, in der Rechten den blanken Degen. Er war so schön, dieser Kriegsgott, dass die Damen sehnsüchtig seufzten und ihre Augen glänzten, wenn er vorbeiritt.

Immer wieder klatschten und jubelten die Zuschauer begeistert, während die einzelnen Bilder vorüberzogen und den Saal wieder verließen. Ottavio hatte sich mit dem Programm selbst übertroffen. Sogar Jacopo, der selbst schon so manches Fest gestaltet hatte, staunte. Er saß ganz in der Nähe der Fürsten auf einem der wenigen Ehrenplätze, die den Freunden des Kaisers zugewiesen worden waren.

Rudolf war von dem Festzug so gefangen, dass er nicht darauf achtete, dass sich Erzherzog Matthias von seinem Schemel erhob und rasch der Tür zur kleinen Wendeltreppe zustrebte. Auch dass der Nuntius Seiner Heiligkeit bereits verschwunden war, war ihm entgangen. Er achtete nur auf Jupiter, den Göttervater, der einen Zinnteller hielt und von einem Zug von acht Rittern begleitet wurde. Rudolf wusste, dass jeder von ihnen ein Land Europas darstellen sollte, er konnte sie an den Farben von Helmbusch und Schild erkennen.

Matthias war inzwischen über die Wendeltreppe und durch lange Gänge zu den Räumen zurückgekehrt, die er gemeinsam mit seinem Bruder Ernst während der Festlichkeiten bewohnte. Es waren die Räume der künftigen Kaiserin, die dem Thronfolger zustanden. Er hatte sich bei seiner Ankunft geärgert, dass Rudolf diese Gemächer für seine Kunstwerke benutzte und diese nicht seinetwegen hatte entfernen lassen. Die nackten Götter auf den Bildern verletzten sein Schamgefühl. Nun aber hatte Matthias anderes im Kopf. Der Nuntius, der ihn um ein vertrauliches Gespräch gebeten hatte, wartete bereits auf ihn. Er trat in seine Retirade, sein Wohnzimmer und erblickte Malaspina, der etwas verlegen neben seinem Sekretär in dem prunkvollen Gemach stand. Die Wände waren mit Malereien verziert, die einen lieblichen Rosengarten ins Innere des Palastes zauberten. Wertvolle, mit vergoldetem Leder bespannte Stühle und ein schwerer Tisch mit einer Platte von kunstvoll aus Steinen zusammengesetzten Blumen, Vögeln und Ornamenten luden zum Verweilen ein. Ein vergoldeter Leuchter mit ausladenden Armen und Girlanden hätte genügend Licht spenden können, jedoch waren die weißen Kerzen noch nicht entzündet. Das spärliche letzte Tageslicht, das durch die kleinen Scheiben fiel, konnte die düstere Stimmung nicht erhellen, aber keinem der drei Herren stand in diesem Moment der Sinn danach, einen Diener zu rufen. Man hatte darauf geachtet, nicht entdeckt zu werden und darum die günstige Stunde des Festzuges für das Gespräch gewählt.

Der Nuntius war nicht sehr begeistert von der Aufgabe, die er aus Rom erhalten hatte, seine linke Hand spielte unruhig mit den Falten seines Gewandes. Er hätte dieses Gespräch gern vermieden. Da er sich aber zu Recht von seinem Sekretär beobachtet fühlte und sicher war, dieser würde jedes Wort und jede Geste von ihm nach Rom melden, hatte er sich dazu bereit gefunden. Er war ohnedies bei Papst Sixtus V. schlecht angeschrieben, weil er dem Kaiser nicht energisch genug gegenübertrat. Fray Bartolomé aber freute sich, dass sein träger Herr dieses Treffen mit Matthias eingeleitet hatte. Seine sonst so kalten Augen blitzten vor Eifer, aber er hielt sich still im Hintergrund, wie es sich für ihn ziemte.

Als treuer Sohn der Kirche küsste Matthias dem Nuntius nach seinem Eintreten sofort Hand und Ring. Dieser verneigte sich daraufhin tief und sprach: »Gesegnet seid Ihr, Majestät!«

Matthias erblasste, so einen Gruß hatte er nicht erwartet. »Wie ist Euch, mein Vater, ich bin doch nicht der Kaiser!«, sagte er erschrocken und wich unwillkürlich einen Schritt zurück. Er fühlte sich ertappt, denn schon oft hatte er davon geträumt, mit diesen Worten angesprochen zu werden.

»Noch nicht, noch nicht«, erwiderte Malaspina, während er mit einem breiten Lächeln auf seinen fleischigen Lippen auf Matthias zutrat. »Aber bald! Nur Ihr seid fähig, dieses Reich im Auftrag Gottes zu regieren, nur Ihr seid fähig, den rechten Glauben wiederherzustellen.« Während der Bischof Matthias lobte, legte er seine flache Hand auf den runden Bauch und wog seinen schweren Körper sanft hin und her.

Wie ein breites Schiff auf hoher See, durchfuhr es Matthias, der sich durch die körperliche Nähe des Geistlichen bedrängt fühlte. Dann dachte er über das Gesagte nach und meinte bestimmt: »Nein, auch ich würde die Protestanten nicht mit Feuer und Schwert ausrotten. Wie mein Bruder hasse ich Grausamkeit, mir wird allein bei dem Gedanken daran übel. Auch die Lutheraner sind gute Untertanen, die dem Kaiser geben, was des Kaisers ist.«

»Nun, Sire«, Matthias erblasste wieder, »auch die Heilige Kirche hat nichts für Grausamkeiten übrig. Es ist nicht ihr Bestreben, Menschen allein wegen ihres Glaubens zu töten.«

Matthias verzog bei diesen Worten sein Gesicht zu einem gequälten Lächeln, denn er kannte die Rolle der Kirche und besonders die der Dominikaner in Spanien nur zu gut. Nein, im Reich dürft ihr nicht so vorgehen, das würde auch ich nicht gestatten!, dachte er entschlossen und lächelte weiter. Matthias war zwar der römischen Kirche sehr verbunden, doch er hasste die Protestanten nicht. Mit Nachdruck bekehren, ja, jeder Nachdruck war gerechtfertigt, doch nicht der Tod. Auch er war ein Schüler seines Vaters Maximilian. »Was also hätte die Kirche zu gewinnen, säße ich an Rudolfs Stelle?«, fragte er nun direkt und blickte dem Vertreter des Papstes dabei fest in das feiste Gesicht.

»Einen treuen Sohn auf dem Thron, das hätte die Kirche davon!«, antwortete der Bischof und bemerkte nicht nur Ablehnung, sondern auch Interesse in den Augen des Erzherzogs. Davon ermutigt, fuhr er schnell fort: »Kaiser Rudolf liebt die Heilige Kirche nicht. Er lebt und handelt nicht in unserem Sinne. Er ist gut Freund mit Lutheranern, verfolgt die Böhmischen Brüder[38] nicht, unterhält sich sogar gern mit Juden. Und viele Juden, wenn sie auch getauft sind, umgeben ihn als Diener! Dabei weiß man doch, dass, wer als Jude geboren ist, immer ein Jude bleibt!« Hier machte der Kirchenfürst eine kurze Pause und blickte verlegen zu Boden, bevor er weitersprach. Er war es nicht gewohnt, so energische Reden zu führen und es kostete ihn viel Kraft und Überwindung. »Das Volk der Gottesmörder wartet nur darauf, die Kirche in allen ihren Belangen zu schädigen. Aber Ihr«, so fuhr er schließlich fort, nahm die Hand von seinem Bauch und richtete sie auf Matthias, »Ihr hört täglich die Messe, beichtet oft und voller Reue auch die kleinen Sünden, die Ihr selten genug begeht. Ihr umgebt Euch nur mit untadeligen, frommen Menschen, die über jeden Verdacht der Ketzerei erhaben sind.«

Matthias horchte und staunte. So hatte noch kein Kirchenfürst gewagt, mit ihm zu sprechen. Den Kaiser so direkt anzugreifen hätte auch kein anderer Mensch wagen dürfen. Der Nuntius sprach hier im Namen des Papstes, des Oberhaupts der Kirche und des menschlichen Gewissens. Nun wusste er zwar, dass die Kirche Rudolf nicht übermäßig liebte, doch dass es jemand wagte, das offen auszusprechen, erstaunte ihn. Im Geiste stimmte er zu, er war derselben Meinung; Rudolf zeigte wenig Interesse an der Messe und beichtete selten und, wenn doch, dann nur bei Pistorius, dem früheren Kalvinisten und Lutheraner, der für seine Milde von Rom oft gelobt, aber öfter noch getadelt wurde. Dass Rudolf gern Lutheraner oder auch Juden um sich scharte, gefiel Matthias ebenfalls nicht. Das offen und laut auszusprechen wäre wohl Verrat, Verrat am Kaiser, Verrat am eigenen Bruder. Er zögerte daher, dachte kurze Zeit nach und lenkte dann das Gespräch in eine andere Richtung.

»Mein Vater!«, begann er schließlich, »mein Bruder wird heiraten und Söhne zeugen, wird einen Leibeserben haben. Er ist noch jung, gerade vierunddreißig Jahre alt. In vielen Ländern warten fromme Damen, denen es eine Ehre wäre, seine Braut und Kaiserin zu werden.«

Kopfschüttelnd und nachdenklich blickte der Nuntius zu Boden. Matthias wusste, dass nicht nur der Kirchenfürst Zweifel an Rudolfs Heiratsabsichten hegte, auch er glaubte nicht mehr daran! Wie zur Beschwichtigung bot er dem Nuntius an, sich zu setzen. Die beiden Männer nahmen einander gegenüber Platz, während der Sekretär hinten an der Wand stehen blieb und aufmerksam lauschte. Beinahe hätte man ihn vergessen können, wäre da nicht seine eigentümliche Gestalt gewesen, die immer wieder den Blick des Erzherzogs auf sich zog. Matthias spürte eine seltsame Kälte im Raum, wenn er zu ihm hinüber sah. Wie eine weiße Säule mit schwarzem Schleier stand er da[39], eine Säule der Kirche, ein stiller Zeuge des Gesprächs, von dem dennoch eine ungewöhnlich starke Kraft auszugehen schien. Matthias war geschmeichelt durch die Aufmerksamkeit der Kirche und bestärkt in seiner Meinung über den älteren Bruder. Da ihn sein Ehrgeiz schon lange nach dem Thron streben ließ, hatte er ein offenes Ohr für den Nuntius und dessen Pläne. Die Botschaft, die ihm der Papst hier überbringen ließ, verstand er sehr wohl: Die Kirche würde mich also unterstützen, wenn ich Rudolf stürze! Jedoch wusste Matthias genau, dass eine solche Hilfe nicht umsonst wäre. Die Kirche würde von ihm als Gegenleistung fordern, die Ketzer heftig zu bekämpfen. Nur nicht zu rasch handeln, überlegte er, während sein Herz schneller klopfte und er dem Nuntius nun viel freundlicher gesonnen war als vor der Unterredung, jetzt, wo der Thron ein Stück näher gerückt war.

Der Nuntius schien Matthias' Zwiespalt zu spüren und hakte nach: »Eine echte Tochter der Kirche an der Seite des Kaisers wäre wünschenswert, doch macht der Kaiser keinerlei Anstalten, sich eine Frau zu nehmen. Hingegen wissen wir, dass so manches Fräulein und manche Dirne in seinem Bett gelegen haben.«

Matthias nickte, sah dabei aber gedankenverloren zu Boden. »Zeugungsfähig ist der Kaiser, Doña Elisabeth ist ein Beispiel dafür, aber was hilft das, wenn er sich nicht vermählen will?«

Selbst Pistorius hatte schon mehrmals versucht, mit Rudolf über eine Eheschließung zu sprechen, doch vergebens. Beinahe schien es so, als machte sich Rudolf ein Spiel daraus, erst ließ er sich von seinen Beratern die möglichen Bräute nennen, dann stimmte er vage einer Verlobung zu, um dann nichts weiter zu unternehmen, als ab und zu die Bilder der Damen zu betrachten, die infrage kamen. Er sammelte diese Porträts in einem eigenen kleinen Gemach, das den Namen »Prinzessinnenzimmer« erhalten hatte. »In Spanien wartet Isabella Clara Eugenia[40], sie wird wohl umsonst warten!«, überlegte der Nuntius soeben und riss Matthias damit aus seinen Gedanken.

»Ja«, bejahte dieser, »doch das hat Gründe: Sie ist nicht schön genug für den hohen Geschmack, nicht geistvoll genug und Rudolf könnte sich nicht an sie gewöhnen! Aber vor kurzem ist in Innsbruck unserem Onkel Ferdinand ein Töchterchen geboren worden und seine Frau erwartet demnächst ihr zweites Kind. Vielleicht«, hier zögerte Matthias ein wenig, »wenn diese Tochter größer wird, wird sich Rudolf bequemen, sie zu nehmen. Mit ihr bekäme er dann auch die begehrten Kunstsammlungen des Oheims, auf die er ohnehin schon seit langem einen Blick geworfen hat![41]«

Der Nuntius hörte zu und nickte. »Wie schade, dass diese Prinzessin nicht schon älter ist! Eine Tochter der frommen Anna Gonzaga[42] kann nur eine rechtgläubige Katholikin werden. Da hieße es also dann noch warten.«

»Nun, nicht allzu lang, denn Rudolf hat ja eine Neigung zu ganz jungen Frauen. In zehn, zwölf Jahren kann man schon weiter sehen.«

»Zwölf Jahre, doch sind die lang für Reich und Kirche, gerade in diesen bewegten Zeiten. Ich denke an die Türken und die Protestanten, da bräuchte es doch Stabilität im Inneren und einen starken Herrscher voller Tatkraft.«

Matthias stimmte zu: »Rudolf sollte der Türkengefahr mehr Augenmerk schenken. Statt hier die Sterne zu betrachten, sollte er die Ungläubigen bekämpfen. Da habt Ihr Recht, mein Vater. Letzte Woche habe ich erfahren, dass er gar mit dem Sultan Botschaften und Geschenke tauscht!«

Malaspina erwiderte den entsetzten Blick Matthias' und arbeitete weiter in diese Richtung:

»Die Türkennot ist der Protestanten Brot. Je eher man die Türken zurückweist, desto früher kann man etwas gegen sie tun. Die protestantischen Fürsten im Reich lassen sich jede Teilnahme an den Türkenkriegen mit vielen Privilegien entgelten, so werden sie immer stärker.«

Wieder nickte Matthias, der das zwar wusste, aber auch kein Mittel dagegen kannte.

»Und was geschieht, wenn Rudolf eine Protestantin an seine Seite ruft?«

»Nein«, war Matthias überzeugt. »Ihr habt mit Euren Zweifeln an Rudolfs Heiratsabsichten gewiss Recht, Rudolf scheint nicht ernsthaft an eine Vermählung zu denken. Er genießt die schönen Damen, die nichts fordern und alles geben, vor allem die, die keinen Verstand und keine eigene Meinung haben.«

»Mein Fürst«, fragte da der Bischof, »was haltet Ihr selbst von der Ehe? Ihr habt ja keine solchen Neigungen zu lockeren Weibern wie der Kaiser, Ihr lebt keusch und ehrbar, wie man hört. Welche Prinzessin werden wir an Eurer Seite begrüßen dürfen?«

Matthias errötete und senkte den Blick. Seine wenigen Versuche mit Frauen waren Misserfolge gewesen. Ob der Nuntius das erfahren hat?, fragte er sich und gab sich selbst die Antwort: Die Kirche weiß alles. Er errötete noch mehr, aber diesmal vor Zorn über die Frage und auch aus Zorn darüber, nicht in der Lage zu sein, jemals Nachkommen zeugen zu können! Er atmete kräftig durch, während er sich erhob: »Ich vernehme wohl die Güte des Papstes und seine Sorge um mich aus Euren Worten, doch ist es noch nicht so weit. Ich werde Euch, sobald es nötig ist, als Erstem darüber berichten und den Rat Seiner Heiligkeit einholen. Und nun entschuldigt mich, ich muss zurück zum Fest, der Kaiser wird mich schon vermissen. Ihr wisst, das ist weder in Eurem noch in meinem Sinn.«

Der Bischof erhob sich trotz seiner Körperfülle erstaunlich schnell, er war etwas verlegen und überrascht, dass ihm der Erzherzog seine letzte Frage offensichtlich übel nahm. Umso tiefer verneigte er sich nun und reichte Matthias dann die

Hand zum Kuss. Nachdem ihn der Bischof gesegnet hatte, ging Matthias eiligen Schrittes zurück zum Festsaal in der Hoffnung, Rudolf hätte seine Abwesenheit nicht bemerkt. Der Nuntius war nicht unzufrieden mit dem Verlauf des Gesprächs, mehr hätte er beim besten Willen nicht erreichen können. Der Sekretär war allerdings anderer Meinung und sprach sie leise aus: Malaspina hätte Matthias noch mehr drängen, noch mehr beim Ehrgeiz packen sollen. Der Kirchenfürst tat, als ob er nichts gehört hätte, und würdigte den Dominikaner keiner Antwort. Er hatte ihn vor vielen Jahren am Hof König Philipps II. kennen gelernt, der Spanier war nicht immer Mönch gewesen. Immer, wenn er den dürren Mann ansah, verglich er ihn im Geist mit dem viel versprechenden Jüngling von damals, nach dem so manche glutäugige Schöne sehnsüchtig durch die Ritzen der hölzernen Fenster gespäht hatte. Prächtig hatte er ausgesehen mit seiner schlanken Gestalt, wenn er in seinem Wams aus Samt und Atlas, mit einer Agraffe am Barett und einer goldenen Kette um den Hals durch die Stadt Madrid geritten war. Als Sohn eines reichen Kaufmanns aus Toledo war er in jungen Jahren nach Salamanca gegangen, um dort die Rechte zu studieren. Dann hatten ihn zahlreiche Reisen durch ganz Europa und sogar bis nach Nordafrika geführt, wo er viele Freundschaften mit Mauren geschlossen hatte. Am spanischen Königshof war er ein angenehmer Gesellschafter gewesen, wovon jetzt keine Rede mehr sein konnte. Nun ja, sagte sich der Nuntius, als er sich mit ihm zum Festsaal zurückbegab. Ich muss, ob ich will oder nicht, den Kerl ertragen!

Rudolf hatte Matthias' und Malaspinas Abwesenheit tatsächlich nicht bemerkt, viel zu sehr war er vom Festzug gefangen. Gerade, als sich die Herren in der Retirade ohne sein Wissen über ihn, seine Zeugungsfähigkeit und seinen Regierungsstil unterhielten, bewunderte er eine schwarzhaarige Diana, die von zwei Knaben in Hirschkostümen und einigen Jagdhunden begleitet wurde. Mit Vergnügen erinnerte sich der Kaiser an eine mit der Schönen angenehm verbrachte Nacht. Der Wagen, in dem sie hereingezogen wurde, war mit Tannenzweigen umwunden, deren Zapfen versilbert worden waren. Der Mond, dargestellt von einem Knaben in silbernen Kleidern mit einer großen, silbernen Mondsichel in den Händen, folgte der Göttin.

Ottavio war zum Eingang des Saales gegangen und stand am Ende der Rampe. Dort kamen die einzelnen Gruppen die Pferdetreppe herauf, dort zogen sie nach ihrem Auftritt auch wieder hinunter in den Hof, wo das einfache Volk das Spektakel betrachten konnte. Die Jubelrufe und das Geschrei des Volkes hörte man bis in den Saal herauf, sie vermischten sich mit dem bewundernden Raunen, den Rufen und dem Applaus der geladenen Gäste. Der Antiquar weidete sich daran. Er war stolz auf seine Leistung, aber noch immer aufgeregt, denn der Höhepunkt des Festzuges stand ja noch bevor, das letzte Bild, das Bild des goldenen Apfels, das alle vorherigen noch übertreffen – oder aber seinen Erfolg zunichte machen konnte. Alles würde davon abhängen, ob der Kaiser Gefallen daran finden würde …

Neben ihm hielt ein kleiner Edelknabe aufgeregt ein Kissen mit einem Apfel aus purem Gold bereit. Ottavio sammelte alle seine Kräfte, blickte zu Jacopo hinüber und beobachtete dessen beifälligen Gesichtsausdruck. »Der wird dir noch vergehen!«, lachte er boshaft und behielt seinen Vater im Auge.

Nun richteten sich alle Blicke nach oben: Iris, die von einer Wolke an der durch Fackeln beleuchteten Decke herabstieg, gab dem Trompeter ein Zeichen. Auf dessen Ruf hielten drei Göttinnen ihren pompösen und prächtigen Einzug, für den sie so viel Beifall ernteten, dass den Festgästen vom Klatschen die Handflächen schmerzten.

Als Erste erschien die Göttermutter Juno auf einem mit Girlanden aus Efeu geschmückten Bauernkarren, von der Morgenröte Aurora in rötlich schimmerndem Kleid und vier Knaben in Pfauenkleidern gezogen. Bekleidet war sie mit einer grünen Tunika aus Seide, gegürtet mit einer Kordel mit Quasten in roter Farbe, darüber trug sie hauchdünne grüne Schleier, bestickt mit zarten Blüten. Sie hielt ein Salbgefäß aus poliertem Messing auf dem Arm. Das braune Haar war kunstvoll aufgesteckt und mit Blüten übersät. Zwischen ihren Beinen stand ein lebender Pfau, den sie liebkoste und zärtlich streichelte, obwohl er mit seinem scharfen Schnabel nach ihr hackte. Begleitet wurde Juno von den drei Königen der Erdteile Afrika, Asien und Amerika, sie alle wurden von Mitgliedern des Hofes dargestellt.

Dann zogen Viktoria, der Sieg, in silbernem Harnisch und bekrönt mit einem Lorbeerkranz und vier Edelknaben in Eulenkostümen einen silbernen Plattformwagen herein, auf dem Pallas Athene stand. Die Göttin trug ein silbernes Gewand in griechischem Stil, gegürtet mit einer silberfarbenen Kordel, den durchsichtigen Schleier über das aufgesteckte Haar geschlungen. Auf ihrer rechten Schulter saß eine lebende Eule. An ihr Fuhrwerk gekettet sah man vier Gestalten als Besiegte, sie hielten Schilder mit den Namen Feigheit, Geiz, Hochmut und Wollust in den Händen. Hinter dem Wagen folgten die Kardinaltugenden, ebenfalls von Knaben dargestellt: Justitia, Fortitudo, Prudentia und Temperantia[43] sangen dabei ein Siegeslied.

Und endlich kam Katharina als Göttin Venus herein! Begeistert war sie auf den Vorschlag ihres Vaters eingegangen und saß nun in dem wunderschönen Muschelschlitten, der von vier ein Liebeslied singenden Schwanenknaben gezogen wurde. Sie trug ein kunstvoll geschmiedetes Netz aus Gold über dem weißen, griechischen Gewand und hielt in der Linken goldene Ketten als Symbol für die Fesseln der Liebe. In ihrer rechten Hand hielt sie eine weiße Taube, die sie im Saal fliegen ließ. Rote Rosen schmückten ihr aufgestecktes, blondes Haar und auch der Rand der Muschel war mit roten Rosen verziert. Amor begleitete sie, der schönste Edelknabe durfte ihn darstellen. Mit Köcher, Pfeil und Bogen lief er fast nackt, nur mit einem Tuch um die Hüften, hinter Katharina her. Die Gäste waren entzückt und spendeten der Göttin nicht enden wollenden Beifall, nur Jacopos Gesicht war bei ihrem Erscheinen zu einer kalten Maske erstarrt. Sein Entsetzen über das, was hier geschah, stand ihm deutlich ins Gesicht geschrieben, und Ottavio weidete sich daran. Jacopo hatte keineswegs damit gerechnet, seine Enkelin hier als Mitwirkende vorzufinden. Schlagartig wurde ihm klar, was sein Sohn damit bezweckte und was das zur Folge haben konnte. Seine Katharina stand plötzlich im Mittelpunkt des Festes und vor den Augen des Kaisers, dessen Aufmerksamkeit gewiss. Und der war bekanntlich kein Kostverächter!

Nun hatten die drei Wagen vor dem Herrscher angehalten und Ottavio trat mit geröteten Wangen in ihre Mitte vor den Thron. Er wartete kurz, bis die Musiker ihr Stück beendet hatten und verbeugte sich dann tief vor dem Kaiser. Auf dessen Wink erhob er mutig seine Stimme: »Euer Majestät, wie Ihr erkannt habt, sind die Göttinnen zugegen.« Er wies auf die drei Schlitten. »Jedoch fehlt Paris, der die Schönste unter ihnen küren soll, so wie es die alten Sagen wollen.« Hier verbeugte er sich erneut. Im Raum herrschte völlige Stille und Spannung: Wie würde es weitergehen? Der Antiquar wollte wohl kaum die Rolle des Paris übernehmen. Ein Spiel? Man war verwirrt und hielt den Atem an, sämtliche Augenpaare im Raum richteten sich auf Ottavio.

»Mit diesem goldenen Apfel«, so sprach er und wies auf den Apfel, den der Edelknabe kniend darbot, »soll Prinz Paris die gerechte und richtige Entscheidung treffen, wer die Schönste dieser Göttinnen ist.« Er nahm dem Kind das Kissen mit dem Apfel ab und ging unter zahlreichen Verbeugungen über die Stufen hinauf. Dort kniete er vor dem Herrscher nieder und hob das Kissen hoch, sodass Rudolf ohne Mühe den Apfel nehmen konnte. Und weiter sprach Ottavio: »Ein Fürst wie Paris, Sire, und doch weiser, seid Ihr. So erweist uns die Ehre und wählt die schönste Frau.«

Sein Herz raste wie wild, würde Rudolf den Apfel nehmen? Das Spiel weiterspielen? Oder würde er, Ottavio, in Ungnade fallen wegen seiner Kühnheit? Rudolf liebte zwar die Mythen der Antike, das war bekannt, aber würde ihm auch dieses Spiel gefallen? Die kurze Zeit erschien dem Archivar wie Stunden, aber endlich ergriff Rudolf den Apfel und ungestümer, lauter Jubel setzte ein. Ottavio atmete erleichtert auf, ein Gewicht schien ihm von den Schultern zu fallen, er stand auf und trat zur Seite.

Rudolf vernahm den Beifall wie durch einen Nebel. »Paris«, »Apfel«, »Schönste«? Wovon war die Rede? Er hatte nicht wirklich zugehört, ihm war beim letzten Bild etwas schwindlig geworden, gleichzeitig fühlte er sich wohl. Ihm war heiß und trotzdem bekam er kalte Hände, er wollte aufspringen, fühlte aber auch eine große Schwere in den Beinen. Ein Zauber, ich muss verzaubert sein!, so schoss es ihm durch den Kopf! Die Prophezeiung erfüllt sich! Blitze zuckten durch seinen Körper, er erbebte. Dabei starrte er unentwegt auf Katharina und ihren Muschelschlitten. »Der Anblick des Wesens wird Euch gefangen nehmen«, hatten Magdalenas Worte gelautet. Sie ist es, sie muss dieses engelhafte Geschöpf sein. Seine Aphrodite, seine Venus, seine Botin der Liebe! Er sah die vielen Rosen, die den Wagen zierten und die ihm Magdalena als sicheres Erkennungszeichen genannt hatte, sah die Taube, die sich als Zeichen der Liebe in die Luft erhob, Zeichen, Zeichen über Zeichen! Und Katharinas aufgesteckte Locken, ihre zarte Haut und ihr sanftes Lächeln schienen dem Kaiser von solch überirdischer Makellosigkeit und Reinheit zu sein, dass er wusste: Nur dieses Wesen konnte sein Schutzengel sein, so wie es die Alte prophezeit hatte.

Katharinas Herz klopfte wild. Der Kaiser starrt mich die ganze Zeit an! Sie lächelte und blickte dabei schüchtern zu

Boden. Rudolf hielt den Apfel in der Hand, ohne sich zu regen, ohne zu sprechen und ohne sich umzusehen. Die beiden anderen Göttinnen bemerkte er nicht mehr, starr hielt er seinen Blick auf Katharina gerichtet. Dabei hatte sich Ottavio auch mit den anderen beiden größte Mühe gegeben. Allerdings war er schlau genug gewesen, sie aus dem Kreis der verflossenen Gespielinnen des Kaisers auszuwählen. Der würde sich wohl kaum für eine der beiden interessieren, hatte er sie doch damals schon nach einer Nacht wieder weggeschickt.

Warum entscheidet er sich nicht endlich und gibt mir den goldenen Apfel!, fragte sich Katharina aufgeregt und verunsichert. Obwohl sie ihren Blick verlegen auf den Boden gerichtet hatte, spürte sie dennoch Rudolfs Augen auf sich ruhen. Sie fühlte sich verwirrt und zugleich geschmeichelt. Schließlich nahm sie ihren ganzen Mut zusammen, sah auf und spähte erst zaghaft, schließlich mutig und entschlossen in seine Richtung.

Sie wird mein Schicksal bestimmen, fühlte er und schenkte ihr ein sanftes Lächeln, das sie mutig erwiderte. Von da an existierte die Welt nicht mehr für die beiden. Es gab nur noch sie und ihn, keine neugierigen Menschen und keinen Lärm mehr. Ohne Worte sprachen die beiden miteinander. Alles andere war vergessen und Rudolf lächelte. Nun – dafür, dass der Kaiser lächelte, setzte noch einmal Beifall ein. Das gab es wahrlich nicht oft zu sehen. Ottavio näherte sich erneut dem Kaiser, er hielt ihm das Kissen hin und Rudolf legte den goldenen Apfel darauf, während er den Blick nicht von Katharina wandte. Mit einer langsamen Geste wies er auf sie und lächelte ihr abermals zu. Vor der jubelnden Menge überbrachte der Antiquar seiner Tochter das Kissen, aber auch sie ließ den Kaiser nicht aus den Augen und tastete nach dem Preis. Wie unbeschreiblich schön der Kaiser ist, dachte sie und umklammerte nun die goldene Frucht mit beiden Händen. Sie spürte, wie ihr die Röte wieder ins Gesicht stieg, daher schlug sie schnell die Augen zu Boden und überlegte, ob Rudolf ihre Gedanken erahnen konnte.

Mit den ersten Tönen des nächsten Musikstückes zogen die Kinder die Schlitten weiter durch den Saal und zur Reitertreppe zurück, wo die Darsteller verschwanden und mit ihnen auch Katharina, die zauberhafte Erscheinung. Nur einer blickte nicht verzückt dem Wagen nach und das war Jacopo Strada. »Das kann doch wohl nicht wahr sein! Mein Sohn muss völlig verrückt geworden sein!«, sagte er halblaut. Er war wütend und entsetzt, denn ihm war klar geworden: Ottavio verkauft seine Tochter für seinen Ruhm, ich kann es nicht glauben! Er hielt große Stücke auf den Kaiser, er diente ihm stets gern und schätzte seine politisch vorsichtigen Entscheidungen, aber er kannte Rudolf nicht nur lange, sondern vor allem sehr gut! So sehr ich ihn schätze, aber er soll sich nicht an meiner Enkelin vergreifen! Sie hat eine gute Zukunft verdient, einen braven Mann, der ihr ein sicheres und schönes Leben bieten kann. Jacopo dachte an Rusworm, dessen ausdauernde Begeisterung für Katharina ihm nicht entgangen war. Das war ein aufrechter junger Mann nach seinem Herzen, ein Mann mit großer Zukunft, an dessen Seite seine Enkelin ein gutes Leben führen könnte. Falls er ihr nicht gefiele, gab es auch andere ehrenwerte Männer. Aber nun? Was würde nun aus ihr werden? Genauestens hatte er jede Regung Rudolfs beobachtet und ihm war beinahe übel dabei geworden! Nein, jetzt ist es aus mit meiner Ruhe, sie gefällt ihm natürlich! Natürlich, natürlich, natürlich! Welchem Mann gefällt sie nicht, unser hübsches Engelchen! Und sie, ja, sie ist auch beeindruckt von der kaiserlichen Hoheit! Fragt sich nur wie lange. Erst nimmt er sie, macht sie verrückt und dann lässt er sie fallen und schnappt sich das nächste junge Ding! Der alte Mann hatte in der letzten halben Stunde Höllenqualen gelitten. Am liebsten wäre er aufgestanden, um seinem Sohn ins Gesicht zu schlagen und seine Enkelin aus dem Wagen und aus dem Saal zu bringen, aber leider war das nicht möglich. »Endlich hat diese Grausamkeit ein Ende«, so seufzte er, als die Musik verklungen war und das Publikum erneut in tosenden Applaus ausbrach, an dem sich auch der Kaiser beteiligte. Während er klatschte, wandte er sich zu Jacopo und winkte ihn heran. »Jacopo, Freund, sagt, wer war dieses ungewöhnlich schöne Wesen? Kennt Ihr ihren Namen?«

Der alte Mann wurde blass. »Entschuldigt, Sire«, stammelte er endlich, sah dem Kaiser dabei fest in die funkelnden Augen, verbeugte sich und verließ ihn ohne ein weiteres Wort.

Der war so verblüfft über dieses ungewöhnliche und ungebührliche Verhalten, dass er nicht daran dachte, den Freund zurückzurufen. Rätselnd blieb er auf seinem Thron zurück und schaute ihm nach. Erst nach einer Weile erhob er sich und gab somit das Zeichen zum allgemeinen Aufbruch. Man schritt zum Bankett, er würde mit seiner Familie speisen, bedient von den höchsten Würdenträgern und die Glücklichsten seiner Untertanen hatten das Recht, stehend dabei zu sein und zusehen zu dürfen.

Beim Ausgang traf Jacopo auf seinen Sohn. »Ottavio! Was hast du dir dabei gedacht?« Er zog ihn am Ärmel und zerrte ihn weg von der Festgesellschaft, hinein in einen schmalen Gang, der vom Wladislawsaal wegführte. Trotzdem wimmelte es auch hier von Dienern, die damit beschäftigt waren, das Essen aufzutragen. Der alte Mann war daher gezwungen, leise zu sprechen. Sein sonst so ruhiges, sonnengegerbtes Antlitz war verzerrt, die Falten auf der Stirn waren tiefer geworden. Er war unruhig, ungeduldig und wütend, seine Hände zitterten und sein Magen schmerzte. Tatsächlich fühlte er sich durch das Geschehen körperlich geschwächt und verwundet, er machte sich Sorgen und kämpfte zugleich gegen seinen Zorn. »Ich habe dich gefragt, was du dir dabei gedacht hast!«, zischte er seinen Sohn nochmals an.

Der stellte sich ahnungslos: »Was meint Ihr, Vater? Seid

doch nicht so aufgebracht, was hat Euch denn nicht gefallen? Alle waren begeistert, auch der Kaiser!«

»Hör auf, dich dumm zu stellen! Du weißt genau, was ich meine, wie kannst du deine eigene Tochter verschachern!«

Ottavio schüttelte verständnislos den Kopf, sagte aber kein einziges Wort.

»Du weißt genau, was nun geschehen wird. Der Kaiser war von ihr begeistert, er wird sie benutzen, als wäre sie eines von den liederlichen Weibsbildern! Unsere Katharina! Du solltest dich in Grund und Boden schämen!«

Der Sohn drehte seinen Kopf von Jacopo weg und betrachtete die Wand gegenüber. Das Lächeln war verschwunden, die Kälte geblieben. Er stellte seine Absicht noch nicht einmal in Abrede.

»Dafür verachte ich dich, Ottavio! Das hast du dir fein ausgedacht! Du würdest dein eigen Fleisch und Blut verschachern! Für deinen Erfolg würdest du deine Tochter hergeben, als wäre sie ein seelenloses Kunstwerk oder gar nur ein Sack voller Rüben!« Der alte Mann war so aufgebracht, dass er Mühe hatte, nicht laut zu werden. Die Arroganz und Selbstgefälligkeit seines Sohnes trafen ihn wie Messerstiche. Ich habe diesen Jungen viel zu sehr verwöhnt, fuhr es ihm durch den Kopf, als er den kalten Ausdruck in dessen Augen wahrnahm. Ich habe ihm stets alle Verantwortung abgenommen und jetzt kann er nicht gut und böse unterscheiden. Er versuchte sich vergeblich gegen das Aufsteigen einer großen schwarzen Traurigkeit zu wehren. Langsam wich seine Wut diesem Gefühl und er erkannte sein eigenes Versagen als Vater. Dann dachte er wieder an Katharina, an seine Enkelin, die er vor dem drohenden Unheil schützen wollte. Mit flehender Stimme unternahm er einen letzten Versuch: »Mein Sohn, ich bitte dich, halte das Engelchen vom Kaiser fern, er wird sie behandeln wie all die anderen, so wie du selbst die leichten Mädchen behandelst! Denk doch, das kannst du nicht wirklich wollen, so wichtig kann der Erfolg gar nicht sein.«

»Hört auf, Vater!«, unterbrach ihn Ottavio, der nun seinerseits in Zorn geriet. Er wollte gar nicht über die möglichen Folgen des Festes nachdenken. Katharinas Auftritt war ein voller Erfolg gewesen, der Kaiser war begeistert von ihr wie auch vom gebotenen Programm, er hatte Katharina sogar zugelächelt. Den Kaiser zum Lächeln zu bringen, ihn zu begeistern, das war eine große Leistung! »Ihr könnt mir keinen Erfolg vergönnen! Eigennutz und Selbstsucht werft Ihr mir vor, aber seht Euch an! Kein Wort der Anerkennung für meine Leistung, nein, nur dummes Gerede von Moral!« Er drückte sich mit dem rechten Fuß von der Wand ab. Nun war auch er zu aufgewühlt, um sich zu beherrschen: »Ihr seid es, der selbstsüchtig ist! Ihr seid eifersüchtig und neidisch!« Dabei starrte er hasserfüllt auf den Vater und sprach so schnell und laut, dass sich sein Gesicht rot färbte und er nach Luft schnappte. »Eifersüchtig und neidisch!«, wiederholte er und hob beide Arme abwehrend hoch. »Und warum? Ich sage es Euch, mein werter Herr Vater! Nun werde ich Euren Platz einnehmen in der Gunst des Herrschers«, brüllte Ottavio. »Anstatt mich zu beglückwünschen und den Erfolg mit mir zu teilen, wie es ein guter und wohlwollender Vater machen würde, kritisiert Ihr an mir herum. Ihr solltet Euch schämen, Ihr alter Narr!«

Sein Vater kochte innerlich, bemühte sich aber, ruhig und besonnen zu erwidern: »Nach diesen deinen Worten haben wir nun nichts mehr gemein, Ottavio. Ein Irrtum muss es sein, dass du mein Fleisch und Blut bist! Jetzt erkenne ich dein wahres Selbst. Niemals hätte ich dir so viel Niederträchtigkeit zugetraut, aber nun, da du deinen Standpunkt nicht ändern und unsere Katharina nicht beschützen willst, bist du mein Sohn nicht mehr.« Mit diesen Worten kehrte er Ottavio den Rücken zu, er konnte ihn nicht mehr sehen und ging grußlos von ihm weg.

Der aber wollte seinem Vater nicht das letzte Wort in dieser Sache lassen, er lief ihm nach, packte ihn am Arm und riss ihn grob herum. »Nun gut, dann geht doch, Ihr ewiger Besserwisser!«, fauchte er ihn an. »Ich brauche Euch nicht, in keiner Weise, geht doch zurück nach Mailand und lasst Katharina und mich hier in Frieden!«

Jacopo befreite sich wütend aus dem festen Griff und wandte sich wortlos ab. Hastig stürzte er davon, ohne sich umzuwenden, obwohl ihn jeder Schritt wie tausend Nadelstiche tief ins Herz traf.

Katharina wachte mit einem seltsamen Gefühl auf. War der gestrige Tag Wirklichkeit oder ein Traum gewesen? Schnell griff sie auf das Nachtkästchen neben sich, tatsächlich, da war er noch: der goldene Apfel des Paris! »Rudolf!«, seufzte sie. Sie nahm den Apfel in ihre Hände und legte ihn auf die Bettdecke, auf ihren Bauch. Niemals würde sie den Blick des Kaisers vergessen können, wie er sie angesehen und angelächelt hatte, obwohl er sonst angeblich nie lächelte! Seine Augen sind wunderschön und er sah majestätisch aus auf seinem Thron! Sie träumte in ihrem Bett versonnen und glücklich vor sich hin. Sie erinnerte sich an jede einzelne Kleinigkeit, an Rudolfs Kleidung, an seine Hände, seine Haare, an sein Gesicht, seine Figur und immer wieder an seinen eindringlichen Blick. An die Macht des Kaisers dachte sie nicht mehr. Katharina war verliebt!

»Katharina! Engelchen, bist du schon wach?« Maria klopfte an die Tür ihrer Kammer und schreckte sie damit aus ihren Gedanken.

Sie legte schnell den Apfel zurück auf das Kästchen. »Ja, Maria, was gibt es denn?«

»Schnell, du musst dich anziehen, dein Vater hat von einem kaiserlichen Boten die Nachricht erhalten, er und du, ihr sollt euch zur Audienz beim Kaiser einfinden!«

»Was?!« Katharina sprang aus dem Bett, packte die eintretende Maria mit beiden Händen an den Schultern und starrte sie mehr entsetzt als erfreut an. »Schnell, Maria, meine Maria, hilf mir, ich weiß nicht, was ich anziehen soll!«

Die beiden Frauen hatten in der nächsten Stunde genug mit den Vorbereitungen zu tun, wobei Maria beinahe so aufgeregt war wie Katharina selbst. Erst nachdem Katharina ein hübsches, grünes Kleid mit einem leichten, braunen Samtmantel ausgewählt, die Amme ihr das Haar aufgesteckt und sie mit duftendem Rosenwasser besprengt hatte, fragte sie nach ihrem Großvater. Sie wollte ihm vom Kaiser und ihren Gefühlen erzählen und ihn zurate ziehen, wie sie sich nun verhalten solle. Da teilte ihr Maria mit, dass er Prag gleich nach dem Fest verlassen hatte.

»Ohne ein Wort zu sagen ist er abgereist? Aber wie konnte er das nur tun?« Katharina setzte sich auf ihr ungeordnetes Bett, verschränkte ihre Finger ineinander und starrte traurig zu Boden: »Was ist geschehen, Maria, sag es mir! Großvater verlässt uns nicht grundlos und ohne sich von mir zu verabschieden!«

Die rundliche Frau griff nach Katharinas Hand und setzte sich zu ihr auf die Bettkante: »Weißt du, mein liebes Kind, du bist nun erwachsen geworden und den beiden Herren fällt es nicht leicht, das zu begreifen. Dein Großvater war wütend über deinen Auftritt beim Fest und das Interesse des Kaisers an dir. Er sorgt sich um dein Glück.«

Katharina blickte etwas unsicher auf den goldenen Apfel, schließlich fragte sie: »Er hat sich also meinetwegen mit Vater gestritten und ist deshalb weggefahren?«

Maria nickte und Katharina schüttelte den Kopf. Ach mein Mädchen, dachte die Amme, auch ich bin mir nicht sicher, ob alles gut für dich ist, was hier geschieht! Zärtlich strich sie ihr die blonden Locken aus dem Gesicht.

Der Raum, in den Ottavio und Katharina auf der Burg geführt wurden, war geräumig und besaß eine hohe Decke, auf der die Illusion einer olympischen Szene dargestellt war. Sie verlieh ihm eine erschreckende Proportion, die Götter schienen von oben auf die Besucher herabzustürzen. Das Dunkelblau der schweren Samtvorhänge stimmte mit dem der Bezüge der beiden Stühle und der drei Schemel überein, die aufgereiht an der Wand standen. Der Zusammenklang der Vergoldungen an der Wandvertäfelung und den Möbeln mit dem dunklen Blau verschaffte dem Ganzen ein ernstes und prächtiges Gepräge. In der Mitte stand ein Tisch mit schwerer, schwarzer Marmorplatte. Nur die Bilder an den Wänden milderten in ihrer Lieblichkeit die Strenge des Raumes. Sie stellten Mitglieder des Kaiserhauses dar. Ein Bild Arcimboldos war darunter, es zeigte Rudolfs Eltern mit drei Kindern, eines davon war er selbst. Auf einem anderen sah man Elisabeth von Frankreich, des Kaisers Schwester, als schöne Königin. Der prunkvolle Saal war sichtlich für einen Mann bestimmt.

»Wir freuen Uns, Euch zu sehen, vortrefflicher Meister!« Ottavio grinste breit, während er sich vor Rudolf verneigte.

»Und Wir freuen Uns ebenso, dass Ihr Eure liebreizende Tochter mitgebracht habt.« Mit diesen Worten reichte der Kaiser der in einen tiefen Knicks versunkenen Katharina seine Fingerspitzen. Seine Finger sind kalt!, fühlte sie, während sie das Haupt zum Handkuss neigte.

Rudolfs Herz klopfte schneller. Sie muss mein Schutzengel sein, da gibt es keinen Zweifel! Ich rieche ihren Rosenduft! Sie ist das Wesen, von dem die Alte sprach. Sie wird mich vor Unheil und Tod beschützen gleich einer Zauberin. Ich muss versuchen, sie für mich zu gewinnen, ich brauche sie für mein Leben, zu meinem Schutz! Rudolf führte die beiden nach der formellen Begrüßung auf die Terrasse des Paradeisgartens[44]. Katharina staunte über die prachtvollen Blumen, die sie dort sah. Fremdartig erschienen sie ihr und unsagbar wertvoll. In einem Käfig am Ende der Terrasse saß ein Papagei und sprach mit krächzender Stimme: »Majestät!, Majestät!« »Das ist ein Paradiesvogel«, erzählte Rudolf, »ein Geschenk von König Philipp, meinem Onkel, und kommt aus den spanischen Kolonien. Sein Besitz schützt vor Verwundungen!« Vergnügt sah er, wie Katharina rasch zur Volière ging und sich an dem bunten Gefieder des Vogels erfreute.

»Wir haben Euch hergebeten«, wandte er sich an seinen Antiquar, der neben ihm stehen geblieben war, »um Euch unseren Dank für die Mühe auszusprechen, die Ihr Euch gegeben habt.«

Der so huldvoll Angesprochene nickte ehrfurchtsvoll und lachte in seinem Innersten auf. Nun hab' ich es geschafft, nun werde ich, Ottavio, als der Bedeutendere der Strada in die Geschichte eingehen.

Auch Katharina freute sich, aber nicht über die Worte des Kaisers, auf die sie gar nicht geachtet hatte, sondern über seine Blicke, die ihr galten. Wenn sich der Vater ehrfurchtsvoll und demütig verneigte – vor lauter Unterwürfigkeit tat er dies immer wieder –, schaute Rudolf aufmerksam und keck zu ihr, so als wolle er ihr sagen, dass er an seinem Archivar gar kein Interesse habe. Sie spürte errötend, was er dachte, und heftete ihre Augen auf das Tier, denn es war ungehörig, einen Mann anzustarren – obwohl sie das liebend gern getan hätte.

»Wir wünschen«, ordnete der Kaiser laut zum Entzücken ihres Vaters und zu ihrer Verwunderung an, »dass Ihr, Signor Ottavio, auf dem Hradschin Wohnung nehmt. Wir möchten Euch in Unserer Nähe wissen, um jederzeit nach Euch senden zu können, wenn es Uns danach verlangt. Kommt doch am Letzten dieses Monats zum Ballspiel zu Uns – mit Eurer Tochter, Doña Elisabeth wird sich über eine Mitspielerin freuen.«

Rudolf blickte lächelnd zu Katharina und wandte sich erstmals direkt an sie: »Wie heißt Ihr, Fräulein?«

Sie nannte ihren Namen und bemerkte, dass Rudolf erblasste. Katharina, das bedeutet »die Reine«, dachte er und erinnerte sich an Magdalenas Prophezeiung: »Ein reiner Glücksstern wird Euch leuchten!« Er war aufgewühlt und entzückt: Alles, aber auch alles passt zusammen – sie ist mein Engel, die Alte sprach wahr. Nun hatte er seinen Schutzengel gefunden, der ihn vor seinen größten Ängsten beschützen würde. Sie war lieblich anzusehen, süß und schön und er begehrte sie heftig. Ich muss Acht geben, sie nicht wie die anderen nur zu gebrauchen, auch wenn es mich nach ihr gelüstet. Aber sie ist ungleich mehr als eine von den Frauenzimmern, die ich für gewöhnlich zu mir hole. Sie ist ein Zauberwesen, sie ist mein Schicksal, mein Glück. Ich muss sie gewinnen und halten, damit ihre Kraft nicht zerbricht und vergeht!

Der Kaiser kannte sich aus mit Zauberdingen und mit Zauberwesen, gar oft schon hatte er sich darüber mit seinen Alchemisten und Hofmagiern John Dee und Edward Kelley, den beiden Engländern, unterhalten. Die Wirksamkeit der Zaubermittel und der Zaubersprüche war unbestritten, ihre Gefahren allerdings auch. Die Zauberwesen folgten eigenen Gesetzen, die so restlos nicht erklärbar waren. Er wusste, wie schnell der Versuch, ein Gespräch mit den Geistern aufzunehmen, scheitern konnte, machte man nur einen kleinen Fehler. Und dieses Wesen erschien ihm wie ein Geist. Bei Katharina, seinem Schutzengel, wollte er alles richtig machen. Er musste sehr behutsam mit ihr umgehen, ihr Vertrauen erwerben und ihr Achtung erweisen.

Nach kurzer Zeit war alles gesagt, was es im Moment zu sagen gab, und so spazierte der Kaiser mit den beiden zur Terrassentür zurück. »Die Höflinge werden Euch nach draußen geleiten, meldet Euch beim Haushofmeister, um alles Nötige für Euren Umzug zu besprechen«, sagte Rudolf wieder völlig gefasst und würdevoll zu Ottavio und reichte ihm gnädig die Hand. Der Antiquar verbeugte sich wieder tief, während er seinen Kopf zur kaiserlichen Hand senkte. Sodann nickte Rudolf dem Pagen Hermann zu, der mit Ranft in der offenen Türe gewartet und zu dessen Erheiterung Katharina unentwegt sehnsüchtig angestarrt hatte. Rusworm näherte sich sofort und begleitete Ottavio hinaus.

So fand sich Katharina zu ihrem größten Erstaunen für kurze Zeit mit Rudolf allein auf der Gartenterrasse. Sie wollte soeben einen tiefen Knicks machen, als der Kaiser abwehrend die Hand hob und sich schnell nach rechts drehte. Er pflückte eine von den exotischen Blumen, die ihm der belgische Botaniker Karl Clusius »zur Augen- und Gemütsergötzung« beschafft hatte, und reichte sie Katharina zum Abschied. Er nickte ihr zu und erst jetzt duldete er ihren Knicks. Bevor Ranft sie zu ihrem Vater geleiten konnte, blickte sie Rudolf mutig und tief in die Augen. Ich bin verliebt, stellte sie völlig richtig fest und musste gegen das Gefühl einer nahenden Schwäche ankämpfen. Wie von einem Traum befangen fühlte sie sich, der Garten, der Kaiser, die Blume! Das alles war zu schön, um wahr zu sein. Gleich würde sie erwachen …

»Katharina heißt Ihr, aber meine Aphrodite seid Ihr«, sagte Rudolf und kam ihr bedenklich nahe, um noch einmal den köstlichen Rosenduft zu riechen. Sie freute sich darüber, war aber froh, endlich aus der verwirrenden Gegenwart des Herrschers entlassen zu werden. Sie hatte den dringenden Wunsch, allein zu sein, sich hinzulegen und einfach zu rasten und zu träumen!

»Was für eine Frau, was für eine Frau! Ranft! Schnell!« Christoph Ranft war natürlich nicht weit entfernt, denn er blieb für gewöhnlich immer in Sicht- und Hörweite seines Herrn, damit er jederzeit zur Verfügung stand. Er konnte den Ausruf des Kaisers verstehen, auch ihn hatte Katharinas Anblick entzückt, als sie begeistert vor dem bunt gefiederten Papagei gestanden war, offensichtlich hatte sie noch nie zuvor einen solchen Vogel gesehen! »Kennst du sie, lieber Ranft, kennst du diese Katharina Strada, die Schönheit selbst?«

»Nun ja«, entgegnete Ranft etwas zögernd. »Kennen, das wäre übertrieben, Sire, aber ich habe sie schon des Öfteren gesehen, hier auf der Burg. Sie ist einige Male zusammen mit ihrer Amme heraufgekommen, sie sind zum Maler Bartholomäus Spranger gegangen.«

Nein! Nicht Spranger!, dachte Rudolf, dem diese Nachricht einen wahren Stoß in die Magengegend versetzte. »Sie ist also sein Modell?«, fragte er den Diener entsetzt mit belegter Stimme, da er wusste, dass jedes der Modelle auch dessen Geliebte wurde.

Ranft nickte: »Ja, Sire, ich sprach bereits mit dem Maler darüber. Die Tochter Eures Antiquars gibt zwar vor, selbst Unterricht im Malen bei dem begnadeten Künstler zu nehmen, aber nur um den Vater zu täuschen und den guten Ruf zu wahren. In Wirklichkeit entsteht ein wunderbares Bild des Meisters, welches Euren Geschmack gewiss treffen wird, Sire.«

»Ach, sei doch still!«, gebot Rudolf nun enttäuscht, bereute seine Worte aber gleich, da er merkte, dass Ranft eigentlich noch hatte weitersprechen wollen.

Der schwieg natürlich jetzt gekränkt. »Sag schon, Ranft, was weißt du noch über sie?«, drängte Rudolf schließlich und der Kammerdiener erwiderte zufrieden: »Nun, Spranger hat ja ein recht offenes und ungestümes Wesen und sagt gern, was er denkt. Und so hat er sich bei den anderen Künstlern beklagt, dass die Strada nicht anbeißt.« Eine so ungehobelte Sprache passte gar nicht zu dem vornehmen Stiefelwischer mit seinen ausgesucht feinen Manieren und so sah ihn der Kaiser verblüfft an.

»Aha, sagt er das?«, fragte er streng, aber ein Lächeln huschte kurz über seine Lippen.

Ranft räusperte sich und wurde rot im Gesicht: »Ähem, nun, tja«, er räusperte sich noch einmal, »ja, ja, so sagte er«, antwortete er langsam und bohrte die rechte Fußspitze verlegen in den weißen Kies.

»Danke, guter Freund, du hast mir sehr geholfen!« Rudolf war nun wieder gut gelaunt und machte sich auf den Weg zu Sprangers Atelier, denn er hatte eine Idee und musste deshalb sofort mit dem Maler sprechen. Er beeilte sich so sehr, dass Ranft mit ihm kaum Schritt halten konnte. Dann erklärte er Spranger seinen Plan.

Die folgenden Sitzungen verliefen nun etwas anders als die vorhergehenden, denn eine geheimnisvolle Atmosphäre schwebte über dem kleinen Atelier des Malers. Irgendetwas hatte sich verändert, Katharina fühlte es von Sitzung zu Sitzung immer stärker, obwohl die Gerüche der Farben und Lösungsmittel und die üppigen Dekorationen gleich geblieben waren. Früher war der Maler bei ihrem Kommen ungezwungen und manchmal etwas frech gewesen. Er hatte lustige Anekdoten vom Hofe erzählt oder auch versucht, ihr Interesse mit geistreichen, aber zweideutigen Sprüchen zu gewinnen. Nichts von diesem Benehmen war geblieben! Seit den letzten zwei oder drei Sitzungen war er still, höflich und nett und erzählte rein gar nichts mehr. Und dann war ihr an einem schönen Nachmittag die Erkenntnis gekommen: Der Kaiser beobachtete sie!

Er glaubt tatsächlich, ich merke das nicht!, dachte sie und musste still vor sich hin lächeln. Dabei hat er sich doch schon selbst verraten im Ballspielhaus, als ich mit Elisabeth dort gespielt habe. Warum hätte er sonst gesagt, er freue sich auf das Abbild seiner Aphrodite? Bestimmt hat er bei den letzten drei Sitzungen zugesehen und deshalb ist auch Ranft da, um Maria abzulenken.

»Komm, Katharina, beeile dich!« Die Amme, sonst immer recht langsam, stürmte eines Nachmittags förmlich den Weg zur Burg hinauf. Sie wollte nicht zu spät bei Spranger erscheinen, immerhin wartete dort der Stiefelwischer!

»Maria, wir kommen nicht zu spät! Lauf nicht so schnell!« Aber auch Katharina beschleunigte nun ihre Schritte, denn sie war aufgeregt und fragte sich, ob sich der Kaiser auch heute wieder hinter dem kleinen Vorhang verstecken würde, während sie Spranger Modell saß.

»Meinst du, ich gefalle dem Herrn Christoph, Katharina?«

Katharina blickte die rundliche Frau aufmerksam an, es war tatsächlich nicht zu übersehen, sie sah viel jünger und hübscher aus als noch vor einigen Wochen. Sie lachte viel und jammerte kaum mehr über ihre müden Füße. »Du siehst wirklich sehr hübsch aus, Maria, kein Mann wäre bei Trost, würdest du ihm nicht gefallen!«

Die war mit der Antwort zufrieden und ging schnell die steile Anhöhe hinauf. Am Burgtor erwartete Hermann Rusworm, der noch immer vergeblich versuchte, Katharinas Herz zu gewinnen, die beiden Frauen. »Darf ich Euch meine Hilfe anbieten, schönstes Fräulein?« »Ja!«, lachte Katharina und drückte dem Pagen ihre Malfarben in die Hand. Dann gingen sie zusammen zu Sprangers Atelier.

»Meine schönen Damen«, rief Ranft schon von weitem. Er stand in der offenen Tür des Arbeitsraumes. Sein Ausruf war für den Kaiser das vereinbarte Zeichen, sich schnell zu verstecken. »Ich grüße Euch, Fräulein Katharina«, sagte der Kammerdiener, als die Frauen näher gekommen waren, »und auch Euch, werte Amme.« Katharina nahm dem Pagen die Malsachen aus der Hand, bedankte sich und wollte eintreten, als Ranft sie zurückhielt. »Ähem, meine Damen. Ich wollte bitten«, er sah Maria in die Augen. Die beiden waren beinahe gleich groß, aber die Amme war mehr als zehn Jahre älter als er. »Ich wollte bitten, ob die Dame Maria nicht mit mir einen kleinen Spaziergang machen möchte, während das Fräulein Unterricht nimmt?«

Katharina sagte schnell: »Geh ruhig, Maria, sorge dich nicht!« Sie lächelte und trat ein: »Gewiss hat das Rudolf eingefädelt!«

»Einen schönen Tag wünsche ich Euch, Fräulein«, sagte Spranger. An seiner Zurückhaltung merkte sie sofort, dass der Kaiser wieder da war. Katharina legte ihre Kleider hinter einem Paravent ab und hüllte sich in ein fast durchsichtiges Tuch, das sie gekonnt um ihren Körper schlang. Sodann setzte sie sich auf den großen Sessel aus geflochtenem Weidenholz, der am offenen Fenster stand. Spranger reichte ihr einen Weinbecher und rückte eine Schale mit Obst im Hintergrund zurecht. Rudolf sah ALLES! Er lugte hinter dem kleinen Vorhang ungehindert hervor und bewunderte den fast nackten Körper seines Schutzengels. Der gefiel ihm unsagbar gut. Am liebsten wäre er aufgestanden und hervorgetreten, hätte den Maler weggeschickt und Katharina in seine Arme gerissen.

Da er sich aber bewusst war, dass er durch unbedachtes Verhalten alles verderben würde, zähmte er seine Begierde. Er wollte es richtig machen und seinen Schutzgeist auf vorsichtige Art und Weise an sich binden. So blieb er hinter dem Vorhang versteckt, zwar eingeengt, aber doch nicht unzufrieden. Er begnügte sich damit, das schöne Mädchen bewundernd zu betrachten.

Allerdings kann es ziemlich anstrengend sein, eine Stunde still zu sitzen. Der kleine Hocker ohne Lehne war nicht sonderlich bequem und der Vorhang nicht sehr breit. Der Kaiser fühlte sich schon bald ein wenig unbehaglich, sein rechtes Bein war eingeschlafen und er hatte Lust auf ein Gläschen Wein. Das alles wäre nur halb so schlimm gewesen, hätte ihn nicht auch seine Nase ganz schrecklich gekitzelt! Er konnte ein Niesen nicht mehr unterdrücken. Einmal! Zweimal! So leise es nur irgendwie ging, aber dennoch zu laut für einen Raum, in dem Stille herrschte.

»Habt Ihr das gehört?«, sagte Katharina zu Spranger, der so tat, als wäre nichts vorgefallen.

»Nein, ich habe nichts gehört, es gibt hier nichts zu hören.« Um seinen Worten noch mehr Nachdruck zu verleihen, fügte er hinzu: »Wir sind allein, es ist doch ganz ruhig.«

Katharina musste schmunzeln. Die beiden Herren glauben doch nicht wirklich, dass ich ihr Spiel nicht durchschaue! Sie überlegte einen Augenblick und gab dann mit fester Stimme von sich: »Ich denke, es war ein furchtsames Tier, das sich hinter dem Vorhang versteckt! Vielleicht eine Maus?«

Das war ja unglaublich! Rudolf glaubte, nicht recht gehört zu haben! Ein Tier, eine schäbige kleine Maus, sollte er sein. Ha! Sie wird sich aber wundern, wenn sie sieht, wer hier ist! Und schon stand er auf, riss den Vorhang zur Seite und ging rasch auf Katharina und Spranger zu. Ihr Herz klopfte wie wild und auch Spranger blickte verdutzt drein, das hatte er nicht erwartet. »O Majestät!«, stammelte er schließlich, als er sich etwas gefasst hatte, und verbeugte sich schnell. Rudolf achtete nicht sonderlich auf ihn: »Lasst uns allein!« Der Maler beeilte sich, diesem Befehl Folge zu leisten. Schnell verschwand er aus seinem Atelier und schloss wohlweislich hinter sich die Tür.

Katharina saß noch immer auf ihrem Sessel. Sie konnte jetzt nicht einfach aufstehen und einen Knicks machen! Sie hatte doch so gut wie nichts an. Aber Rudolf erwartete nichts dergleichen von ihr. Er schritt gemächlich auf sie zu, ging zweimal um sie herum und betrachtete sie genüsslich von allen Seiten. Einige Sekunden war es still. Obwohl sie sich unsicher fühlte, wollte sie gar nicht fliehen. Viel zu sehr wünschte sie seine Liebe, viel zu stark war ihr Verlangen nach ihm. Er soll noch näher kommen, er soll etwas sagen, er soll mich berühren, wünschte sie, aber nichts dergleichen geschah. Die Situation war so unwirklich, dass sie schließlich ihre Angst verlor. Vor ihr stand nicht mehr ein Kaiser, sondern der Mann, den sie liebte. Sie blickte auf und ihre Pupillen weiteten sich.

Rudolf ergriff ihre Hand und sagte lächelnd: »Ihr seid so schön, meine Liebe!« Er legte seinen Arm sacht um ihre Schultern und küsste ihr blondes Haar. Sie wandte ihren Kopf zu ihm und ihre Wange berührte sein Kinn. So aneinander gelehnt verharrten die beiden einige Zeit und hielten die Augen geschlossen. Katharina fühlte ihre Wange dort, wo sie Rudolfs Haut streifte, beinahe brennen. Ihm schien dieser Augenblick kostbarer und reicher zu sein als jede Nacht, die er mit seinen bisherigen Eroberungen verbracht hatte. Endlich näherte er seine Lippen den ihren. Er küsste sie ganz zart und blickte ihr tief in die Augen.

»Sire«, hörte sich Katharina plötzlich selbst in die Stille flüstern und konnte nicht glauben, dass sie zu sprechen gewagt hatte.

Er antwortete nicht, sondern küsste sie noch einmal. Leidenschaftlicher diesmal, stürmischer, fester. Auch wenn sie mein Schutzgeist ist, will ich sie doch spüren!, sagte er sich und flüsterte ebenso leise wie sie zuvor: »Kommt morgen am Abend zum Burgtor. Unser Diener Ranft wird Euch zu Uns geleiten. Wir müssen Euch sehen, denn Unser Herz steht in Flammen.« Viel zu schnell löste er sich von ihr und ging weg. Ohne sich umzublicken, schloss er die Tür und ließ sie alleine zurück.

Sie strich über ihre Lippen und die Wange und schloss noch einmal die Augen. »Ich liebe Euch, Sire«, hauchte sie in die Stille des Raumes hinein und konnte selbst noch nicht glauben, was sie da gesagt hatte.

Schneller als die Beteiligten selbst wussten der Hof und die Stadt Bescheid über die neue Liebe des Kaisers. Und da es gerade keine wichtigeren Neuigkeiten gab, wurde ausführlich darüber geklatscht, dass sich der Kaiser während des Festzuges Hals über Kopf in eine Dame verliebt hatte, die von ungewöhnlicher Schönheit war. »Sie erwartet ein Kind von ihm!«, so waren sich einige Leute sicher, während andere meinten, er hätte sie schon lange wieder weggeschickt. Anfangs wusste niemand, um welche Dame es sich handelte. Bald wurde aber bekannt, dass Ottavio Strada von der Kleinseite auf die Burg hinauf übersiedelte und die Leute machten sich ihren Reim darauf. »Die Tochter des Hofantiquars muss die geheimnisvolle Geliebte sein!« »Der Vater wohnt jetzt auf der Burg!« »Katharina heißt sie!« Viele Prager kannten das Mädchen. Katharina war keine hohe Dame, sondern eine Frau aus ihrer Mitte, man wusste, wie sie aussah, wie sie lebte! Mit ihren Dienern war man schon in der Schänke beisammen gesessen, man hatte ihnen Kraut oder Mehl verkauft, die Schuhe gerichtet oder einen Rock genäht!

Ottavio ließ das Gerede kalt. Es war ihm sogar ganz recht, dass die Leute endlich den Namen Strada überall nannten. Seine Tochter aber litt unter den Gerüchten, sie verließ das Haus nicht mehr, denn sie hasste es, wenn die Leute auf sie zeigten und mehr oder weniger wohlwollend über sie sprachen, vereinzelt sogar bereits als Bittsteller an sie herantraten. Sie freute sich schon auf den neuen Wohnsitz auf der Burg, wo man sie hoffentlich in Ruhe lassen würde. Rudolfs Privatleben war nicht nur in Hofkreisen ein Thema, das sich nie erschöpfte, sondern im ganzen Land. Da die Geschichten, die über ihn und den Festzug im Umlauf waren, ausgeschmückt werden konnten und recht märchenhaft klangen, begannen Schausteller, die Liebesgeschichte nachzuspielen, Stegreifpoeten erzählten in kurzen Reimen von dem Festzug und in jeder Bierschänke wurde das Thema erörtert. Jeder wusste die »wahre« Geschichte und hatte die »richtige« Meinung darüber, die er allen Leuten kundtun wollte. »Gelächelt soll der Kaiser haben!«, schwärmten viele Frauen und waren von der unsterblichen Liebe des Herrschers zu Katharina überzeugt. Jedoch fielen nun auch Missgunst und Neid auf fruchtbaren Boden, denn manche wussten eine Menge Schlechtes über die Familie Strada zu berichten. Natürlich kam es schnell ans Licht, dass Katharina unehelich geboren war. Was konnte man da schon an Anstand und Sitten von ihr erwarten? Ottavio störte es gar nicht, dass die Vergangenheit seiner Familie ausgegraben wurde. Im Gegenteil, er hatte Katharinas bürgerliche Mutter ja nicht geheiratet! Das wäre peinlich gewesen, aber nicht sein ehrenvolles Verhalten! Denn er hatte das Kind legitimiert und sogar im eigenen Haus aufgezogen. Andere Herren hingegen kümmerten sich gar nicht um ihre »natürlichen« Kinder. Mit stolzgeschwellter Brust ging er durch die Straßen der Stadt. Er war durch und durch ein Ehrenmann!

Nach dem Besuch bei Spranger saß der Kaiser gedankenverloren bei Tisch und sann: Morgen Abend wird sie mir gehören! Statt zu essen, lauschte er lieber der leisen Musik, mit der die Hofmusiker das Mahl festlich umrahmten. Ein halbes Dutzend Köche hatte sich um sein Essen bemüht und ein Dutzend Höflinge hatte es ihm untertänigst aufgetragen, aber er zeigte kein Interesse daran und betrachtete das gebratene Hühnchen auf seinem Teller ohne Verlangen. Seine Gedanken kreisten nur um Katharina und ihren leidenschaftlichen Mund: »Schon viel zu lange und zu sehr gefällt sie mir, ich will sie endlich haben! Ich muss sie haben!«

Er hatte versucht, seltener an sie zu denken, aber vergebens. Er fühlte sich ihrem Zauber erlegen. Gedankenverloren griff er nach dem zarten Fleisch, um es dann doch wieder zurückzulegen. Im Geist beschäftigte er sich bereits mit dem nächsten Abend, er überlegte, wie er sie empfangen und was er ihr als Geschenk überreichen sollte. Während des erbaulichen Musikstückes hatte er einige gute Einfälle. Nun wusste er, was er zu tun hatte. Nach dem Essen würde er seinem Kammerdiener einige Befehle erteilen. Am nächsten Morgen änderte Rudolf gleich nach dem Frühstück, bei dem er sehr wenig zu sich nahm, seinen üblichen Tageslauf. Er ging nicht wie sonst in das Audienzzimmer, sondern schützte Kopfschmerzen vor und begab sich in seine Privaträume zurück. Der Page Rusworm, dem er von Tag zu Tag mehr Vertrauen schenkte, bekam den Auftrag, vor der Tür Wache zu halten und niemanden vorzulassen. Dann öffnete er eine geheime Tür und stahl sich mit Ranft über eine kleine Treppe hinunter in die unterirdischen Gänge, von denen einer zu den Werkstätten führte. Zwar kam es häufig vor, dass er einem Künstler einen Besuch an dessen Arbeitsplatz abstattete, aber er ließ sich immer zuvor ankündigen. Auch diesmal hätte das geschehen sollen, aber Ranft hatte so viel zu tun gehabt, dass er schlichtweg vergessen hatte, dem Kammerdrechsler Hans Wecker[45] Bescheid zu geben. Das Drechseln von Elfenbein und ähnlichen Substanzen war erst seit wenigen Jahren bekannt und noch nicht überall in Mode gekommen. Vor kurzem hatte sich Rudolf auf der Suche nach neuer Unterhaltung von Hans Wecker eine Werkstatt einrichten lassen. Wecker, der seine Kunst beim Erfinder dieser neuartigen Technik, bei Giovanni Ambrogio Maggiore, in München erlernt hatte, hatte sich immer schon gewünscht, am Prager Hof eine Anstellung zu erhalten. Der blonde, riesenhafte Mann war wie vom Blitz getroffen und ließ den Meißel fallen, als der Kaiser nun durch die niedrige Tür seiner Werkstatt erst zu ihm herein spähte, um gleich darauf mit polterndem Schritt einzutreten.

Rudolf befahl dem Künstler, ihn in die neue Kunst einzuführen. »Gerne erkläre ich Euch mein Handwerk, Sire«, stammelte Wecker aufgeregt, »ich bin über alle Maßen geehrt durch Euren Besuch.«

Es dauerte viele Stunden, bis der Kaiser gelernt hatte, mit Drehbank und Meißel umzugehen, aber die Tätigkeit machte ihm Freude und der Künstler staunte über seine geschickten Hände. Unter Weckers Anleitung begann Rudolf aus einem Stück Elfenbein einen kleinen Becher für Katharina zu drechseln. Er versäumte deshalb sein Mittagsmahl und die gewohnte Mittagsruhe, ja er verzichtete sogar auf den geliebten, täglichen Spaziergang im Garten.

Sicher würde Katharina den Becher als Zeichen seiner Liebe sehen und über diese Aufmerksamkeit erfreut sein. Er dachte daran, wie sie ihn, gefüllt mit süßem Wein, an ihre roten Lippen führen würde und lächelte, während er vor sich hin arbeitete. Ranft bemerkte es und dachte, der Herrscher sei seit dem Fest ein anderer Mensch geworden. Als Rudolf fast fertig war, fragte er Wecker nach dessen eigenen Fortschritten.

»O Sire, ich arbeite an der Stapeldose, von deren Entwurf Ihr Euch bei der Audienz so begeistert gezeigt habt. Das Werk ist bald vollendet.«

»Habt Ihr sie hier? Wir wollen sie sehen!«, befahl Rudolf, der sich noch gut daran erinnern konnte. Neugierig geworden unterbrach er seine Arbeit und sah den Künstler erwartungsvoll an. Die Stapeldose war als Reiseapotheke für den Herrscher gedacht, durchgeplant bis ins kleinste Detail, um allen Anforderungen der Hofärzte zu genügen und alles aufzunehmen, was die Wissenschaft an Heilmitteln anzubieten hatte.

Der Kammerdrechsler lüftete das Tuch, das er über die Dose gelegt hatte und blickte gespannt auf den Kaiser. »Oh!«, staunte Rudolf und seine Augen leuchteten. »Erklärt uns die Dose!«

»Sehr gerne, Sire«, stimmte der Künstler zu und wies auf das unfertige Werk. »Auf dieser niedrigen Basisdose habe ich in der Mitte eine Säule festgeschraubt, die aus zehn abschraubbaren Döschen besteht, zusammen sind sie keine Spanne hoch. Auf der Basis sollen dann vier weitere Dosen um die Säule herum aufgesteckt werden, jede mit eigenem Boden. Diese größeren Dosen werden 32 kleinere runde oder ovale Döschen enthalten.«

»Ah ja«, unterbrach ihn Rudolf und nahm die einzelnen Teile in die Hand. »Sie sind wohl bestimmt für die Aufnahme verschiedener Pillen und Substanzen? Wir können auch Schreibzeug, Messer, Feder, Bleistift und Schaber hineingeben! Und es wäre noch Platz für ein Pfeifchen und einen Flohschaber[46]!«

Wecker nickte und freute sich über Rudolfs Interesse.

»Und was soll in die Basisdose kommen?«, wollte dieser nun wissen.

»Für die Basisdose wäre eine Apothekerwaage geplant, wenn es Euch gefällt. Ihre fünf silbernen Gewichte fänden hier in der Mittelsäule Platz und nicht nur sie, sondern auch noch eine Pinzette und die Schaftverlängerung der Schreibwerkzeuge. Und seht, Sire, hier unter dieser Schale ist noch genug Raum für eine abnehmbare Platte mit Auskugelungen, um darauf Tinkturen zu mixen.«

»Wir sehen, Wir haben gut daran getan, Euch aus München hierher zu berufen!«, äußerte sich Rudolf lobend und arbeitete wieder an seinem kleinen Gefäß für Katharina weiter, das ihm nun plump und unfein erschien im Vergleich zu Weckers wunderbarem Werk. Der aber versicherte ihn des Gegenteils und auch Ranft zeigte sich vom Becher begeistert, als er endlich um seine Meinung gefragt wurde. Nun, dachte Rudolf, die Hauptsache ist ja, dass er meinem Schutzgeist gefällt.

»Auch der Hofbeinstecher Nikolaus Pfaff[47] aus Nürnberg versteht sich auf die Kunst des Elfenbeindrechselns«, erwähnte Rudolf und dachte dabei an die kleinen Statuetten des Nürnbergers, die er so gern berührte. Er liebte die zarten Formen der unbekleideten Frauengestalten und streichelte oft sanft über die lieblichen Figuren. Das Elfenbein fühlt sich kühl an, aber nicht kalt. So wie die glatte Haut einer noch nicht eroberten, schönen Frau!, kam ihm in den Sinn und Katharinas Bild erschien erneut vor seinem geistigen Auge. »Uns erinnern seine Statuetten an die Geschichte des Pygmalion, der sich in die von ihm geschaffene Statue verliebte. Er sehnte sich so sehr danach, dass die Schöne aus Stein zum Leben erwache. Wir fühlen immer Gleiches, wenn Wir Pfaffs Statuen betrachten.« Wecker, der den ganzen Tag sehr ernst und konzentriert gewesen war, musste sich ein Lächeln verkneifen. Ja, dachte der Mann, der Kaiser ist wahrlich kein Kostverächter! »Leben aus Fleisch und Blut erschaffen!«, setzte Rudolf schnell fort. »Um dies den

Menschen eines Tages möglich zu machen, bräuchte man wohl den Stein der Weisen. Und hätten solche künstlichen Geschöpfe wohl eine unsterbliche Seele?«

Als er merkte, dass Wecker zu diesem Thema nichts zu sagen hatte, sprach er mit ihm wieder über Nikolaus Pfaff, der außer den Elfenbeinstatuetten auch einige Becher aus Rhinozeroshorn gedrechselt hatte. Einer davon war ein kunstvoll gestalteter Sturzbecher, außen mit dekorativen Akanthusblättern verziert, den Symbolen der Unsterblichkeit und der Macht. Auf der Stirnseite des Bechers war ein maskenhaftes Gesicht eingearbeitet, dem ein Horn entsprang. Das Gesicht sollte den Herrscher vor dem bösen Blick beschützen, vor dem er große Angst hatte. War doch bekannt, dass der böse Blick die Manneskraft rauben konnte! Der Kaiser war überzeugt, dass Wein, der über Nacht in einem Rhinozeroshorn stand, ein wirksames Gegenmittel war, da er die Kraft des Horns in sich aufgenommen habe. Rudolf wollte den Becher von Jan Vermeyen fassen lassen, um ihn als Trinkgefäß verwenden zu können, er würde handlicher sein als der große Rhinozeroshornbecher mit den Schlangenhörnern und der Natternzunge, den er gelegentlich verwendete und der so groß war, dass man den Wein daraus mit einer Kelle schöpfen musste.

Ranft war es gewesen, der dem Herrscher vor ein paar Jahren von der Kraft der Hörner mancher afrikanischer Tiere erzählt hatte. »In Afrika, so heißt es«, hatte er damals berichtet, »stärken sich die Männer mithilfe des Horns vom Asino indico oder Renotzerhorn.« Kaum merkbar hatte er seine rechte Augenbraue ein wenig angehoben und recht verlegen zu Boden geblickt, aber Rudolf hatte natürlich alles über die Wirkung der Hörner erfahren und einige so schnell wie möglich in seinem Besitz wissen wollen. Jacopo Strada hatte damals dafür gesorgt, dass einige Exemplare den Weg nach Prag gefunden hatten. Bald wusste der Kaiser, dass die teuren Hörner zerstampft und als Pulver eingenommen wurden oder man aus ihnen trank. Er hatte sofort befohlen, ein Stück zu zerstoßen und daraus eine Mixtur mit Honig, Basilikum und Korallenmehl zu bereiten. In jener Nacht war er mit der Wirkung dieses Zaubermittels äußerst zufrieden gewesen und seither schwor er auf die Kraft des Horns.

Vielleicht nehme ich heute ein Löffelchen von dem Zaubermittel, überlegte er, während er seinen kleinen Elfenbeinbecher bewunderte, der nun endlich vollendet war. Recht stolz hielt er ihn seinem Diener hin. Müde, aber aufrichtig sagte Ranft einige anerkennende Worte und Hans Wecker schloss sich den Lobesreden an. Rudolf dachte an Katharina, während er den Becher in der Luft drehte und prüfend betrachtete. »Er wird ihr gefallen, er muss ihr gefallen!« Er bemerkte, wie sein Herz, das wie bei vielen Habsburgern ohnedies immer zu rasch schlug[48], noch kräftiger als sonst pochte.

Katharina war gegen Abend pünktlich zum Burgtor gekommen, wo sie der Kammerdiener schon erwartete. Sie kannte Ranft recht gut, hatte ihn schon oft bei ihrem Vater gesehen und vor allem hörte sie von Maria ununterbrochen seinen Namen.

Trotzdem bekam sie es jetzt mit der Angst zu tun. »Worauf habe ich mich da nur eingelassen? Was wird mit mir geschehen?« Scheu zog sie ihren Schleier übers Haupt und folgte ihm ohne viele Worte. Sie hoffte, dass sie niemand erkennen würde, aber diese Sorge war unbegründet. Der Garten, in den er sie nun führte, lag einsam und still in der Dämmerung. Gleich würde sie dem Kaiser gegenüberstehen. Das Herz schlug ihr bis zum Hals, ihre Hände zitterten und das Blut pochte bis in die Schläfen hinauf. Und doch genoss sie Furcht und Erregung aus vollen Zügen, ihr Leben hatte endlich Farbe bekommen. Nicht zu wissen, was als Nächstes geschehen würde, gefiel ihr und gab ihr das Gefühl, wahr und echt zu leben, wichtig und bedeutend zu sein. Unter dem schlichten Umhang, den sie fest um die Schultern gezogen hatte, verbarg sich ihr neues, rotes Kleid, welches dem Schneider vortrefflich gelungen war und ihre zarten Linien unterstrich. Ranft konnte einen raschen Blick darauf werfen, als Katharina ängstlich zusammenzuckte, da unmittelbar vor ihnen ein Vogel aufschreckte. Mein Gott, bin ich ein Angsthase!, ärgerte sie sich und atmete kräftig durch. Wovor soll ich mich fürchten? Katharina wusste, für Flucht war es zu spät. Sie war bereits zu tief in ihre Liebe verstrickt, sie dachte an den leidenschaftlichen Kuss vom Vortag. Sie würde weiter mit dem Feuer spielen, so wie sie es bisher getan hatte und sie würde sich auch jetzt nicht daran verbrennen, sondern Teil der Flamme werden! Ihre Zuversicht kehrte zurück und ihr Schritt festigte sich. Es war ein lauer Sommerabend, an dem die Sonne soeben hinter den Bäumen unterging. Ihre letzten Strahlen streichelten noch einmal die sanften Wolken am Horizont und färbten sie rötlich. Das Gezwitscher der Vögel mischte sich mit den Klängen der Kirchenglocken, die aus der Ferne zum Abendsegen riefen. Kein Abendsegen heute für mich, dachte Katharina, ich habe anderes vor, das Leben wartet auf mich!

Der Kammerdiener führte sie zum Lustschloss der Königin Anna, auch Belvedere genannt, das mitten im lieblichen Garten lag. Am Brunnen davor saß ein Mann, der sich erhob und den beiden würdevoll und sicheren Schritts entgegenkam. Es war Rudolf. Ranft bedeutete Katharina weiterzugehen, er selbst schlug den Weg ins Innere des Gebäudes ein. Der erste Teil seiner Aufgabe war erfüllt, nun musste er im Schlösschen ebenso gekonnt seines Amtes walten wie bisher. Der Kaiser des Heiligen Römischen Reiches erwartet mich! Die unsichere Katharina hatte plötzlich das Gefühl, doppelt vorhanden zu sein. Eine zweite Katharina beobachtete, wie sie auf dem Weg zum mächtigsten Herrn voranschritt, und verspottete sie. Sie machte eine unwillige Geste mit der Hand und die zweite Katharina verschwand. Ihr Selbstbewusstsein kehrte zurück. Es hing ganz allein von ihr ab, was geschehen würde. Sie fühlte sich doch wohl! Sie hatte im Waschzuber gebadet und sich gesalbt, Marias Rat befolgt und alle hässlichen Härchen an ihrem Körper entfernt. Wie hatte die Amme noch gesagt? Katharina kamen die Worte aus dem Rosenroman wieder in Erinnerung:

Und als ein gutes Mädchen,
halte sie die Kammer der Venus sauber.
Wenn sie ordentlich und wohlerzogen ist,
lässt sie daherum keinerlei Spinnweben,
das sie nicht verbrennt oder rasiert,
ausreißt oder auskehrt,
sodass dort kein Moos zu pflücken ist.[49]

Die gute Amme, ja, mit Ratschlägen war sie stets zur Hand und selbst in Liebesdingen hielt sie mit ihrer Meinung nicht zurück. Katharina hatte gerade dabei immer gern zugehört, jetzt hatte sie das Gefühl, gut auf die erste Begegnung mit ihrem Liebsten vorbereitet zu sein. Fein säuberlich hatte sie Rosenöl hinters Ohr und auf alle Gelenke und den Bauchnabel getupft, um zu ihrem frischen Anblick noch frischen Duft zu fügen. Sie war schön wie eine Rose, eine rote Rose, verborgen allerdings unter dem dunklen Umhang und dem Schleier, den sie jetzt im Näherkommen locker um die Schultern wand.

Rudolf war von ihrer Erscheinung beeindruckt, er kniete zu ihren Füßen nieder und sprach: »Meine Aphrodite, meine Venus, meine Göttin, Ihr seid gekommen! Ich danke Euch!«

Es war ein sonderbares Gefühl, den mächtigen Kaiser so zu sehen, es machte sie verlegen und doch auch stolz. Stand sie dadurch nicht höher als alle anderen Frauen? Welche andere konnte sich mit ihr messen? Doch nein, dachte sie plötzlich erschrocken, der Kaiser ist schon so mancher Frau zu Füßen gesunken, will man den Berichten glauben. Und so schlich sich, obwohl sie sich geehrt und geschmeichelt, verliebt und verzaubert fühlte, doch auch – ganz heimlich – der Stachel der Eifersucht ein.

Mir allein soll sein Herz gehören, schwor sie sich, während Rudolf noch immer zu ihren Füßen kniete. Spielerisch griff sie nach den Blumen, die in einer Vase neben dem Brunnen standen. Sie flocht daraus einen flüchtigen Kranz und drückte ihn dem Kaiser aufs Haupt. »Eure Venus krönt Euch zum König der Liebe. Mein Geliebter komme in seinen Garten und esse von den köstlichen Früchten[50].«

»Tu mir auf, liebe Freundin, meine Schwester, meine Taube, meine Reine![51] Ein Gartenbrunnen bist du, ein Born lebendigen Wassers, das vom Libanon fließt[52].« So setzte Rudolf das Hohe Lied der Liebe fort und presste dabei seine heißen Lippen auf Katharinas Hand, die ihm so süß und zart erschien, dass er sie fester und immer fester küssen wollte; seine Hände umfassten ihren Leib und er barg sein Gesicht in ihrem Umhang.

Nun war es um Katharinas Beherrschung geschehen und sie sprach: »Erhebt Euch, mein Herr, es ziemt sich nicht, dass Ihr zu meinen Füßen kniet.«

»Aber, aber meine Liebe«, meinte Rudolf jetzt mit einem verschmitzten Lächeln im Gesicht, seine hohepriesterliche Stimmung war verflogen. »Der Göttin liegt der Herrscher selbst zu Füßen, die ganze Welt regiert sie als höchste aller Herrscherinnen!« Doch stand er auf, löste das Band ihres Umhanges und nahm ihn ihr ab. Er setzte sich auf den Rand des Brunnens und zog sie zu sich. »Dies hier, das ist nicht irgendein Brunnen, meine Liebste«, sagte er leise, »es ist ein singender Brunnen.« Er rückte ihr ein Stückchen näher. »Aus feinen Löchern treten die Wasserstrahlen aus und schaffen so die zarten Töne, die wie Musik klingen. Gefällt Euch das?« Rudolf sah sie nicken und zustimmend lächeln. In diesem Moment empfand er eine ungekannte, süße Schwere in seinem Herzen.

Katharina übertraf alle Frauen, die er je besessen hatte, an Liebreiz und Schönheit, sie war sein Glücksstern! Der Kaiser war sich dessen sicher, denn wäre sie nur eine von vielen Gespielinnen der Stunde, würde ihm sein Herz dabei niemals auf diese Weise übergehen. Er wollte tanzen und träumen zugleich. Es war bewiesen, die alte Magdalena hatte wahr gesprochen.

Nachdem Ranft zwei Stühle und ein weißgedecktes Tischchen gebracht hatte, stellte er Goldplatten voller Köstlichkeiten und mit Wein gefüllte Pokale darauf. Dann zog er sich wieder zurück. Katharina erblickte die Wachen in der Ferne, der Garten durfte also von niemandem betreten werden. Immer mit gutem Appetit gesegnet, schielte sie verlangend auf die goldenen Platten. Einige der Speisen kannte sie, aber nicht alle.

Der Kaiser schwieg, der Brunnen sang. Seine Töne vermischten sich mit dem Gezwitscher der Vögel zu überirdischen Klängen. Niemals hatte Katharina Vergleichbares gehört und sie bemerkte, dass auch Rudolf diesen Augenblick genoss. »Meine Dame, Ihr sollt Euch erfrischen!« Er nahm erst einen goldenen Krug, gefüllt mit Wasser, das nach Rosmarin duftete, und ließ es über seine und ihre Finger in eine goldene Schüssel laufen. Dann nahm er eine feine weiße Serviette aus Damast und tupfte ihre Hände damit trocken. Hierauf reichte er Katharina einen der Pokale und nahm selbst den zweiten: »Der schönsten Göttin zum Wohle erhebe ich meinen Becher und bitte Euch, trinkt mit!« Gern folgte Katharina dieser Aufforderung. Aber sie nippte nur vom blumigen Weißwein.

Da bot ihr der Kaiser eine Frucht an, die Ranft zuvor in Viertel geschnitten hatte. »Was das wohl ist?«, wollte Katharina wissen. Am ehesten ist es wohl ein Apfel aus dem Paradies, dachte sie, als ihr Rudolf ein Stückchen auf die Zunge legte. Ganz sonderbar, doch köstlich schien ihr der Geschmack.

»Diese Seltenheit kommt aus meinen Gewächshäusern, doch stammen die Pflanzen aus Mexiko. Dort nennt man diese Köstlichkeit ›tomatl‹!«, erfuhr sie auf ihre Frage.

Der Kaiser war entzückt von Katharinas natürlichem Liebreiz, er wollte sie stürmisch küssen oder wenigstens halten, aber er beherrschte sich. Lediglich ein wenig näher rückte er seinen Stuhl und befestigte eine große Perle in Katharinas Haar. Sie schloss die Augen und genoss es, wie er zärtlich über ihre Locken strich. Da führte er seine Hand zum zartgeschwungenen Nacken, den er erst liebevoll, dann aber fester und leidenschaftlicher umfasste. Sie erschauerte und fühlte ein ungekanntes Glücksgefühl in sich aufsteigen. War das Liebe oder Lust?

Dann zog er sich wieder etwas von ihr zurück, erhaschte ihre kleine Hand und umschloss sie mit beiden Händen. Etwas verwirrt, aber selig blickte sie ihm in die Augen und meinte stille Tränen darin zu entdecken. Sind es Tränen des Glücks oder Tränen der Einsamkeit?, fragte sie sich, wagte aber nicht zu sprechen. Ihr erschien es schon mutig, seine Hand zu halten und für einen kurzen Moment zu drücken. Da tönte aus dem Lustschloss ein Liebeslied, das Katharina schon oft gehört und auch selbst gesungen hatte. Eine Mädchenstimme erklang zur Laute.

Sehn wirst du, wie ihr die Augen in zitterndem Feuer erglänzen;
häufig strahlt Sonnenlicht so vom klaren Wasser zurück.
Klagende Laute auch kommen hinzu und ein liebliches Murmeln,
Süßes Gestöhn, manches Wort, wie es zu diesem Spiel passt.
Lass aber nicht die Geliebte in Schussfahrt mit volleren Segeln,
hinter dir, und deiner Fahrt eile auch sie nicht voraus.
Eilet gemeinsam zum Ziel; die Lust ist erst dann vollkommen,
wenn überwältigt zugleich daliegt die Frau mit dem Mann.[53]

Während des Liedes tranken und speisten sie gemeinsam. Rudolf reichte Katharina auf einem kleinen goldenen Tellerchen ein Taubenbrüstchen, das zart gebraten und mit Rosmarin und Honig gewürzt war. Als Nächstes teilten sich die beiden ein Ei, das vermischt war mit Pinienkernen, wie sie Katharina von ihrem Großvater Jacopo kannte. Er hatte ihr einst solche aus Italien mitgebracht, damals, als er sie noch geschätzt und geliebt hatte. Großvater, dachte sie bekümmert, während sie die Pinienkerne zerbiss. Was würde er wohl sagen, könnte er mich jetzt sehen? Katharina errötete, denn sie wusste genau, was er sagen würde! Es wären keine Schmeicheleien. Meine Enkelin als Geliebte des Kaisers, welche Schande, das würde er sagen, überlegte sie und bemerkte, wie sich ihre Hände versteiften.

Auch Rudolf fühlte es, denn er hatte sie erneut ergriffen, nun aber ließ er sie schnell los. Traurig erkannte er, dass der Zauber dieser Nacht gebrochen war. Er läutete nach Ranft und befahl ihm, Katharina nach Hause zu geleiten. »Gewiss habe ich ihn jetzt erzürnt!«, dachte sie erschrocken und wurde blass. Wie in Trance erwies sie dem Kaiser ihre Reverenz, schlug den Schleier übers Haupt und ging aufrecht, aber sehr verunsichert weg. Jetzt waren es Tränen der Trauer und des Zornes auf sich selbst, die über ihre Wangen flossen. Ranft, der es bemerkte, hatte Mitleid mit der jungen Dame und reichte ihr, sobald sie außer Sichtweite seines Herrn waren, freundlich seinen Arm zum Geleit. Katharina hielt sich daran fest wie eine Ertrinkende. Es gelang ihr nicht, ihre Verzweiflung vor dem Kammerdiener zu verbergen. Insgeheim schalt sie sich eine Närrin. Sie hatte sich wie ein dummes Kind benommen und stand nun vor den Folgen dieses Verhaltens. »Noch einmal wird der Kaiser wohl nicht mehr aus seiner Höhe zu mir – Katharina Strada – herabsteigen.« Sie verspürte heftige Sehnsucht nach ihrer Maria, der sie alles erzählen wollte, um den Schmerz und die Verwirrung ein kleines bisschen zu verringern. Sie hatte nicht nur Angst, Rudolf soeben für immer verloren zu haben, sondern auch davor, dass er den Befehl zum Umzug der Stradas zurücknehmen würde und sie dem Tratsch, der Schande und vor allem den Vorwürfen des Vaters ausgesetzt wäre.

Rudolf war traurig zurückgeblieben. Wodurch hatte er Katharina erschreckt? Was hatte er falsch gemacht? Ganz starr war sie plötzlich dagesessen, ihre Gedanken hatten nicht bei ihm geweilt. Warum? Er war so behutsam vorgegangen und war sich ihrer Zuneigung ganz sicher gewesen. Irgendeinen Fehler musste er gemacht haben! Aber welchen? Und konnte er ihn ungeschehen machen? Er zog aus seinem Wams den kleinen Elfenbeinbecher hervor und betrachtete ihn lange und versonnen. Er würde ihn besser polieren müssen. Bald war Ranft zurück und geleitete ihn zum Palast. Über Katharina und ihre Tränen sagte der Kammerdiener kein Wort.

Katharinas Sorgen waren überflüssig, denn Rudolf gab nicht ihr die Schuld am viel zu früh beendeten Treffen, sondern suchte sie bei sich selbst und den leicht zerbrechlichen Kräften der Magie. Gleich am nächsten Morgen sandte er Katharina einen Boten mit Rosen und einer Schüssel voller Tomaten als Zeichen seines Wohlwollens.

»Der Kaiser ist mir nicht böse wegen gestern, wie bin ich froh!«, jubelte sie und fühlte sich wie auf Wolken schweben, obwohl sie fest auf ihrem Stuhl saß. Sie blickte auf die frischen Rosen des Kaisers in ihrem Zimmer, die Maria schön in einer Schale angeordnet hatte und glaubte in einem Meer von Düften zu versinken. Dann schaute sie aus dem Fenster und sah die vielen kleinen Schäfchenwolken am Himmel vorüberziehen. In jedem Wölkchen glaubte sie ihren Geliebten zu erkennen. Ganz langsam, um das wunderbare Gefühl nicht abzuschütteln, erhob sie sich. Sie streckte die Arme weit aus und begann aus voller Kehle ein Madrigal zu singen. Langsam wiegte sie sich im Takt des Liedes mit einem seligen Lächeln im Gesicht. Dann tänzelte sie zu ihren Puppen, nahm die größte und küsste sie vor Glück. Sie erzählte der Puppe alles. Die war eine gute Zuhörerin und konnte ein Geheimnis wahren. Mit der Puppe auf dem Arm ging Katharina zum Spiegel und sah sich lange an. So schön bin ich, so schön war ich noch nie. Sie sah auf ihrem Gesicht einen ganz neuen Ausdruck, jetzt war sie wirklich kein Kind mehr, sondern eine Frau, die vom besten Mann begehrt wurde. »Ach, Rudolf«, seufzte sie und biss genussvoll in eine Tomate.

Nach dem Mittagsmahl begann der Umzug auf den Hradschin. Ottavio spazierte stolz wie ein Pfau durch seine bisherige Nachbarschaft und genoss die neidischen Blicke der Bürger. Vom Kaiser ein Haus auf dem Hradschin zugewiesen zu bekommen, war eine besondere Auszeichnung, die bisher nur wenigen Künstlern zuteil geworden war. Katharina schämte sich ihres Vaters, der jedoch nur ein Lächeln für sie übrig hatte, als sie hinausging und ihn bat, er möge sein Glück nicht so übertrieben zur Schau stellen. Sie schüttelte den Kopf und ging schnell hinein zu Maria, mit der sie noch Wichtiges zu besprechen hatte.

»Hast du von der Köchin vorbereiten lassen, worum ich gebeten habe?«, flüsterte sie der Amme zu.

»Ja, es ist alles da, das Fleisch, die Eier, Honig, und ich habe die Kleider dazugegeben, nur das Geld fehlt noch!« Die beiden Frauen gingen in Katharinas Kammer, wo Maria einen prall gefüllten, großen Korb unter dem Bett hervorholte. Sie runzelte dabei die Stirn und bemerkte vorwurfsvoll: »Willst du Magdalena all das wirklich schenken? Bist du dir sicher, mein Kind, dass sie keine Hexe ist? Die Kleider waren noch gut, ich hätte sie der Magd gegeben. Und das viele Geld!« Sie wies auf den dicken Geldbeutel, den Katharina soeben in den Korb steckte.

»Maria, liebste Amme, Magdalena kann die Kleider doch besser brauchen als die Magd, sie hat nur alte Lumpen. Ich will mich ihr dankbar erweisen, sie hat mir mein Glück vorausgesagt.«

Maria seufzte, stand auf und holte Wenzel, dem Katharina ihr Vorhaben erklärte. Wenzel gab ein zustimmendes Brummen von sich, ergriff gut gelaunt den Korb mit seiner Linken und reichte Katharina schmunzelnd seine Rechte zum Geleit, als ob er ein adeliger Herr wäre.

»Ja, aber Bär!«, lachte Katharina verwundert auf. »Wir wissen doch gar nicht, wo wir Magdalena finden können, wo sollen wir sie denn suchen?«

Wenzel wehrte mit seiner Hand den Einwand ab und nickte ihr aufmunternd zu.

»Er weiß doch immer, wohin es geht!«, meinte Maria und begleitete die beiden zum Ausgang. Sie schaute ihnen sinnend nach, wie sie gut gelaunt in Richtung Moldau spazierten und legte ihre Stirn erneut in Falten: Ich weiß nicht, ich weiß nicht, ich habe kein gutes Gefühl, dachte sie und ging zum Vordereingang, wo die kaiserlichen Lakaien auf Anweisungen warteten.

Für Katharina war der Weg zum Fluss nicht sehr angenehm, denn immer wieder zeigten unbekannte Menschen mit den Fingern auf sie. Aber an Wenzels Seite fühlte sie sich sicher und beschützt. Mit der kleinen Fähre setzten sie zur Insel über, wo Magdalena noch immer ihr heimliches Quartier hatte. Wenzel hatte sie in den letzten Wochen ab und zu besucht und mit der alten Frau Freundschaft geschlossen. Er hatte ihr manches Mal etwas zu essen gebracht und einmal ein altes Kleid geschenkt, das er von seinem mageren Lohn selbst erstanden hatte. Das hatte er nicht allein deshalb getan, weil er ein weiches Herz hatte, sondern weil Magdalena neben Katharina der einzige Mensch war, mit dem er sich richtig unterhalten konnte. Es ist, als höre sie meine Gedanken, so als hätte ich eine Stimme, meinte er und suchte ihre Gegenwart immer öfter.

»Ah! Wer kommt mich denn da besuchen!«, rief Magdalena schon von weitem. »Mein lieber Wenzel mit seinem hübschen Fräulein, so eine Freude!« Nun erst verstand Katharina, weshalb Wenzel gewusst hatte, wo er Magdalena finden würde. Auch er kennt die alte Seherin!, schoss es ihr durch den Kopf, während ihr Bär aus dem Boot half.

»Seid gegrüßt, liebe Magdalena!«, sagte sie und lächelte der alten Frau zu.

»Ja, Ihr seht glücklich aus, Ihr strahlt!«, stellte die Seherin fest und ging einen Schritt auf Katharina zu. Doch der Ausdruck in ihren Augen änderte sich plötzlich, ihr Gesicht wurde ernst.

Katharina bemerkte es und fragte erschrocken: »Was ist, was habt Ihr?«

»Nein, gutes Kind, wertes Fräulein«, meinte Magdalena abwehrend und lächelte sanft, »es ist nichts, jedenfalls keine Gefahr, die ich sehe. Aber Missgunst und Neid werden Euch begleiten in Eurem Leben und wahrlich, das sind die treuesten und schlimmsten Gefährten, die es gibt. Seid Ihr Euch dessen bewusst?«

»Ach so!«, erwiderte Katharina erleichtert. »Der Neid und die Missgunst, ja, die verfolgen mich schon seit Wochen, auch auf dem Weg von der Kleinseite hier herüber, aber davor habe ich keine Angst! Seht lieber, was Wenzel für Euch mitgebracht hat, es ist ein kleines Dankeschön für Eure Prophezeiung, die sich bewahrheitet hat. Meine Liebe zum Herrscher, ich denke, sie wird von ihm erwidert! Auch Ihr habt sicher schon gehört, dass wir nun auf die Burg ziehen, und ich verspreche Euch, ich werde Eure Hilfe auf dem Rathausplatz nie vergessen. Alles will ich versuchen, um Euer Leben zu erleichtern, mein Wort darauf!«

Wenzel, der die ganze Zeit neben den beiden gestanden war, reichte Magdalena den Korb, den sie freudig entgegennahm. Sie bedankte sich für Katharinas Worte und bot den beiden an, den Inhalt des Korbes gemeinsam mit ihr zu verspeisen. Aber Katharina und Wenzel mussten zurück, um das alte Zuhause gegen ein neues zu tauschen. So trennten sie sich voneinander.

Es dauerte ein paar Tage, bis sich Katharina an das neue Haus neben dem Veitsdom gewöhnt hatte. Es war mehr als doppelt so groß wie das, in dem sie vorher gewohnt hatten, war gebaut wie ein Hufeisen und verfügte über zwei Flügel und einen kleinen Garten. Maria und sie verbrachten Stunden damit, ihr neues Reich zu erkunden, unterstützt vom Kammerdiener Ranft. Er war es gewesen, der für die Einrichtung des Hauses gesorgt hatte, und es bereitete ihm Freude, Katharinas Entzücken und Erstaunen zu beobachten. »Lieber Ranft, das ist ja ein Schloss! Und ich bin plötzlich eine Prinzessin!«, jubelte sie. »Wie schön doch alles ist, die herrlichen Möbel, die schönen Tapeten, die Bilder an den Wänden!«

»Ähem«, erwiderte Ranft und zog eine Augenbraue hoch. »Ich hoffe, Euren Geschmack getroffen zu haben! Wenn Ihr etwas ändern wollt, will ich es gern veranlassen!«

»Aber nein, hier gibt es nichts zu ändern! Nichts kann schöner sein! Ihr habt das vortrefflich gemacht! Ich danke Euch von Herzen!« Sie begann zu tanzen, drehte sich herum, wirbelte durch die Räume und packte schließlich den würdigen Diener, um auch ihn zu drehen. Maria lachte aus vollem Herzen, denn Ranft hatte Angst, auf dem glatt polierten Fußboden auszugleiten, und bewegte sich recht langsam und vorsichtig. Die Besichtigung des Hauses war noch nicht zu Ende, sie gingen in das Treppenhaus und hinunter in das Erdgeschoss.

Dort angekommen schrak Katharina zusammen, jemand hatte sie an der Schulter berührt. Silberhelles Kichern folgte ihrem jähen Ausruf. Hinter ihr stand Doña Elisabeth. »Das freut mich aber, dass Ihr so erschreckt! Ich habe mich bemüht und bin ganz leise eingetreten, damit Ihr ja recht schreit!«

Katharina fiel in ihr Lachen ein: »Wie schön, dass Ihr mich besucht!«

»Es ist ein Abschiedsbesuch, meine liebe Freundin, ich fahre nach Wien! Stellt Euch vor, der Kaiser hat mir erlaubt, zu meiner Tante Elisabeth zu reisen!«

»Ach, schade, ich werde Euch sehr vermissen! Sicher kommt Ihr bald zurück, ich kann mir nicht vorstellen, dass Ihr in einem Kloster glücklich werdet!«, meinte Katharina. Dann setzten alle zusammen den Rundgang fort.

Weiter ging es in die riesige Küche, die sich unter Katharinas Räumen befand. Die Köchin stand ganz verloren vor dem offenen Herd und konnte sich nicht zurechtfinden.

Von der prallgefüllten Vorratskammer ging es über eine enge Treppe hinunter in den Keller. In langen Gewölben waren unzählige Fässer aufgebockt, Flaschen waren zu Mauern zusammengefügt. An einer Wand sah Katharina eine verschlossene Tür. »Ranft, habt Ihr einen Schlüssel für diese Tür? Wo führt sie hin?«, fragte sie ungeduldig, als sich die Tür nicht öffnen ließ.

»Nein, ich habe keinen Schlüssel und weiß auch nicht, was hier dahinter ist. Wahrscheinlich nur ein alter Durchgang zum Nachbarhaus!«, log der Kammerdiener mit unschuldiger Miene. Das Fräulein würde früh genug erfahren, wohin dieser Weg führte und Doña Elisabeth sollte es nicht wissen. Er brachte die Damen rasch wieder hinauf und verabschiedete sich dann.

Ranft unterhielt sich gut bei der ganzen Liebesgeschichte. Das Mädchen gefiel ihm. Es hatte ihm Spaß gemacht, das Haus für sie einzurichten und ihr alles zu zeigen. In ihrer Gegenwart wurde er fröhlich, ihr Lachen steckte ihn an. Er konnte seinen Herrn verstehen, der immer wieder mit ihm über Katharina sprechen wollte. Noch an jenem Abend beim Lustschloss hatte er seinen Diener um Rat gefragt. Ranft war der Meinung gewesen, Geduld sei nötig, der Kaiser solle nichts überstürzen und seinem »Schutzgeist« die nötige Zeit geben, seinen vollen Zauber zu entfalten. Rudolf fiel das Warten schwer, aber er war überzeugt, nun richtig zu handeln. Eine Woche nach ihrem Umzug meinte er allerdings die Trennung von ihr nicht mehr ertragen zu können und schickte seinen Stiefelwischer mit einem Brief zu ihr. Sofort begann sie laut zu lesen: »Der im Gefängnis Eures schönen Busens schmachtend die Ketten Eurer Liebe trägt – er schreibt Euch dies …«[54] Sie errötete, da sie sich der Anwesenheit des Dieners bewusst wurde, las leise weiter und lief in ihre Schlafkammer zu der Amme. »Endlich, Maria! Er will mich wieder sehen!« Diesmal würde sie sich nicht wieder wie ein Dummkopf benehmen! Schon am selben Nachmittag begleitete sie der Kammerdiener wieder in den Garten.

Vor dem Sommerschlösschen sah sie den Kaiser schon ungeduldig auf und ab gehen. Bei ihrem Anblick blieb er stehen und sah sie strahlend an. Zitternden Schrittes trat sie auf ihn zu und verneigte sich tief. Er lächelte und sagte nichts weiter als »Komm, mein Engel!«. Dann führte er Katharina, deren Herz heftigst klopfte, über die Schwelle des Belvederes. Im halbdunklen Raum duftete es nach Rosen, deren Blätter auf dem Boden verstreut waren, ja sie bedeckten sogar den Tisch und die wenigen Schemel. Selbst die Statue der Liebesgöttin in der Mitte des Raumes war mit Rosengirlanden geschmückt. Hinten an der Wand stand ein großes Bett, zu dem sie der Kaiser nun ohne Worte führte. Es war mit weißen Seidenlaken überzogen, die Überdecke war aus schwerem, karminrotem Brokat gefertigt und mit Gold durchwirkt. Fein säuberlich war sie über die Laken geworfen, sodass man die aufgestickten Ranken, Blumen und Ornamente darauf sehen konnte. Katharina war zwar aufgeregt, aber dennoch fielen ihr die prachtvollen Bettvorhänge aus dunkelgrünem Samt mit goldbestickter Borte auf.[55] Sie waren so schwer und dicht, dass sie auch den hellsten Tag zum dämmrigen Abend werden ließen. Am Kopfende entdeckte sie ein reich besticktes Kissen mit Rauten aus Goldfäden, die sich zu goldenen Blumen vereinten. Es war auf der Unterseite kunstvoll aus dem gleichen weißen Seidenatlas gearbeitet wie die Laken, nur die obere Hälfte war aus grünem Brokat, oben und unten geschmückt mit einer Perlenreihe, dazwischen waren abwechselnd kunstvoll gefasste Perlen und Spinelle eingenäht. An jeder Ecke befand sich eine grüne Seidenquaste mit goldenen Fäden. Sie erkannte es wieder: Ja natürlich, da lag der Apfel darauf! Als ob er ihre Gedanken spürte, sagte Rudolf: »Meine Venus, so war der Apfel dein, so bist du mein!«

Katharina lächelte verlegen, sie war aufgeregt, denn sie wusste, was nun geschehen würde, und freute sich darauf.

Rudolf nahm ihr den hauchdünnen Schleier aus persischem Seidengespinst vom Haupt und breitete ihn vorsichtig über das Kissen. Ihr Umhang glitt währenddessen ganz von allein von ihren Schultern, da der Kaiser das kleine Band geschickt gelöst hatte, als er vorgab, lediglich den Schleier zu entfernen. Katharina war es nur recht, denn sie hatte wieder ihr rotes Kleid angezogen, in dem ihre Reize so richtig zur Geltung kamen! Das hatte ihr zumindest Maria hundert Mal versichert, während sie ihr geholfen hatte, Rudolfs Perle im Haar und zwei weitere an den Ohrläppchen zu befestigen. Auch um den Hals trug sie eine matt schimmernde Perlenkette und Rudolf konnte wieder nicht umhin, sie zart, aber fest im Nacken zu umfassen. Ein lieblicher Schwanenhals, wie ihn die Dichter beschreiben! dachte er und zog sie nahe zu sich heran. Auch auf dem Kleid entdeckte er nun Perlen, die das Rot der Seide zur Geltung brachten. Wie die Tautropfen auf einer Rose, verglich er. Die Rose der Seherin Magdalena! Meine Rose! Sie ist frisch, duftend und entzückend! Sie ist wundervoll! Versunken drückte er die verliebte Katharina an sich.

Rudolfs Begeisterung war verständlich, denn Maria hatte sich die allergrößte Mühe gegeben, Katharinas Schönheit zu unterstreichen. Das blonde Haar war mit Kämmen hochgesteckt, jedoch ringelten sich zwei Löckchen widerspenstig über der Stirn, auch im Nacken hatte sich eine Strähne gelöst, die sich von Marias Engelsgeduld nicht hatte zähmen lassen wollen. Katharinas Gesicht wurde von einem breiten Kragen aus zarter, flämischer Spitze eingerahmt, der in ein weißes, goldbesticktes Brusttuch überging, das ihr Dekolleté nur zum Teil bedeckte.[56] Das Unterkleid aus weißer Seide war in der Mitte fein gefältelt, die Ärmel weit gebauscht und goldbestickt, am Bündchen wieder mit der Spitze abgeschlossen. Das Obergewand war aus rotem Damaszenertuch, das enge Mieder betonte ihre schmale Taille. Katharina hatte Maria dazu genötigt, sie so eng wie möglich zu schnüren. Jetzt konnte sie kaum mehr atmen! Goldborten und Goldstickereien zierten den roten Ausschnitt und begleiteten auch die Träger hinauf zu den Schultern. Vorne reichte das Mieder im Spitz weit herab, links und rechts davon bauschte sich der Rock, um unten wieder das Unterkleid mit seinen feinen Stickereien frei zu geben. Die Schuhe waren aus weißem Atlas genäht und hatten Sohlen aus feinstem Ziegenleder. Mit den weißen Seidenstrümpfen zusammen umschlossen sie Katharinas zarte Füße wie Schalen die verbotene Frucht. »Sogar ihre Schuhe versprechen eine Süßigkeit, die Wir genießen möchten«, durchfuhr es Rudolf, während er Katharina mit sich auf die Bettkante zum Sitzen herabzog. Er lächelte ihr verstohlen zu, aber sie hielt die Augen geschlossen.

Sie brachte vor Aufregung, den mächtigen Herrscher neben sich zu wissen, kein Wort heraus. Aber diesmal wanderten ihre Gedanken nicht fort von ihm wie noch eine Woche zuvor. Jetzt erfüllte ein süßes und doch schmerzhaftes Gefühl ihre Glieder, die sich einmal schwer und dann wieder ganz leicht anfühlten. Das war die Liebe! Sie hatte davon gelesen: »Die Liebe ist ein angeborenes Leiden«, so hatte es geheißen. »Sie wird ausgelöst durch den Anblick des Geliebten und die übermäßige gedankliche Beschäftigung mit ihm, bis man mehr als alles andere wünscht ihn zu umarmen und alle Gebote der Liebe zu erfüllen[57].« Das also ist die Liebe, dachte sie, sah den Mann an ihrer Seite nun endlich an und schenkte ihm ein Lächeln, das gar nicht mehr schüchtern wirkte.

Und doch – der Kaiser wollte nichts überstürzen. Er zog ein kleines Tischchen näher ans Bett heran, verabsäumte es dabei nicht, Katharina über die Schenkel zu streichen und entnahm aus dem Sockel einer kleinen Bärenfigur ein kleines Spielbrett mit zwei Würfeln und winzigen Steinchen. Der Bär war aus purem Silber gefertigt, aber mit einer dicken Schicht von Ambra und Moschus versehen, sodass er wie braun angestrichen aussah. Sein schwerer Geruch vermischte sich mit dem lieblichen Rosenduft Katharinas zu voller, erregender Süße.

»Mögt Ihr ein bisschen spielen? Ihr seid doch sicher eine Meisterin darin?«, fragte Rudolf und blickte neugierig in ihre Augen.

Katharina war angetan von den kleinen Spielsteinen und sagte freudig zu, ihre Scheu legte sich nun ganz, sie fühlte sich wohl und die Angespanntheit machte ihrem Spieltrieb und ihrer Neugier Platz.

»Verliert Ihr, bekomme ich als Siegespreis einen Schuh!«, rief der Kaiser fröhlich aus und Katharina stimmte belustigt zu. Behutsam und langsam muss ich vorgehen, nahm sich Rudolf wieder vor. Sie ist es wert und es erhöht den Reiz des Spieles.

»Gewinne ich, so will auch ich Euren Schuh!«, erwiderte sie und Rudolf staunte über die gewagten Worte.

»Nun gut, Ihr sollt ihn haben«, lachte er, aber seine Gedanken reichten schon viel weiter als bis zu den Schuhen. Schade, dass Spranger sie in das Spiel der Liebe längst eingeführt hat, durchfuhr es ihn, auch wenn er es bestreitet, so ist es doch Gewissheit! Der Künstler belügt mich, weil er mir gefallen will.

Katharina würfelte und gewann Rudolfs Schuh. Dann weiter, aber diesmal verlor sie. Rudolf nahm entzückt den einen und bald den anderen Schuh von ihren Füßen und hielt sie schnell und unauffällig an seine Nase, um ihren Wohlgeruch gierig einzuatmen. Sie rochen gut und frisch, sie waren warm und dufteten ein bisschen noch nach Leder. Rudolf verlor schließlich seinen zweiten Schuh, den Katharina keck von seinem Fuß zog, dann aber hatte der Kaiser Glück im Spiel und gewann Katharinas Strümpfe. Die wusste nicht so recht, wie sie diese in seiner Gegenwart ausziehen sollte! Geschwind schlüpfte sie hinter den Paravent, der zwischen Bett und Kamin stand, und streifte sie dort ab.

Rudolf musste darüber lächeln und folgte ihr neugierig bis zum Paravent. »Gebt sie mir heraus!«, forderte er mit gespielt strenger Stimme.

Katharina kicherte und – einmal, zweimal – reichte sie ihm die Strümpfe hervor. Rudolf nahm sie begeistert: »Und jetzt kommt endlich her!«

Katharina nutzte die kleine Verschnaufpause hinter dem Paravent gut, sie atmete tief und ohne Verwirrung durch und dachte ganz kurz nach. Bin ich nur ein Abenteuer für ihn oder liebt er mich? Aber eigentlich wollte sie nicht darüber nachdenken, lieber wollte sie zu ihm und sich in seine Arme werfen! Was sollen jetzt noch die Sorgen!, dachte sie übermütig und kam gut gelaunt, selbstsicher und mutig hervor.

Rudolf nahm sie bei der Hand und führte sie schnell zum Bett zurück. »Damit Ihr nicht friert«, meinte er und nickte ernst dabei, obwohl ihn die Hitze erdrückte. Er schob das Tischchen, auf dem ein Doppelpokal aus fein geschnittenem Bergkristall mit Szenen aus Ovids Metamorphosen und ein Krug mit süßem Mandelwein bereitstanden, nahe ans Bett. Er nahm den Deckel ab, drehte ihn um: Der war als zweiter Becher geschnitten. Er füllte ihn randvoll und reichte ihn Katharina. In den unteren, größeren Teil gab er ebenfalls von dem duftenden Getränk, ergriff ihn selbst und trank ihr zu. »Mein Lieb, ich grüße Aphrodite!«

Auch sie nahm einen großen Schluck des starken Weins, sodass ihr die Zunge locker wurde: »Mein Kaiser und mein Herr, die Lieb' zu Euch macht mich erzittern!« Sie wollte den Becher abstellen und Rudolf so nahe kommen, dass er sie küssen könne wie damals in Sprangers kleinem Atelier. Aber so einfach konnte man das Gefäß nicht abstellen! Der Fuß war klein und nicht zum Stehen gedacht, man konnte ihn nur mit dem Rand nach unten abstellen. So war sie gezwungen, den Wein bis zur Neige auszutrinken, sogar zweimal, denn Rudolf schenkte nach. Ihr schwindelte, als ihr der Kaiser den leeren Becher endlich abnahm und ihn verkehrt auf den anderen stellte.

Von all dem Duft, dem Rosenwasser, dem Moschusbären und dem Wein berauscht, wehrte Katharina den ersehnten Kuss nicht ab. Er war verlangend und weckte ihr eigenes Verlangen und ließ sie hinschmelzen. Nie hatte sie gedacht, dass Männerlippen zugleich so hart und weich sein konnten, so empfindsam und wild. Sie schloss die Augen und ließ sich zusammen mit dem Mann in den Abgrund der Begierde fallen. Jetzt gab es nur mehr ein Ziel.

Wie bei ihrem ersten Treffen erklang die Laute aus dem Nebenzimmer und eine Frauenstimme sang:

Amor, la tua virtute
Non è dal mondo e da la gente intesa;
che, da viltate offesa,
segue suo danno e fugge sua salute.
Ma se fosser tra noi ben conosciute
L'opre tue, come là dove risplende
Più del tuo raggio puro,
camin dritto e securo
prenderia nostra vita, che nol prende,
e tornerian con la prima beltade
gli anni de l'oro d la felice etade.[58]

Nach einem weiteren glühenden Kuss legte Rudolf seinen kurzen spanischen Mantel aus schwarzem Samt ab. Dann neigte er sich über Katharina und zog sie mit sich auf das seidene Laken. Seine Hände erforschten ihren Körper kühn und sehr genau. Es dauerte nicht lange und sein spanischer weißer Kragen, die Kröse, in tausend Falten gefältelt, fiel zu Boden. Danach nestelte er an ihrem Kragen und an dem Busentuch, schnell war es abgenommen und leistete den bereits gefallenen Kleidern Gesellschaft!

Katharina hielt den Atem an, niemals zuvor hatte sie geahnt, dass sie sich selbst so unwiderstehlich, so schön und so reizvoll fühlen könnte. Sie konnte es kaum erwarten, die Hand des Kaisers auf ihrem nackten Busen zu spüren. Endlich, während eines weiteren stürmischen Kusses, berührte er sie. Er presste sie voll Ungeduld an sich. Dann hielt er für einen Moment inne und löste vorsichtig die Kämme aus ihrem Haar, dass ihre blonden Locken ihr erhitztes Antlitz umrahmten. Der Anblick erfüllte ihn mit heftigster Zuneigung. Er wollte sie endlich besitzen!

»So helft mir doch endlich, das Wams abzulegen!«, flüsterte er ihr ins Ohr. »Öffnet mir die Knöpfe, ich flehe Euch an!« Katharina ließ sich nicht zweimal bitten, schnell half sie ihm, um dann ihrerseits zu spüren, wie Rudolf voller Hast die Schnüre ihres Mieders löste. Sehr bald war sie nur mehr mit dem Unterkleid umhüllt, doch auch das und den roten Taftunterrock streifte er ihr ab. Nur für einen kurzen Augenblick hielt er inne, um ihren nackten Körper zu betrachten.

Sie öffnete die Augen, und ihre Blicke trafen sich. Begeisterung und Leidenschaft entdeckte sie auf dem Grund seiner Augen und alle Angst war weg, sie konnte nur mehr fühlen, nicht mehr denken. Sie war für die Liebe geschaffen und trotz des kleinen Schmerzes genoss sie die neuen Freuden. Ihr liebreizender Körper brachte ihn fast um den Verstand. Er küsste sie immer wieder, wühlte mit den Händen in ihrem Haar, streichelte sie. Sein Schweiß mischte sich mit dem ihren. Noch nie hatte ihn eine Frau so erregt. Immer heftiger bewegte er sich in ihr, bis er vor noch nie gekannter Wonne aufschrie und erschöpft auf sie fiel. Nun begann sie ihn zu erforschen und am ganzen Körper zu streicheln. Er drehte sich auf den Rücken, sie war über ihm und küsste ihn von oben bis unten. Da erwachte er zu neuer Zärtlichkeit, doch ein Gedanke schoss ihm beim neuerlichen Liebesspiel durch den Kopf: Sie ist schon sehr erfahren in der Liebe!

Später entdeckte er aber die Spur ihres Blutes auf der Seide und zog beglückt seine Schlüsse daraus. Ein reines Mädchen, dachte er erstaunt. Das also hat die Alte gemeint mit ihrem Spruch! Mein Schutzgeist ist ein reines Mädchen, jungfräulich bis zum heutigen Tag und nun mein Eigen! Mein reiner Glücksstern, die Seherin sprach wahr! Aber auch eine Göttin der Liebe! »Meine Venus!«, so flüsterte Rudolf überglücklich. Katharina hörte ihn zwar murmeln, aber sie konnte seine Worte nicht genau verstehen. Zu wohlig und weich fühlte sie sich gebettet, als dass sie fragen wollte.

Noch lange blieben sie beisammen, ganz entspannt und selig plauderten sie wie Freunde über vieles und über sich selbst. Er erzählte von Spanien und der strengen Erziehung dort. Sie berichtete vom Leben in der Stadt, von ihren Unterrichtsstunden, ihrer Familie und den Menschen auf der Kleinseite. Während er belustigt zuhörte, nahm er aus dem Schränkchen ein Geschmeide. Es war ein Brustschmuck, eine Kette mit Perlen, Spinellen und Saphiren, die er um Katharinas Brüste wand. »Das ist der Gürtel der Venus, der dir, meiner Venus, ziemt!« Katharina verschlug es den Atem. Und er holte noch etwas hervor! Ein Collier, das er ihr um den Nacken legte.

Sie sah ungläubig auf sich herab. Sie spürte entzückt das ungewohnte Metall auf ihrem Körper und genoss das fremdartige, erregende Gefühl. »Aber nein«, sprach sie sanft, denn es war nicht das Gold, das sie rührte, sondern das Glück, das sie in seinen Augen sah. Sie rückte näher zu ihm, während im Nebenraum wieder ein Lied erklang:

Cantando un giorno d'Isotta la bionda,
mi ricordai di mia donna gioconda.
La qual mai non si parte del mio core.
La immagine di sua gentil persona

Ornato ha il viso di sommo splendore;
Venere bella mai non l'abbandona;
li dorati capelli Amor corona
di fiori e rose e gigli e verde fronda.
Cantando un giorno...[59]

Eng aneinander geschmiegt lauschten die beiden der lieblichen Stimme und unterhielten sich über das Lied von Isolde.

»Willst du etwas essen?«, fragte Rudolf nach einiger Zeit.

»Mich macht die Liebe hungrig!«, setzte er vergnügt fort und küsste Katharina noch einmal leidenschaftlich, aber kurz.

Die nickte und meinte mit einem schelmischen Lächeln auf den Lippen: »Sire, hungrig bin ich immer!« Rudolf wollte schon nach Ranft rufen, als ihn Katharina um Einhalt bat: »Aber nein, Sire!«, kicherte sie und da verstand Rudolf: Sie war ja nackt. Über ihre Schüchternheit lachend half er ihr, sich mit der roten Decke zu verhüllen und läutete erst dann nach Ranft, als sie bereits gut zugedeckt und still an seiner Seite lag. Nur ihr gelöstes Haar, ihre flinken Augen und die Nasenspitze lugten hervor, als der Diener, der die ganze Zeit im Zimmer nebenan bei der Sängerin geduldig und verständnisvoll gewartet hatte, mit Stärkungen, Wein und klarem Wasser, das aus einer Quelle eigens für den Kaiser zur Burg gebracht worden war, erschien. Er verbeugte sich mit so unbewegter Miene vor seinem Herrn, als wäre die Situation eine ganz alltägliche. »Wie vornehm sogar der Kammerdiener ist«, schoss es Katharina durch den Kopf, als er sich gleich wieder zurückzog und sie unter ihrer Decke hervorkommen konnte.

Die beiden Liebenden genossen Schinken, Käse und Brot, das noch warm von der Ofenhitze war. Rudolf trank den weißen Wein durstig und hastig, während sich Katharina lieber mit Wasser erfrischte. Es schmeckte rein und klar, anders, als sie es von dem Brunnen auf der Kleinseite gewohnt war!

»Wir müssen Euch nun verlassen. Ihr könnt hier bleiben, solange Ihr wollt, meine Aphrodite«, sagte Rudolf dann sehr förmlich und strich ihr liebevoll über die heißen Wangen. »So schwer es Uns fällt, aber Wir müssen noch den Nuntius empfangen, es ist ein unangenehmes Geschäft!«

Katharina blickte ihn ein wenig traurig an.

Wie zum Trost fügte er schnell hinzu: »Es ist nicht nur unangenehm, ehrlich gesagt, meine Liebste, ich hasse es! Wie plagen mich die Schelme![60]«

Da nickte Katharina verständnisvoll und war froh, noch bleiben zu können. Nach vielen Küssen trennte er sich von »seiner Aphrodite« und rief wieder nach Ranft, der ihm beim Ankleiden half.

Nachdem der Kaiser gegangen war, blieb Katharina noch eine Weile hinter dem halbgeschlossenen, grünen Samtvorhang liegen, denn sie fühlte sich wohl und geborgen in dem warmen Bett und wollte am liebsten nie mehr den Ort ihres Glücks verlassen. Schließlich stand sie aber doch auf, kleidete sich an und versuchte ihr verräterisch wirres Haar zu ordnen. Sie hoffte, ihrem Vater so nicht zu begegnen. Er würde ohnehin über ihr Fernbleiben schelten, falls Maria es nicht irgendwie hatte begründen können. Doch das machte ihr nichts aus, was zählte jetzt noch neben ihrer Liebe? Langsam ging sie zur Tür und öffnete sie sachte. Da erblickte sie Ranft, der bereits auf sie gewartet hatte, um sie durch den Garten bis nach Hause zu begleiten.

Während Katharina durch den Seiteneingang ihres Hauses schlüpfte und von Maria mit verdrießlichem Gesicht empfangen und wegen ihres unordentlichen Aussehens getadelt wurde, saß Rudolf schon mit dem Nuntius in seinem Arbeitszimmer.

»Ich sage es nur ungern, Sire, aber der von Euch so hoch geschätzte Pistorius ist nun einmal ein Konvertit. Ihr wisst, er war Calvinist und Lutheraner und fand erst als Witwer zum rechten Glauben. Man fragt sich in Rom, ob er würdig ist des hohen Amtes, als Euer Beichtvater zu dienen. Seine Heiligkeit möchte Euch bitten zu überlegen, ob es nicht gefestigte Brüder im Glauben gibt, die Euch, Sire, viel besser zur Seite stehen können.«

Rudolf lehnte sich müde in seinem Lehnstuhl zurück und betrachtete den fülligen Mann. Gerade war er noch im Belvedere mit Katharina glücklich gewesen und hatte sich frei und leicht gefühlt und nun langweilte ihn der Bischof hier mit der Kritik an seinem Beichtvater! Ohnedies erreichte der Nuntius damit nur das Gegenteil von dem, was er wollte. Rudolf schätzte den freigeistigen Pistorius schon seit langer Zeit und würde auch diesmal seine Meinung über den Mann, zu dem er Vertrauen hatte, nicht ändern, schon gar nicht auf Drängen des Papstes. Er schätzte ihn auch als Arzt, neben Crato war er der Einzige, der ihm vernünftige Ratschläge gab. Deshalb seufzte er tief und antwortete mit betonter Höflichkeit: »Wir schätzen die Sorge Seiner Heiligkeit um Uns, jedoch, Vater, ist es so, dass Wir bewährte Menschen nicht gern durch andere ersetzen. Auch Seine Heiligkeit muss zugestehen, dass Pistorius das Beichtgeheimnis wahrt und Wir ihm alles anvertrauen können.« Seine Miene blieb bei diesen Worten völlig starr und kalt, in seinem Inneren sah es anders aus: Natürlich ist es gerade diese Vertrautheit, die den Papst stört! Und gefallen würde es ihm, wenn es Pistorius mit dem Beichtgeheimnis nicht so ernst nähme! Nein! Den guten Pistorius lasse ich nicht gehen! Rudolf starrte auf die Hände des Nuntius, sie waren so wulstig, dass sich der Bischofsring in das Fleisch des Fingers richtiggehend eingegraben hatte. Man müsste den Finger abhacken, wollte man den Ring abziehen, durchfuhr es ihn und er sah schnell von der Hand weg. Er wollte das Gespräch beenden.

Malaspina hatte jedoch noch etwas zu sagen, sein Sekretär

hatte ihn auf ein Geheimnis des Pistorius aufmerksam gemacht, das er nun hochspielen wollte. »Nun, Sire, Ihr lobt Pistorius gewiss zu Recht. Aber in Rom sorgt man sich, er sei geheimen Künsten ergeben. Die dunklen Mächte sind gefährlich und machen selbst vor Geistlichen nicht Halt. Sie betören und verzaubern eine Seele schneller, als man die Flamme einer Kerze löschen kann!«

»Was meint Ihr damit?«, fragte Rudolf nun betroffen und dachte an die vielen Gespräche über Alchemie und Zauberlehren, die er mit Pistorius geführt hatte. Der Bischof fuhr fort: »Endlich bestreitet auch hierzulande niemand mehr die Existenz der bösen Mächte, aber es ist schwierig, die Grenzen zwischen der weißen und der schwarzen Magie zu erkennen. Schwer ist es, die Hexen herauszufinden unter den Menschen, denn süß und fein muten sie an und verzaubern dabei mit ihrer bösen Macht die Umwelt.«

Der Kaiser wurde bei diesen Worten blass, seine Handflächen wurden feucht und in seinem Kopf begann sich alles zu drehen. Er hatte Angst vor den bösen Mächten. So sehr er die Magie liebte, den Zauber, der den Menschen Nutzen brachte, so sehr fürchtete er den Schadenszauber. »Was hat das mit Pistorius zu tun?«

Malaspina lächelte zufrieden, was sein Doppelkinn noch deutlicher hervortreten ließ. Er hatte auf diese Frage gehofft und dachte: Ich kann ihn zwar nicht ausstehen, diesen Bartolomé, aber klug ist er, der Mann! Er versteht, das Gift des Zweifels zu säen! Und nun erzählte er, was er von seinem Sekretär erfahren hatte.

»So klug und fromm Pistorius auch ist, er ist dennoch nicht gefeit gegen schwarze Mächte. Er bezweifelt, dass es Hexen gibt, erkennt sie nicht, er lässt sich vom anmutigen Äußeren und den schönen Stimmen der Hexen locken und davon betören! Mehrmals schon hat er versucht, eine Hexe ihrer gerechten Strafe zu entziehen[61]. Wie soll er Euch vor der schwarzen

Kunst warnen und bewahren können, wenn er in solchen Dingen irrt?«

Rudolf erschrak bei diesen Worten. Kann es tatsächlich sein, dass Pistorius im Bann von bösen Mächten steht? Aber nein! Schon oft hatte er mit Pistorius und anderen Gelehrten über die Hexen gesprochen. Der Beichtvater war der Ansicht, dass es Hexen gar nicht gab und dass es einem Mord gleichkam, wenn man verdächtige Frauen verbrannte. Sein Wahlspruch lautete: Durius contra durum[62] und mit den Harten meinte er die Hexenjäger. Aber Zauberkräfte gab es, davon war Rudolf überzeugt. Und wenn nun Pistorius einem solchen Zauber erlegen war? War er selbst auch einem Zauber erlegen? Kelley hatte einmal gewarnt: »Kein Zauber ist ohne Folgen, die man vorher nicht kennt!« Er sah Katharina vor sich. Auch sie ist ein Zauberwesen, überlegte er. Wenn sie mich nun in ihren Bann zieht, wenn sie mich verzaubert, welche Gefahr kann sich daraus ergeben? Ist sie mein Schutzengel oder ist die alte Seherin vielleicht gar eine Hexe? Rudolf starrte den Nuntius nun ängstlich an. Alles schien sich plötzlich zu drehen und zu zerfließen, gerade noch hatte er unsägliches Glück empfunden. Und nun? Wo lag die Wahrheit? Das wundervolle Glück mit dem Mädchen, war es ein böser oder guter Zauber, der ihn so zu fesseln vermochte?

So schnell es die Etikette erlaubte, verabschiedete der Kaiser den Nuntius, der nun verunsichert war und nicht wusste, ob es ihm dem päpstlichen Auftrag gemäß gelungen war, Zweifel an Pistorius zu wecken. Rudolf verspürte den Drang, sich zu bewegen. Er wollte nachdenken, zu viel war geschehen und verwirrte seine Gedanken. Er irrte durch die um diese Zeit völlig verödeten Säle der Burg, gefolgt von Ranft mit einem Leuchter in der Hand. Im Schein der beiden Kerzen tauchten wie kleine goldene Lichter Rudolfs Schätze auf. Die Decken mit ihren Kassetten blieben in Dunkel gehüllt. Wenn er doch nur schlafen gehen könnte! Aber Sorgen und die ständigen

Schmerzen in den Gelenken seiner großen Zehen hielten ihn davon ab[63].

Ranft war an manches gewöhnt, unerschütterlich folgte er seinem Herrn. Auch als dieser seine Schritte hinaus in die septemberkühle Nachtluft lenkte, war er nicht erstaunt. Er wusste, wohin sein Herr strebte. »Immer wenn ihn diese verzweifelte Rastlosigkeit überkommt, führt sein Weg früher oder später zum Pulverturm.« Tatsächlich gehörte es zu Rudolfs Gewohnheiten, mitten in der Nacht dorthin zu spazieren, wusste er doch dort immer einen oder mehrere seiner vertrauten Freunde. Diese pflegten sich in dem kleinen runden Raum zu treffen, um gemütlich beisammen zu sitzen, zu diskutieren und Wein zu trinken. Auch jetzt zog es Rudolf dorthin, denn er fühlte, dass er sowohl Ablenkung als auch Rat brauchte. Nein!, entschied er schließlich, als ihm wieder der Nuntius vor seinem geistigen Auge erschien, »nicht ihm werde ich glauben, nicht diesem Kirchenmann, ich werde den Geist meines Vaters Maximilian befragen, ob mir Unheil droht und ob die wunderbare Schöne mich schützen wird oder ein Trugbild meiner Wünsche oder gar ein Schwindel ist!«

Als Rudolf durch die Tür des Turms trat, hörte er bereits die Stimmen von Crato, Pistorius und Kelley. Bequem saßen die drei Männer auf ihren Stühlen, als der Kaiser die Treppe heraufkam. Sie sprangen sofort auf und verneigten sich tief, als sie ihn erblickten.

»Wir wollen Euch nicht stören«, sagte Rudolf und trat näher. »Fahrt nur fort in Eurem Gespräch. Nehmt Platz, meine Freunde.« Ranft rückte seinem Herrn einen Stuhl zurecht und Rudolf setzte sich zu den Gelehrten. Augenblicklich fühlte er sich etwas wohler und sicherer, er wollte sich mit den Herrn über Kunst und Wissenschaft unterhalten und seine Gedanken an die Worte Malaspinas endlich beiseite schieben. Schnell sah er zu Pistorius hinüber, der ihm zunickte und ein zufriedenes Lächeln zeigte. Der Beichtvater war ein großer, gut aussehender Mann mit klugen, braunen Augen und hoher Stirn, trug seinen Bart nach spanischer Mode und war elegant gekleidet. Eigentlich sah er gar nicht wie ein Priester aus, dachte Rudolf, vielleicht erklärte das die Abneigung des Papstes gegen ihn?

»Wir sprachen eben davon«, sagte Crato zum Kaiser, »dass in den jüdischen Bibliotheken ein so großer Schatz an medizinischem Wissen steckt, den man unmöglich übergehen kann, auch wenn man sich der Werke anderer Sprachen bedient[65].« Warum soll also unsere so intelligente christliche Jugend nicht einige Jahre auf die hebräische Sprache verwenden, wo sie doch für den medizinischen Beruf so unerlässlich ist?

»Es ist nichts als Überheblichkeit und Aberglauben, wenn wir Christen uns als hoch erhaben dünken«, antwortete Pistorius. »Andererseits sind die Bräuche der Juden doch sehr sonderbar. Abgesehen von den Scheußlichkeiten, die ihnen zu Unrecht nachgesagt werden, stoßen sie uns mit ihrem Eifer und ihrer Streitsucht ab[65].«

Der gute Pistorius, dachte Rudolf, ist wohl der Einzige unter den Geistlichen, der nicht überheblich ist!

»Wenn man Freundschaft mit ihnen schließt«, so meldete sich Crato wieder zu Wort, »sind sie die besten Freunde. Die Prager Juden sind unsere guten Freunde und Freunde Ihrer Majestät.« Rudolf nickte zustimmend und Crato setzte hinzu: »Wer denn würde uns helfen, bei Hofe würdig zu erscheinen wenn nicht Herr Mordechai? Ich kenne fast keinen, der ihm nicht einiges verdankt und einiges schuldet.«

Rudolf schwieg betreten, war doch auch er bei Maisl hoch verschuldet. Angenehm war es ihm nicht, doch ändern konnte er es auch nicht. Die Türkengefahr und die Hofhaltung, beides kam sehr teuer. Kein Habsburger war je ohne Schulden ausgekommen und Rudolf konnte und wollte auch nicht den

Anfang damit machen. Sogar Teile ihrer Schätze hatten seine Vorfahren verpfänden und verkaufen müssen. So weit wollte er es nicht kommen lassen, es würde ihm das Herz brechen, von seiner geliebten Kunstkammer auch nur einen kleinen Teil abgeben zu müssen. Um dem Gespräch eine weniger peinliche Wendung zu geben, meinte er: »Von allen Ärzten sind mir die jüdischen am liebsten, da sie nicht gegen die Natur handeln.«

»Ja«, stimmte Crato begeistert zu, »der Arzt ist ein Knecht der Natur. Sie folgt nicht dir, sondern du musst ihr folgen. Die Heilung der Wunden und Verletzungen geschieht nach bestimmten Gesetzen[66], die Natur bereitet den Untergang der Krankheit vor und der Arzt dient nur dazu, sie bei ihrer Arbeit zu unterstützen[67].«

»Wichtig ist vor allem das schnelle Vorgehen«, meinte Rudolf. »Eine Operation hat rasch zu erfolgen. Ich erinnere mich an den berühmten Fabrizius, von dem man erzählt, er habe eine riesige Augengeschwulst so geschickt entfernt, dass man noch nicht zehn Schritte hätte machen können, als die verkrebste Feigwarze, welche die ganze Augenhöhle ausfüllte und sogar über die Gesichtsfläche hervorstand, bereits vollkommen herausgeschnitten war[68].«

Pistorius wusste, dass auch bei Fabrizius manchmal etwas danebengegangen war: »Das war natürlich äußerst fix und seine Frau stand ihm an Beherztheit nicht nach. Man erzählt, dass eines Tages mitten während einer Beinamputation der Patient zu schreien und um sich zu schlagen begann. Der Mann muss so gewütet haben, dass alle die Flucht ergriffen außer dem jungen Sohn des Chirurgen, dem der Vater das Bein zu halten gegeben hatte. Glücklicherweise befand sich die schwangere Ehefrau im Nebenzimmer. Sie lief herbei und packte den Patienten am Oberkörper, sonst hätte es eine Katastrophe gegeben[69].«

Edward Kelley, der englische Astrologe und Alchemist, der bis jetzt recht still gewesen war, lachte am lautesten und meldete sich zu Wort, während er eine Lachträne mit seinem langen Ärmel von der Wange wischte. »Trotzdem sind die besten Bemühungen umsonst, wenn es das Schicksal so will. Und daher rate ich jedem Arzt, vor schwierigen Behandlungen die Sterne zu konsultieren, um die richtige, günstige Stunde zu finden, damit so etwas eben nicht passiert!«

Rudolf schloss sich dieser Meinung an. Er hielt sehr viel davon, die Sterne zu befragen. Er selbst tat dies vor allen wichtigen Entscheidungen. Allerdings war sein Weltbild durch die Entdeckung des Kopernikus erschüttert worden. Nun hieß es plötzlich, dass die Erde nicht im Mittelpunkt der Schöpfung stand. Ob die Sterne vielleicht doch weniger Einfluss hatten als angenommen? Rudolf stand mit Tycho de Brahe, dem berühmten Dänen, in regem Gedankenaustausch und hoffte, dieser könne beweisen, dass doch die Erde im Mittelpunkt der Welt ruhe, umkreist von Sonne und Mond, während die Planeten sich um die Sonne bewegten. So ein Beweis hätte nicht nur ihm, sondern auch den Theologen gefallen, denn er hätte mit der Bibel übereingestimmt.

Die Herren waren froh, dass Brahe Rudolfs drängenden Einladungen noch nicht gefolgt war, denn obwohl sie seine Arbeit durchaus schätzten, fürchteten sie doch seinen möglichen Einfluss auf den Kaiser. Außerdem war der Däne für sein stolzes, hochfahrendes Wesen bekannt, ob er sich in den Gelehrtenkreis Prags würde einfügen können? Die drei bezweifelten das, denn hier ging man sehr freundschaftlich miteinander um und regelte Zwistigkeiten lieber bei einem guten Essen oder einem Becher Wein als durch ein aufbrausendes Streitgespräch oder Schlimmeres.

»Seid nicht auch Ihr durstig, meine Herrn?«, fragte Rudolf in die Runde, wartete aber keine Antwort ab. »Ranft, holt Wein herbei und bringt die Becher!« Als der Diener nach kurzem Gang durch die frische Herbstluft mit fünf Flaschen zurückkam und die vorhandenen Becher füllte, drehte sich das Gespräch bereits um ein anderes Thema. Eine Person mehr saß in der Runde, es war Jan Vermeyen und Ranft hörte ihn sagen: »Sire, wenn Ihr es wünscht, so werde ich Euch zeigen, wie man anderes Metall in Gold verwandeln kann. Zumindest, wie man den Anschein erwecken kann, dies zu tun.«

»Ich habe«, erzählte Rudolf, »vor einiger Zeit in der Werkstatt des geschätzten Vianen[70] aus den sieben Metallen eine kunstvolle Glocke gegossen, was ich mit einer verbrannten Augenbraue bezahlt habe. Er war mir bei der Form behilflich, gar wohl gelungen ist das Werk. Sie ist nicht groß, verziert mit sieben Planetengöttern, für jedes Metall einen. Darunter dann die zugehörigen Sternzeichen. Zu gern würde ich diese Glocke golden schimmern sehen.«

Kelley kannte die Glocke, er hatte mit Rudolf den Entwurf geschaffen. Nur ihm und dem Kaiser war bekannt, was die geheimnisvollen Schriftzeichen darauf bedeuteten und wozu die Glocke dienen sollte.

Schon bald wollte Rudolf sie benützen, er wollte später noch darüber mit Kelley sprechen. Zügig trank er den Becher leer und winkte Ranft, ihm nachzuschenken. Aber immer wieder musste er an den Nuntius und dessen bedrohliche Worte denken. Was ist die Wahrheit? Immer bin ich auf der Suche nach ihr und finde doch keine Antwort!, dachte er und musterte Kelley gedankenvoll.

Jan Vermeyen erklärte inzwischen den aufmerksamen Zuhörern: »Nun, es genügt, auf den gewählten Gegenstand eine Schicht Goldamalgam aufzubringen und ihn dann ins Feuer zu geben. Das Quecksilber verdampft, das Gold bleibt als dünne Schicht darauf, ohne die Form zu verfälschen.«

»Und das kann auch mit der Glocke Ihrer Majestät gemacht werden, ohne dass sie Schaden nimmt?«, wollte Pistorius wissen und fesselte damit Rudolfs Aufmerksamkeit wieder. Vermeyen zerstreute die Bedenken und bat den Kaiser um die Ehre, ihm demnächst in seiner Werkstatt die Glocke veredeln zu dürfen. Rudolf willigte gerne ein.

»Sire«, bat nun Crato ein Wort an seinen Herrn richten zu dürfen: »Ich fühle die Beschwerden des Alters immer mehr und mehr, ich sehne mich nach Ruhe. In Breslau möchte ich meinen Lebenslauf beenden, auf meinem Besitz den Tod erwarten. Mein größter Wunsch wäre es, mich dorthin zurückziehen zu dürfen.«

Rudolf hörte es betrübt, jedoch nicht wirklich überrascht. Der greise Arzt wirkte seit längerer Zeit sehr müde. »Und so verlässt mich einer der wirklich Getreuen, ich werde ihn vermissen.« Aber er lächelte Crato huldvoll zu. »So lange Zeit habt Ihr Unseren Weg begleitet und über Uns gewacht wie zuvor schon über Unseren hohen Vater, Wir wissen wohl, es war sehr mühevoll. Wir können Euch Eure Bitte nicht abschlagen, Wir sind Euch sehr verpflichtet und lieben Euch. Bereitet also Euren Abschied vor und denkt daran, von Zeit zu Zeit Nachricht zu schicken, wie es Euch ergeht.«

Crato erhob sich kurz und küsste seinem Herrn dankbar die Hand.

Man plauderte noch über dieses und jenes, bis die fünf Männer die fünf Flaschen ausgetrunken hatten und sich etwas müde fühlten. Rudolf erhob sich schließlich und winkte Kelley, ihm zu folgen. Den anderen Herren wünschte er eine gute Nacht. Langsam, als ob er die aufkommende Kühle dieser Herbstnacht nicht fühlte, schritt der Kaiser mit Kelley und Ranft durch die Nacht zu seinem Palast. Wie immer leuchtete der treue Ranft, damit Rudolf den Weg sehen konnte. Obwohl Ranft seinen Dienst gut versah, schien der Kaiser den Weg nicht immer deutlich genug zu erkennen, einige Male schwankte er und stolperte ohne ersichtliches Hindernis. Auch Kelley hatte einige Mühe, gerade und aufrecht hinter Rudolf zu gehen und war froh, dass der Kaiser kein schnelleres Tempo vorgab. Dem schien es eine Ewigkeit zu dauern, bis er in seiner Kammer war und Ranft ihm den Schlafpelz um die Schultern legte. Rudolf befahl ihm, ihn mit Kelley alleine zu lassen.

»Ich fürchte, dass Unheil mich bedroht«, sagte Rudolf, während er müde auf der Bettkante saß. »Wie gerne würde ich jetzt meinen Vater sehen, um mich zu stärken und zu beruhigen. Ihr wisst, er war ein weiser und gerechter Mann und viel zu früh ging er dahin.« Traurig blickte er zu Boden und sprach erst nach einer längeren Pause weiter: »Kann man die Toten rufen? Wir wissen, dass Ihr in dieser Kunst erfahren seid. Wir haben mit Eurer Hilfe eigens zu dem Zweck die kleine Glocke angefertigt! Aber noch niemals wolltet Ihr sie verwenden!« Rudolf blickte den Magier auffordernd an. Der hatte ihm vor einiger Zeit auch von einem Zauberspiegel erzählt, mit dessen Hilfe er die Geister beschwören könne.

Nach kurzer Überlegung antwortete Kelley: »Ihr sollt den Vater sehen, Sire, doch stehen heute die Sterne nicht günstig für dieses Unterfangen. Wenn Ihr erlaubt, werde ich zu Hause gleich die günstige Stunde berechnen und dann, wenn Ihr wollt, mit Eurer Hilfe und meinem Können die Beschwörung wagen.«

»Gut, berechnet sie und lasst Uns wissen, wann Wir endlich den Vater sehen und ihn befragen können. Er wird die Wahrheit kennen, wird Uns raten.« Während Rudolf sprach, griff er nach dem Schlaftrunk, den ihm Crato schon vor Stunden zubereitet hatte. Zufrieden leerte er ihn mit einem Zug und entließ den Engländer. Endlich ging er zu Bett. Obwohl sein Kopf etwas schmerzte, fühlte er doch eine angenehme Benommenheit, die ihn bald einschlafen ließ.

Der Kaiser erwachte nach einigen Stunden tiefen Schlafes. Sein erster Gedanke galt Katharina, deren Charme und Liebreiz er vom ersten Augenblick an erlegen war. Seine Ängste und Zweifel, die der Nuntius hervorgerufen hatte, waren seiner tiefen Sehnsucht nach Glück und Liebe, die seit den freudlosen Tagen der Kindheit seine ständige Gefährtin war, gewichen. Katharina würde diese Sehnsucht stillen. Sollte sie ihn doch verzaubern!

Der Morgen war recht kühl, aber sonnig. Rudolf ließ das kleine Fenster von Ranft öffnen und genoss die kalte Luft. Er stand am geöffneten Fenster und blickte hinaus auf einen Baum, dessen Blätter sich schon rot und orange zu färben begannen. »Heuer wird ein strenger Winter kommen, wenn es schon dieser Tage so kalt ist. Was meint Ihr?« Ranft nickte zustimmend, während er dem Kaiser den morgendlichen Wein kredenzte. »Wisst Ihr was, lieber Ranft? Wir haben Lust, den frühen Herbst zu genießen. Geht rasch zum Haus von Fräulein Katharina und sagt ihr, sie möge Uns Gesellschaft leisten bei einer Ausfahrt. Dann bestellt eine Kutsche, aber gebt vor, sie sei für Euch. Gleich nach dem Frühstück soll die Fahrt beginnen! Und Ihr werdet Uns Euren Mantel und Hut borgen, damit Wir vom Volk nicht erkannt werden.«

Es war schwer zu sagen, wer von den beiden sich mehr auf die Ausfahrt freute, Rudolf oder Katharina. Für beide sollte es ein herrliches Erlebnis werden, an das sie sich noch Jahre später erinnern würden. Es ereignete sich nichts Außergewöhnliches dabei, das frisch verliebte Paar machte lediglich einen Ausflug an einem schönen, frühen Herbsttag. Der Kutscher und die beiden Reiter wunderten sich ein wenig, dass Ranft, der ansonsten immer auf der Burg beim Kaiser weilte, nun an der Seite einer Dame durch die kleinen Dörfer und die Wälder rund um Prag zu fahren wünschte. In Ranfts Überkleidern fühlte sich der Kaiser ungewöhnlich frei und schon nach kurzer Fahrt befahl er dem Kutscher, er möge die Pferde schneller vorwärts treiben. Die beiden Liebenden blickten aus dem Fenster und ließen die Landschaft an sich vorüberziehen. »Seht doch, wie farbenfroh sich schon alles zeigt!«, rief Katharina begeistert, als sie an einem kleinen Wäldchen vorüberkamen. Die Sonne kämpfte sich durch die dampfende, vom Nebel leicht verhangene Luft und ließ die bunten Blätter der Bäume in prächtigen Farben erstrahlen.

Rudolf legte seinen Arm um Katharinas Schulter und meinte vergnügt: »Der Herbst ist doch die schönste Jahreszeit, was meint Ihr?«

Sie lächelte und berührte sanft den Arm des Kaisers: »Jede Jahreszeit ist für mich wunderschön an Eurer Seite.«

Rudolf zog sie zu sich und drückte ihr einen Kuss auf die Wange. Als er Katharina den selbst gefertigten Becher aus Elfenbein gab, war sie überrascht und tief gerührt.

»So viel Mühe habt Ihr meinetwegen auf Euch genommen! Er greift sich an wie Seide!« Sie sprachen lange über die neue Kunst, aber auch über das, was sie unterwegs sahen, und liebkosten einander immer wieder. Die Fahrt hätte ewig so weitergehen können, aber schließlich gab Rudolf den Befehl zur Umkehr.

»Wenn ich nicht regelmäßig meine Mahlzeiten einnehme, dann ist mein Arzt höchst unzufrieden«, sagte Rudolf und dachte unfroh, dass Crato ihn schon bald verlassen würde.

»Ja, ich kenne das, denn meine Amme ist gewiss so streng wie Euer Arzt!«

Rudolf musste über Katharinas Bemerkung lachen. »Dabei ist es so, dass ich nach dem Essen häufig an Leibschmerzen leide. Aber dennoch: Es muss gegessen werden!« Rudolf sprach die letzten Worte mit der tiefen Bassstimme Cratos, diesen nachahmend.

Katharina musste an ihren heimlichen Besichtigungsgang durch die Kunstkammer denken. Der Arzt hatte sie dort ja gesehen, aber sie niemals verraten. Kaum zu glauben, dachte sie, was sich seither alles verändert hat! Und dabei ist das noch gar nicht so lange her! Sie wollte dem Kaiser schon erzählen, wie sie sich in seine Räume eingeschlichen hatte, aber dann verschob sie es auf ein andermal. Sie hatte trotz der Fröhlichkeit bemerkt, dass sich Rudolf Sorgen wegen seiner Leibschmerzen machte, und erinnerte sich an seine Erkrankung im Frühsommer. Auf ihre vorsichtigen Fragen erzählte er ihr von seiner großen Angst vor Gift, das man ihm vielleicht ins Essen mischte und woran er langsam und qualvoll sterben würde. Sie hörte ihm aufmerksam zu, streichelte seine Hand und beschloss, über das Gehörte in Ruhe nachzudenken. Vielleicht fand sie einen Weg, um ihm zu helfen? Jetzt zumindest konnte sie ihn durch ihre Küsse von den Sorgen ablenken. Viel zu bald endete die wundervolle Fahrt, aber die beiden kamen gut gelaunt auf den Hradschin zurück, wo sie sich schnell voneinander verabschiedeten.

Katharina nahm Rudolfs Ängste sehr ernst. Gift wäre eine Erklärung dafür, dass ihm so oft übel war. Sie beschloss, zu ihrer Freundin Frumet zu fahren und mit ihr darüber zu sprechen. Denn oft findet man im Gespräch eine Lösung für Dinge, die man durch Nachdenken allein nicht sieht.

»Ja, es kann schon sein, dass Gift im Spiel ist. Es muss aber nicht sein!«, sagte Frumet noch am selben Nachmittag zu Katharina. »Weißt du denn nicht, dass falsches Essen und Trinken viele Krankheiten verursacht? Der Kaiser speist sehr ungesund, mich wundert nicht, dass es ihm nicht bekommt.«

Katharina war erstaunt: »Vom Essen kann man krank werden?«

»Ja und durch richtiges Kochen kann man Krankheiten heilen und sogar verhindern!«, antwortete die Freundin.

Katharina sah sie ungläubig an. Niemand hatte ihr das je erklärt. Wissbegierig, wie sie war, bat sie Frumet, ihre Worte näher zu erläutern.

»Am besten kommt Ihr mit in die Küche!«, forderte diese sie auf und ging zur Tür. Die schöne Jüdin war schon etwas behäbig von der Schwangerschaft.

»Aber das Kind, Ihr sollt Euch doch schonen!«

»Nun kommt, wollt Ihr etwas darüber wissen oder nicht?«

Katharina staunte über die Küche ihrer Freundin, noch nie hatte sie eine so saubere Küche gesehen. Eine Vielzahl von Töpfen stand geordnet und gestapelt in den Schränken. Alles blitzte vor Sauberkeit, auch die großzügigen Arbeitsflächen und sogar der Boden! »Seht, meine Liebe, wir haben sehr viel Geschirr, denn wir legen großen Wert darauf, nur solche Zutaten gemeinsam zu kochen, die auch zueinander passen und verwenden verschiedene Töpfe für jede Art von Speisen. Bevor wir kochen, muss alles frisch und sauber gereinigt werden.«

Katharina verglich die Küche im Geist mit der in ihrem früheren Haus auf der Kleinseite. Dort hatten sie ein paar Töpfe und eine große Feuerstelle gehabt, was ihr schon großartig vorgekommen war, aber das war nichts im Vergleich zu dem, was sie hier sah! Unglaublich, so viele Pfannen und Töpfe gab es da, Wasserbehälter, Schalen, Eimer! Die konnte man doch unmöglich alle verwenden!

Frumet freute sich über Katharinas Staunen und fuhr fort: »Wenn das Kind endlich geboren ist und ich meine Pflichten im Haus wieder übernehmen kann, dann habe ich die Aufgabe, die Zubereitung der Speisen nach unseren Gesetzen zu überwachen. Das ist nicht nur mein Dienst an der Familie, sondern auch an Gott.« Katharina hörte aufmerksam zu und so fuhr die Jüdin fort: »Erst hat uns Gott die Pflanzen gegeben[71]. Erst nach der großen Flut bekamen die Menschen die Erlaubnis, auch Fleisch zu essen, jedoch ohne Lebensblut[72]. Wir dürfen also lebende Tiere nicht einfach töten und verschlingen, sie müssen schmerzlos geschlachtet und ihr Fleisch so vorbereitet werden, dass das Blut ganz und gar entfernt wird. Auch das Fett, die Innereien zum größten Teil, alle Adern, in denen ja gestocktes Blut vorhanden ist, werden beseitigt. Diese Abfälle bekommen die Löwen des Kaisers.«

Katharina dachte an den christlichen Schlachter von der Kleinseite. Wenn sie an seinem Haus frühmorgens vorbeigekommen war, hatte sie oft die schrecklichen, quietschenden Todesschreie der Schweine hören können. Wenig später sah man die toten Tiere an der Rückseite des Schlachthofes hängen, wo sie zerteilt wurden. Zahlreiche Hunde stritten sich in den Blutlachen um die Abfälle, von denen es nicht sehr viele gab, da jeder Körperteil verwertet wurde. Von dort kamen die Fleischstücke dann zum Markt, wo sie den ganzen Tag oder sogar mehrere Tage lagen und hingen, von Fliegen übersät, bis sich Käufer fanden. Katharina erinnerte sich an den unangenehmen Geruch, der von dem Fleisch ausging. »Sag mir, gilt das für alle Tiere? Muss das Blut bei allen so gründlich entfernt werden?«

»Bei allen Tieren, die wir essen. Aber es gibt viele Tiere, die wir gar nicht essen, da sie niemals als Opfer im Tempel akzeptiert worden sind. Wollt Ihr mehr darüber wissen?« Frumet setzte sich auf den Stuhl und bot Katharina einen kleinen Schemel an. Katharina nickte, während sie Platz nahm, und beobachtete aus den Augenwinkeln eine Küchenmagd, die gerade dabei war, einen Krautkopf aufmerksam in seine Einzelteile zu zerlegen, um jedes Blatt einzeln zu waschen. Sonst war niemand in der großen Küche, es war noch früh am Nachmittag.

»Also da wäre einmal das Schwein, das wir nicht essen. Wir essen nur Wiederkäuer mit gespaltenen Hufen. Von den Vögeln sind nur die erlaubt, die nicht als unrein in der Thora aufgezählt sind. Auch Tiere, die zugleich Flossen und Schuppen haben, dürfen gegessen werden. Und nur von den erlaubten Tieren dürfen wir essen, was sie uns lebend geben, Milch und Eier. Bei den Eiern muss darauf geachtet werden, dass ja kein Blut darinnen ist, sonst werden sie gleich weggeworfen. Ich sag Euch, es ist eine höchst mühsame Aufgabe, auf all das zu achten! Bei Obst, Gemüse und Salat muss ich jedes Blättchen wenden, ob nicht vielleicht ein Insekt draufsitzt, ob nicht ein Wurm darin ist.« Katharina nickte und sah wieder zur Magd hinüber, die noch immer mit dem Krautkopf beschäftigt war. Sie erinnerte sich an ihre Köchin auf der Kleinseite, der sie manchmal bei der Zubereitung der Speisen geholfen hatte. Die hatte zwar immer die obersten Blätter entfernt, aber das Kraut nicht weiter untersucht, geschweige denn gewaschen!

Katharina kam das alles sehr schwierig und auch ein wenig übertrieben vor, dennoch war sie davon beeindruckt, dass die Juden die biblischen Weisungen so streng einhielten, die Christen aber gar nicht daran dachten, obwohl sie ja ebenfalls die Bücher kannten.

»Liebste Freundin, würde der Kaiser lernen, nur unsere Kost zu essen, er hätte weniger Beschwerden und weniger Angst vor Gift!«, meinte Frumet und Katharina nickte zögernd: »Haltet Ihr solche strengen und genauen Vorschriften tatsächlich für nötig? Der Kaiser hat doch alles, was er will und er –«

»Und eben dies ist ungesund«, unterbrach ihre Freundin. »Halbverwestes fettes Fleisch, Muscheln, Krebse, Austern, die verdorben sind, Gemüse voller Unrat, das alles kann man ja recht lockend zubereiten, doch isst der Kaiser das, so wird ihm übel! So mancher hohe Herr ist nicht an Gift, sondern an verdorbenen Austern gestorben.«

Katharina sah noch einmal zu der Magd mit dem Krautkopf hinüber, nun empfand sie deren Sorgfalt nicht länger als überflüssig. Sie sah sich weiter in der Küche um, ließ sich von Frumet noch manches erklären und spielte mit dem Gedanken, in ihrem eigenen Haus eine solche Küche einzurichten. Nicht für sich wollte sie auf diese Weise kochen, sondern für den Kaiser. »Wenn man die Speisen nach diesen klugen Vorschriften bereitet, so kann es gewiss nicht schaden!« Sie stellte der Freundin noch viele Fragen, doch die wurde müde und wehrte schließlich lachend ab.

»Liebste Katharina, das alles ist nicht ganz so einfach, wie Ihr denkt. Denn um die Speisen koscher zu machen, braucht es Erfahrung, Übung und Fleiß. Doch wenn Ihr wollt, an mir soll es nicht liegen. Ich gebe Euch meine beste Küchenmagd, sie ist ein frommes und fleißiges Weib und wird alles richtig machen.

Ihr seht sie schon die ganze Zeit da drüben eifrig arbeiten, sie heißt Treinl und kocht hervorragend.« Sie breitete die Arme aus. »Und mit der Zeit, wenn Ihr es wollt, könnt Ihr selbst von ihr unsere Kochkunst erlernen. Mordechai hat gewiss nichts dagegen, denn wir sind überglücklich, dass der Kaiser den Ausweisungsbefehl der Ratsherrn nicht unterschrieben hat, da lässt er unsere Treinl bestimmt zur Burg hinauf, um dem Kaiser einen Dienst zu erweisen!«

»Ja«, sagte Katharina, »meine liebste Freundin, auch ich bin so froh, dass ihr in Prag bleiben könnt! Ich verehre den Kaiser, ich halte ihn für einen großen und gerechten Mann und daher vertraue ich darauf, dass er euch Juden auch weiterhin hier bleiben lässt.«

Frumets Blick wurde bei diesen Worten ernst, sie hatte sich schon mit Mordechai über die aufkeimende Zuneigung zwischen dem Kaiser und ihrer jungen Freundin unterhalten und Mordechai und sie hofften inständig, dass Rudolf mit Katharina nicht nur spielte. Sie hofften es für Katharina, aber vor allem für das jüdische Volk von Prag. Eine Frau an der Seite des Herrschers, deren beste Freundin eine Jüdin war, konnte den Juden nur nützen: Wenn alles gut geht mit der Liebesgeschichte, dann können Katharina und ich ein Leben lang unbesorgt miteinander musizieren, dachte Frumet, als sie ihrer Freundin noch einmal versicherte, die Küchenmagd entbehren zu können.

Katharina sagte: »Diese Küche soll nur mir gehören und der Kaiser soll nur mehr essen, was durch meine Hände geht. Auf diese Weise beschütze ich ihn vor Krankheiten und seiner Angst vor Gift! Ranft wird mir gewiss dabei helfen, er war doch früher Jude, da wird er viel über diese Speisen wissen.«

Ihr Entschluss war gefasst, dennoch wollte sie noch eine Nacht darüber schlafen und erst am nächsten Tag mit Rudolf reden. Schlaf erst einmal, bevor du Neues beginnst, so hatte Jacopo immer zu ihr gesagt, um sie vor unüberlegten Handlungen zu bewahren. Ihr tat das Herz jedes Mal aufs Neue weh, wenn ihr der geliebte Großvater in den Sinn kam: »Ach! Wenn er doch nur sehen könnte, wie sich alles entwickelt!«, dachte sie, aber Jacopo hatte seit seiner überstürzten Abreise nichts mehr von sich hören lassen. Auch ein Bote Rudolfs, dem sie ein Briefchen für den Großvater mitgegeben hatte, war ohne Nachricht oder Gruß für sie aus Mailand zurückgekehrt.

Während Katharina noch gemütlich mit Frumet beisammen saß, ein Glas Honigwein trank und ihrer geduldigen Freundin vom Kaiser und der Ausfahrt am Vormittag erzählte, erreichte Rudolf eine Botschaft, die ihn schlagartig in höchste Aufregung versetzte. Sie kam von Edward Kelley, der für diese Nacht die Stunde errechnet hatte, zu der Kaiser Maximilians Geist dem Sohn erscheinen würde. Rudolf zögerte keinen Augenblick und ließ sofort nach Kelley schicken, der Engländer wohnte in der Neustadt[73] und wartete gewiss schon.

Dann traf Rudolf alle Vorbereitungen für den schon lang ersehnten Abend, der nun endlich gekommen war. In der Antekammer[74] wurden die Hocker an die mit einer vergoldeten Ledertapete bespannten Wände gerückt, der Tisch in eine Ecke gestellt, sodass in der Mitte eine freie Fläche verblieb. Dort stand ein Lehnstuhl. Dann nahm der Kaiser eigenhändig aus einer Truhe in seiner Kammer das geheimnisvolle Buch Picatrix mit den Zaubersprüchen heraus, das einst sein Vorfahr, der weise Alfons X. von Kastilien, besessen hatte. Vorsichtig legte er das Buch auf ein Pult in der Antekammer und stellte rechts und links davon zwei Kerzen auf. Davor legte er die kleine Glocke, die er selbst gegossen hatte, die Glocke aus den sieben Metallen.

Dann sandte er nach Rabbi Löw mit der Bitte, sich ebenfalls zu der genannten Stunde bei ihm einzufinden. Dem Rabbi eilte der Ruf voraus, im Umgang mit Geistern erfahren zu sein. Seit dem merkwürdigen Traum, in dem der weise Mann den Kaiser als armen Bettler bewirtet hatte, war dieser von den magischen Kräften des Juden noch mehr überzeugt. Dem Herrscher schien das Warten ewig zu dauern, er war ungeduldig und aufgeregt. Im Essen stocherte er zum Leidwesen seiner Köche wieder nur herum, um es dann schließlich ganz zu verschmähen. Lieber ließ er sich etwas mehr Wein einschenken, denn der Traubensaft vermochte es stets, ihn ein wenig zu beruhigen.

Ranft spürte Rudolfs Anspannung, er wusste, was bevorstand, und seufzte mehrmals tief, wenn der Kaiser ihn nicht hören konnte. Er machte sich Sorgen um seinen Herrn, aber er gehorchte seinen Befehlen und führte den Rabbi Löw und den Magier Kelley in die Antekammer, sobald sie eingetroffen waren. Der Engländer war erstaunt über die Anwesenheit des Juden, er hatte sie nicht erwartet. Recht kühl verhielten sich die beiden Männer zueinander, sie tauschten nur einen höflichen Gruß.

Als Rudolf die Antekammer betrat – Ranft hatte vor der Tür Aufstellung genommen –, verneigten sich beide tief. Der Kaiser trug schlichte Kleider, über Wams und Kniehosen hatte er einen langen, braunen Samtmantel geworfen, der ihn wärmen sollte, denn es wurde immer kühler. Auf seiner Brust funkelte an einer dicken, goldenen Kette der Orden vom Goldenen Vlies. Er trug keine Kopfbedeckung, weil er seinem Vater voller Ehrfurcht entgegentreten wollte. »Fangt an, Meister Edward!«, befahl er.

Kelley, den die Anwesenheit des Juden etwas verunsicherte, räusperte sich und schlug das schwere alte Buch auf, um darin suchend herumzublättern. Endlich schien er die richtige Seite gefunden zu haben. Er bat den Kaiser, auf dem Stuhl in der Mitte des Raumes Platz zu nehmen. Dann zog er ein Stück Kreide unter seinem Umhang hervor. Bedächtig und langsam zeichnete er einen großen Kreis auf den Boden rund um den Kaiser.

»Nun ist die Stunde da, in der Ihr, Sire, Eures Vaters Geist von seinem tiefen Schlaf durch mich erwecken könnt. Doch!

Jeder Zauber – und so auch dieser – verlangt Vorsicht und gebietet Achtsamkeit!«, sprach der Magier mit strenger Stimme und breitete dabei seine langen Arme weit aus, um anschließend die Hände ineinander zu verschränken. Die Falten seines blau gefärbten Seidenumhangs schimmerten im kargen Kerzenschein bei jeder seiner Bewegungen.

Rudolf zeigte sich von all dem sehr beeindruckt und nicht ohne Angst. Er nickte und hörte Kelley aufmerksam zu, als dieser ihn eindringlich warnte und ermahnte, auf keinen Fall den Kreis zu verlassen, geschweige denn, auch nur ein Wort zu sprechen, ganz gleich, was geschehe.

Dann stellte er sich mit ausgebreiteten Armen hin, blickte nach Osten und sprach:

»Vor mir Raphael,
hinter mir Gabriel,
zu meiner rechten Michael,
zu meiner Linken Auriel.
Vor mir flammt das Pentagramm.
Hinter mir scheint der sechsstrahlige Stern.«

Zum Abschluss zeichnete er das kabbalistische Kreuz, das Pentagramm, von links oben beginnend, in die Luft.

Rabbi Löw saß auf einem der Hocker an der Wand und beobachtete das Ganze mit grimmiger Miene. Er war nur deshalb so bereitwillig gekommen, weil er sich sorgte, dass Kelley, den er als unzuverlässigen Menschen kannte, dem Kaiser mit seinen Zaubereien Schaden zufügen könnte. Der Hohe Rabbi wusste selbst am besten, wie stark und wie leicht der Kaiser zu beeinflussen war, immerhin hatte auch er es versucht und damit Erfolg gehabt. Na, da bin ich ja gespannt, wie der Engländer Kaiser Maximilian erscheinen lassen will!, dachte er, blieb still sitzen und beobachtete alles, was geschah.

Die Dunkelheit in der Kammer verstärkte Rudolfs Herzklopfen, lediglich das Buch wurde von den beiden Kerzen beleuchtet und ab und zu schimmerte ein Stückchen der vergoldeten Tapete in deren Schein. Kelley hielt einen Stab in der Hand und flüsterte unverständliche Worte vor sich hin. Die Augen des Juden gewöhnten sich schnell an die Düsternis, er bemerkte Rudolfs Blässe. Der Kaiser saß unbeweglich und starr auf dem Stuhl in der Mitte des Kreises, nur manchmal wurde seine ruhige Haltung durch ein Frösteln und Schaudern durchbrochen. Ihm ist in der Seele kalt!, dachte der Rabbi und ahnte ganz richtig, dass dem Kaiser trotz des Fröstelns kleine Schweißperlen auf der Stirn standen. Wohl hätte der Rabbi sie sehen können, hätte er seine alten Augen gegen die einer Katze getauscht!

»Pax, Sax, Sarax«, unterbrach Kelley Löws Gedankenfluss. Bisher hatte er undeutlich und leise vor sich hin gemurmelt, aber diese magischen Zauberworte sagte er laut, eindringlich und scharf. Er wiederholte sie noch zweimal sehr langsam. Rudolf zuckte bei jedem Zischlaut zusammen und seine Knie begannen zu zittern.

»Hel Heloym Sother Emmanuel Sabaoth Agla Tetragrammaton Agyros Otheos Ischyros Athanatos Jehova Va Adonay Saday Homousion Messias Eschereyeye[75], sprach Kelley weiter und setzte schließlich fort: »Maximilian, erscheine deinem Sohn.«

Alles schwieg. Rudolf wartete angespannt, der Rabbi legte seine Stirn in tiefe Falten und Kelley ergriff die Glocke mit der linken Hand. Er läutete dreimal. Mit der rechten Hand hob er den Stab und wies zur Tür. Und tatsächlich – Rudolfs Atem stockte, er sah seinen verstorbenen Vater eintreten, gekleidet wie auf dem Totenbett, in schwarzer spanischer Hoftracht. Er sah ihn durch die Kammer auf sich zu schreiten!

Rudolf konnte nicht mehr an sich halten und rief heftig aus: »Mein Vater!« Tränen liefen über sein Gesicht, während er aufsprang und dorthin eilte, wo er seinen Vater sah. Doch nein – ganz plötzlich war nichts mehr zu sehen, der Vater war verschwunden. »Oh! Habt Ihr ihn gesehen?« Rudolf tastete in der

Dunkelheit um sich. »Wo ist er hin? Ich muss ihn sprechen, muss ihm sagen …«, rief er, während er nur die leere Luft zu fassen bekam.

»Sire, er ist verschwunden, der Zauber ist gebrochen«, sagte Kelley, während ihm der Rabbi einen finsteren Blick zuwarf.

Der Kaiser war verzweifelt: »Aber weshalb, was ist geschehen? Vater, wo ist mein Vater jetzt?«

Der Magier erklärte dem Kaiser, dass dieser sich nicht an die nötigen Regeln gehalten und damit alles verdorben habe.

Rabbi Löw drängte Kelley beiseite.

»Sire«, sprach er nun mit ruhiger Stimme, »es ist gefährlich, die Toten in ihrer Ruhe zu stören. Euer erhabener Vater ist zurückgekehrt ins jenseitige Reich, das keiner mehr verlassen darf und soll. Ich bitte Euch, gönnt ihm, dem großen Mann, die ewige Ruhe. Er hat nicht Teil an dieser Welt und ihren Kümmernissen, er ruht in Frieden.«

Heftiger Schmerz zeichnete Rudolfs Züge. Wie groß war seine Hoffnung gewesen, mit dem Vater Zwiesprache halten zu können. Nein, Kelley hatte ihn enttäuscht und doch – er hatte ihn den Vater sehen lassen. »Macht es noch einmal, Kelley! Ruft ihn noch einmal herbei!« Aber der Engländer schlug das Buch zu und trotz Rudolfs Drängen und seiner Verzweiflung war er nicht bereit, Maximilians Geist noch einmal zu rufen.

Der Kaiser schwankte vor Aufregung, Ärger und Angst, er fühlte sich schwach auf den Beinen und war einer Ohnmacht nahe. Er sah zu der Stelle, wo er den Vater zu sehen geglaubt hatte, stand auf und suchte nach Spuren. Er kniete sich auf den Fußboden und strich zärtlich mit zittriger Hand über das dunkle Holz. Nichts mehr war zu erkennen, alles war so, als ob da nie ein Geist gewesen wäre.

Es war ja auch keiner da gewesen. Er hatte ebenso wenig einen Geist gesehen wie Rabbi Löw oder der Magier selbst, die Erscheinung hatte dank Rudolfs überhitzter Einbildung, die Kelley durch seine Handlungen geschürt hatte, nur in seinem

Kopf stattgefunden. Aber wirklich ist, was man dafür hält. Für ihn war Maximilian da gewesen. Sein Vater war gekommen, weil er ihn gerufen hatte. Obwohl es ihn aufwühlte, so war es ihm auch ein Trost, das zu glauben. Und zu glauben, dass der Vater ihn liebte. Der Rabbi kam ihm zu Hilfe, führte ihn zu einem der Hocker an der Wand und brachte ihn dazu, sich hinzusetzen. Er bedeutete Kelley, für mehr Beleuchtung zu sorgen. Der öffnete sofort die Tür. Ranft hatte die ganze Zeit wie befohlen davor gestanden, um den Kaiser vor Lauschern und Störungen zu schützen. Nun wollte er nach seinem Herrn sehen, aber der Engländer ließ ihn nicht über die Schwelle. Er nahm ihm zwei vorbereitete Leuchter ab und hieß ihn, die Tür wieder zu schließen. Ranft wusste nicht, ob der Zauber schon vorüber war oder erst beginnen sollte, und gehorchte widerwillig. Der Magier stellte die Kerzen so auf, dass nun der ganze Raum ausgeleuchtet wurde. In ihrem Schein erglänzte kostbar das Gold der Tapeten und warf das Licht zurück. Nun war es angenehm hell und Rudolf fand langsam seine Fassung wieder.

Da der Rabbi wusste, wie empfänglich Rudolfs Seele für alles Mystische war, begann er mit ihm über die Kabbala zu sprechen. Tatsächlich gelang es ihm, ihn dadurch abzulenken. Rudolf ging auf das Thema ein und wirkte nach einiger Zeit wieder ganz ruhig. Kelley stand etwas verlegen auf der anderen Seite der Kammer, bis er schließlich um Erlaubnis bat, sich zurückziehen zu dürfen. Der Kaiser entließ den Engländer schnell, um sich wieder Rabbi Löw und den Geheimnissen des Kreises und der Zahlen zuzuwenden. Viele Stunden saß der Rabbi noch bei ihm und versuchte ihn durch Weisheit und Zuspruch zu trösten. Als der Morgen graute, öffnete er ein Fenster und ließ die frische Luft herein. Es hatte zu regnen begonnen, die Tropfen der schweren Wolken klangen auf den Dächern wie ein Klagelied, das die beiden Männer unendlich müde machte. Schließlich zog sich Rudolf in seine Schlafkammer zurück, gefolgt von seinem Diener Ranft, der die vielen

Stunden vor der Tür der Antekammer gewartet hatte und sich sehr um seinen Herrn sorgte. Der legte sich nun, bekleidet wie er war, auf sein Bett und schloss schlaftrunken die Augen.

Rabbi Löw schritt indessen den Burgberg hinab, auch er war schlafbedürftig und wollte in sein Bett. Der schwere Regen hatte inzwischen etwas nachgelassen, aber dennoch war der Rabbi bis auf die Haut durchnässt, als er das Judenviertel endlich erreichte. Aber all diese Umstände verstimmten den weisen Mann nicht, im Gegenteil, er war dem Schicksal dankbar, denn er wusste, der Kaiser war ein Mann, der eine Gefälligkeit, eine Freundlichkeit zu schätzen wusste. Der Rabbi lächelte, als er die hölzerne Türe zu seinem Haus öffnete und den schwer gewordenen, regennassen Umhang abstreifte. Die Bewegung in der dampfenden Regenluft hatte ihm das Gefühl gegeben, frisch und jung zu sein und so war er froh, die Heimfahrt in einer kaiserlichen Kutsche abgelehnt zu haben. Besser war es für ihn und sein Volk, jegliches Aufsehen zu vermeiden. Ein bekannt gewordener Besuch beim Herrscher konnte eine wahre Lawine von Missgunst und Neid, Verdächtigung und Gefahr hervorrufen.

Am nächsten Tag ließ sich Katharina schon vormittags bei Rudolf melden. Er war überrascht, ließ sie aber gleich in sein Arbeitszimmer eintreten, obwohl er gerade mit Jan Vermeyen einiges zu besprechen hatte. Es ging um die Vergoldung der Glocke und um ein neues Kunstwerk, das ihm der Goldschmied gerade aus Augsburg gebracht hatte. Beim Erwachen hatte ihn zwar der Kopf etwas geschmerzt, aber mittlerweile fühlte er sich wieder wohl. Der Tag vertrieb die Kümmernisse der Nacht. Er wollte sich in Zukunft vor Geisterbeschwörungen hüten.

»Seid gegrüßt, meine Liebe!«, rief er aus, als sich Katharina zum Gruß tief verneigte. Auf seinen Wink kam sie näher und sagte, dass sie ihn in einer ernsten Sache unter vier Augen sprechen wolle. An ihrem Lächeln erkannte er, dass es sich um nichts Schlimmes handeln konnte und bat sie, noch einen Augenblick mit ihrem Anliegen zu warten.

Er stellte sie dem Künstler vor und begann von dem »neuen Meisterwerk« zu schwärmen. Es war eine silberne Uhr, die auf dem mit einem roten Damasttuch bedeckten Tisch stand. »Diese wunderschöne Uhr«, meinte er, »werde ich in meine Kammer bringen lassen. Seht doch, mit Recht wird sie von Minerva, der Weisheitsgöttin, gekrönt. Ein Meisterwerk, in dem sich große Weisheit und wahrer Kunstverstand vereinen. Schaut doch, das Ziffernblatt zeigt zweimal zwölf Stunden, ich kann daran auch den Stand der Gestirne, der Sonne und des Mondes ablesen. Und das Ziffernblatt auf der Rückseite zeigt die Minuten und die vierundzwanzig Stunden nach mehreren Methoden. Seht doch selbst!«

Katharina bewunderte die Uhr, aber bald entsann sich der Kaiser, dass sie ja mit einem Anliegen zu ihm gekommen war, und entließ den Künstler und die Dienerschaft. Erst als der Letzte von ihnen die Tür hinter sich geschlossen hatte, lehnte er sich ungezwungen gegen den Tisch und fragte neugierig: »So sprecht, meine Liebste, was führt Euch Dringliches zu mir?«

Sie wurde etwas verlegen und wusste nicht so recht, wie sie beginnen sollte. »Sire geruhten mit mir über den Mangel an Wohlbefinden zu sprechen.«

»Ja«, antwortete Rudolf, »es ist wahr, immer wieder wird mir übel und am schlimmsten ist es nach dem Essen.«

»Genau das ist es, was mich zu dieser ungewöhnlichen Stunde zu Euch führt. Ich denke, was Ihr esst, Sire, tut Euch nicht gut und daher möchte ich Euch einen Vorschlag machen.«

Überrascht trat er näher und ergriff ihre Hand.

Nun begann Katharina ihm zu erklären, was sie bei Frumet über die Speisen und deren Zubereitung erfahren hatte. Er hörte interessiert zu und wunderte sich insgeheim, worüber sich das Mädchen da Gedanken machte. Schließlich bat sie ihn, er möge ihr erlauben, in Zukunft für seine Speisen Sorge zu tragen. Sie wolle in ihrem Haus eine Küche nach jüdischem Vorbild einrichten und eine vertrauenswürdige Magd bestellen, die unter ihrer Aufsicht hinfort des Kaisers Speisen bereiten solle.

Rudolf lächelte über ihre Fürsorge und war ganz gerührt von ihrer Liebe. Ob sie Recht hatte? Vielleicht war es ja wahr, dass das Essen der Juden bekömmlicher war als das seiner zahlreichen Köche. Und wenn Katharina die Zubereitung selbst überwachen wollte, dann wäre er vor Giftanschlägen sicher. »Vor Unheil und Tod wird Euch das Wesen schützen!«, kamen ihm Magdalenas Worte in den Sinn. Er dachte eine Weile nach. »Ja, das könnte möglich sein«, sagte er langsam. »Ranft müsste das Essen von Euch zu mir bringen, so könnte es gehen, ohne allzu viel Aufsehen zu verursachen.« Ihm wurde immer eine große Zahl von Gerichten aufgetischt. Es konnte weder den Höflingen, die ihm aufwarteten, noch den Hofmusikern, die im Speisesaal spielten, auffallen, wenn zu den aus der kaiserlichen Küche stammenden Platten noch andere dazukämen. Er nahm niemals von allen Gängen, sondern wählte aus. In Zukunft würde er einfach nur zu Katharinas Speisen greifen.

Katharina strahlte vor Freude, aber Rudolf sagte warnend: »Meine eigenen Köche sollen davon nichts wissen, hört Ihr! Wir müssen Tratsch und eine Meldung darüber nach Rom unbedingt vermeiden! Man soll nicht sagen, der Kaiser esse wie ein Jude!«

Sie nickte und küsste ihm die Hand, er aber küsste sie auf den Mund und flüsterte ihr zu, sie solle nach dem Abendläuten wieder zum Lustschloss kommen.

Sie stimmte lachend zu und bat um Entlassung, weil sie sich sofort ihren neuen Pflichten widmen wollte. »Ich werde dafür Sorge tragen, dass mein geliebter Herr sich wohl fühlt!« Schnell lief sie zu ihrem Haus und bat Wenzel, die Pferde einzuspannen. So rasch wie möglich wollte sie die Magd Treinl holen.

Während Katharina mit Treinl und Wenzel unterwegs war, unternahm der apostolische Nuntius einen kleinen Spaziergang zur Burg. Das Gehen fiel ihm recht schwer, seine Körperfülle war ihm hinderlich. Trotzdem hatte er auf eine Sänfte verzichtet, er wollte nicht auffallen. Er ging langsam, gestützt auf seinen Spazierstock und blieb von Zeit zu Zeit sich verschnaufend stehen. Den Sekretär Bartolomé hatte er nicht mitgenommen, stattdessen schritt ein junger Seminarist neben ihm her. Oben angelangt, ließ er sich von ihm beim Beichtvater des Kaisers melden. Er wollte diesem in religiösen Dingen auf den Zahn fühlen und ihn über den Herrscher ausfragen.

Pistorius war über den Besuch nicht weiter erstaunt, aber keineswegs glücklich. Zwar war Malaspina ein recht gutmütiger Herr, aber eben doch der Gesandte des Papstes und das erweckte nicht gerade sein Vertrauen. Es half nichts, er musste ihn empfangen. »Mein Vater, Ihr erweist mir mit Eurem Besuch die größte Ehre!«, sagte er, als er den Bischofsring an Malaspinas Hand küsste. Dabei dachte er: Und möge diese Ehre nicht lange dauern! Die beiden Geistlichen setzten sich, ein Diener sorgte für Wein und der Student schloss auf einen Wink des Bischofs die Tür von außen.

Der Bischof begann, Pistorius in ein langes Gespräch über Martin Luther zu verwickeln. Zufrieden hörte er, wie der Beichtvater den Reformator heftigst kritisierte. In seinem Vaterhaus, dem evangelischen Pfarrhaus von Nidda, hatte Pistorius Einblick erhalten in geheim gehaltene Geschehnisse der Reformationszeit, die ihn mit Abscheu erfüllt hatten. Malaspina war zufrieden, Pistorius stand also über jedem Verdacht, Sympathien für die Reformation zu hegen. Von ihm drohte der Gegenreformation keine Gefahr.

Dann brachte der Bischof das Gespräch auf die Hexenprozesse. Pistorius war auf der Hut, er hatte nicht die geringste Lust, mit dem Nuntius über dieses Thema zu sprechen. Also versuchte er abzulenken.

»Mein Vater, ich vermisse heute Euren Schatten, den spanischen Mönch Bartolomé!«, sagte er fragend.

»Nun ja«, entgegnete Malaspina mit leicht verzogenem Mund, »ich vermisse ihn nicht! Gewiss, er ist ein Rom durch und durch ergebener Mann, aber manchmal gibt er sich seinen Andachtsübungen hin und da möchte ich ihn nicht stören!«

Pistorius lächelte verstehend und anzüglich, er wusste genau, wie diese Andachtsübungen vor sich gingen. Drei Stunden am Tag pflegte sich der Dominikaner selbst zu geißeln oder er lag mit entblößten Lenden im Refektorium eines Klosters, um sich von den Brüdern heftigst geißeln zu lassen. Dafür verwendete er Geißeln, die aus Eisendraht gewunden waren, das Handstück einfach, die Riemen fünffach. Die eisernen Haken an den Enden zerfleischten ihm den Rücken, ein Schmerz, den Fray Bartolomé liebte.

»Ein wahrhaft demütiger Sohn der Kirche ist er, unser spanischer Bruder!«, sagte er dann. »War er schon immer so?«

»Aber nein«, entgegnete der Nuntius. »Ich bin ihm am spanischen Königshof zum ersten Mal begegnet, als er noch ein unterhaltsamer junger Mann mit dunklen Locken und feurigen Augen war, fein herausgeputzt auf Kosten seines Vaters. Die Edelsteine auf seinem goldenen Degen funkelten, der Rappe, auf dem er zu reiten pflegte, war spiegelblank geputzt, die Mähne und der Schweif waren mit bunten Bändern durchflochten.«

Pistorius war erstaunt und meinte: »Davon ist aber nichts übrig geblieben! Die schwarzen Locken sind verschwunden, er ist nicht schlank, sondern hager und seine Augen liegen in ihren Höhlen wie zwei erloschene Kohlenstücke, die nur dann zu glühen beginnen, wenn Unschuldige Folter und Tod erleiden müssen. Sein Blick ist starr, der Mund verbissen. War er damals schon so überaus fromm wie heute?«

Malaspina erzählte weiter: »Keine Spur. Er hörte zwar jeden Sonntag die Messe und ging zur Kommunion, aber nicht um

Gott, sondern um den Frauen zu gefallen. So manchen Seufzer vernahm er da hinter weißen und schwarzen Schleiern, so manche Schöne achtete mehr auf ihn statt auf den Priester und das gefiel ihm sehr. Aber er spielte nur mit den Frauen. Bis ihm dann eines Tages Ines begegnete ...«

»So erzählt doch weiter, ich bitte Euch!«

Der Bischof fuhr fort: »Ines war die Tochter des Goldschmiedes Tomas von Toledo und zeigte kein Interesse an dem stolzen Bartolomé. So wie viele Juden in Spanien hatten sie und ihr Vater Tomas erst kurz vorher den christlichen Glauben angenommen und sich taufen lassen. Bartolomé versuchte, um Ines zu werben, die aber verhüllte als gut erzogenes Mädchen stets das Haupt mit ihrem Schleier und wich jeder Begegnung mit ihm aus. Wie vom Blitz getroffen stand er jedes Mal ungläubig da, bis er beschloss, anders vorzugehen.« Der Nuntius machte eine kurze Pause, dann setzte er seine Erzählung fort: »Er erklärte Vater Tomas seine Absicht, Ines zu heiraten, der jedoch war sonderbarerweise nicht davon begeistert, woraufhin Bartolomé die Welt nicht mehr verstehen konnte. Er war doch der begehrteste Junggeselle von Toledo!«

Auch Pistorius konnte das nicht begreifen: »Tomas, der Goldschmied und frühere Jude, hätte überglücklich sein sollen, seine Tochter so gut verheiraten zu können! Und was geschah weiter?«

»In all diesen getauften Juden steckt eine Menge Hochmut, wie wir wissen!«, behauptete Malaspina und fuhr fort: »Bartolomé erkannte das und seine große Liebe schlug in großen Hass um. Er beschloss der Welt zu entsagen und trat in den Dominikanerorden ein. Weil er Ines nicht vergessen konnte, gelangte er zur Überzeugung, sie hätte ihn verhext. Die Knechte der Inquisition zerrten auf seine Anweisung Ines und Tomas vor ihr Gericht. In seiner Gegenwart wurde das schöne Mädchen entkleidet und brutal gefoltert. Ihre Schreie müssen wie Musik in seinen Ohren geklungen haben. Er glaubte tatsächlich, dass ihre Seele, die nicht ihm gehören wollte, auf diese Weise Gott zugeführt werde.« Der Bischof machte eine kleine Pause und nahm zur Stärkung einen Schluck Wein zu sich, bevor er weitersprach. »Unter der Folter haben dann Ines und Tomas eingestanden, dem Glauben ihrer Väter noch anzuhangen. Deshalb hat man die beiden zum Tod auf dem Scheiterhaufen verurteilt. Man erzählte mir, Bartolomé sei regungslos, kalt und starr daneben gestanden, als die beiden verbrannt wurden.«

Pistorius schüttelte sich, stand auf, ging hin und her und dachte, der Mönch hasst es, dass die Frauen die Macht besitzen, in ihm unzüchtige Begierden zu erwecken. Die kann er nicht anders löschen als durch das Feuer der Scheiterhaufen. Dann wagte er zu sagen: »Das erklärt natürlich, warum er Inquisitor geworden ist und vor allem junge Frauen ihrer Läuterung zuzuführen weiß.« Das Thema hätte er lieber vermeiden sollen. Malaspina hielt ihm gleich einen langen Vortrag über Hexen und deren Schändlichkeit, um ihn dann persönlich anzugreifen: »Bei aller Nachsicht und allem Verständnis für Euch kann und will ich nicht begreifen, warum Ihr Euch für diese bösen Weibspersonen einsetzt! Man könnte glauben, Ihr seid mit ihnen im Bunde!« Aber der Bischof lächelte bei diesen Worten.

»Mein Vater, ich setze mich nur für die Unschuldigen ein. So mancher Mann rächt sich für verschmähte Liebe durch eine Anzeige wegen Hexerei.«

Malaspina zuckte die Achseln. Er war sich dessen bewusst, dass bei den Hexenprozessen oft Unrecht geschah. Doch war es nicht besser, wenn einige Unschuldige starben, dafür aber keine Hexe ihrer gerechten Bestrafung entkam? Im Jenseits würden die Gerechten belohnt werden ...

Das Gespräch hatte lange gedauert, es war Zeit für Malaspina, sich zu verabschieden. Auf sein eigentliches Anliegen, den Beichtvater über Rudolf auszufragen, verzichtete er diesmal. Ohnedies war er dem Kaiser gut gesonnen, er mochte ihn und achtete seine Intelligenz. Aber er machte sich große Sorgen um sein Seelenheil.

Katharina war inzwischen schon emsig am Werk. Bereits nach drei Tagen war alles so weit vorbereitet, dass Katharina und Treinl in der neuen Küche kochen konnten. Die Magd hatte Fleisch aus der Judenstadt besorgt. Es stammte von einem jungen Rind, das rasch und schmerzlos getötet worden war nach den alten Vorschriften der Schechita[76]. Der Tod muss durch einen blitzschnellen Schnitt mit einem scharfen Messer durch den Hals erfolgen, während das Rind liegt. Treinl hatte das Fleisch von einem frommen Schlächter geholt, der das Tier vor und nach der Tötung genau geprüft hatte, damit dessen Gesundheit über jeden Zweifel erhaben war. In Erinnerung an Jakobs Kampf mit Esau[77] hatte er den Muskel am Hüftgelenk entfernt und alles Fett weggeschnitten, »da dies für den Herrn ist[78]«, ebenso hatte er alle Talgschichten entfernt. Alle Adern, in denen Blut zu stocken pflegt, waren sorgfältig herausgetrennt.

Katharina schnupperte an dem Fleisch. »Tatsächlich, da ist keine Spur von Gestank oder widerlichem Geruch daran!« Katharina musste wieder an die christlichen Fleischerläden denken. Dort war das anders! Treinl nahm die Fleischstücke und legte sie in eine Wasserschale, da auch noch der letzte Rest von Blut verschwinden sollte. Eine halbe Stunde lang weichte sie es ein, um es dann kräftig zu waschen. Dann ließ sie das Wasser ablaufen, indem sie die Fleischstücke auf ein durchlöchertes Holzbrett legte.

Aber jetzt, dachte Katharina, jetzt beginnt wohl das Fleisch, sein frisches Aussehen zu verlieren! Dem war jedoch nicht so, denn Treinl gab eine gehörige Portion Salz auf die Stücke und rieb sie damit ein. Katharina schaute interessiert zu, jetzt wurde das Fleisch noch einmal mit Wasser begossen. Ist das denn noch Fleisch?, fragte sie sich, aber schaden konnte es dem Kaiser gewiss nicht mehr, es musste durch und durch sauber sein!

Treinl nahm den Fleischkessel, legte die Stücke vom Rind zusammen mit Gemüse, das sie am Morgen schon gewissenhaft gereinigt hatte, hinein und gab noch reichlich Bohnen und Salz dazu. Ein Knecht, den Frumet gemeinsam mit der Magd zu Katharina geschickt hatte, half ihr, den Kessel über das Feuer zu hängen. Er setzte sich daneben, um es richtig zu schüren oder zu drosseln, eben so, wie es gerade nötig war. Von Zeit zu Zeit schob er Holzscheite nach und rührte mit einem großen Kochlöffel aus Holz im Kessel um. Treinl hatte auch Fische aus der Moldau mitgebracht, sie reinigte sie gekonnt, entfernte die Schuppen und das Innere, wusch und trocknete sie. Noch vor dem Braten wälzte sie die Fische in etwas Mehl, dann schnitt sie die Zitronen auf, die sie aus des Kaisers Gewächshaus bezogen hatte, um die gebratenen Fische später damit zu garnieren. Diese köstliche kleine Fischspeise sollte noch vor dem Fleisch aufgetragen werden.

»Oh, es duftet wunderbar! Die Suppe, sie erfüllt den ganzen Raum mit ihrem Duft! Treinl, du machst deine Sache wirklich hervorragend!«

Die Magd blickte etwas verlegen zu Katharina hinüber: »Warten wir erst einmal ab, ob es der Majestät schmeckt. Ich hoffe es sehr!«

»Ja«, nickte Katharina zustimmend. »Frumet hat dich nicht ohne Grund so hoch gelobt«, stellte sie fest und Treinl lächelte stolz vor sich hin. Niemals hätte sie gedacht, dass sie einmal für den Kaiser kochen würde, sie war aufgeregt, blieb aber besonnen und ruhig, was beim Kochen von großem Vorteil ist.

Katharina empfand noch nicht ganz so viel Zuversicht und Gelassenheit, sie ging zu den Bündeln mit den getrockneten Kräutern und zupfte hier und dort ein Blättchen davon ab, um damit der Suppe einen würzigen Geschmack zu verleihen.

Treinl schaute ihr dabei über die Schultern und beobachtete alles genau, sie nickte Katharina zu, bevor diese die Gewürze in den Kessel gab. »Jetzt fehlen noch Liebstöckl und eine große Zwiebel!«, erklärte Treinl. »Denn Liebstöckl verbessert nicht nur die Suppe, sondern regt auch die Verdauung an.«

Auch Katharinas alte Köchin von der Kleinseite, eine Meisterin im Bereiten von Süßspeisen aus Mehl, Milch und Honig, war am Werk. In ihrem Bereich der Küche duftete es stark nach Zimt und Katharina erfüllte es mit Stolz, wenn sie die vielen Schalen mit Mandeln, Nüssen, Rosinen und fein geschnittenen Früchten sah. Rahm und Honig waren jeweils in große Tonbehälter gefüllt. »Ich würde mich wundern, wenn diese leckeren Dinge dem Kaiser nicht schmecken!«, dachte sie und tänzelte gut gelaunt in der Küche herum, während ihre Helferinnen die Tragkiste mit all den Köstlichkeiten füllten.

Auf einmal stand Ranft vor ihr und grüßte sie mit der Miene eines Verschwörers. So wie es seine Art war, stolzierte er gespreizt durch die Küche und ließ über alles seinen prüfenden Blick schweifen, als wäre er der Herr dieses Reiches. Als er Treinl sah, hielt er kurz inne und nickte ihr freundlich zu. Katharina war darüber erstaunt, denn sie wusste nicht, dass seine Familie und die der Magd vor seiner Taufe befreundet gewesen waren.

»Wo kommt denn Ihr her?«, fragte sie ihn kopfschüttelnd. »Wieso hat Wenzel Euch nicht angemeldet?« Ranft grinste über beide Ohren: »Weil er mich nicht hat kommen sehen! Ich zeige Euch etwas, kommt mit!« Er ging voran, zuerst in den Vorratsraum, dann die Kellertreppe hinunter und schließlich zu dem Raum mit der versperrten Tür.

»Was ist denn das, die Türe steht ja offen!«, wunderte sich Katharina und ging neugierig zu dem Durchlass. Dahinter führte ein Gang weg. »Wo führt der Gang hin?«

Ranft schmunzelte: »Da werde ich Euch wohl ein Geheimnis verraten müssen! Unter der Burg, unter dem Platz und vielen Häusern gibt es alte Gemäuer aus der Zeit der Premysliden,

Hallen und Gänge. Und so kam ich ungesehen von den Räumen des Kaisers bis hierher!«

»O Ranft, wie aufregend! Das bedeutet also …«

»Richtig, das bedeutet, dass die Majestät Euch ungesehen besuchen kann. Und dass auch Ihr auf diesem Weg zu ihm gehen könnt. Und, bleiben wir beim Naheliegenden, dass die Speisen so ganz leicht und unauffällig in den Speisesaal des Kaisers gebracht werden können.« Katharina schwieg. Über die Entdeckung und deren Folgen wollte sie erst einmal in Ruhe nachdenken.

Sie stiegen wieder hinauf zur Küche und Ranft sah höchst interessiert in alle Töpfe und Pfannen. »Ja!«, sagte er schließlich und klatschte in die Hände. »Das sieht besser aus als das, was dem Kaiser sonst auf den Tisch kommt!« Mit einer gebieterischen Handbewegung wies er den herbeigerufenen Wenzel und den jüdischen Knecht an, ihm das Werkel mit den Speisen durch die unterirdischen Gänge zum Speisesaal nachzutragen. Er war genau wie Katharina und Treinl schon neugierig, ob Rudolf die Gerichte schmecken würden.

Und wie gut sie dem Kaiser schmeckten! Er griff nur zu Katharinas Speisen und war davon sehr angetan. Vielleicht mundeten sie ihm auch deshalb besonders gut, weil er keine Angst vor Gift haben musste, da er seinem »Schutzengel« vertrauen konnte. Bei jedem Bissen dachte er an Katharina und freute sich auf die bevorstehenden, gemeinsamen Stunden im Lustschloss. Er wollte sich erkenntlich zeigen für ihre liebevolle Fürsorge und ihr etwas Besonderes schenken. Aber er wusste nicht, was! Den Becher habe ich ihr schon längst gegeben und auch Schmuck habe ich ihr schon geschenkt. Da kam ihm ein Einfall. Sie soll mir selbst sagen, womit sie Freude hat und das bekommt sie. Jede Frau hütet doch irgendwelche Sehnsüchte auf dem Grund ihres Herzens!

Als Rudolf abends zum Lustschloss kam, bedankte er sich für die köstlichen Speisen und fragte sie, ob er ihr einen Wunsch erfüllen könne. Bei süßem Mandelwein begann sie zu erzählen, sie kenne eine alte Wahrsagerin namens Magdalena. »Was! Du kennst sie?«, fragte er erstaunt und Katharina antwortete ebenso verwundert: »Kennt Ihr sie denn auch?«

»Erzähl doch, erzähl mir, was du von dieser Magdalena weißt, ich möchte alles hören!« Und so kam es, dass Katharina erzählte, wie ihr Magdalena auf dem Rathausplatz beigestanden war.

Ah, dachte Rudolf, dort also, mitten im Trubel hat die Seherin mein Glück gefunden und erkannt! Eine erstaunliche Frau, diese alte Zigeunerin!

»Aber nun sagt mir doch, woher Ihr sie kennt, Sire?«, wollte Katharina wissen und biss in ein kleines Törtchen, das sie vom Tisch neben dem Bett nahm.

Rudolf wusste nicht so recht, wie er beginnen sollte und was er Katharina überhaupt erzählen wollte. Sie weiß ja nicht, dass sie mein Schutzgeist ist, erkannte er völlig richtig. Um den Zauber nicht zu zerstören, berichtete er nur, dass Magdalena eines Tages in seinem Garten gestanden war.

»Tatsächlich?«, wunderte sich Katharina und legte das Törtchen auf den goldenen Teller zurück. »Und habt Ihr mit der Zigeunerin gesprochen?«

Er starrte gedankenverloren hoch zu den bunt bemalten Kassetten der hölzernen Zimmerdecke und sagte leise: »Ja.« Dann richtete er sich ein wenig vom Bett auf, zog die Kissen zurecht und strich ihr über das Haar. »Wusstest du, dass sie Löwen bändigen kann? Sie hat es mir gezeigt und ich war sehr beeindruckt von der alten Frau. Daher möchte ich mehr über sie wissen! Aber sag, was hat dein Wunsch mit ihr zu tun?«

Obwohl Katharina gerne noch mehr über die Begegnung der beiden erfahren hätte, ergriff sie nun die günstige Gelegenheit, für Magdalena zu bitten. »Es ist schon Herbst und ein recht kühler dazu. Man sagt, es wird ein strenger Winter kommen und darum hab ich mir gedacht ...« Hier machte sie eine Pause und blickte den Kaiser unsicher an.

»Was denn, was hast du dir gedacht?«, fragte er neugierig drängend und sie fuhr fort: »Magdalena war so freundlich zu mir und nun denke ich oft an sie.«

Rudolf nickte, auch er musste oft an die Alte denken.

»Sie hat keinen Platz, wo sie bleiben kann und kaum zu essen, ich dachte, Ihr könntet ihr helfen?«, bat sie schnell und beobachtete, wie sich das Flackern der Kerze in seinen Augen spiegelte.

»Das ist es, was du dir wünschst?«, wollte er wissen und lehnte seinen Kopf sanft gegen ihre Schulter. »Willst du keine Juwelen oder Perlen? Vielleicht ein Pferd oder einen weiteren Lakaien?«

Sie schüttelte den Kopf: »Ein Schützenhäuschen würde ihr sicher gefallen; erst heute hat mir Ranft erzählt, dass einer der Schützen an einer schweren Verletzung gestorben ist, sein Haus steht leer!«

»Aber ja, sie soll es haben!«, sagte Rudolf liebevoll.

»O danke, ich danke Euch! Wann kann ich ihr Bescheid geben?«, freute sie sich und fiel ihm um den Hals.

»Gleich morgen, wenn du willst«, lachte Rudolf über ihre Ungeduld und war gerührt, dass ihr Wunsch so bescheiden und so leicht zu erfüllen war: Tatsächlich, darauf wäre ich wohl in hundert Jahren nicht gekommen! Sie ist die Warmherzigkeit in Person, für sich hat sie nichts begehrt. Ein reiner Engel.

»Ihr seid so gütig, Sire, das macht mich froh! Wie sehr freue ich mich darauf, Magdalena morgen mit Eurem Geschenk überraschen zu können! Wie dankbar wird sie Euch sein! Wie glücklich wird sie sein!«, rief sie beschwingt.

Er lächelte entzückt und küsste sie wieder und wieder auf den holden Mund.

Dem kühlen September waren herrliche, warme Oktobertage gefolgt. Katharina fühlte sich aber niedergeschlagen und bedrückt wie noch nie in ihrem Leben. Es war eine merkwürdige Unpässlichkeit, die ihr zu schaffen machte, verbunden mit Schwindelgefühl und Brechreiz. Erst verstand sie nichts, aber bald hegte sie einen Verdacht, der sich von Tag zu Tag verstärkte: Sie war schwanger.

»Mein Gott, wie wird es der Kaiser aufnehmen?«, flüsterte sie vor sich hin. »Was wird er befehlen? Wird er mich gar vom Hof wegschicken und mir zürnen?« Katharina war verzweifelt, wer würde ihr beistehen? Der Vater? Das war wohl unwahrscheinlich, denn Ottavio suchte immer und überall nur seinen Vorteil. Wenn mich der Kaiser nicht mehr liebt, weil ich ein Kind von ihm erwarte, dann bin ich für Vater nicht mehr von Vorteil, sondern eine Last!, sagte sich Katharina sehr realistisch und überlegte weiter. Frumet? Ihre Freundin hatte erst vor wenigen Tagen einen Sohn geboren, doch der Kleine war so schwach und zart gewesen, dass er schon nach wenigen Stunden gestorben war. Frumet litt seither an bitterem Leid. Katharina wollte ihr gar nicht sagen, dass sie jetzt schwanger war. Und wenn auch mein Kindchen sterben muss? Ihr Herzschlag stockte vor plötzlicher Angst. Ich sollte mit Maria sprechen, sicher weiß sie Rat. Sie sank auf ihr Lager und schloss erschöpft die Augen. Nein, wohl fühlte sie sich tatsächlich nicht, aber sie schöpfte Hoffnung. Vielleicht bin ich ja gar nicht schwanger, vielleicht kündigt sich eine Krankheit an? Ganz langsam erhob sie sich und taumelte hin zur Glocke. Kaum war sie berührt, kam die treue Amme schon ins Zimmer gelaufen. Maria wusste, es musste sich um etwas Wichtiges handeln, wenn ihr Engelchen die Glocke benutzte, denn normalerweise kam sie selbst, wenn sie etwas brauchte.

Der Amme war der Stimmungswechsel ihres Schützlings in den letzten Tagen natürlich nicht entgangen, sie ahnte schon seit längerem, was Katharina erst allmählich bewusst geworden war. »Mein Kindchen, du bist blass, was ist mit dir?« Besorgt kam Maria näher und führte die junge Frau zum Bett zurück. Die beiden setzten sich hin und die Amme zauberte ein wissendes Lächeln auf ihr Gesicht: »Macht dir dein Zustand zu schaffen?«

Katharina wandte sich ab und legte sich hin. Betont gelangweilt sagte sie: »Ich weiß nicht, was du meinst, Maria.«

»Nun, meine Liebe, da wächst in deinem Bauch ein Kindlein heran, das ahne ich schon seit einiger Zeit. Ich dachte nur, du wüsstest es und wolltest nicht darüber sprechen.« Sie bekam keine Antwort und fragte: »Hast du nicht gemerkt, dass ich beim Schnüren viel vorsichtiger geworden bin?«

»Tatsächlich«, erinnerte sich Katharina jetzt, sie hatte keinen Gedanken daran verschwendet. »Aber wenn du es bemerkt hast, dann wissen es wohl auch andere?«, wollte sie wissen, während sie sich beunruhigt ihrer Amme zuwandte. Diese schüttelte den Kopf und lächelte.

»Maria, du freust dich ja darüber, nicht wahr?«, fragte sie weiter.

Maria nickte eifrig: »Auch du solltest dich freuen, meine Liebe!« Sie ergriff die heiße Hand der jungen Frau. »Du bekommst ein Kind, das ist wunderbar!«

Ganz leise meldete sich ein schwaches Glücksgefühl in Katharina und begann langsam zu wachsen. »Ja, Maria, du hast Recht!« Sie setzte sich vorsichtig auf und dachte einen Augenblick nach. »Rudolf muss die Neuigkeit sofort erfahren, ganz gleich, wie er sie aufnimmt. Er muss davon wissen, bevor es alle Welt tut und zu klatschen beginnt.«

Obwohl sie aufgeregt war, dachte sie nicht daran, die Entscheidung aufzuschieben. Sie wusste, dass es in dieser Situation für sie nur zwei Möglichkeiten gab: Entweder würde Rudolf sich freuen und sie gegen alle beschützen oder sie war mit ihrem Kind gezwungen, Prag zu verlassen. »In jedem Falle ist es besser, den Dingen in die Augen zu sehen!«, stellte sie halblaut fest. Sie bat die Amme, ihr das braune Samtkleid mit dem perlenbestickten Einsatz zu bringen und ihr das Haar besonders schön zu kämmen und zu flechten. Dann ließ sie sich noch ein bisschen Rosenwasser auftragen, da Rudolf den Duft so liebte, und ging durch den unterirdischen Gang zum Palast.

Es dauerte eine Weile, bis sie Ranft endlich gefunden hatte, der sie in die Kunstkammer führte. »Ich grüße dich, mein Herz, tritt näher und setz dich neben mich«, empfing sie Rudolf, der gerade Katharinas Bild betrachtete und sich an Sprangers Atelier erinnerte. Eigentlich hätte ich es mir denken können, dass er um diese Zeit in der geliebten Kunstkammer ist!, dachte sie, während sie neben ihm Platz nahm und sich seiner Freude gewahr wurde, mit der er seine Schätze stolz betrachtete. Hoffentlich wird er sich auch dann noch freuen, wenn er meine Neuigkeit gehört hat, dachte sie voller Angst und spürte, wie sich ihr trockener Hals zusammenschnürte.

»Du bist verwirrt? Ich spüre es«, stellte Rudolf fest. »Irgendetwas scheint dich zu bedrücken.«

Sie rang verzweifelt um die richtigen Worte, sie wusste nicht, wie sie beginnen sollte.

»So sprich doch endlich!«, bat er sie und erst da brachte Katharina die nötigen Worte heraus: »Mein Herr«, flüsterte sie leise und eine Träne kullerte über ihre Wange. »Die Liebe zeigt Folgen und ich …«

»Ja, aber das ist doch –«, unterbrach er sie und erhob sich abrupt. »Was sagst du da?«

Sie nickte, blickte erst zu Boden und erwiderte nichts, aber dann hob sie den Kopf und sah Rudolf fest in die Augen: »Ja, es ist wahr! Ich erwarte ein Kind von Euch.«

»Aber das ist doch kein Grund für Tränen!«, rief er aus, während er sie fest an den Armen packte und zu sich hoch zog. Voller Leidenschaft umarmte er sie, lachte laut auf und drehte Katharina mit sich im Kreis herum. Erst dann hielt er ein, zog sie nahe zu sich und streichelte ihr lockiges Haar. Er küsste sie auf die Stirn, den Mund und die Haare und flüsterte ihr ins Ohr: »Ich danke dir, ich habe mir so sehr gewünscht, dass du mir ein Kind schenkst. Fürchte dich nicht, meine Liebste, du bist in guter Obhut.« Dann nahm er sein Spitzentuch und tupfte ihr die Tränen von den Wangen. Er ging zu einem Schrank und nahm ein Schmuckstück heraus. Es war ein Chalcedon, in den sein Porträt geschnitten war, umgeben von einer feinen, zum Teil emaillierten Fassung aus Gold. Er reichte es ihr und sagte: »Nimm dies als Zeichen, dass ich stets bei dir bin.« Er legte ihr das an einer langen goldenen Kette befestigte Kleinod um den Hals und schloss diese vorsichtig in ihrem Nacken. Dann drückte er die junge Frau erneut an sich und hielt sie lange fest.

»Mein Fräulein«, sagte er schließlich ganz förmlich und gut gelaunt, »würdet Ihr mir die Ehre erweisen, mir im Paradeisgarten etwas Gesellschaft zu leisten?« Er reichte ihr die Fingerspitzen, die Katharina beglückt ergriff.

Getröstet verließ sie mit ihm die Kunstkammer. Vor allen Leuten will er sich mit mir zeigen!, begriff sie, während Ranft, der an der Türe gewartet hatte, sich vor ihr verneigte, als wäre sie eine hohe Dame! Der Kammerdiener folgte dem glücklichem Paar beinahe ebenso erhaben und stolz, wie Rudolf es war.

Sie gingen durch die Reihen der Hofleute und Diplomaten. »Also, das ist doch die Höhe! Wie eine Königin führt der Kaiser seine neueste Beywohnerin an uns vorbei und wir müssen uns verbeugen!«, tuschelten einige von ihnen empört und missgünstig. Obwohl alle Burgbewohner von der Liaison wussten, so gehörte es sich selbst für den Kaiser nicht, sich mit seiner Gespielin in aller Öffentlichkeit Hand in Hand zu zeigen. Katharina schwebte wie in einer Traumwelt an Rudolfs Hand durch die langen Gänge und Hallen bis in den Paradeisgarten. Dort sah man die beiden noch lange gemeinsam lustwandeln.

Natürlich würde der ganze Hofstaat und bald die ganze Stadt davon erfahren!

»Sollen doch alle, soll auch der Nuntius von meinem Glück wissen«, sagte der Kaiser.

Sollen sich doch alle das Maul zerreißen, dachte Katharina nicht ganz so vornehm. Die beiden sprachen und lachten so ungezwungen miteinander, dass jeder Zuschauer begreifen musste: Katharina Strada steht sehr hoch in des Kaisers Gunst!

Katharina war überglücklich, all ihre Ängste und Zweifel hatten sich als unbegründet erwiesen, der Kaiser hielt zu ihr! Auch Rudolf freute sich über alle Maßen, sein Schicksal, sein Schutz, seine Katharina fühlte sich bei ihm wohl und würde ihn nun nie mehr verlassen. Obwohl es sehr kühl war, hielt es die beiden noch lange in dem prachtvollen Garten, in dem die Gärtner wahre Wunder vollbracht hatten; noch immer blühten zahlreiche Rosen. Ranft brachte Pelze und Decken, in die der Kaiser Katharina und sich hüllte, bis ihr die frische Herbstluft endgültig zu kühl war und es zudem Zeit wurde, fürs Abendbrot zu sorgen. »Seitdem du dich um mein Essen kümmerst, freue ich mich auf jede Speise und jede bekommt mir ausgezeichnet! Ich bin gespannt, was du mit deinen wundervollen Köchinnen heute zu bereiten wusstest!«

Katharina lachte vergnügt auf und flüsterte dem Kaiser die Antwort ins Ohr, bevor sich die beiden erhoben und den Garten verließen.

Liebe ist es, was ich für diese wunderbare Frau empfinde, dachte der Kaiser, nachdem Katharina ihn verlassen hatte. Plötzlich fühlte er Sorge in sich aufwallen: Was soll geschehen, wenn ihr etwas zustößt? Nur zu gut weiß ich, dass eine Entbindung sehr gefährlich ist! Rudolf wusste tatsächlich darüber Bescheid, denn als seine Tochter Elisabeth vor zwölf Jahren in

Wien geboren worden war, hatte deren zarte Mutter die Entbindung nicht überlebt. Ihr schrecklicher Tod war ihm dennoch sehr nahe gegangen. Rudolf beschloss, für Katharina die beste Hebamme kommen zu lassen. Dabei dachte er an Louise Bourgeois[79], die in Paris arbeitete und die für ihre Kunst in ganz Europa berühmt und angesehen war. Aus ihrer Schule gingen die besten Hebammen hervor. Noch aber ist es nicht so weit!, dachte Rudolf. Die Seherin hat gesagt, Katharina sei mein Schicksal und meine Kraft! Also kann ihr selbst ja gar nichts Schlimmes widerfahren, sie ist stark! Und so verflogen seine Ängste um ihre Gesundheit.

Wie so oft in den letzten Tagen stand Katharina auch am nächsten Morgen zu früher Stunde an einem offenen Fenster ihrer Wohnung und sah hinunter auf die noch schlafende Stadt. Der Herbst hatte viele bunte Blätter abfallen lassen und viel Laub lag auf den Wegen, das vom Wind immer wieder aufgewirbelt wurde. Der Sommer war trocken gewesen in diesem Jahr und es war so wenig Regen gefallen, dass alle Dächer, gleich ob mit Ziegeln oder Schindeln gedeckt, recht staubig wirkten. Auch die Nadelbäume waren mit einer grauen Schicht versehen. Jetzt standen Wolken am Himmel und über der Moldau erhoben sich Nebelfelder. Der Regen würde nicht mehr lange auf sich warten lassen. »Ich werde ein Kind bekommen«, flüsterte sie in den ungemütlichen Tag hinaus. Sie schüttelte den Kopf, lächelte über sich selbst und strich sich nachdenklich über ihren noch flachen Bauch. Sie stellte sich vor, wie er sich die nächsten Monate wölben würde. Sie musste sich erst an den Gedanken gewöhnen. Vor kurzem war sie selbst noch ein Kind gewesen und nun sollte sie tatsächlich Mutter werden!

Katharina freute sich auf das Kind, aber sie hatte auch Angst vor der Geburt. Für viele Frauen bedeutete diese den Tod. Ein weiterer Grund für ihre Unruhe war das Gerede der Leute. Sie sprechen schon jetzt schlecht über mich, wie wird das erst sein, wenn ich ein Kind vom Kaiser habe? Schützend legte sie ihre Hände auf den Bauch, während sie durch ihre Räume schlenderte, um durch ein anderes Fenster das Treiben im Burghof beobachten zu können. Einige Wächter, die anscheinend die Nacht durchzecht und noch dienstfrei hatten, standen unten beisammen und lachten laut, als ein kleiner ausgemergelter Hund entlang gelaufen kam. Einer von ihnen grölte betrunken und warf mit einem Stein nach dem Tier, das sich gerade noch winselnd mit letzter Kraft davonmachen konnte. Katharina schauderte und bekam eine Gänsehaut. Sie schloss das kleine Fenster und setzte sich in einen Lehnstuhl. Die Menschen sind grausam. Aber was kümmert es mich, was sie denken. Rudolf hält zu mir, er freut sich auf unser Kind, er liebt mich! Sie blieb noch einige Zeit sitzen und träumte von ihrem Liebsten, der sich erst für die Abendstunden angekündigt hatte.

»Was sitzt du hier, mein Kind, und lächelst so versonnen vor dich hin?« Maria war in den Raum gekommen und riss die junge Frau aus ihren Gedanken. »Denkst du an dein Kind oder an deinen Kaiser?«, wollte sie neugierig wissen und setzte sich zu ihr.

»Ach Maria, an beide muss ich immerzu denken, wie hat sich doch mein Leben geändert.«

»Ja«, sagte die Amme und genoss offensichtlich ihre kurze Rast. »Du wirst einen kleinen Prinzen oder eine kleine Prinzessin haben!«

Katharinas Augen leuchteten auf. Tatsächlich, Maria hatte Recht! Dieser Gedanke war ihr noch gar nicht in den Sinn gekommen, aber es stimmte: Sobald Rudolf das Kind als das seine legitimieren würde, wäre das Kind ein Prinz oder eine Prinzessin wie Doña Elisabeth! Zwar ohne Anspruch auf den Thron, aber dennoch mit mehr Rechten und Privilegien versehen als jeder hohe Adelige! Sie war plötzlich ganz aufgeregt, stand auf und starrte ihre Amme an. »Maria, stell dir vor! Mein Kind wird die höchsten Ehren genießen …« Sie packte Maria bei den Händen und zerrte sie vom Lehnstuhl auf.

Die war nicht begeistert davon, endlich war sie einmal ruhig und bequem gesessen, da wollte die junge Frau sie nicht in Ruhe lassen. Schließlich ließ sie sich aber von ihrem Stuhl hochziehen, weil sie innerlich lachen musste über Katharinas Glück, das dieser erst nach und nach bewusst zu werden schien. »Ja«, schmunzelte sie, »dein Kind wird sogar einen eigenen Hofstaat haben, so wie Doña Elisabeth auch! Es wird sich alles wünschen können und erhalten, was es nur will!«

»Zum Beispiel eigene Pferde?«, fragte Katharina und drückte Marias Arme fester.

»Ja, gewiss, ein Pferd wird sicherlich kein Problem sein!«, lachte diese, denn sie wusste, was nun kommen würde.

»Und Kleider und Schmuck!« Katharina konnte nicht mehr still an einem Fleck stehen bleiben, sie zerrte ihre Amme mit sich.

»Ja, ja«, sagte die gutmütig, »natürlich auch Kleider und Schmuck! Wenn es ein Mädchen wird. – Und Reichtum und Ruhm, wenn es ein Knabe wird!«, ergänzte sie noch schnell, weil sie damit das Spiel abkürzen konnte. Maria drückte Katharina an sich und fühlte gerührt, wie jung und kindlich ihr Engelchen doch noch war. Leicht wird es nicht für dich, dachte sie und strich ihrem Schützling die Locken aus dem Gesicht. »Nun bist du also schon ganz und gar erwachsen geworden«, sagte sie, obwohl sie das Gegenteil dachte. Sie wollte ihrem Schützling Mut machen.

»Maria, ich bin ja so froh, dass du bei mir bist und auch immer bleiben wirst, ich brauche dich und auch mein Kind wird dich brauchen! Wir werden viele schöne Stunden zusammen erleben. Nicht wahr?«

»Natürlich!«, versicherte die Amme und verzog dabei ihr Gesicht so drollig, dass die junge Frau wieder lachen musste.

Sie löste sich aus Marias Umarmung und drehte sich um die eigene Achse. Ihre Locken wirbelten um ihren Kopf herum und der golden gesäumte Rock ihres grünen Überkleides füllte sich mit Luft und schien durch die Drehung elegant von selbst zu tanzen. Während sie den Kopf in den Nacken legte und das aufkommende Schwindelgefühl genoss, setzte sich Maria wieder hin und beobachtete ihr »Engelchen«. Nein, leicht wird es nicht für dich, meine Liebe!, dachte sie noch einmal und sah zu, wie diese glücklich von einer Seite zur anderen wirbelte.

Wenzel, der seit dem Umzug auf die Burg die kaiserliche Livree tragen durfte und darin noch einen ganz ungewohnten Anblick bot, unterbrach Katharinas Ausgelassenheit durch sein Erscheinen. Er zeigte, dass ein Gast gekommen war. Maria spähte neugierig ins Treppenhaus: »Es ist Page Ohr!«, flüsterte sie erstaunt, denn der war noch nie hier erschienen. Bär führte ihn herein und zog sich zurück. Aber wie sah Rusworm aus! Statt der Pagenkleider trug er ein Lederwams über Kniehosen, die Beine steckten in Reitstiefeln. Die junge Frau freute sich über den unerwarteten Besuch, denn in der letzten Zeit hatte sie die lustigen Gespräche mit ihm vermisst. Aber so heiter und keck wie sonst wirkte er gar nicht! Er war merkwürdig erregt, war blass und hatte gerötete Augen.

»Fräulein Katharina«, begann er, »ich komme, um mich zu verabschieden.«

»Wie bitte? Wieso denn das? Wo geht Ihr hin?«, fragte sie ihn ungläubig, denn in der letzten Zeit war er in des Kaisers Gunst gestiegen. Eine glänzende Karriere bei Hof stand ihm bevor.

»Euretwegen gehe ich fort. Oder wusstet Ihr nicht, dass ich Euch liebe?«, sagte er und schaute sie erwartungsvoll an.

Katharinas Gesicht wurde traurig. Nein, sie hatte seine Begeisterung für die harmlose Schwärmerei eines Knaben gehalten. Sie blickte ihn an, als sähe sie ihn zum ersten Mal. Nein, er war kein Knabe mehr, ein junger Mann stand da vor ihr und sah sie mit wunden Augen an.

»Und nun gehört Euer Herz einem anderen, der hoch über mir steht und den ich bewundere! Versteht Ihr jetzt, dass ich den Hof verlassen muss?«

Ihr wurde weh ums Herz und sie war auf sich selbst böse. Wie hatte sie nur so blind sein können! »Hermann«, sagte sie traurig, »ich wusste nichts von Eurer Liebe zu mir. Ich bin Euch wie einem Bruder zugetan, etwas Anderes ist mir nie in den Sinn gekommen.«

»Jetzt weiß ich das auch, aber als Ihr mich küsstet, habe ich es nicht geglaubt. Ich war mir damals Eurer Gegenliebe sicher und habe darauf gebaut. Und wenn Ihr mir die Brust öffnet, Ihr werdet in meinem Herzen nie mehr einen anderen Namen finden als den Euren, mit goldenen Lettern geschrieben!«, beteuerte er überschwenglich und legte die Hand an die Brust.

»Nun gut, die Dinge stehen, wie sie sind. Doch das ist kein Grund, dass Ihr Prag verlassen müsst!«, meinte sie.

»O ja, ich muss weg und ich gehe heute noch. Ich ziehe gegen die Türken ins Feld, werde mir Ruhm und Ehre erwerben. Oder den Tod finden. Dann denkt an mich! Lebt wohl!« Mit diesen Worten drehte er sich um und stürzte hinaus.

»Maria, habe ich ihm wirklich Hoffnungen gemacht!«, fragte Katharina ihre Amme, die das Zimmer anstandshalber nicht verlassen hatte.

»Ja, mein Engelchen, allerdings. Du hast ihm den Kopf verdreht und jetzt ist der arme Junge ganz verzweifelt!«, erwiderte diese und seufzte. »Wir können nur hoffen, dass ihm nichts Übles widerfährt.«

Die junge Frau war von der Unterredung bedrückt und erschöpft. Beim Mittagessen war sie schweigsam, dann beschloss sie, sich etwas hinzulegen. Bald fiel sie in unruhigen Schlaf und schlimme Träume quälten sie: Die Prager beschimpften sie als lose Dirne, weil Hermann ihretwegen im Kampf gefallen war.

Ottavio Strada hatte nie schlechte Träume, im Gegenteil, seit dem Umzug auf die Burg blickten seine Augen kälter als je zuvor und sein Lächeln war noch eine Spur selbstgefälliger geworden. Er hatte schon immer darauf geachtet, niemandem zuzunicken, der dem Rang nach niedriger war als er selbst, aber nun grüßte er auch die nicht, die eigentlich höher standen als er. »Meine privilegierte Stellung erlaubt das«, so sagte er sich. »Als besonderer Günstling des Kaisers muss ich mich wirklich nicht mit jedem abgeben!« Dass den Leuten auf dem Burgberg und in der Stadt sein Verhalten höchst unangenehm auffiel, war ihm gleichgültig. Ja, er bemerkte es kaum und wenn doch, so war er stolz darauf. »Schaut! Da geht der eingebildete Gockel!«, hieß es bald. »Der steht gut beim Kaiser! Unsereins grüßt der natürlich nicht!«

Der Umzug von der Kleinseite auf die Burg war tatsächlich ein unglaublicher Gunstbeweis des Kaisers gewesen, nicht mit Gold aufzuwiegen und übertraf bei weitem alles, was sich Ottavio je gewünscht hatte. Endlich hatte er seinen Vater Jacopo in den Schatten gestellt, hatte ihn übertroffen in der kaiserlichen Gunst. Gut – Jacopo war nach wie vor ein Freund des Kaisers, aber Ottavio war der Vater der Frau, die Rudolf liebte. Zweifelsohne beneideten ihn viele! Letzten Endes spielt es keine Rolle, warum sich die Leute meinen Namen merken, wichtig ist lediglich, dass sie ihn kennen und nicht mehr vergessen! Dieses Ziel war erreicht. Ottavio Strada, der Vater der Geliebten des Kaisers, war ein bekannter Mann in Prag. Und im selben Maß wie sein Stolz, seine Hochnäsigkeit und Arroganz wuchsen, so wuchsen bei einigen Menschen Abneigung und Neid, Missgunst und Hass gegen ihn. Hinter seinem Rücken verliehen sie ihren Gefühlen Ausdruck durch üble Nachrede und unfreundliche Blicke, dann fühlten sie sich besser. Nur einem gelang das nicht. Er hieß Vaclaw und war ein Fleischer aus der Altstadt. Eben als Ottavio zur Mittagszeit auf dem Weg zu einem Künstler auf dem Altstädter Ring herumstolzierte, lungerte er auf dem Platz herum. Wie so oft hatte er seine Fleischerei nur kurz offen gehalten. Jetzt wartete er darauf, in seine Stammschänke zu gehen. Bald würde die kleine Brauerei öffnen, in der er mehr Zeit als bei sich daheim oder in der Fleischerei zu verbringen pflegte. Vaclaw war zu einem missgelaunten und jähzornigen Mann geworden, weil sein Laden immer weniger Gewinn brachte. Hatte er früher auf seine Kleidung geachtet, so war er jetzt zu dem schmierigsten und hässlichsten Kerl geworden, den man sich nur vorstellen kann. Auf seinem zerknitterten Mantel sah man Fettflecken, wie man sie sonst nur auf den Lumpen der Küchenjungen fand. Welche Farbe sein Wams einmal gehabt hatte, konnte gewiss kein Mensch mehr erraten. Als Gürtel dienten zwei zusammengeknotete Schnüre. Die Ärmel seines Hemdes waren ausgefranst, der Halskragen hatte einen Schmutzrand, sein Stoff war vom Schweiß so hart geworden wie ein Knochen. Die Hosen schlotterten um seine Beine und die Schuhe hatten große Lust, seine Zehen sehen zu lassen. Er rasierte sich nur sehr selten, was seinem Antlitz einen besonderen Reiz verlieh. Kein Wunder, dass seine Frau mit ihm unzufrieden war. Er beklagte sich im Bierkeller oft über sie: »Sie keift und behauptet immerzu, ich trinke zu viel!« Der Wirt lachte dann und machte jedes Mal eine wegwerfende Handbewegung. Die war für Vaclaw das Zeichen, einen neuen Krug Bier zu bestellen. Am ehesten konnte er sich selbst ertragen, wenn er über den Durst trank. Auf die Dauer half aber noch nicht einmal das. »Früher ist alles ganz anders gewesen«, so meinte seine Frau, »aber jetzt ist er nur mehr betrunken!«

Vaclaw suchte einen Schuldigen für sein Versagen und, weil es üblich und erlaubt war und weil es viele so machten wie er, suchte er diesen Übeltäter und für alles Schlechte Verantwortlichen bei den Juden. Anfangs waren es die jüdischen Schlächter gewesen, denen sein Hass gegolten hatte, denn immer mehr Christen gingen zum Fleischkauf in die Judenstadt. Es sprach sich herum, dass das jüdische Fleisch immer frisch und sauber war und man davon nicht krank wurde. Die christlichen Fleischer der Altstadt, der Neustadt und der Kleinseite hatten tatsächlich ihre liebe Not, das teure Schweinefleisch zu verkaufen. So wuchs Vaclaws Wut und übertrug sich von den jüdischen Schlächtern auf die Juden im Allgemeinen. Vaclaw hatte natürlich in der Brauerei die Gerüchte über Katharina – »die Judenfreundin!«, wie er sie nannte – und den Kaiser gehört! Er hatte nichts übrig für diese Geschichte. Die romantischen Lieder und Gedichte, Puppenspiele und Erzählungen über das schöne Paar ärgerten den verbitterten Mann. Erst verderben mir die jüdischen Schlächter das Geschäft!, dachte er zornig, als er Ottavio mit erhabenem Kopf vorüberschreiten sah. Und jetzt verdrehen die Juden auch noch dem Kaiser den Kopf mit einer aus ihren Reihen! Da wird er das dreckige Pack nie von hier vertreiben!

Der Fleischer hoffte noch immer darauf, dass die Juden die Stadt verlassen mussten, aber nach wie vor scheiterten die Ratsherrn beim Kaiser mit diesem Vorschlag. Als nun Vaclaw Ottavio auf dem Altstädter Ring stolzieren sah, blickte er so wütend zu ihm hinüber, wie er eben wütend starren konnte; aber Ottavio beachtete den Mann überhaupt nicht. Du feiger Judenfreund, dir werd ich's zeigen!, ärgerte sich der wütende Fleischer noch mehr und ballte die Fäuste. Dass Ottavio ein Katholik wie er selbst war, war ihm ganz gleichgültig. In seiner Wut lief der kleine stämmige Mann nun auf den Antiquar zu, während es wie wild in seinen Schläfen hämmerte. Er war nur mehr zwei Schritte von ihm entfernt, als sich dieser plötzlich umwandte und zu einer Kutsche trat. Er plauderte mit einer anmutigen Dame, die er bei Hof kennen gelernt hatte, und wandte dabei dem Fleischer den Rücken zu. Vaclaw stand mit seinem Hass ganz alleine da und sah, dass er diese Sache geschickter angehen musste: Deine Tochter, diese Judenfreundin, wird dem Kaiser nicht länger den Kopf verdrehen!, schwor er sich hasserfüllt. Wenn es sonst keiner tut, dann werde ich sie daran hindern! Dieser Gedanke beruhigte den Fleischer, er griff an seinen Gürtel, an dem er stets ein scharf geschliffenes Messer trug, befühlte den Griff und beschloss, sich zuerst einmal in seiner Schänke zu stärken.

Katharina war bald wieder aufgestanden, ihr Kummer wegen Rusworm hatte einer stillen Wehmut Platz gemacht. Aber der Tag erschien ihr schon zu lang. »Maria, sag mir, wie viele Stunden dauert es noch bis zum Abendessen?«

Maria seufzte, es war das dritte Mal an diesem Nachmittag, dass ihr Schützling das fragte: »Es dauert noch mindestens drei Stunden, bis es fertig ist!«

Die junge Frau war ungeduldig. Rudolf hatte noch keine Zeit für sie und auch in der Küche gab es nichts zu tun. »Komm, Maria«, sagte sie schnell entschlossen, »wir gehen aus und besuchen Magdalena in ihrem Schützenhäuschen!«

»Nein!«, schrie Maria auf, als ob sie einen Krug erlesenen Weines fallen gelassen hätte. Sie konnte sich nicht an Magdalena gewöhnen, die alte Seherin war ihr unheimlich, sie traute ihr nicht über den Weg und fürchtete ihre Zauberkraft. »Immer wieder willst du zu ihr hinüber gehen, ich gehe nicht mit!«, wehrte sie sich. Die Angst vor Hexen saß tief und fest in ihr.

Nach einem kleinen Wortwechsel setzte sich die junge Frau schließlich durch. Maria holte widerwillig und schimpfend ihre beiden Umhänge, um für die kühlen Abendstunden gewappnet zu sein. Katharina rief nach Wenzel: »Bär! Wir gehen zu Magdalena, begleite uns, dann fühlen wir uns sicherer. Es sind heute sehr viele Leute unterwegs.«

Seine Augen leuchteten auf. Katharina wusste seit dem Tag, als sie mit ihm den Korb zu Magdalena gebracht hatte, dass sich ihr alter Freund mit der Wahrsagerin ausgezeichnet verstand;

nun wollte sie ihm die Möglichkeit geben, sie zu sehen. Erst auf dem Weg zu Magdalenas Schützenhäuschen war ihr die Amme wieder wohl gesonnen, denn sie versprach ihr, Crato vor dessen Abreise nach Breslau um die besonderen Kräuter für Fußbäder zu bitten, die ihr schon einmal große Linderung verschafft hatten. Obwohl Katharina die neugierigen Blicke der Leute hasste, nahm sie sich ein Herz und grüßte alle, die sie sah, besonders höflich und liebreizend. Manch einer sah ihr mit Wohlgefallen nach. Vielleicht erkennen die Prager doch irgendwann, dass ich anders bin als mein Vater?, hoffte sie und beschleunigte ihren Schritt. Magdalena hatte sich im letzten der kleinen Schützenhäuschen[80] eingerichtet und war stolz auf ihr neues kleines Reich. Es war winzig, aber heimelig. Als ihre Gäste kamen, stellte sie gleich Obst, Brot und Wein auf den Tisch.

Für Katharina und Bär war es etwas ungewöhnlich, zusammen auf der schmalen Bank zu sitzen und Obst zu naschen, als wäre kein Standesunterschied zwischen ihnen. Auf der Kleinseite oder auf der Burg wäre dies unmöglich gewesen, aber in Magdalenas Haus waren alle Besucher gleichgestellt und die Wahrsagerin hatte auch den Diener wie selbstverständlich an den Tisch gebeten. Der Wein machte die kleine Gesellschaft ausgelassen und fröhlich. Sogar Maria wurde mit der Zeit etwas lockerer und zeigte sich beeindruckt von Magdalenas Wissen. Und dann war da vor allem deren schwarzes Kätzchen, das es Maria angetan hatte. Die Wahrsagerin begann mit ihr geschickt ein ungezwungenes Gespräch.

»Das Kätzchen gefällt Euch, Frau Maria? Nicht alle Menschen lieben diese Tiere. Schuld daran ist der schlimme Glaube, Katzen seien die Gefährtinnen der Hexen, vor allem die schwarzen, denn der Satan selbst würde häufig als Katze erscheinen.«

Maria nickte etwas verlegen, denn auch sie war immer dieser Meinung gewesen. Aber diese Katze hier schien vollkommen harmlos und sehr lieb zu sein.

»Stell dir vor, Maria«, fiel Katharina ein, »man hat an vielen Orten Katzen bei lebendigem Leib verbrannt!«

»So wie die Hexen?«, fragte Maria.

»Ja«, sagte Magdalena nach einer kleinen Pause. »Nur böse Menschen können fähig sein, lebende Wesen dem Feuer preiszugeben.«

Maria schauderte, ihr fielen die alten Hexengeschichten ein, vor denen sie sich schon als Kind gefürchtet hatte. Aber das kleine Tierchen gefiel ihr! Schnurrend schmeichelte es um ihre Füße und sah dabei ganz unschuldig aus. Maria beugte sich herab und liebkoste es. »Ich glaube, ich könnte ihm nichts zu Leide tun«, sagte sie nachdenklich. »Obwohl – nun ja, das ginge noch, das tötet sie ja nicht – einige Tropfen vom Blut aus dem Ohr einer schwarzen Katze, auf Brot geträufelt, ist gewiss ein gutes Mittel gegen Fieber.«

Katharina und Magdalena lachten auf, auch Bär schmunzelte über sein ganzes Gesicht. Maria war zu komisch!

»Lacht nur, ich weiß es ganz genau!«, ärgerte sich die gute Frau.

»Du wärst wohl auch imstande, von einem Friedhof Menschenknochen zu holen«, spaßte Katharina. »Du würdest sie verbrennen und fein zerstoßen, um sie dann mit Branntwein vermischt einem Menschen als Mittel gegen Fieber einzugeben!«

Maria schüttelte sich und verzog ungläubig das Gesicht. Das Rezept hatte sie noch nicht gekannt.

Alle lachten ausgelassen und Magdalena schenkte noch einmal nach. »Auch Wein, in den ein Henkersschwert getaucht worden ist, ist ein Mittel gegen Fieber«, sagte Magdalena. »Ihr kennt es, Wenzel, aber kennt auch Ihr es, Fräulein Katharina?«

»Das ist doch alles Unsinn, das kann alles nicht helfen!«, stellte diese fest und hob den vollen Becher, um mit ihren Freunden auf gute Gesundheit und ein langes Leben zu trinken.

»Das ist ein guter Wunsch!«, meinte die Wahrsagerin, aber als sie mit ihrem Becher den von Maria berührte, durchfuhr ein stechender Schmerz ihre Brust, den sie nur mit Mühe vor den Freunden verbergen konnte. Sie wusste ihn nicht zu deuten, hatte jedoch kein gutes Gefühl in ihrem Herzen.

»Wer einer Katze Schaden zufügt oder sie gar totschlägt, dem steht ein Unheil bevor«, hörte sie Katharina sagen, als sie der Unterhaltung wieder folgen konnte. »Das sagt man doch auch, nicht wahr?« Die Amme nickte und streichelte das schwarze Kätzchen weiter. »Ja, so heißt es bei uns und beinahe überall«, fuhr Katharina fort, »und das erscheint mir recht vernünftig. Denn alle Tiere hat Gott zu unserem Nutzen oder uns zur Freude erschaffen. Schaut doch, das Tierchen hier ist nicht nur lieb, sondern auch nützlich. Ohne Katzen hätten wir Mäuse und Ratten in unseren Stuben.«

»Damit es Euch nicht fortläuft, Magdalena, müsst Ihr es dreimal um den Herd treiben und ihm dann den Hintern an der Mauer reiben«, riet Maria. Magdalena, die sich inzwischen von dem stechenden Schmerz erholt hatte und ihn dem Alter zuschob, musste bei diesen Worten schmunzeln: »Ich ziehe es vor, ihm hin und wieder Leckerbissen zuzuschieben, dann läuft es ganz gewiss nicht fort!« Bär nickte zustimmend und Magdalena antwortete ihm, als hätte er tatsächlich gesprochen. »Ja, Wenzel, ich stimme dir zu, bei den Tieren ist es auch nicht anders als bei uns Menschen, wo gut gegessen wird, dort lebt man gern!«

Katharina und Maria blickten verblüfft zu Bär hinüber, seine Augen leuchteten und er nickte den beiden Frauen zu. »Magdalena?«, fragte Katharina nun etwas ernster. »Habt Ihr keine Angst vor bösen Zungen, die Euer Kätzchen nachts durch Euer Fenster springen sehen und es für Satan halten?« Mutig fügte sie hinzu: »Und Euch mit Euren Gaben für eine Hexe?«

»Nein«, erwiderte Magdalena und konnte sich ein Lächeln nicht verwehren, »denn ich habe« – Magdalena stand auf und nahm ein Stückchen Pergament aus ihrer Truhe – »ein Zeugnis hier von der Hexenwaage zu Oudewater und kann damit beweisen, dass ich nicht leicht wiege. Es hat mich ein schönes Stück Geld gekostet bis dorthin, nahe Utrecht, zu gelangen und mich wiegen zu lassen. Zwei Schöffen und der Stadtschreiber waren dabei, sie zogen mich aus bis aufs Hemd und untersuchten, ob ich einen schweren Gegenstand bei mir trug. Mein Haar wurde gelöst, damit ich auch darin nichts Schweres hätte verbergen können. Dann wog mich der geschworene städtische Waagemeister und ich bekam vom Stadtschreiber gegen gutes Geld einen Beglaubigungsschein. Ich wurde nicht für zu leicht befunden, wog ich doch weit mehr als die 50 Pfund, die eine Hexe höchstens wiegen kann[81].«

Katharina nahm das Schriftstück und betrachtete es voller Interesse. Sie war von Herzen froh darüber, dass Magdalena so einen Schutz besaß. »Oh, das ist gut!«, sagte sie erleichtert und gab der alten Frau das Schriftstück zurück. Maria warf auch einen Blick auf das Papier, obwohl sie nicht lesen konnte. Auch sie war froh, dass Magdalena beweisen konnte, keine Hexe zu sein. So waren also ihre Befürchtungen unbegründet gewesen! »Gar zu leicht verdächtigt man fremde, alte Frauen, noch dazu, wenn sie Wahrsagerinnen sind, der Hexerei«, sagte sie und blickte Magdalena an, als wolle sie die alte Frau um Vergebung bitten.

Magdalena schenkte ihr ein gütiges Lächeln und sagte schnell: »Ja, Ihr habt Recht, Frau Maria, und ist man einmal verdächtig, dann dauert es meistens nicht lang, bis man auf der Folter alles sagt, was die Richter hören wollen. Und manche dieser Richter sind gar grausam, denkt an den Dominikanermönch, der in den Diensten des Nuntius steht!« Alle schwiegen. »Der Weg zum Scheiterhaufen ist dann nicht mehr weit«, fügte die alte Frau noch leise hinzu, während sie das kostbare Papier wieder in der Kiste verstaute.

Katharina sah auf den leeren Becher in ihrer Hand und erschrak plötzlich: »O mein Gott! Wie spät ist es? Ich gehe abends zum Kaiser, muss mich ankleiden und sitze hier noch ganz ruhig!« Sie sprang auf und sah Maria und Bär vorwurfsvoll an. »Auch ihr habt mich nicht an die Zeit erinnert! Schnell, Maria! Lauf und bereite meine Kleider vor, ich komme gleich nach!« Maria ließ sich das nicht zweimal sagen, sie sprang auf, verabschiedete sich hastig von der Wahrsagerin und eilte zur Wohnung zurück. Jedoch – es sollte nichts nützen, so sehr sich die Amme auch beeilte, sie sollte es nicht schaffen, die Kleider rechtzeitig für Katharina herzurichten.

Denn vor ihrem Haus wartete eine kleine, stämmige Gestalt. Es war der Fleischer Vaclaw, der sich in einem Gemüsekarren versteckt hatte, nachdem er bei Bier und Schnaps noch lange über den eingebildeten Ottavio und dessen Tochter gegrübelt hatte. Er wusste, dass der Bauer auf die Burg fahren würde und hatte also im Wagen gewartet, bis dieser schließlich im Burghof angekommen war. Erst dann war er unter den Salatköpfen hervorgekrochen und hatte sich vorsichtig bis zum Haus der Strada geschlichen. Es war ja nicht besonders schwer, sich innerhalb der Burgmauern aufzuhalten, es war den Pragern nicht verboten und oft genug geschah es, dass ein unbekannter Händler, Kupferstecher, Knecht oder Bettler kam. In diesen Tagen kamen vor allem viele Künstler und Alchemisten, manche von ihnen waren kaum besser gekleidet als einfache Bauern oder Handwerker – oder eben Fleischer! Vaclaw fiel nicht weiter auf und er wusste, in welchem Haus neben dem Palast Katharina untergebracht war, denn es wurde ja seit Wochen darüber gesprochen. Er schlenderte unauffällig dorthin und wartete hinter einem kleinen Mauervorsprung. Irgendwann kommt sie heraus!, dachte er und vergewisserte sich, dass sein Messer noch in seinem Gürtel steckte. Er musste nicht lange warten, bis er eine Gestalt über den Platz auf das Haus zueilen sah. Die Abendsonne blendete ihn ein wenig, aber er erkannte eine Frau, die sich am Tor zu schaffen machte. Das muss sie sein!, dachte er und rannte schnell, aber leise auf die Frau im Umhang zu. Alles ereignete sich unglaublich rasch. Der Fleischer lief mit seinen kurzen, festen Beinen auf Maria zu, die sich noch nicht einmal umdrehen konnte. Sofort rammte er ihr sein Messer in den Rücken und zog es gleich wieder heraus. Er drehte sich weg und stürzte davon, noch bevor Maria am Boden lag.

Im Schützenhäuschen durchfuhr Magdalena gerade zu diesem Zeitpunkt erneut der stechende Schmerz! Diesmal war er so schlimm, dass sie zusammenbrach und Wenzel sie stützen musste. »Schnell, lauft! Ein Unglück! Frau Maria!«, stöhnte die Seherin mit schwacher Stimme und blickte Wenzel eindringlich an. »Komm, Bär!«, rief Katharina und stürmte sogleich zur Tür hinaus.

Maria wollte schreien, doch die Stimme versagte ihr. Sie verstand nicht, was geschah. Sie wollte Luft holen, aber es ging nicht. »Da fließt ja Blut!«, erkannte sie plötzlich und schlagartig wurde ihr klar, was sich ereignet hatte. Langsam fiel sie zu Boden und fühlte, wie das warme Blut ihr Hemd durchweichte. Mit letzter Kraft drehte sie sich auf den Rücken und blickte in die Abendsonne, die ihr unerreichbar weit weg schien und doch immer näher kam. Irgendwo hörte sie entfernte Stimmen, sie wurden immer leiser und belangloser, aber das strahlende Licht wurde heller und heller.

»Maria! Maria!« Katharina rüttelte die Tote. Ein Wachsoldat war herbeigeeilt und zeigte Wenzel, in welche Richtung er den Mörder hatte laufen sehen. Bär machte sich sofort auf den Weg und rannte so schnell er konnte. Innerhalb weniger Minuten war der Platz voll von Menschen, die neugierig herbeigekommen waren. Katharina schüttelte ihre Amme, weinte und rief immer wieder deren Namen. Sie konnte nicht begreifen, dass Maria tot war. Erst als sie erkannte, dass alles Leben aus ihrer Amme gewichen war, ergriff sie ihre Hand, schloss ihr die Augen und weinte um den schmerzhaften Verlust. Die

Leute standen betreten und verlegen in einigem Abstand herum. Sie waren Katharina mit Abneigung begegnet, aber nun beeindruckte sie deren tief empfundener, ehrlicher Schmerz. »Jetzt hast du mich ganz allein gelassen«, flüsterte Katharina der Toten in einem Meer von Tränen zu, aber weder diese noch sonst jemand konnte es hören.

Bis auf den einen Wachsoldaten hatte den Mörder niemand gesehen und auch der nur flüchtig und beim Weglaufen. Die Wachen begannen sofort das gesamte Areal abzusuchen, waren dabei aber ebenso erfolglos wie Wenzel. Vaclaw lief bereits hinunter zum Fluss, wo er dann im Schutz des Gebüsches seine Hände, sein Gesicht und das Messer fein säuberlich wusch. Er wollte sich ausruhen und legte sich einen kurzen Augenblick ins kühle Gras. Jetzt fühlte er sich seltsam nüchtern, obwohl er es beileibe nicht war. Für kurze Zeit schloss er die Augen und dachte in aller Ruhe nach: Niemand hatte ihn erkannt, also würde ihn auch niemand belangen. Sein Vorhaben war geglückt! Der stämmige Mann blinzelte auf den Fluss, der in der Dämmerung schwarz und ungeheuer breit erschien. Langsam erhob er sich aus dem Gras. Er fühlte sich großartig. Ihn überkam ein feierliches Gefühl, wie er es erst einmal in seinem Leben und vor vielen Jahren gespürt hatte. Das war an dem Tag gewesen, an dem er das Geschäft des Vaters übernommen hatte. Das war Stolz! Vaclaw, der Fleischer, war stolz! Ich, ich ganz alleine habe den Kaiser vor diesem Judenpack gerettet!, dachte er und machte sich auf den Weg zurück in sein Bierhaus.

Vaclaw war keinem der Gäste dort in den letzten zwei Stunden abgegangen, aber dennoch fürchtete er sich und bemerkte, wie seine Hände zitterten. Aber das erkannte in dem düsteren Raum niemand! Und selbst wenn man es bemerkt hätte, es hätte den Mörder nicht verraten. »Schaut her, er hat Durst, gebt ihm Schnaps!«, hätten die Zechbrüder gerufen und dabei gelacht, aber zu Vaclaws Überraschung, man könnte fast sagen, Enttäuschung, interessierte sich kein Mensch für ihn. »Wie einfach das gewesen ist«, wunderte er sich und bestellte zur Feier des Tages einen Krug Bier.

Katharina litt sehr unter dem Tod ihrer treuen Maria und machte sich heftige Vorwürfe wegen deren Ermordung, denn sie fühlte, dass das Messer für sie selbst bestimmt gewesen war. »Wenn ich sie nicht so ungeduldig vorgeschickt hätte, wenn wir zusammen von Magdalena heimgegangen wären, hätte Bär uns sicher vor dem feigen Mörder beschützt!« Viele Nächte war Katharina weinend wach gelegen und auch jetzt fühlte sie noch immer tiefen Kummer.

Magdalena und Treinl versuchten ihr Maria ein bisschen zu ersetzen. Die Seherin kam sie besuchen und plauderte oft stundenlang mit ihr, denn gerade in ihrer schwersten Zeit benötigte sie dringend eine mütterliche Freundin. Rudolf tröstete sie mit seinen Küssen und Geschenken, die sie bewunderte, die ihr aber nicht all zu viel bedeuteten, ausgenommen ein Wachsmedaillon, das Rudolf in spanischer Hoftracht zeigte. Auch wenn es nur in Holz gefasst und keine große Kostbarkeit war, liebte sie es und ließ es in ihrem Schlafzimmer auf das Gesims stellen, um es stundenlang in aller Ruhe betrachten zu können. Bald sah ihre Wohnung wie eine kleine Kunstkammer aus. Erlesene Bilder schmückten die Wände, darunter auch ein Porträt von Joseph Heintz[82], das Katharina selbst zeigte. Auf den Tischen standen Uhren und Pokale aus geschliffenem Stein. Ihr Schmuckkästchen war prall gefüllt mit herrlichen Kameen und goldenen Ketten und Armreifen. Das alles konnte sie nicht trösten, aber nach und nach blickte sie wieder nach vorne.

Christoph Ranft half ihr sehr dabei. Der Kaiser selbst hatte den hervorragenden Einfall gehabt, ihr seinen Diener zur Verfügung zu stellen. Der machte kein Geheimnis aus seiner Zuneigung und Bewunderung für sie, denn sie war als einziger Mensch in der Lage, des Kaisers trübe Gedanken zu zerstreuen und ihn zum Lachen zu bringen. War Rudolf glücklich, dann war er es auch. Er teilte das Glück seines Herrn, wie Magdalena es ihm seinerzeit versprochen hatte.

Neun Monate später

Im Kinderzimmer lag Julius wie ein kleines Mumienbündel auf dem Rücken in seiner viel zu großen Wiege, die für die ersten drei Lebensjahre des kleinen Prinzen bestimmt war. Julius' Amme, eine kräftige, junge Frau namens Berta, schaukelte ihn fleißig hin und her, aber der Kleine schrie dennoch wie am Spieß. »Julius, hör doch auf zu weinen, mein kleiner Prinz, mein lieber Sohn!« Katharina ging hinüber und schaukelte die Wiege . Berta hatte Julius vollständig mit Binden umwickelt und seine kleinen Arme und Beine dicht an den Körper gebunden. Auf diese Weise sollte er gerade Glieder bekommen. Es war nicht üblich, ein Kleinkind aus der Wiege auf den Arm zu nehmen und zu trösten, aber Katharina tat es zum Missfallen Bertas doch.

Christoph Ranft saß in der Nähe der Türe und betrachtete das hübsche Bild, das seinen Augen gefiel, den Ohren aber nicht. Katharina küsste und wiegte den kleinen Jungen. Er war erst zwei Wochen alt, weshalb sie sich ihm noch ganz widmen konnte. Der Kleine wollte sich nicht beruhigen. »Bitte, gebt mir das Kind«, meldete sich Berta. Sie war eine Bauerntochter und kam aus einem kleinen Dorf bei Prag, Wenzel hatte die junge Frau auf die Burg gebracht. Sie war nur wenige Jahre älter als Katharina und hatte bereits zwei eigene Kinder geboren, das jüngere war bei der Geburt gestorben. So gewissenhaft und fleißig diese Amme auch war, Katharina schätzte ihre Dienste nicht besonders; sie war voreingenommen und verglich sie ständig mit ihrer Maria, die ihr noch immer unglaublich fehlte. Maria wusste in jeder Situation das Richtige zu tun, sagte sie sich oft und war sicher, diese hätte mit Julius viel besser umgehen können als Berta.

Nun aber schrie Julius mit solcher Vehemenz, dass Katharina wieder von ihren leidvollen Gedanken abgelenkt wurde. »Ja, was ist denn los mit dir?«, fragte sie besorgt und beachtete die junge Amme gar nicht. Julius ließ sich aber auch von ihren vielen Küssen nicht beruhigen, schließlich schüttelte sie den Kopf und gab Berta widerwillig ihren kreischenden Sohn. Die legte ihn sofort wieder in die Wiege, wo er lautstark weiterschrie. Wortlos, müde und abgekämpft setzte sich Katharina auf einen der Lehnstühle.

Ranft konnte das Geschrei des Kindes nicht mehr länger ertragen. »Wenn ich mich einmischen dürfte«, sagte er und zog dabei die linke Augenbraue nach oben und begann nervös zu hüsteln.

»Was meint Ihr, Ranft, wobei wollt Ihr Euch einmischen?«, fragte Katharina mit lauter Stimme, damit der Kammerdiener sie bei dem Geschrei hören konnte.

Ranft kam näher und schrie genau so laut: »Nun, meine Familie ist recht zahlreich: Meine ältere Schwester hat bereits sechs Kinder. Obwohl ich selten bei ihnen war und bin, so lernte ich doch einiges über die Kleinen.«

Sie war erstaunt: »Sechs Kinder? Ihr beschäftigt Euch mit Kindern?«

Ranft errötete ein wenig. Er sagte höflich zur Amme: »Darf ich?« und nahm Julius aus der Wiege hoch. Mit geübtem Griff legte er den Kleinen bauchwärts auf seinen Unterarm und begann mit ihm durch den Raum zu wandern. Julius ließ sich die neue Haltung gefallen, sein Köpfchen lehnte sicher an Ranfts Oberarm und seine kleinen Augen blickten neugierig auf die für ihn ganz neue Welt des Fußbodens. Sofort hörte er auf zu schreien, wimmerte nur noch leise vor sich hin und schlummerte schließlich zufrieden ein. Die beiden Frauen starrten verwundert auf den Diener, der sich so gerne als hochnäsiger und arroganter Mann zeigte. Nun wippte er mit dem Baby im Raum umher und summte die Melodie eines Kinderliedes! Kaum zu glauben!, dachte die junge Mutter und schmunzelte vor sich hin. Der Nachmittag war gerettet, denn wenn Julius zufrieden war, konnte auch sie beruhigt sein. »Danke!«, sagte sie und schenkte dem Stiefelwischer ein freundliches Lächeln, als sie ihm das schlafende Kind abnahm und in seine Wiege legte. Er nahm sofort seinen alten Platz an der Tür wieder ein und blickte vornehm wie eh und je starr geradeaus, als hätte er sich nie von dort wegbewegt.

Die Entbindung war nicht sehr schwer gewesen und Katharina hatte sich schnell erholt. Die berühmte Hebamme hatte über ihre Kräfte gestaunt und sie nach wenigen Tagen und einigen Ratschlägen bereits mit dem Kleinen allein gelassen, um vom Kaiser reich beschenkt nach Frankreich zurückzukehren. Damals dauerte das Wochenbett vier bis sechs Wochen und so konnte sich die junge Mutter ganz ihrem Kleinen widmen. Rudolf war allerdings der Meinung, sie übertreibe ihre Mutterpflichten. »Wozu hat Julius denn eine Amme?«, pflegte er sie zu fragen, aber sie reagierte inzwischen nicht mehr darauf. Katharina vermutete Eifersucht hinter seinen Vorwürfen. Aber es war die Sorge um Katharinas Gemüt, die den Kaiser plagte.

»Du hast mir selbst erzählt, dass Frumets Kleiner bereits nach wenigen Tagen gestorben ist! Erinnere dich, wie sie gelitten hat. Sie hat ihm auch zu viel Liebe geschenkt, so wie du unserem kleinen Julius!«, sagte er. Er verstand es, sich vor solchem Leid zu schützen, indem er überhaupt keinen nahen Kontakt zu dem Kind suchte. Er hatte den Kleinen noch kein einziges Mal auf den Arm genommen. Es war nirgendwo im christlichen Europa üblich, Kleinkinder zu liebkosen und herumzutragen, sein Verhalten war nicht ungewöhnlich. »Du weißt doch, dass so viele Kinder in den ersten Jahren sterben, wir sollen unser Herz nicht zu sehr an sie hängen!«, erklärte er immer wieder, Katharina aber hatte ihren eigenen Kopf und wollte davon nichts hören: »Meine liebste Majestät!«, hatte sie erst vor wenigen Tagen in einem Tonfall, in dem noch nie jemand zuvor mit Rudolf zu sprechen gewagt hatte, gesagt. »Ich weiß, dass ich mich von meinem Julius bald trennen muss, da er nicht hier auf dem Hradschin bleiben kann! Ich weiß, dass nicht nur adelige Damen, sondern sogar jede reiche Bürgerin ihr Kind auf dem Land von einer Amme betreuen lässt. Ich weiß, dass ich das auch bald tun muss! Aber solange Julius noch hier bei mir ist, werde ich mich um ihn kümmern.«

Rudolf war mehr erstaunt als verärgert gewesen und hatte nichts erwidert. Er ließ sie gewähren und mischte sich nicht mehr ein, denn er wollte seinen »Schutzengel« nicht vergrämen. Ohnehin würde Julius nicht lange hier bleiben, das Schloss Stern in der Nähe von Prag war bereits zum Aufenthaltsort für ihn bestimmt worden. Dorthin würde er mit Berta und einem kleinen Hofstaat schon in wenigen Wochen ziehen.

Der Kaiser hatte ohnehin andere Sorgen. Seit einigen Wochen gab es Gerüchte, die immer lauter wurden und schließlich nicht länger zu überhören waren: »Der Kaiser verschwendet den Samen des Lebens!«, hieß es. Von wem das Geschwätz ausgegangen war, war nicht mehr festzustellen. Ganz sicher hatten geistliche Herren ihre Hand dabei im Spiel gehabt.

»Was hat das zu bedeuten?«, fragte Rudolf seinen Beichtvater Pistorius, als er sich mit ihm in der Hofkapelle traf, um über deren Umgestaltung zu sprechen. »Welcher Sünde machen Wir uns jetzt wieder schuldig, erklärt es Uns!«

»Sire«, antwortete der Geistliche und zog dabei die Luft scharf ein. »Ihr könnt Euch doch gewiss an die Nacht vor zwei

Wochen erinnern, als ein junges Mädchen auf Eurem Lager bereits auf Euch gewartet hat.«

»Ja, Pistorius! Natürlich. Ihr wisst davon? Wir haben ihr den Schlafpelz übergeworfen und sie fortgeschickt!«

»Eben gerade deshalb«, erklärte Pistorius und legte Rudolf seine Hand voll Mitgefühl auf die Schulter, »wird geklatscht.«

Rudolf sah ihn verständnislos an und erwiderte: »Ja, Wir wissen, früher, da hätten Wir Uns vergnügt. Aber damals hatten Wir dazu nicht die geringste Lust. Es war die Nacht, in der wenige Stunden zuvor Unser Sohn geboren worden war!«

»Sire«, sagte der Beichtvater. »Der Nuntius selbst hat Euch das Mädchen, eine fromme Katholikin, geschickt. Eure Treue zu Eurer Liebsten gefällt ihm nicht und so bezichtigt er Euch der schweren Sünde, Ihr würdet Euren Samen mit Eurer Hand allein vergeuden. Oder die Hexe Katharina, wie man sie nennt, hätte Euch impotent gemacht.«

»Was? Das ist doch Unsinn! Aber was können wir dagegen tun, Pistorius?«, fragte Rudolf erschüttert und blickte den Priester entsetzt an. In diesem Augenblick sah er nicht das mitfühlende Antlitz des Beichtvaters, sondern die Scheiterhaufen von Toledo. In seinen jungen Jahren war er gezwungen worden, zuzusehen, als siebzehn Ketzer verbrannt wurden, um ihre Seelen zu reinigen und Gott zuzuführen. Rudolf fasste sich an die Stirn, die voller Angstschweiß war und meinte die längst verhallten Schreie der verbrennenden Menschen noch zu hören. Nein, er unterschätzte die Macht der Kirche nicht, er hatte sie in ihrem vollen Ausmaß gesehen.

»Solange Eure Liebste unpässlich ist wegen der Anstrengungen der Niederkunft, lasst Euch das Mädchen noch einmal senden und gebraucht es«, riet ihm Pistorius. »Nur so seid Ihr über jeden Verdacht erhaben und könnt auch Eure Liebste schützen vor dem Verdacht der Hexerei!« Pistorius blickte betreten zu Boden und fügte noch leise hinzu: »Aber macht es so, dass der gesamte Hofstaat davon erfährt.«

Rudolf dachte einen Moment lang über diesen Rat nach. »Nein!«, sagte er und schüttelte dabei langsam den Kopf. »Das werde ich nicht tun!« Und nachdem er seinem Beichtvater höflich, aber bestimmt zugenickt hatte, schritt er schnell und erhobenen Hauptes aus der Kapelle.

»Sire, Sire!«, rief ihm der noch nach, aber Rudolf wandte sich nicht mehr um und entfernte sich rasch.

Pistorius hatte Angst um den Kaiser, er kannte die Reden der Geistlichkeit und er wusste, wie schnell es geschehen konnte, dass der Kaiser seine Macht verlor. Die Kirche konnte jederzeit auf seinen Bruder Matthias zurückgreifen, um den Thron neu zu besetzen. Der wartete nur auf die rechte Gelegenheit, das Szepter zu übernehmen, das war hinlänglich bekannt! Es wäre von größter Wichtigkeit für die Majestät, den Argwohn der Kirche in dieser delikaten Angelegenheit zu zerstreuen!, wusste Pistorius und überlegte noch lang und angestrengt, bis er zu einen Entschluss kam.

Ehrenwerte Dame, seid gegrüßt!« So sprach Pistorius Katharina am nächsten Tag vor dem Brunnen im Burghof in italienischer Sprache an. Sie hatte in Begleitung Wenzels ein bisschen Luft schnappen wollen. Die Frühlingsluft war noch frisch, aber dennoch spürte man in den Morgenstunden schon die Kraft der Sonne.

Katharina sah den Priester, den sie sofort als Rudolfs Beichtvater erkannte, erstaunt an und erwiderte seinen Gruß. »Ein Mann der Kirche grüßt mich so würdevoll?«

»Ja, Fräulein Katharina, wir kennen einander zwar nur von flüchtigen Begegnungen und durch die Erzählungen Ihrer Majestät; verzeiht daher, wenn ich Euch jetzt so einfach anspreche. Aber es gibt einen triftigen Grund, warum ich Euch möglichst unauffällig und allein sprechen muss. Ich bitte Euch, mich sofort zu empfangen.«

Katharina nickte ernst und erfasste sofort, dass ihr der Priester nicht schlecht gesinnt war. »Gut, dann begleitet mich doch zu unserem Haus, dort können wir ungestört miteinander sprechen.«

Wenig später saßen die beiden in der kleinen Kammer, in der Maria früher ihre Näharbeiten erledigt hatte. Immer noch lagen auf dem kleinen Tisch feine Stoffe, Tücher und halb fertige Kleider herum. Katharina hatte es bis jetzt nicht übers Herz gebracht, sie wegräumen zu lassen. »So, hier wird uns niemand vermuten, stören oder gar belauschen!«, sagte sie, während Wenzel die Tür von außen schloss und Wache hielt.

»O ja, das ist gut, denn die Sache, wegen der ich Euch sprechen muss«, hier machte Pistorius eine Pause und blickte verlegen auf seine schmalen Hände, »sie ist äußerst delikat!« Es sollte eine ganze Weile dauern, bis er umständlich alles so erklärt hatte, wie er vor einer Dame sprechen konnte, ohne sich dabei die Zunge zu verbrennen. Schließlich entschlüsselte Katharina seine rätselhaften Worte und verstand, was ihrem Rudolf vorgeworfen wurde.

»Nun, Ihr seid wohl gekommen, weil Ihr mich warnen und vom Kaiser trennen wollt?«, fragte sie kühl und direkt.

Er wich erschrocken zurück und wehrte ab: »Nein, nein, nun, ich habe mich schlecht erklärt, gewiss, aber ich achte Euch sehr und denke, dass des Kaisers Wahl eine ganz Vortreffliche ist!«

Katharina war verblüfft, beschloss aber, ihm zu vertrauen. »Also gut«, überlegte sie und legte ihre Stirn in Falten. »Ihr sagt, dieser Vorwurf ist höchst gefährlich für den Kaiser, er könnte ihn sogar den Thron kosten?«

Pistorius nickte energisch und erklärte ihr genau, was alles auf dem Spiel stand, würde das Reich nicht mehr von Rudolf, sondern seinem Bruder Matthias regiert. Die Religionsstreitigkeiten würden zu einem Krieg führen, viele Menschen würden ihr Leben durch Verfolgungen verlieren. Schließlich sprach er vom Judenviertel und Katharina musste an ihre Freundin Frumet denken. »Der Ausweisungsbefehl! Denkt daran«, sagte Pistorius, »wisst Ihr, es geht so schnell, eine Unterschrift nur und alles ist morgen ganz anders als heute!«

Katharina nickte tapfer, obwohl sie gegen Tränen kämpfen musste. »Ich habe nichts davon gewusst!«, flüsterte sie. »Auch nicht, dass er in der Nacht meiner Niederkunft eine Dame, wie Ihr sie nennt, in seinem Bett gefunden hat!« Katharina schüttelte den Kopf und schwieg. Der Priester blickte traurig zu Boden. »Es gibt wohl keinen anderen Ausweg als den, zu dem Ihr ratet«, sagte sie tapfer und seufzte tief. »Sollen sie doch versuchen, unsere Liebe zu zerstören, am Ende wird man sehen, ob das böse Unterfangen auch gelingen wird! Ich jedenfalls werde mit dem Kaiser darüber sprechen und bin gewiss, er wird der Geistlichkeit keinen Nährboden mehr für diese schrecklichen Anschuldigungen bieten.« Pistorius war erleichtert: »Vergesst nicht, es geht auch um Euch selbst, denn ein Vorwurf der Hexerei ist nie leicht zu entkräften. Ihr werdet den Kaiser also dazu ermutigen, das Mädchen zu rufen, solange Ihr selbst unpässlich seid?«

»Nicht dieses Mädchen!«, stellte Katharina energisch fest. »Ich kenne jemanden, der sich auskennt mit den willigen Mädchen, ihn will ich fragen!«

Der Priester erteilte Katharina seinen Segen und verabschiedete sich schnell.

»Komm, Bär«, sagte sie traurig zu Wenzel, der vor der Tür gewartet hatte, »wir gehen zu Vater, ich brauche seine Hilfe.«

Wenige Tage später war das Gerücht erfolgreich aus der Welt geschafft! Gleich drei Nächte hintereinander ließ sich Rudolf von Ottavio Strada jeweils ein anderes Mädchen so auffällig in seine Gemächer bringen, dass es der ganze Hof erfuhr. Natürlich ärgerten sich Nuntius Malaspina und der Dominikaner Bartolomé über Katharinas Schachzug, die Mädchen selbst auszuwählen, weil die Kirche nun dadurch keine Gewissheit in der Sache haben konnte. »Vielleicht ist es nur ein abgekartetes Spiel!«, sagte der Mönch zum Nuntius, der jedoch seine Gedanken nicht länger an diese unwürdige und dumme Sache verschwenden wollte.

Der hagere und verbitterte Bartolomé wäre beruhigter gewesen, hätte er in Katharinas Herz sehen können, denn auch für sie blieb es ungewiss, ob sich Rudolf nun tatsächlich mit den Damen vergnügt hatte oder nicht. Sie wollte glauben, dass nichts geschehen war, aber konnte man es wirklich wissen? Katharina litt sehr unter dieser Situation. »Ich kenne ihn!«, dachte sie immer wieder und sah ihn misstrauisch und nicht frei von Eifersucht an, wenn er nach einer solchen Begegnung durch den unterirdischen Gang zu ihr kam.

Eine Woche später war sie immer noch in trüber Stimmung und begegnete Rudolf bei seinen täglichen Besuchen alles andere als fröhlich. Sie war kühl, kurz angebunden und drehte ihr Gesicht zur Seite, wenn er versuchte, sie zu küssen. Der Kaiser fühlte sich nicht schuldig und war von ihrem Verhalten verletzt.

»Aber was hast du denn?«, fragte eines Abends schließlich sogar Ottavio seine bedrückte Tochter, als er mit ihr speiste, was in letzter Zeit recht selten geworden war. Seit sie nach jüdischen Rezepten kochen ließ, waren die gemeinsamen Mahlzeiten oft ausgefallen, denn er wollte sich nicht auf die ungewohnte Kost umstellen. Ihm schmeckten die fetten Braten, die ihm sein Koch bereitete, einfach besser. Ab und zu saßen die beiden aber doch gemeinsam bei Tisch und Ottavio pflegte dann seiner Tochter von seinen Erfolgen zu erzählen. An diesem Abend schien sie ihm überhaupt nicht zuzuhören und so fragte er erstmals nach ihrem Befinden: »Bist du krank? Oder bist du so betrübt wegen der Weiber, die ich zum Kaiser gebracht habe?« Als sie nicht antwortete, sondern stattdessen einen kleinen Schluck Wein nahm, setzte er fort: »Du weißt doch, ich habe sie klug ausgewählt. Wenn sich der Kaiser mit diesen Weibern vergnügt, so muss das eben sein. Ich verstehe nicht, weshalb dich das bedrückt! Was hat denn das mit dir zu tun? Hast du vielleicht Angst vor denen?« Ottavio machte eine wegwerfende Handbewegung und griff nach einem weiteren Hühnerbein. »Wegen dieser Dirnen wird er dich gewiss nicht verlassen, ich habe sie klug ausgewählt!«, sagte er mit vollem Mund und nickte seiner Tochter aufmunternd zu.

»Das ist auch nicht meine Sorge!«, zischte sie wütend und ließ Wenzel das Geschirr abräumen.

Ihr Vater schüttelte verständnislos den Kopf. »Gönn ihm doch das bisschen Spaß!«

Katharina fühlte sich elend.

»Nur wenn du ihm eine böse Miene zeigst, wird er sich von dir abwenden.« Er war um seine eigene Stellung besorgt. Frauen werden von ihrem Herzen beherrscht, nicht von ihrem Gehirn, dachte er und versuchte ihr zu erklären, dass Liebe für einen Mann ein anderes Gefühl war als bloße fleischliche Begierde. »Und wenn es dir auch schwer fällt, beherrsche deine Gedanken zu deinem und zu meinem Besten.« Mit diesen Worten entfernte er sich.

Katharina dachte an Maria, an deren Schultern sie sich ausweinen und neuen Mut hätte fassen können. Niemand konnte ihr die lustige, laute und neugierige Amme ersetzen, die es so gekonnt verstanden hatte, sie zu trösten.

Als Ranft wenig später vorbeikam, fand er sie den Tränen nahe. »Fräulein Katharina«, sagte er, »darf ich wagen, über Euren Gram zu sprechen?«

»Ja, sprecht, ich brauche Trost und Hilfe«, gestand sie nach einer längeren Pause. Nichts konnte schlimmer sein als dieses schrecklich hämmernde Gefühl des Betrogenseins und der Eifersucht gepaart mit Stille und Einsamkeit.

»Ich weiß von Eurer Angst und Sorge«, sagte Ranft, »aber ich weiß auch, wie unbegründet sie ist!«

»Ach, mein allerliebster Ranft«, antwortete Katharina spitz und ironisch und putzte sich die Nase. »Wie wollt Ihr denn das wissen? Wart Ihr denn dabei, als Ihre Majestät sich vergnügte?«

»Nun, das nicht gerade«, antwortete der Diener und trat verlegen von einem Fuß auf den anderen. »Aber wisst, der Kaiser selbst hat mir vergangene Woche davon erzählt und nun, ich denke, mich braucht er ja nicht zu belügen. Die ganze Sache freut ihn gar nicht.«

Katharina blickte Ranft zweifelnd an. »Ihr seid sein Freund. Gerne möchte ich Euch glauben, aber seht, es ist so schwer! Der ganze Hof erzählt von diesen Frauen und überall werde ich spöttisch angesehen, wird hinter mir getuschelt und getratscht. Ich weiß bald gar nicht mehr, was ich noch denken soll!«

»Nun«, sagte Ranft und zupfte gedankenverloren ein Staubkorn von seinem Ärmel, »das kann man durchaus nachvollziehen. Ihr seid wahrlich in keiner beneidenswerten Lage, aber –« Hier machte Ranft eine rhetorische Pause, hob seine rechte Augenbraue und den rechten Zeigefinger: »Was die Menschen rund um einen sagen, nun, wer kann das schon wissen, und wer, vor allen Dingen, würde das schon wissen wollen?«

Aus rot geweinten Augen sah sie ihn sinnend an, wusste sie doch seit langem, dass auch über ihn nicht gut gesprochen wurde. »Ihr habt wohl Recht, lieber Ranft, Ihr habt wohl Recht, es sollte uns gleichgültig sein!«

An diesem Abend war Katharina wieder besser gelaunt und als Rudolf sie spätabends besuchte, freute sie sich und ließ sofort Wein, Käse und Obst bringen. Er war sichtlich erleichtert über ihre gute Stimmung und küsste sie leidenschaftlich, sobald die Tür geschlossen und er mit ihr allein war. Als sie ihn vergnügt anblickte, schenkte er ihr dafür ein verliebtes Lächeln. Der Abend wurde lustig und lang, sie tranken beide reichlich vom roten Wein und Ranft, wie immer vor der Tür auf Posten, hörte jedes Wort, das die beiden miteinander sprachen.

Katharina verspürte ein leichtes Schwindelgefühl. »O weh«, sagte sie, »daran ist wohl der viele Wein schuld!« Sie rückte Rudolf näher, sprach ein wenig abgehackter als sonst, aber lächelnd und freundlich: »Jetzt sprecht, mein Liebster, habt Ihr mir die Wahrheit gesagt über diese Damen? Habt Ihr ihnen widerstanden oder nicht?«

Rudolf sah sie an und nahm sie in die Arme. »Ein Kaiser kann doch gar nicht lügen!«, meinte er lächelnd. »Hast du das vergessen?« Er küsste sie und als sie den Kuss erwiderte, streichelte er ihre Schenkel. Ach! Wenn es doch nur kürzere Kleider gäbe!, dachte er, während er unter dem vielen Stoff nach ihren Beinen tastete. »Bald ist dein Wochenbett vorbei, dann können wir einander wieder kosen«, flüsterte er ihr ins Ohr und küsste es.

Katharina war kitzlig, lachend schob sie ihn ein Stück von sich weg und flüsterte nun ihrerseits geheimnisvoll etwas in sein Ohr.

»Oh! Schon? Wie schön!«, rief er erstaunt. »Diese Woche schon, hat die Hebamme gesagt!«

Sie nickte verstohlen. Er packte sie lachend mit beiden Händen an der Taille, stand auf und zog sie mit sich. »Worauf warten wir dann noch? Dein Lager hier ist genauso weich wie das in meiner Kammer oder im Lustschloss!« Die junge Frau kicherte und zog den Kaiser hinter sich her in ihre privaten Gemächer.

Am nächsten Tag führte Rudolf den ganzen Vormittag lang geheime Gespräche, dachte nach und schmiedete Pläne. Dann war alles zu seiner Zufriedenheit geregelt und er sandte einen Boten mit einem Schreiben zu Katharina. Sie war gerade im Kinderzimmer und deckte ihren Sohn liebevoll zu, als ihr Berta den Brief brachte. Eigentlich macht sie ihre Sache schon sehr gut! Sie schenkte der Amme ein zurückhaltendes, aber sehr freundliches Lächeln. »Jetzt gehe ich den Brief lesen!«, sagte sie laut und verließ flugs den Raum, eilte in ihre Gemächer und öffnete das Schreiben:

»Meine Liebste und Teuerste, mein Schicksal und meine Kraft!

Wundervoll war diese Nacht, so schön wie all die vielen Nächte zuvor, die ich mit dir verbracht habe. So soll es immer sein, das ganze Leben und darüber hinaus. Meine Liebe will ich dir, meine Liebste, beweisen. Halte dir die Stunden des Nachmittags für mich frei. In Liebe,

R.«

»Was kann das bedeuten?«, überlegte sie. Ohne weiter darüber nachzudenken, kleidete sie sich schnell an. Kaum hatte sie ihr neues Kleid angezogen, die Haare aufgesteckt und das Rosenwasser aufgetragen, stand Rudolf schon vor ihr. Er war durch den Geheimgang gekommen und trug die Kleider seines Kammerdieners. Aufgeregt, aber gut gelaunt grüßte er sie und lud sie zu einer Ausfahrt ein. »Ach, wie schön! Liebend gern komme ich mit, Sire!«, rief sie und lächelte verschmitzt.

Ranft hatte vorsichtshalber Katharinas Kutsche anspannen lassen, Wenzel saß auf dem Kutschbock. Niemand würde den Kaiser erkennen. Katharina spürte, dass er feuchte Hände hatte. »Ihr wirkt aufgewühlt, geht es Euch gut?«

»O ja, meine Liebste, es geht mir ausgezeichnet, mach dir keine Sorgen«, beruhigte er sie und versuchte sie in der wackeligen Kutsche, die gerade den Berg hinunterrollte, zu küssen.

»Haben wir ein bestimmtes Ziel?«, fragte sie. Er wehrte ab und begann über die frühsommerliche Landschaft zu sprechen. »Ja«, stimmte ihm Katharina zu, »das satte, junge Grün tut unserer Seele gut!«

Nach einiger Zeit kamen sie zu einem großen steinernen Portal, geschmückt mit gebänderten Halbsäulen. Es gab eine Durchfahrt für die Kutschen und daneben einen eigenen Durchgang für Fußgänger. Der Lakai, der neben Wenzel auf dem Kutschbock saß, sprang rasch ab und öffnete die schmiedeeisernen Torflügel. Die Kutsche rollte weiter, an einer Mühle und an einem Teich vorbei. Sie waren im Baumgarten. »Hierher habt Ihr mich also entführt? Wie schön es hier ist!«, lachte Katharina freudig überrascht, als sie auf einer Anhöhe gehalten hatten und Rudolf ihr beim Aussteigen behilflich war. Fröhlich hakte sie sich bei ihm unter, wie das beim gemeinen Volk Sitte war. Gemeinsam wanderten die beiden einen romantischen, erhöhten Weg entlang, der leicht anstieg und eine sanfte Kurve ins Gelände zeichnete. Wilder Flieder blühte an seinem Rand, Obstbäume standen auf blühenden Wiesen und dahinter taten sich grüne Getreidefelder auf, die mit Bäumen und Sträuchern voneinander abgetrennt waren. Dahinter sah man weit in die Moldauauen hinein. Rudolf hatte es verstanden, seinem geheimnisvollen Vorhaben einen würdigen Rahmen zu verleihen. Das Plätzchen unter freiem Himmel war lieblich und das Wetter zeigte sich von seiner besten Seite. Die Sonne schien schon stark und warm, doch sorgte eine frische Brise für ständige Abkühlung. Die beiden gingen den Feldweg entlang, der ins Nichts führte und endete, als sich ein sanfter Hügel vor ihnen auftat. In mehreren Rinnen entsprang klares Wasser aus einer Quelle, vereinigte sich zu einem Bächlein, das vom Gipfel hinunter zu einer kleine Senke plätscherte. Dort unten lag ein kleiner Birkenhain, dessen Schönheit und Lieblichkeit die Herzen der beiden seltsam anrührte. »Der Wind scheint mit den Blättern, den Vögeln und dem Wasser zu musizieren!«, hauchte Katharina, um das Orchester der Natur nicht zu stören.

Der Kaiser freute sich über ihre Begeisterung. Er öffnete weit die Augen und sah vergnügt das Weiß der Birkenstämme, blickte auf zum silberfarbenen Glitzern ihrer Wipfel und den Vögeln, die zwitschernd von Ast zu Ast schwirrten. »Komm! Wir gehen hinunter und setzen uns in den Schatten der Bäume!«, schlug er vor und versetzte seiner Begleiterin einen liebevollen Stoß.

Sattgrüne Pflanzen spiegelten sich in dem Bächlein und überall zeigten Frühlingsboten ihre kräftigen Farben. Gelbe Himmelschlüssel wiegten sich im leichten Wind nebenVeilchen, die an manchen Stellen die Wiese blau färbten. Prachtvoll und kräftig stand der Löwenzahn in gelber Blüte. Rudolf kannte den romantischen Hain vor dem Hügel gut; bei vielen Jagdausritten hatte er hier Halt gemacht und sich Hände und Gesicht in dem Wässerchen gekühlt, das sich da im Halbkreis von der kleinen Anhöhe herunter um die Bäume schlängelte.

»Ein Imbiss im Freien!«, rief Katharina begeistert aus, als sie den Tisch mit den vielen Leckereien entdeckte! »Eine großartige Idee, den Frühling auf diese Weise zu feiern!« Fröhlich schmiegte sie sich an ihren Liebsten und gab ihm einen kräftigen Kuss auf den Mund.

Es gefällt ihr!, freute er sich und ging mit ihr hin. Aber ich will hier nicht nur den Frühling feiern!, dachte er und sagte: »Komm, Katharina, ich will dich ganz nahe bei mir haben!« Er legte ihr den Arm um die Schultern. In ihrer Gegenwart bin ich kein Kaiser!, dachte er und genoss wie stets in ihrer Nähe das Gefühl, endlich nur Mensch sein zu können. Natürlich hielt er sich auch jetzt gerade und bewegte sich mit spanischer Würde, das lag ihm einfach im Blut, aber er fühlte sich wohl! Grenzenlos wohl sogar! Die beiden setzten sich auf die vorbereiteten Stühle, aßen und tranken miteinander, redeten viel und streichelten einander oft und zärtlich. Rudolf lachte laut, als Katharina von Ranfts Talent für die Kindererziehung erzählte und war stolz auf seinen ungebärdigen, kleinen Sohn. »Ich freue mich, dass er so wild ist! Sicher wird er einmal ein großer Feldherr!«, meinte er. Als sie sich gestärkt hatten, schlenderten sie zum schmalen Gewässer und setzten sich auf einen gefällten Baum, den die Holzfäller noch nicht zerlegt hatten.

Jetzt, hier will ich sie fragen!, dachte Rudolf und bemerkte, wie sein Herz plötzlich schneller klopfte. »Katharina«, begann er und ergriff ihre Hand. »Du hast mir so viel Glück und Freude geschenkt, du weißt, dass du mein Liebstes bist und ich nichts lieber täte, als dich zu meiner Kaiserin zu krönen.« Nun begann auch ihr Herz zu klopfen, sie blickte in Rudolfs Augen und schenkte ihm ein strahlendes Lächeln. Sie wollte etwas sagen, aber er legte die Hand auf ihren Mund und fuhr fort: »Du weißt, dass ich dich niemals zur Kaiserin machen kann, aber Gott weiß, du bist eine Kaiserin, meine Kaiserin.« Katharina war von seinen Worten gerührt. »Als ich dich das erste Mal gesehen habe, wusste ich schon, dass ich mit dir zusammen sein wollte, und ich habe mich nicht getäuscht. Wie die Sterne zum Himmel gehören, die Tage zum Jahr und die Blumen zur Wiese, so gehöre auch ich zu dir, meine Geliebte, meine Kaiserin!«

Die junge Frau war wie gelähmt, sie wusste nicht, was sie entgegnen sollte. Rudolf hielt ihre Hand umklammert, aber er sagte nichts mehr. Ihr schien, als warte er auf Antwort, aber sie konnte keinen klaren Gedanken fassen. Dann erwiderte sie den Druck seiner Hand und erklärte: »Du bist der Kaiser, du wirst mit Majestät, mit Sire und Herrscher angesprochen, aber ich sage ›mein Liebster‹ zu dir. Schon immer warst du in meinem Herzen sowie du das bei allen Menschen im Reich bist. Als Mädchen habe ich schon dein Abbild auf den Münzen betrachtet und mich zu dir geträumt, so wie das wohl viele Mädchen machen. Du hast mir neben dem unendlichen Glück der Liebe auch unseren Sohn geschenkt und du erkennst ihn als den deinen an. Ich weiß dies als Zeichen deiner ehrlichen Liebe mehr als genug zu würdigen. Um diese zu erkennen, muss ich nicht deine Gemahlin sein!«

Er wirkte nun nachdenklich und still.

Will er mich auf etwas vorbereiten? Muss er mich verlassen und eine Prinzessin heiraten? Die Fragen schossen ihr plötzlich durch den Kopf.

»Nein!«, sagte er und stand vom Baumstamm auf. Er sagte es laut und hart, sodass Katharina erschrak und zusammenzuckte. Seine Miene verfinsterte sich und seine Augen blickten verbittert in die Ferne. »Genau das ist es, was mich stört! Ich bin der Kaiser oder nicht?«, sagte er aufgebracht und bitter. Er ging einige Schritte von ihr weg, drehte sich ihr zu und stellte fest: »Ich habe alle Macht der Welt, aber heiraten kann ich nicht, wen ich will!« Als er ihr erschrockenes und trauriges Gesicht sah, ging er wieder zu ihr, griff nach ihren Händen und zog sie vom Baumstamm auf. »Du sagst, du liebst mich?«, fragte er herausfordernd und küsste sie dabei so fest, dass sie kaum atmen konnte.

»Ja, ja, aber natürlich!«, stammelte sie und schnappte nach Luft. »Hör zu!«, sagte er und küsste sie wieder. »Lass uns Mann und Frau sein, lass uns heiraten!«

Sie verstand ihn nicht richtig. Sie hörte zwar seine Worte, aber ihren Sinn konnte sie nicht erfassen. Sie wusste nur, dass sie diesen Augenblick des Glücks nie vergessen würde, nicht seine glänzenden Augen, nicht den Druck seiner Hände an ihren Schläfen und nicht seinen süßen, frischen Atem, der noch nach den Pampelmusen roch, die sie gemeinsam verzehrt hatten.

Sie wollte etwas sagen, aber die Worte fehlten ihr. Da zog Rudolf zwei Ringe aus seinem Wams. Sie starrte ungläubig darauf. »Pistorius ist hier, er kann uns trauen, wenn du es willst!«, sagte er. Sie schüttelte verwundert den Kopf. »Ja, er ist hier, er ist vor uns herausgefahren und wartet schon auf uns!«

Er will mich tatsächlich heiraten, dachte sie und fühlte, dass ihr Tränen in die Augen schossen. »Es ist mir doch nicht so wichtig zu heiraten, solange er mich so leidenschaftlich will wie jetzt.« Sie stellte sich auf die Zehenspitzen, um seinen Mund besser zu erreichen. Er aber nahm ihren Kopf zwischen seine Hände, blickte ihr tief in die Augen und wiederholte: »Lass uns heiraten!«

Philippine Welser fiel ihr ein. »Wie sein Onkel Ferdinand möchte Rudolf heimlich die Frau seines Herzens ehelichen.« Eine Gewissensehe galt als ebenso heilig wie jede andere Ehe, jedoch wussten nur die Eheleute, ein Priester und der Allmächtige darüber Bescheid. Sie wurde dann geschlossen, wenn sie aus wichtigen Gründen geheim bleiben musste. Keiner der beiden Eheleute durfte sich je mit einer anderen Person verheiraten, denn vor Gott und dem Priester galt der Bund. »Rudolf«, sagte sie endlich, »dein Wunsch ist auch der meine! Natürlich sage ich ja.«

Er umarmte sie voller Freude und führte sie laut lachend auf den Hügel zurück, um Pistorius zu suchen. »Pistorius, komm!«, rief Rudolf aus vollem Halse. Katharina schmeckte auf ihren Lippen noch immer den Geschmack der Pampelmusen. Für den Rest ihres Lebens würden diese Früchte in ihr die schönsten Erinnerungen wachrufen. »Pistorius!«, rief nun auch sie übermütig, obwohl sie den Priester bereits herbeieilen sah.

Zwar mussten sie ohne Festgesellschaft, ohne Kirche, ohne Musik und Tanz auskommen, aber dennoch erschien diese Trauung Pistorius als die schönste, bei der er je seinen Segen hatte erteilen dürfen. Die beiden Liebenden knieten auf der Wiese, hielten einander an den Händen und sahen den Priester feierlich an. Er legte seine Hand auf die ihren. »Gott ist Euer Zeuge, dass Ihr, Sire, hier und heute Katharina Strada zu Eurer Frau nehmt.« Rudolf nickte und Pistorius setzte hinzu: »Solange Katharina lebt, wird es niemals eine andere Frau an Eurer Seite geben, ohne Gottes zornige Faust auf Euch zu richten.«

Katharina spähte in Rudolfs Gesicht: Seine Augen leuchteten, er wirkte entspannt und glücklich. »Wollt Ihr den heiligen Bund der Ehe schließen, so bittet nun Gott um seine Zeugenschaft.« Rudolf wandte sich ihr zu: »Nur Euch, meine Schönste, nur Euch wird es immer geben! Ihr seid meine Liebe, mein Leben, Ihr seid die Kaiserin vor Gott und Gott soll mein Zeuge sein.«

Ähnliche Worte wie zuerst an Rudolf richtete Pistorius nun an die Braut. »Ja«, antwortete sie dem Priester mit fester Stimme und sah Rudolf an. »So wie die Schönheit von Gottes Schöpfung unbestreitbar ist, die wir hier so sehr bewundern, so unbestreitbar ist meine Liebe zu Euch. Ich will Euch lieben und als meinen Mann achten für alle Zeit und Ewigkeit. Gott soll mein Zeuge sein.«

Auf Pistorius' Zeichen hin steckte Rudolf Katharina den Ring an den Finger und sie tat das Gleiche mit dem zweiten Ring bei ihm. Mit seinem Spitzentuch trocknete er ihre Tränen und fragte leise: »Warum weinst du denn? Ich hoffe doch, vor Glück!«

Sie antwortete mit einem Nicken. »Ich bin unsagbar glücklich, mein Liebster«, sagte sie und hob ihren Blick von den Ringen an ihren Händen zu seinen Augen. »Mein Liebster«, lächelte sie.

Der Priester bat um Gottes Segen für die beiden, dann zog er sich zurück, um das Brautpaar nicht zu stören.

Das stand noch eine ganze Weile unter den Birken, in deren kleinen Blättern das Sonnenlicht hell glitzerte und sie schöner funkeln ließ als sämtliche Juwelen und Diamanten, die Rudolf besaß. An diesem wunderschönen Tag konnten sie nicht ahnen, wie schwer es ihnen noch fallen sollte, ihren heiligen Eid einzuhalten, den sie einander vor Gott und dem Priester geleistet hatten.

14 Jahre später

Wieder einmal war der Winter ins Land gezogen. Ganz Böhmen lag unter einer dicken Schneedecke. Prags hundert Türme trugen ihre weißen Hauben wie junge Bauernmädchen, die zum Tanz gingen. Wenn es der schwachen Sonne gelang, den Schleier der schweren Wolken zu durchdringen, glitzerten sie wie kostbare Leuchter aus Silber. Ein heftiger Sturm brauste über die schneebedeckten Dächer der Häuser und versuchte vergebens, sie von ihrer ungewohnten Last zu befreien. Er rüttelte an den Zapfen aus feinem Kristall, die von allen Dächern und Erkern hingen und machte es den Menschen unmöglich, aufrecht zu gehen.

In ihrem Wohnraum saß Katharina nahe am Kamin. Sie erwartete ihr viertes Kind. Das letzte Kind, den kleinen Matthias, hatte sie einige Monate lang selbst stillen dürfen. »Meine Göttin, die Milch spendet, meine Göttin der Weisheit!«, hatte der Kaiser gesagt und nicht viel später ein Bild bei Spranger in Auftrag gegeben, das Minerva mit blankem Busen zeigte.

In den vergangenen Jahren hatte sie den Kaiser gut kennen gelernt und ihre Wahl nie bereut. Schmunzelnd erinnerte sie sich an ihre mädchenhaften Schwärmereien und die Vorstellung von seiner Macht, die sie mit ihm hatte teilen wollen. Inzwischen wusste sie, dass er ein Gefangener dieser Macht war und sich nach Freiheit und Glück sehnte. Nach dem Tod seines Onkels Ferdinand hatte er sogar mit dem Gedanken gespielt, sich mit ihr nach Schloss Ambras in Tirol zurückzuziehen und nach dem Vorbild seines Großonkels, Karls V. auf den Thron zu verzichten, um sich ganz den Wissenschaften und Künsten zu widmen. Aus Sorge um seine nichtkatholischen Untertanen hatte er diesen Wunsch nicht weiter verfolgt.

Ranft trat froh gelaunt ein und unterbrach ihre Gedanken durch einen freundlichen Gruß. Ohne seinen Mantel abzulegen stellte er sich neben den Kamin mit dem Rücken zu den zuckenden Flammen, die ihn durch die dicken Kleider hindurch kaum erwärmten. Er hatte sich im Laufe der Jahre nicht sehr verändert, nur seine Haare waren etwas schütter geworden, was seine Ähnlichkeit mit dem Kaiser noch unterstrich, obwohl er einige Jahre jünger war als dieser.

»Wie kalt es heute ist!« Katharina legte ihre Hände wärmend auf ihren gewölbten Bauch. »Das Kind wird im Februar kommen, seine erste Erfahrung wird diese schreckliche Kälte sein!« Ranft verstand ihre unausgesprochene Bitte, bückte sich lächelnd und legte einige Holzscheite ins Feuer. Dann merkte er an ihrem Gesichtsausdruck, dass sie in bedrückter Stimmung war. Ob es am Wetter oder an ihrem Zustand lag? Fraunlaunen, dachte Ranft und wartete ab.

Wehmütig erinnerte sie sich daran, wie ihr geliebter Großvater in ihren Armen gestorben war. Er war am Abend nach ihrer heimlichen Eheschließung nach Prag gekommen, um mit seiner Familie Frieden zu schließen, denn er fühlte, dass ihn seine Kräfte verließen. Seine Zeit reichte gerade noch, um Ottavio alle seine Torheiten und Lieblosigkeiten zu verzeihen, dann war sie abgelaufen. Der Kaiser war erschüttert an sein Sterbebett geeilt und hatte ihm flüsternd das Geheimnis ihrer geheimen Ehe anvertraut. Jacopo hatte ihn und Katharina noch gesegnet und dann ruhig und froh die Augen für immer geschlossen.

»Ist es tatsächlich schon vierzehn Jahre her, dass Jacopo Strada nicht mehr unter uns weilt?« Sie blickte Ranft fragend an.

Er rechnete nach und antwortete: »Ja, es muss vor vierzehn Jahren gewesen sein, dass er gestorben ist, denn auch der junge Markgraf Julius wird im kommenden Frühjahr bereits vierzehn Jahre alt.«

»Ach! Erinnert mich besser nicht daran! Er ist so wild und unbezähmbar«, ärgerte sie sich. »Und der Kaiser verteidigt ihn auch noch, anstatt ihn zur Vernunft zu bringen!«

Ranft nickte und legte noch ein Holzscheit in den Kamin. Er hatte die Aufsicht über die Erziehung der kaiserlichen Kinder übernommen und wusste daher vieles über Julius, aber leider nur wenig Gutes. Der Junge war sehr intelligent, aber sein Wesen war schwierig und herausfordernd. Er neigte zu Jähzorn und Grausamkeiten, von denen seine Diener ein Lied zu singen wussten. Als er noch klein, aber schon entwöhnt war, hatte er sogar seine Amme Berta mehrfach so stark in die Hand gebissen, dass sie um ihre Entlassung gebeten hatte. Keine Kinderfrau blieb länger als ein paar Wochen bei ihm, weil er jede mit Fußtritten misshandelte. Mit Vergnügen hetzte er seine Hunde aufeinander und freute sich, wenn sie einander verwundeten oder gar töteten. Trotz allem war ihm Ranft zugetan, denn der Junge konnte auch reizend sein, wenn er wollte und er verstand sich darauf, ihm zu schmeicheln. Manchmal dachte der Kammerdiener, es wäre vielleicht besser gewesen, wenn das Kind bei der Mutter hätte aufwachsen können.

»Oft muss ich an Magdalena denken«, äußerte Katharina ihre Gedanken laut und kuschelte sich noch fester in ihren Pelz. »Sie ist damals ganz blass geworden, als sie an Julius' Wiege stand, ob das etwas zu bedeuten hat?«

Ranft überlegte eine Weile, gab aber keine Antwort auf diese Frage. »Wenzel pflegt noch immer mit aller Liebe ihr Grab«, sagte er stattdessen und hauchte seine kalten Finger an.

»Ja, ich weiß, mancher Schmerz heilt nie, da ist es völlig gleichgültig, wie viele Jahre vergehen.«

Der Kammerdiener rief sich ins Gedächtnis, wie sie vor vielen Jahren mitten im Winter gestorben war: »Magdalena verließ trotz der strengen Kälte mitten in der Nacht ihr kleines gemütliches Häuschen mit dem warmen Herdfeuer.«

Katharina warf ein: »Ob sie wohl spürte, dass sie den kommenden Morgen nicht mehr erleben würde?«

»Ich bin davon überzeugt!« Sie ging in den Park hinüber bis zum Löwenkäfig. Es hatte zu schneien aufgehört, die dichte

Schneedecke schluckte alle Geräusche, die Wachen hörten und sahen sie nicht. Was dann geschah, konnte sich niemand erklären, das bleibt für immer ein Rätsel. Als Wenzel seine Freundin am Morgen vermisste, suchte er sie und fand sie schließlich tot, aber unverletzt im Schnee vor dem Käfig liegen, umringt von den drei Löwen. Die Tür zum Käfig war weit offen und quietschte in den Angeln, sooft der Wind sie bewegte. Gemeinsam mit einigen Soldaten trieb Wenzel die Tiere mit langen Holzstangen und Rufen wieder in den Käfig zurück. Sie gehorchten sofort und gingen willig hinein. Abgesperrt konnte nicht werden, da kein Schlüssel zu finden war.«

»Das Rätsel wurde nie gelöst«, meinte sie grübelnd. »Es war seltsam, auch bei der Toten fand man keinen Schlüssel, aber das Schloss war nicht aufgebrochen worden! Wie kann das Tor geöffnet worden sein?« Sie schüttelte den Kopf und Ranft schwieg, weil es auf diese Frage keine Antwort gab.

»Bitte, setzt Euch doch endlich«, schreckte sie ihn aus seinen Gedanken auf.

Er nahm neben ihr Platz. In den letzten Jahren war er immer mehr und mehr zu ihrem Vertrauten, wenn nicht Freund geworden. Er bewunderte ihre frauliche Schönheit, ihren Geist und ihr Wesen zutiefst. Außerdem war er beeindruckt von ihrer Liebe zum Kaiser und ihrer Geschicklichkeit, diesen schwierigen Mann immer wieder zu fesseln und zu entzücken. Und da er seinem Herrn ergeben war, hatte er diese Ergebenheit und Treue auch auf sie übertragen.

Sie strich wieder sanft über ihren Bauch. »Ich bin neugierig, ob es diesmal ein Mädchen oder ein Junge wird, was meint Ihr?«

»Nun, das weiß ich aber wirklich nicht«, erwiderte er schmunzelnd.

Als der Kammerdiener sie nach einiger Zeit verließ, beschloss sie, mit ihrem Diener Wenzel trotz der eisigen Kälte und der dicken Schneedecke zum Friedhof zu gehen. Bär war zwar noch immer kräftig, aber in den letzten Jahren sehr gealtert. Seine Haare waren schneeweiß geworden und seine Augen hatten nachgelassen. Warum uns die Gedanken an die Toten niemals verlassen?, fragte sich Katharina voller Kummer, als sie vor Marias Grab stand und sich so an ihre Amme erinnerte, als stünde ihr diese wirklich und leibhaftig gegenüber. Weil wir sie immer vermissen, gab sie sich selbst die Antwort und blickte zu Wenzel hinüber, der an Magdalenas Grab stand. Seine Gedanken blieben ihr allerdings ein Rätsel. Er bewegte seine Lippen, als spräche er und sie erinnerte sich daran, wie die Seherin und Wenzel seinerzeit lautlos miteinander zu sprechen pflegten. Dann bemerkte sie, dass eine Träne über seine Wange kullerte, und auf einmal hörte sie ihn sogar brummend lachen, wobei er sich vor Vergnügen auf die Schenkel klopfte. Seltsam, überlegte sie, jetzt kenne ich Wenzel schon mein ganzes Leben lang, aber ich weiß nichts von ihm, nicht einmal, wo er geboren wurde. Ob er selbst es weiß? Wie alt mag er wohl sein? Vorsichtig strich sie den Schnee vom Holzkreuz, welches Marias Grab zierte, verabschiedete sich von ihr und ging zu Wenzel hinüber. Sie streichelte über seine Wange, nahm seine Hand und führte ihn wie ein Kind nach Hause.

Ranft machte zur selben Zeit die Erfahrung, dass Katharinas gedrückte Stimmung keine Frauenlaune war, sondern doch am Wetter lag, denn auch sein Herr war nachdenklich gestimmt und dachte an die Toten. Er saß traurig in der Kunstkammer und betrachtete Bilder seiner Geschwister Elisabeth und Ernst. Seine Schwester war ganz unerwartet im Alter von achtunddreißig Jahren in Wien gestorben, nachdem sie sich in einem kalten Winter eine Erkältung zugezogen hatte. Seine Tochter, inzwischen längst eine würdige Klosterfrau, hatte die

Tante gepflegt und war dann ganz erschöpft nach Prag gekommen, um sich in Katharinas Gesellschaft zu erholen. Sie hatte dem Vater das Medaillon der Verstorbenen, das er nun in der Hand hielt, und einige Bücher als Andenken mitgebracht. Rudolf seufzte tief: »Ranft, ich habe Sehnsucht nach meiner Tochter Elisabeth! Wie schade, dass sie nicht bei mir in Prag geblieben ist!«

»Sire, in ein paar Tagen kommen Eure anderen Kinder, Doña Carolina und Don Matthias auf den Hradschin, um Euch zu zerstreuen!«, erinnerte ihn der Kammerdiener, bückte sich und streichelte die beiden Doggen, die ihrem Herrn ganz ruhig zu Füßen lagen, obwohl sie noch keine zwei Jahre alt waren.

»Matthias ist ein kleiner Sonnenschein«, meinte Rudolf und lächelte ein wenig. »Wie ist er doch ganz anders als der andere Matthias, mein ewig missgelaunter Bruder.«

O weh, dachte Ranft, jetzt sind wir wieder bei einem schlechten Thema!

Er täuschte sich nicht, denn der Kaiser verzog schmerzlich das Gesicht. »Zwischen dem Thron und ihm stehe nur mehr ich, seit mein armer Bruder Ernst[83] im fernen Brüssel nach jahrelangem Siechtum gestorben ist. Da sitzt er jetzt in Wien und schaltet und waltet in seinem, nicht in meinem Sinn. Mich dauern die vielen Bauern, die er nach dem Aufstand in Österreich ob der Enns hat hinrichten lassen. Und immer hat er Wünsche, glaubt alles besser zu wissen als ich, drängt mich zu handeln, wo man warten muss.«

Ranft nickte zustimmend, weil er genau wusste, dass Rudolf durch sein Zögern in politischen und militärischen Dingen oft mehr erreichte, als durch überstürzte Handlungen möglich gewesen wäre.

»Meine Brüder, meine Qualen«, fuhr Rudolf fort. »Auch Maximilian ist gegen mich und steht ganz auf der Seite von Matthias, obwohl ich immer für ihn eingestanden bin, auch als er in Polen gefangen war. Ich habe mich damals an Papst Sixtus V. gewandt, mit der Bitte, sich meines gefangenen Bruders anzunehmen. Der aber hatte es gar nicht eilig damit, sondern sagte: ›Die Sünden des Hauses Österreich sind die Ursachen des Unglücks, welches ihm zugestoßen ist.‹ Er meinte damit nicht nur das Scheitern Maximilians in Polen, sondern auch den Untergang der spanischen Armada. Schließlich beauftragte er ausgerechnet Kardinal Ippolito Aldobrandini, sich mit der Sache des Gefangenen zu beschäftigen.«

»Ja, Sire«, bekräftigte Ranft und verlagerte sein Gewicht von einem Bein aufs andere, denn manchmal fiel ihm das lange Stehen schwer. »Das war eine ungünstige Wahl. Seit Jahrhunderten zählen die Aldobrandini zu den Feinden Habsburgs und der Papst wusste genau, dass ein Angehöriger dieser Familie die habsburgischen Interessen nicht verteidigen würde. Weder in Polen noch anderswo.«

Wenn Rudolf an Aldobrandini dachte, wurde ihm übel. Er legte seine Hand auf den Magen. »Ranft, erinnert Euch, wie dieser Florentiner damals nach seinen Verhandlungen mit Sigismund Wasa[84] zu Uns nach Prag gekommen ist, um Uns die polnischen Bedingungen für die Freilassung Unseres Bruders vorzulegen.«

»Allerdings, Sire, er wurde aufs Beste empfangen und Ihr geruhtet, Euch während der beiden Wochen seines Aufenthalts oft und eingehend mit ihm zu unterhalten. Wenn ich mich recht erinnere, nannte er Euch in einem Brief nach Rom, den Eure Agenten geöffnet haben, einen außerordentlich milden Fürsten voller Güte und lobte die ihm erwiesenen Ehren.«

»Ja«, sagte Rudolf nun voller Verachtung. »Das hinderte ihn nicht daran, hinter Unserem Rücken an den polnischen König zu schreiben, dass es Georg Popel von Lobkowitz eher verdiene, König von Böhmen zu sein als Wir.«

Ranft wusste, dass Rudolf Menschen hasste, die sein Vertrauen enttäuschten. Aldobrandini hatte sich damals besonders schlecht benommen. Als er einmal bei Lobkowitz zu Abend aß, hatte ihm dieser zugetrunken: »Es lebe der zukünftige Papst!«, worauf er erwidert hatte: »Es lebe der künftige König von Böhmen!« Dem Kaiser war das sofort berichtet worden und er konnte weder Aldobrandini noch Lobkowitz je verzeihen. Der Obersthofmeister musste seinen Verrat und seine Umtriebe gegen Rudolf schwer büßen, denn der ließ ihn ohne Gerichtsverfahren einkerkern und seine Güter einziehen. Der alte Hass war noch immer in Rudolf lebendig: »Und dieser Ippolito Aldobrandini ist im Konklave des Jahres 1592 zum Papst gewählt worden und nennt sich seither Clemens VIII.!«

Nach der Abberufung Malaspinas waren noch mehrere Bischöfe als päpstliche Nuntien nach Prag gekommen. Der Sekretär Bartolomé war mit keinem zufrieden gewesen. »Keiner von den hohen Herrn hat einen klugen Kopf und eine strenge Hand zugleich! Einmal fehlt das eine, dann das andere!« So hatte er sich lange Jahre gedulden müssen, bis vor einiger Zeit die Nachricht aus Rom gekommen war: Filippo Spinelli wird der neue Nuntius in Prag! Bartolomé schätzte den stilvollen und wortgewandten Mann, der für seinen Arbeits- und Glaubenseifer bekannt war. Erzbischof Spinelli stammte aus einer vornehmen neapolitanischen Adelsfamilie und stand beim Papst hoch in seiner Gunst. In ihm sah der Mönch einen Gleichgesinnten.

Pistorius hingegen war besorgt gewesen, als er an einem späten Abend von der Ernennung Spinellis gehört hatte. Der gelehrte Deutsche traute dem aalglatten Diplomaten nicht. Sollte er den Kaiser besser warnen? Und wie, was sollte er schon sagen?

Nein, den Kaiser kann ich nicht warnen. Aber ich werde morgen nach der Messe zuerst frühstücken und dann zu Doña

Katharina gehen und mit ihr sprechen. Sie ist klug und besonnen und gerät nicht so schnell in Panik wie der Kaiser, beschloss er. Doch als er später von der Burgkapelle zum Haus Katharinas kam, erfuhr er, dass sie ausgegangen war. Er wühlte nachdenklich mit seiner Schuhspitze im Schnee, bis dieser an der Stelle schmutzig braun geworden war und beschloss dann, die Warnung vor dem neuen Nuntius zu unterlassen. Sollte er die junge Frau wirklich beunruhigen? Und mit ihr den Kaiser? Der konnte ja doch nichts gegen Spinelli unternehmen und die Tatsache, dass der ein strenger Katholik war, reichte nicht für eine Warnung. Und das dumpfe Gefühl nahenden Unheils schon gar nicht! Anfangs noch zögernd, aber bald schon mit raschem Schritt ging er zur kaiserlichen Bibliothek, um in den geliebten Büchern zu schmökern. Dort in der wohligen Wärme genoss er die Ruhe, sorgte sich nicht länger und versenkte sich in die Geschichte Prags, die David Gans verfasst hatte[85].

Als Erzbischof Spinelli einige Tage später beim Strahov-Kloster in Prag ankam, wurde er von Bruder Bartolomé schon mit Sehnsucht erwartet. Man hatte dem Nuntius schon in Rom gesagt, der Dominikaner sei ein sonderbarer Mensch, fanatisch in seinem Glaubenseifer und asketisch bis zur Selbstverleugnung. Als er ihm dann gegenüberstand, konnte er ein Frösteln nicht unterdrücken. Nun ja, dachte er, ob ich dich liebe oder nicht, spielt keine Rolle, solange ich dich gebrauchen kann. Als er sich nach der Begrüßung durch die Jesuiten Bartolomé zuwandte und diesem die Hand zum Kuss reichte, sagte er leutselig: »Mein lieber Bruder, nun arbeitet Ihr schon lange in den Diensten der Nuntiatur und habt Euch durch Eure Gläubigkeit und Strenge recht gut bewährt. Kommt, führt mich hinein, wir wollen zusammen ein Glas Wein trinken, da spricht es sich besser.«

Verblüfft sah der Dominikaner drinnen, dass der Erzbischof noch im Stehen eigenhändig die Weinkaraffe hob und zwei Becher füllte. Das hätte keiner seiner würdevollen Vorgänger je getan.

»Ihr müsst wissen«, versicherte Spinelli dem Mönch und übersah dabei absichtlich die Verwunderung in den Augen des Sekretärs, »dass in den Berichten meines Vorgängers Speciano des Öfteren Euer Name lobend erwähnt wurde. Vor allem, dass Ihr Euch recht eifrig darin zeigt, die Ungläubigen zu bekehren und die Unbeugsamen zu bestrafen, ist bekannt. Setzt Euch zu mir, wir haben manches miteinander zu bereden.«

Bartolomé war zwar etwas misstrauisch angesichts dieses dicken Lobes, aber frei von Eitelkeit war er nicht: Das ist ein Mann, der meine Leistungen zu schätzen weiß, dachte er und sein sonst so hartes Gesicht veränderte sich. Langsam verschwand seine ungesunde Blässe, die Wangen färbten sich sogar ein wenig rot. Er verzog seine dünnen Lippen zu einem ungewohnten Lächeln. »Ich bin Euch sehr ergeben, Vater«, sagte er mit einem tiefen Nicken und nahm dem Nuntius den Weinbecher ab, den ihm dieser reichte. »Ich habe auf Eure Bestellung gehofft und es stimmt mich freudig, im Namen unseres Herrn an Eurer Seite Dienst tun zu dürfen.«

Spinelli lächelte zufrieden und nippte am Wein. Er vertraut mir schon, das ist gut! Dann lachte er freundlich: »Nun, nun, aber langsam. Ich weiß um Euren Eifer Bescheid, Ihr habt Euch schon in Salzburg bei den Prozessen gegen die Hexen einen großen Namen gemacht, aber bedenkt, Ihr seid hier in Prag und wisst, dass unser Herrscher die Ketzer, Juden und Besessenen lieber empfängt und beherbergt, als dass er sie verbrennt.« Wie eine Schlange die Maus betrachtete der Neapolitaner sein Gegenüber und träufelte Gift in sein Herz.

Der Kaiser wusste auch ohne Pistorius' Warnung über den Charakter des neuen Nuntius genau Bescheid. Bevor er die Audienz festgelegt hatte, hatte er den Neuankömmling einen ganzen Monat lang warten lassen. Bevor er ihn am festgelegten Tag empfing, ließ er ihn wieder warten. Soll er doch merken, wie willkommen er mir ist!, hatte er gedacht und war in den Reitstall gegangen, um sich vor der Audienz etwas aufzuheitern.

Der Stallmeister war nicht überrascht, seinen Herrn in Reitkleidern zu sehen. Hatte er doch am Vortag einen besonders schönen hispanischen Hengst aus Lipizza in Empfang genommen und dies Rudolf melden lassen. Diesem Pferd war der Ruf vorausgeeilt, besonders tückisch und verschlagen zu sein. Drei Stallknechte waren gerade damit beschäftigt, das widerspenstige Pferd zu zäumen und zu satteln. »Gauner, abscheulicher Schurke! Gleich hörst du auf, sonst gibt's was!«, brüllten sie den Hengst an und bedrohten und schlugen ihn mit dem Stock. Dieser wurde dadurch nur noch nervöser, schüttelte die Mähne und legte die Ohren zurück. Schaum stand ihm vor dem Maul.

Der Stallmeister schüttelte den Kopf. »Sire, dieser Gaul ist zwar schön, aber völlig ungeeignet für Euch. Weder werdet Ihr ihn jemals selbst reiten können, noch ist er für irgendeinen anderen Zweck zu gebrauchen. Dabei hat Euer Vetter, der hohe Herr Erzherzog Ferdinand, ihn selbst für Euch ausgewählt und seinen elastischen, zierlichen Gang gelobt.«

Rudolf verzog das Gesicht, er hegte keine große Zuneigung zu seinem Grazer Vetter, dem fanatischen Katholiken Ferdinand, der von den Jesuiten erzogen worden war und hart gegen alle Protestanten in seinem Herrschaftsgebiet vorging. »Sind das Leute aus Lipizza, die sich da mit dem Hengst abmühen?«, wollte er wissen.

»Ja, Sire, unsere eigenen Leute halten sich aus Vorsicht lieber fern.«

Rudolf befahl, das aufgeregte Tier zur Reithalle zu führen und dort frei laufen zu lassen. Tatsächlich, der Schimmel war wunderschön. Es wäre doch zu schade, könnte er das Tier nicht reiten. Warum war es nur so wild?

Auf seine Frage erzählte einer der fremden Reitknechte: »Wir hatten auf der Reise unsere liebe Not mit ihm. Im Wagen keilte er wie verrückt herum. Und führten wir ihn an der Hand, war er noch schlimmer. Einmal ging er nicht vorwärts, dann wieder legte er sich in jedem Bach hin, den wir mit ihm durchquerten. Ich ritt dann den widerspenstigen Gaul mit Mühe in einen Fluss. Drei Lakaien mit Knüppeln blieben mir auf den Fersen und stürzten sich, sowie der Gaul sich legen wollte, auf ihn. Sie tunkten ihm mit meiner Hilfe den Kopf mit Gewalt unters Wasser, damit es ihm in die Ohren lief. Wir ließen ihn den Kopf eine Weile nicht mehr herausziehen, sondern hielten ihn unten. Dabei prügelten wir das Tier gründlich und bedrohten es mit lauter, furchteinflößender Stimme. Als das Pferd schließlich wieder auftauchte, gab es eine große Verwirrung, denn das Wasser hatte seinem Verstand geschadet. Seither trachtet er uns nach dem Leben[86].«

Der Kaiser wurde wütend. »Dann liegt die Schuld bei Euch und den Lakaien, die das Pferd falsch behandelt und verdorben haben. Ein edles Tier erträgt so eine Behandlung nicht.«

Der Stallmeister wandte ein: »Sire, genau dieses Vorgehen empfiehlt Grisone, der unübertroffene Reitlehrer von Neapel!«

»Wir kennen seine Anweisungen, Wir haben sein Werk ›Gli ordini di cavalcare‹ wohl studiert, manches daraus gelernt, manches verworfen. Nun gut, Wir werden sehen, was mit dem Pferd geschehen soll.«

Rudolf befahl, auf einem nahe gelegenen Feld in den Schnee kreisrunde Spuren zu stampfen. Dann ließ er das Pferd, das sich inzwischen etwas beruhigt hatte, von drei gelassenen böhmischen Stallknechten dorthin schaffen. Diese mussten es so lange am Longierzügel im Kreis herumtreiben, bis der »Teufel des Ungehorsams ausgetrieben«, das Pferd also etwas müde geworden war. Dann mussten sie es zu einem Steinblock führen. Rudolf wollte selbst aufsitzen. Er streckte seine Hand aus und begann dem Schimmel mit der Hand schönzutun und ihm mit sanfter Stimme den Ernst der Lage klar zu machen. Und tatsächlich: Er ließ ihn aufsitzen. Rudolf begann nun langsam das Pferd auf den Kreisbahnen zu reiten, zuerst im Trab, dann im Galopp. »Na, nur Mut und frisch voran!«, rief er fröhlich. Nach einiger Zeit ließ er das Pferd im Schritt gehen, dann stehen und richtete es zurück. »Rückwärts, Bürschlein, rückwärts, sag ich!« Der Hengst gehorchte willig. Der Kaiser sprang aus dem Sattel, übergab das Pferd den Knechten, die es noch herumführen und dann mit Stroh abreiben konnten, ohne dass es sich widerspenstig zeigte. Wie schön war diese Stunde in der frischen Luft! Wie wohl fühle ich mich jetzt!, freute er sich. Da fiel ihm wieder ein, dass der Nuntius auf ihn wartete. Erhitzt, doch entspannt wechselte er vor der Audienz noch rasch die Kleider und begab sich dann widerwillig zum Audienzsaal. Die Würdenträger des Reiches waren dort seit Stunden versammelt, um dem Empfang beizuwohnen. Er setzte sich auf seinen Thron und befahl, Spinelli vorzulassen.

Der Nuntius ließ sich seine Verärgerung nicht anmerken. Unerhört war es, wie ihn der Kaiser behandelte! Doch der geschulte Diplomat, ein schöner Mann von mittleren Jahren, lächelte und verneigte sich tief. Zu seiner größten Verwunderung unterließ Rudolf es, den Bischofsring zu küssen. So ließ der Neapolitaner die schon erhobene Hand betont langsam wieder sinken. Rudolf musterte ihn von oben bis unten, bis er ihn endlich eines Wortes würdigte. »Wir begrüßen den hochwürdigsten Herrn Nuntius Spinelli, den Vertreter Seiner Heiligkeit, an Unserem Hofe. Sprecht also!«

Das klang nicht sehr einladend, jedoch konnte der Nuntius nun das Wort ergreifen. Er verlas einen Brief von Papst Clemens VIII. und übermittelte dem Kaiser den päpstlichen Segen. Der konnte nun gar nicht anders, als die Knie beugen und den Bischofsring küssen, was Spinelli mit tiefster Genugtuung erfüllte. Der Herrscher erhob sich wieder und bedeutete dem Nuntius, ihm ins angrenzende Gemach zu folgen. Er wollte sich mit ihm unter vier Augen unterhalten.

»Vater«, so sprach Rudolf, »wie ist das Befinden Seiner Heiligkeit?«

Zu seinem Leidwesen antwortete der Erzbischof: »Sire, Seine Heiligkeit befindet sich wohl, ist von der Unpässlichkeit des letzten Jahres vollauf genesen.«

Zu schade, dachte Rudolf, der aus seiner tiefen Abneigung gegen Papst Clemens VIII. nie ein Hehl gemacht hatte.

Für Spinelli, der ein ausgezeichneter Menschenkenner war, lagen des Kaisers Gedanken da wie ein offenes Buch. Aber er war mit dem bestimmten Auftrag, alle der Kirche schädlichen Personen aus der Umgebung des Kaisers zu entfernen und die Jesuiten zu unterstützen, nach Prag gekommen und gedachte diesem gerecht zu werden. Dazu hatte er sich genauestens mit Rudolfs Persönlichkeit auseinander gesetzt und wusste, wie er ihn fassen konnte. »Sire«, begann er schlau, »die Gesellschaft Jesu in Rom besitzt einen riesengroßen, reinen Diamanten, eines Kaisers würdig.« Rudolf, der vom Nuntius eine ganz andere Rede erwartet hatte, nämlich eine der üblichen Mahn- und Drohreden der Kurie, war verblüfft. Spinelli berichtete, der Orden würde sich vielleicht ihm zuliebe von dem Diamanten trennen, er wolle in Rom seinen ganzen Einfluss dafür verwenden.

Rudolfs Sammlerleidenschaft bekam Oberhand über seine Vorsicht. Er lud den Nuntius ein, sich zu setzen und war bald mit ihm in ein spannendes Gespräch über Edelsteine vertieft. Der Erzbischof überreichte Rudolf eine Achatkamee, auf der eine schwarze Venus zu sehen war, als Geschenk. Bei ihrem Anblick vergaß Rudolf den Papst und seine Bedenken ganz, jedenfalls für den Augenblick. Er betrachtete das Schmuckstück entzückt, läutete um Wein und wurde sehr freundlich. Spinelli verstand viel von der Steinschneidekunst, kannte bedeutende Künstler gut, darunter die Familie Miseroni, die er geschickt und lobend ins Gespräch brachte.

Vor Begeisterung über das Thema unvorsichtig geworden, verriet der Kaiser: »Ottavio Miseroni hat für Uns einen besonderen Onyx bearbeitet, Unser Amulett, das Uns bisher vor viel Bösem bewahrt hat.« Er öffnete zwei Knöpfe an seinem Wams und zog das Medaillon der jüdischen Gemeinde stolz hervor.

Ein Blick darauf genügte dem Nuntius. Rudolf, der christliche Kaiser, trug also tatsächlich ein jüdisches Choschen[87] unter den Kleidern, das Gerücht sprach wahr! Der glatte Diplomat ließ sich seine Überraschung und sein Entsetzen nicht anmerken und bewunderte das Werk, wobei er Rudolf etwas zu nahe kam.

Dieser wich hastig zurück, er hasste es, wenn ihm Menschen zu nahe kamen. Er fühlte sich von ihrem Atem beschmutzt. Der Nuntius hatte nicht erwartet, mitten in einem anregenden Gespräch abrupt entlassen zu werden, doch genau das geschah. Er konnte gerade noch aufstehen und sich tief verneigen, als Rudolf wortlos den Raum verließ. Er ist verrückt, ganz gewiss, er ist verrückt!, sagte sich der Nuntius kopfschüttelnd und faltete seine schmalen, gepflegten Hände zu einem kurzen Gebet für die verirrte Seele des Kaisers.

Nach der so jäh beendeten Audienz sandte Rudolf nach Katharina. Er sehnte sich danach, in ihrer Anwesenheit den Nuntius, der ihn beeindruckt und ihm doch ein dumpfes Gefühl der Angst eingeflößt hatte, vergessen zu können. Schon lange hatte er seiner Liebsten versprochen, sie in sein Laboratorium zu führen, was er noch nie zuvor getan hatte. Denn er war der Meinung, das wäre kein passender Aufenthaltsort für eine Dame, da die Experimente nicht ungefährlich waren.

Katharina wusste, dass Rudolf ganze Tage und Nächte bei seinen Alchemisten verbrachte. In ihrem Bestreben, des Kaisers Seele und Geist immer besser zu erfassen, suchte sie Zugang zu allem, womit er sich zu beschäftigen pflegte.

Als Katharina mit dem Kaiser das Laboratorium betrat, sah sie einen alten Mann am Ofen stehen, in dem sie den Greis, den sie vor vielen Jahren im Vorzimmer des Mordechai Maisl gesehen hatte, erkannte. Rudolf erklärte ihr: »Meine Liebste, der würdige Greis dort ist Sendivogius, ein gelehrter Pole, ein treuer Anhänger unseres Hauses. Ganz zu Unrecht ist er als Betrüger verfolgt und eingekerkert gewesen, aber ich habe für seine Befreiung Sorge getragen.«

Deshalb also war der alte Mann so ärmlich gekleidet als Bittsteller bei Maisl gewesen! Rudolf hatte damals wohl für seine Befreiung, nicht aber für seine Kleidung Sorge getragen! Auf eine leise Bemerkung ihrerseits sagte Rudolf: »Es war der Primator der Judenstadt, Mordechai Maisl, der sich bei mir für ihn eingesetzt hat. Und da Sendiwoj ein Mann von großer Weisheit ist, habe ich ihn gern in meine Dienste genommen.« Nun, die Lumpen hatten schlichter Kleidung Platz gemacht, die Wangen des Alten waren nicht mehr eingefallen. Sichtlich tat ihm der Platz in der Nähe des Kaisers gut.

Sendivogius hatte, wie alle Alchemisten des Kaisers, den Auftrag, sich durch das Eintreten des Herrschers nicht stören zu lassen. Er hielt ein Reagenzglas in der Hand, in dem Materie von gelber Farbe schimmerte. Trotzdem verbeugte er sich tief. Rudolf führte seine Begleiterin näher heran und gab dem Alchemisten ein Zeichen, mit dem Versuch fortzufahren.

»Meine Liebste, seht, im Glas ist Schwefel, Sulfur, so wie man ihn in der Natur auffindet. Dort«, und Rudolf wies auf einen offenen Schrank, »seht Ihr, welch schöne Kristalle er bildet, Rhomben und nadelförmige Gebilde und seine Farbe ist gelb.« Katharina nahm einen Kristall in die Hand. Ein stechender Geruch fiel ihr auf, doch sie schwieg.

»Meister Sendiwoj, wollt Ihr die Güte haben und ein bisschen Schwefel für meinen Gast erhitzen?« Der Alchemist hielt sein Glas über eine Flamme. Das hellgelbe Material begann zu schmelzen und färbte sich dunkelgelb, dann braun, und der Geruch wurde immer stechender. Rudolf schien das nicht zu bemerken. Wenn das den Kaiser nicht stört, weshalb sollte es mich stören?, sagte sich Katharina tapfer.

Nun erläuterte Sendivogius: »Ich erhitze die Materie, um sie zu reinigen. Gott hat die Welt erschaffen aus der Prima Materia. Diese ist in allen Stoffen versteckt, sie ist vorhanden und es soll unser Ziel sein, sie erkennbar zu machen. Denn sie allein ist rein und geeignet, die Übel des Körpers und des Geistes zu bekämpfen, Unvollkommenes zu verwandeln, Vollkommenes zu schaffen.«

Sie hatte schon davon gehört, dass die Alchemisten auf der Suche nach der Prima Materia waren, um sich der Erkenntnis Gottes und der Welt zu nähern. Nun war der beißende Gestank vergessen, sie war fasziniert und hörte zu.

Rudolf erklärte: »Solve et coagula, durch Lösen und Verbinden schaffen wir den reinen Stoff. Und auf dem Weg dahin werden wertvolle Erkenntnisse gewonnen und Arzneimittel gefunden. Schaut!« Der Kaiser nahm aus dem Strauß Rosen aus seinem Glashaus, der in der Ecke stand, eine rote Blüte und legte sie auf den Tisch. Dann nahm er ein Stück Schwefel, legte es in eine Glasschale und entzündete es. Über die blaue Flamme hielt er ein umgedrehtes Glas, um das ausströmende Gas aufzufangen. Dann hielt er die Rose in das Gas. Sie verlor ihre rote Farbe, wurde blass. »So wirken schlechte Dämpfe.« Das glaubte Katharina sofort, denn ihr war von dem beißenden Gestank übel geworden und ihre Augen brannten. Der Kaiser merkte es und führte sie ans geöffnete Fenster. Die eiskalte Winterluft milderte den Geruch.

»Nun weißt du auch, weshalb bei allen Versuchen höchste Vorsicht angebracht ist. Zu leicht kann man sich verletzen oder Schaden anrichten. Nur Wissende haben zu meinem Laboratorium Zutritt.« Rudolf hustete. »Ich habe dir wohl zu viel zugemutet, aber sei gewiss, nicht alle Versuche stinken so. Gefährlich ist die Arbeit aber immer, schon wegen der großen Hitze, die von Athenor, dem Ofen, ausgeht.« Das kleine Experiment war natürlich ein besonders eindrucksvolles Beispiel für Auge und Nase gewesen und Katharina war gebührend beeindruckt, was den Kaiser freute.

»Durch Wasser kann Feuer vertilgt und ganz verlöscht werden. So muss unser feuriger Schwefel durch Wasser überwunden und erstritten werden, soll anders nach Abscheidung der Wasser das feurige Leben unseres Schwefeldampfs triumphieren und wiederum obsiegen«, fuhr Rudolf fort. Katharina verstand, dass der Kaiser nicht nur vom Stoff Schwefel sprach, sondern darüber hinaus von der Erkenntnis. Sie wusste, dass die Alchemisten nicht nur Tränke brauten, ihr Ziel war die Erfassung des Göttlichen und der Schöpfung.

»Und gilt dies der Kirche nicht als Teufelswerk?«, fragte sie.

»Ja, allerdings, das kommt schon vor. Viele Weise sind dem Zorn der Inquisition zum Opfer gefallen, viele Erkenntnisse wurden vernichtet. Deshalb habe ich hier eine Zufluchtsstätte eingerichtet für alle Suchenden, um ohne Furcht an ihrem hohen Werk zu bauen. Eine Bruderschaft der Wissenden und Suchenden vereint durch den Willen, das große Werk zu erkennen. Bis hierher reicht der Arm der Kirche nicht!«, antwortete er.

Ja, dachte sie, du stellst deine Macht in den Dienst der Wissenschaft und des Friedens und sammelst große Geister um dich, um diesen Frieden allen Menschen zu verkünden. Und doch, wie nutzlos ist das alles. Es gibt so viele Feinde, die den bösen Willen haben, als Wölfe des Menschen den Geist des Friedens zu vernichten, wo es geht. So groß deine Macht ist, zerbricht sie doch am Bösen, das sich tarnt und dir schadet, wo es geht. Und so nenne ich deine Macht Ohnmacht.

»Es ist doch recht kühl am Fenster«, sagte Rudolf, nichts von ihren Überlegungen ahnend und legte ihr den Arm um die Schultern..

Sie fühlte sich ertappt und berührte mit ihren Fingern zart seinen Arm: »Verzeiht, mein Herr, ich war in Gedanken.« Nach kurzem Schweigen fuhr sie fort: »Ich hörte vom Stein der Weisen sprechen, gibt es ihn und habt Ihr ihn gefunden?«

»Meine Liebe, die Antwort ist, ich hab' ihn nicht. Ob es ihn gibt? Ich weiß es nicht, bin noch auf der Suche. Doch ist es wohl kein Gegenstand, sondern ein Zustand unseres Geistes, Erleuchtung eher als ein echter Stein. Durch die Alchemie gelangt man zu dem Plan der Schöpfung, versucht nachzuahmen, was Gott einst getan. Kann man dadurch Leben erschaffen, hat man Gott verstanden. Davon sind wir weit entfernt, obwohl der Wahrheitssuchende sich selbst zu reinigen versucht wie der Alchemist die Materie. Und so werden wir weiter unsere Versuche machen in der Hoffnung, mehr und mehr Erkenntnis zu gewinnen. Es heißt, Paracelsus und John Dee hätten den Stein der Weisen besessen. Einmal zeigte mir John Dee ein Pulver und behauptete, es sei der Stein. In Wahrheit war es nur ein Pulver, mit dessen Hilfe er jedes Metall vergolden konnte. Aufgelöst ergab es eine Tinktur, die meine Schmerzen in den Gelenken zu lindern schien[88]. John Dee war ein weiser Mann, doch weiß ich nicht, wie nahe er der Erkenntnis Gottes und der Schöpfung gekommen ist. Sein Schüler Kelley hat die Weisheit nicht und treibt ein übles Spiel.«

»Den Stein zu finden, ist ein langer Weg, zumindest einhundertundfünfundsechzig Tage nimmt das Werk in Anspruch«, Sendiwoj hatte sich genähert. »Mortificatio, putrefactio, solutio, animatio, dann wieder putrefactio und combinatio, eine dritte putrefactio, solutio, animatio, und eine vierte putrefatio, dann die perfectio seu fixatio, vorausgesetzt, das Werk wird nicht gestört. Mir ist es nicht gelungen, denn einmal habe ich den Stoff zu viel, ein andermal zu ungleichmäßig erwärmt, der himmlische Rubin wurde nicht geboren. Ich sah den Raben, der in der Nacht ohne Flügel fliegt, nach ihm die weiße Taube, doch die rote Farbe zeigte sich nicht[89].« Bedrückt stand der Alchemist vor seinem Herrn.

»Seid guten Mutes«, tröstete ihn der Kaiser, »beendet Eure Suche nicht, wer weiß, vielleicht erblüht Euch eines Tages doch die rote Rose. Doch hütet Euch vor der Inquisition.« Der Kaiser bot Katharina seine Rechte und führte sie aus dem Laboratorium in den verschneiten Park. »Mein Herz«, sprach er ihm Gehen, »Ihr seht, welch Streben mich mit meinen Alchemisten verbindet. Das Streben nach Erkenntnis, Gewissensfreiheit und nach Frieden, den ich trotz aller Macht nicht herbeiführen kann. Auch ich bin nur ein schwacher Mensch mit Grenzen und irre oft. Es schmerzt mich tief, dass ich nicht helfen kann, dass ich den Menschen nicht helfen kann auf ihrem irdischen Weg. Ich selbst finde meinen Frieden stets nur für kurze Zeit in Euren Armen, für mich seid Ihr die wahre Braut und Königin, die weiße Rose.«

Lange schritten sie noch durch den Schnee, schweigend zumeist und in tiefe Gedanken versunken. Katharina schmerzte das Herz vor Liebe zu dem stillen Mann an ihrer Seite. Sie dachte an die vielen Feinde um ihn herum, die vielen Neider. Sie fühlte seinen Gram und gab ihm stillen Trost.

So viel Schnee hatte es in Prag schon lange nicht mehr gegeben wie in diesem Winter. Der Kaiser litt sehr unter der Kälte und sehnte die spanische Sonne herbei. Mit der Sehnsucht wurden auch die Erinnerungen an alte Freunde wieder lebendig. Wie gerne würde er sie wiedersehen! Doch fast alle waren seit langem tot. Eine der wenigen, die noch lebte, war

Sofonisba Anguissola, die bekannte Malerin. Rudolf beschloss, sie nach Prag einzuladen und damit auch Katharina eine Freude zu machen: »Sofonisba malt die allerschönsten Kinderporträts, ich werde sie bitten, unsere Kinder Carolina und Matthias zu malen! Schade, dass Julius nicht in Böhmen ist.«

»Ja, wirklich schade«, sagte Katharina bedauernd. »Er ist so hübsch und es gibt noch gar kein schönes Bild von ihm!« Da kam ihr ein Gedanke: »Wenn Sofonisba kommt, lasst sie bitte bei mir wohnen, wir beiden Frauen werden viel miteinander zu plaudern haben!«

Mit Freuden nahm Sofonisba die Einladung an, obwohl die Reise im Winter recht beschwerlich war. Und so fuhr eines schönen Tages eine kaiserliche Kutsche, die Rudolf ihr bis Wien entgegengeschickt hatte, vor Katharinas Haus vor. Aufgeregt lief diese hinaus, vergaß sogar ihren warmen Umhang.

Die Malerin war bereits eine alte Dame, aber sie sprang gelenkig wie ein junges Mädchen ohne Hilfe aus dem Wagen. Allerdings sah sie nicht mehr sehr gut und kniff daher die Augen zusammen, als ihr Katharina entgegenlief. Dann setzte Sofonisba ihre bügellose Brille auf die Nase, um sie besser betrachten zu können. Was sie sah, gefiel ihr. Und da sie ein sehr herzliches Wesen hatte, umarmte sie ihre Gastgeberin spontan und küsste sie auf beide Wangen.

»Wie freue ich mich, Signora, dass Ihr nach Prag gekommen seid! War Eure Reise sehr beschwerlich?«, fragte diese.

»Eine Reise im Winter ist nie sehr vergnüglich, doch bin ich daran gewöhnt, ständig unterwegs zu sein. Jetzt bin ich froh, ohne Zwischenfälle angekommen zu sein und freue mich auf etwas Ruhe!«, meinte Sofonisba.

Katharina hatte für den Gast die größte der Schlafkammern neu einrichten lassen. Jetzt flackerte ein lustiges Feuer im Kamin und sorgte für angenehme Wärme im Raum.

»Ruht Euch etwas aus, ich schicke Euch Wein und Brot«, bat Katharina. »Der Kaiser erwartet Euch erst morgen.«

Eine Stunde später setzten sich die Damen im Speisesaal zu Tisch und begannen zu plaudern.

»Signora Sofonisba, Ihr seid von gleichem Stand wie ich. Wie kommt es, dass Ihr, obwohl von Adel, Malerin werden durftet?«, wollte Katharina wissen.

»Nun, Adel ist noch kein Garant für Geld. Das fehlte meinem Vater Amilcare, dabei hätte er viel davon benötigt, um uns sechs Töchter standesgemäß erziehen und verheiraten zu können!«, lachte Sofonisba offen. »Für mich war das ein Glück! Selbst für ein Kloster reichte meine Mitgift nicht! Als nun der Maler Campi mich und meine Schwester Elena – wir waren damals Kinder von zehn, elf Jahren – als Lehrlinge in sein Haus in Cremona nahm, durften wir unseren Neigungen folgen. Er wies uns mit Geduld und Sanftmut in die Malkunst ein, tadelte uns, ohne uns zu erschrecken, lobte uns, ohne uns zu verwöhnen. Wir lernten von ihm, was er zu lehren hatte, und das war sehr viel.«

»Wie lange bliebt Ihr in seinem Haus?«, fragte Katharina neugierig, das alles war sehr ungewöhnlich.

»Drei Jahre nur, bis er nach Mailand ging. Dann wohnten wir wieder im Elternhaus und hatten einen neuen Lehrer, Bernardino Gatti, der neu aus Parma nach Cremona gekommen war. Daneben lernten wir bei hervorragenden Gelehrten das Wissen unserer Zeit. In unserer Freizeit spielten wir Schach und brachten es auch darin zu einer gewissen Meisterschaft! Signora Katharina, beherrscht Ihr dieses königliche Spiel?«

»Ja und wenn Ihr wollt und mit meinem ungenügenden Können Nachsicht habt, können wir so manche nette Stunde damit verbringen!«, rief Katharina entzückt. »Und wie war Euer Schicksal weiter, erzählt doch, ich bitte Euch! Ich hoffe, meine Neugier erscheint Euch nicht zu vermessen, verzeiht sie mir!«

Sofonisba winkte mit einem Lachen ab und setzte ihre Erzählung bereitwillig und schalkhaft fort: »Nun ja, damals war ich ein hübsches Mädchen mit klaren Augen und frischem Gesicht, doch viel zu klug! Und da ich nicht mit einer Heirat rechnen konnte, dachte ich, dies mit viel Würde zu ertragen. Da ich kein Geld für modische Bekleidung hatte, kleidete ich mich nur in Schwarz, was sonst nur Herren tun, und verzichtete auf jeden Schmuck. Dafür hielt ich stets ein Buch in der Hand. Ich sah nicht aus wie eine Nonne, doch auch nicht wie eine Frau von Welt, ich hatte meinen eigenen Stil und hoffte, dieser würde gefallen. Und so war es auch! Statt mir schöne Augen zu machen und mir dumme Artigkeiten ins Ohr zu flüstern, ließen sich die Herren von mir porträtieren und bezahlten gut dafür. Statt mit mir spitze Bemerkungen zu wechseln und mich mit Blicken zu durchbohren, schenkten mir die Damen ihr Vertrauen und suchten meine Freundschaft. Ich wurde sehr bekannt, so bekannt, dass ich eine Einladung an den spanischen Königshof erhielt, die höchste Ehre!«

Katharina war fasziniert. Welch ungewöhnliches Leben hatte die Malerin geführt!

»Signora Katharina, ich bin so lange in der Kutsche gesessen, mögt Ihr ein bisschen mit mir hinausgehen und mir die Burg zeigen? Ich erzähle später weiter«, bat Sofonisba jetzt.

Gern stimmte Katharina zu, denn im Gegensatz zu Rudolf störte sie die Kälte nicht. Während ihrer Schwangerschaften war ihr fast immer warm. Die beiden Frauen gingen, in Umhänge aus Marderfell gehüllt und begleitet von Wenzel, auf dem Hradschin umher und Katharina erklärte dem Gast, was es zu sehen gab. Als sie an den Stallungen vorbeigingen, kam ihr ein Gedanke. O ja!, freute sie sich, jetzt holen wir die jungen Hunde, von denen Ranft gesprochen hat! Sie wollte ihren Kindern, die am nächsten Tag erwartet wurden, die Welpen schenken. Sie gingen zum Hufschmied, der sofort seine Arbeit unterbrach und den Zwinger öffnete. »Oh! Sind die lieb!« Katharina streichelte die kleinen Hündchen, die verspielt im Schnee herumsprangen und ihre Freiheit genossen. Sie drückte dem Hufschmied begeistert die Hand, obwohl der Mann von der Arbeit schmutzig und verschwitzt war. Durch ihre Liebenswürdigkeit war sie schon lange der Liebling des gemeinen Volkes auf dem Hradschin geworden und manch einer nannte sie »die heimliche Kaiserin«.

»Ja, sie gehören jetzt endlich weg von der Hündin«, meinte der Schmied und streichelte einen der kleinen Hunde, »werden sie noch später getrennt, dann werden die Hunde nicht mehr anhänglich!«

Katharina nickte. »Wir nehmen diese beiden hier!«, sagte sie und reichte zwei Tiere nacheinander Wenzel, der sie in einen Korb setzte. »Carolina und Matthias werden sich freuen«, sagte sie, »wenn sie morgen kommen, schenke ich sie ihnen. Dann können meine Kinder bei ihrer Abreise etwas Lebendiges von hier mitnehmen!«

Sofonisba fragte: »Don Julius bekommt keinen Hund, wenn er wiederkommt?«

Katharina antwortete entschieden: »Nein, wer weiß, was er mit dem armen Tier anstellen würde, er hat schon andere Hunde zu Tode geprügelt! Nein! Was können die armen Tiere für die Ausbrüche meines Sohnes!«

Die Malerin war bestürzt. Sie fühlte sich an Don Carlos erinnert, den unglücklichen Sohn König Philipps, der auch Grausamkeiten an Tieren begangen hatte. Die Geschichte wiederholt sich also, welche Tragik!, dachte sie. Sie hatte die Tragödie des Don Carlos damals aus nächster Nähe miterlebt, war die vertraute Freundin der schönen Königin gewesen. Aber sie wollte der jungen Mutter mit solchen Erzählungen das Herz nicht schwer machen und schwieg.

Wieder daheim angekommen, fanden die Damen Ottavio Strada wartend vor. Der ehrgeizige Hofantiquar wollte dem berühmten Gast seine Aufwartung machen und fragen, ob er behilflich sein könne. »Ja«, bat Sofonisba freundlich und verglich ihn im Geist mit seinem verstorbenen Vater, »ich bitte

Euch, meldet dem Kaiser, dass ich angekommen bin und schon mit Freude auf die Audienz warte!«

Der Antiquar versprach, die Botschaft auszurichten, wechselte noch einige höfliche Worte mit der Künstlerin und verabschiedete sich wieder.

»Welch würdevoller Herr ist er geworden, der Sohn meines Freundes Jacopo!«, meinte sie schmunzelnd.

Nachdem die beiden Frauen noch eine Weile mit den Welpen gespielt hatten, setzten sie sich zum Schachspiel. Katharina war nicht ganz bei der Sache, sie spielte recht zerstreut. Sofonisba konnte sich den Grund denken, es war Neugier! Und so erzählte sie ihre Geschichte weiter. »Auch am spanischen Hof beschäftigten wir uns stundenlang mit diesem Spiel. Die junge Königin Isabel war eine Meisterin darin.«

»O bitte, erzählt mir von ihr! War sie wirklich so schön, wie man hört?«

»Sie war eine Dame von ungewöhnlichem Reiz, geistreich, erwachsen und kindlich zugleich. Ihr erinnert mich stark an sie in Eurem Wesen. Auch Doña Isabel konnte sich an kleinen Dingen freuen und behandelte jeden Menschen voller Herzlichkeit. Man musste sie ganz einfach lieben!«

»So wie auch der Kaiser sie geliebt hat ...«, murmelte Katharina.

»Ja, seht, er stand in ihrem Alter, litt an Heimweh und war oft sehr betrübt. Ich habe ein Bild mitgebracht von Doña Isabel, kommt mit in meine Kammer, ich zeige es Euch. Ich habe es seinerzeit gemalt, mich nie davon getrennt, doch jetzt will ich es dem Kaiser schenken.«

Das Schachspiel konnte warten. In der Kammer ließ Sofonisba von ihrer Zofe, einer munteren und flinken Italienerin, das Bild aus einer der Truhen nehmen. Katharina betrachtete die junge Frau darauf voll Interesse, aber auch mit einer Spur Eifersucht. »Sie ist ja viel schöner als ich«, seufzte sie.

»Nun, die Malerei birgt in sich, dass die Toten noch zu leben scheinen, sodass wir sie mit großer eigener Lust wieder und wieder betrachten können. Doch will ich nicht verfehlen zu sagen, dass, wenn man mit dem Pinsel die seelischen Schönheiten dieser erlauchtesten Königin darzustellen vermocht hätte, man nichts Wunderbareres würde sehen können![90]«, sagte die Malerin. »Ich kannte sie gut. Nachdem der König ihre französischen Damen nach Hause geschickt hatte, war ich ihre engste Vertraute. Sie trug jedes Kleid nur ein einziges Mal, weil sie so besonders reinlich war. Oft saß ich mit ihr und ihren spanischen Damen in den Gärten von Aranjuez, damit beschäftigt, Juwelen von einem Kleid herunterzutrennen und ein neues damit zu schmücken!«, berichtete sie schmunzelnd. »Der Ehestand war für sie nicht ganz angenehm, denn sie war sehr zart gebaut und König Philipp ein recht kräftiger Herr. So ließ sie sich aus Frankreich von ihrer Mutter, der Königin Katharina, Gleitmittel schicken. Ein Geheimnis blieb das nicht.«

»Oh«, staunte Katharina, von dieser Indiskretion verblüfft. Beide Frauen lachten herzlich.

»Nun, Signora, der Ehestand kann manchmal recht beschwerlich sein! Das habe auch ich erfahren. Denn nach dem Tod der Königin wurde ich von König Philipp mit dem sizilianischen Edelmann Fabrizio de Moncada verheiratet. Ich zählte damals neununddreißig Jahre und lebte dann mit ihm in Palermo. Zu meinem Glück, ich muss es sagen, Fabrizio wird mir verzeihen, währte die Ehe nur acht Jahre.«

»Und dann?«

»Dann beschloss ich nach Cremona heimzukehren und mich dort als Porträtmalerin zu betätigen. Es sollte anders kommen. Denn auf dem Schiff, mit dem ich nach Genua reiste, begegnete ich der Liebe.«

»Was«, sagte Katharina und rechnete nach, »mit siebenundvierzig Jahren?«

»Das Herz altert nie«, antwortete die Malerin verschmitzt. »Ein schöner Mann war er, der Kapitän des Schiffes, Orazio

Lomellini aus Genua, hoch gewachsen, mit schwarzen Haaren und nur einem Auge, das andere hatte er einmal bei einem Kampf gegen Piraten eingebüßt. Er war zwar einige Jahre jünger als ich, aber er warb so stürmisch um meine Zuneigung, dass ich nicht widerstehen konnte. Ich wurde schwach und lag bald in seinen Armen. Sobald wir in Genua angekommen waren, heirateten wir. Wir sind einander selbst heute noch zutiefst zugetan, auch wenn wir oft getrennte Wege gehen.«

Im Geiste rechnete Katharina nach, die alte Dame musste fast siebzig Jahre zählen, doch wirkte sie viel jünger. Das also war die Macht der Liebe, sie schenkte Jugend bis ins Alter! Ob auch ich durch die Liebe schön und jung bleibe?

Die Malerin musste ihre Gedanken gespürt haben, denn nun forderte sie die junge Frau auf: »Nun erzählt mir aber von Euch, Signora, auch Euer Schicksal ist recht ungewöhnlich, dünkt mich. Ich kannte Euren Großvater Jacopo Strada gut, bin ihm oft begegnet und schätzte ihn sehr! So kannte ich auch Euch schon lang aus seinen Erzählungen, er liebte Euch sehr und nannte Euch sein ›Engelchen‹. Ich habe keine Kinder, habe nie Mutterfreuden empfinden dürfen, sehe keine Enkelkinder heranwachsen, denen ich meine Liebe schenken könnte.« Auf ihrem Gesicht lag ein wehmütiges Lächeln.

»Mutterfreuden, ja, ich kenne sie, doch auch das Leid der Mutter, die von ihren Kindern getrennt wird, ist mir vertraut«, seufzte Katharina und Tränen strömten unwillkürlich und still aus ihren Augen. Viel Kummer hatte sich in all den Jahren angesammelt, doch auch viel Freude.

Sofonisba nahm sie in die Arme und wiegte sie leise hin und her, genauso wie es Maria oft getan hatte. Zum ersten Mal seit deren Tod konnte sich Katharina alles von der Seele sprechen. Hier war eine mütterliche Freundin, der sie vertrauen konnte, die sie verstand und tröstete. Sie öffnete ihr Herz und erzählte der Malerin die Geschichte ihrer Liebe, ihrer Freuden und Leiden.

Zur selben Zeit saß der Nuntius allein beim Abendessen. »Bald schon, schon sehr bald, wird hier einiges anders sein!«, murmelte er, während er die Schneekristalle am Fenster seines Arbeitsraumes betrachtete. Es war ihm zwar bei der Audienz gelungen, den Kaiser in ein Gespräch über Kunst zu verwickeln, als dieser eher eine Wiederholung der ewigen Vorwürfe aus Rom erwartet hatte, aber damit war noch nicht sein Vertrauen gewonnen. Der eiskalte Diplomat hatte genau erkannt, dass Rudolf beeinflussbar war, und suchte nach einem Weg. Nun, er würde dafür sorgen, dass der Kaiser schöne Geschenke aus Rom bekam, den Diamanten der Jesuiten, vielleicht auch das eine oder andere Gemälde von Tizian, vielleicht eine »Danae«. Er würde auch dafür sorgen, dass eine Gegenleistung des Kaisers nicht ausblieb.

Dazu wollte er zuerst einmal erreichen, dass der fremde Zauber, das jüdische Amulett, seine Kraft verlor. Doch wie? Ein Gedanke kam ihm. Ja, das würde möglich sein. Er läutete nach seinem Sekretär, der sofort erschien. »Kommt herein!« Er winkte Bartolomé freundlich zu und schenkte ihm schon wieder ein Lächeln. Das freute den Mönch, der trat zögernd näher.

Der Erzbischof hatte dunkles, volles Haar, das sein Diener vorne nicht kurz genug geschnitten hatte, weshalb ihm einige Strähnen ins Gesicht fielen. Kurzerhand streifte er sie mit den Fingern zurück und sagte zu dem jungen Geistlichen, der ihm aufgewartet hatte: »Geht jetzt und lasst uns ungestört!« Er reichte dem Dominikaner die Hand zum Kuss, lud ihn ein, Platz zu nehmen und reichte ihm einen Becher Wein.

»Unser Kaiser ist ein wahrhaft guter Christ, jedoch ... jedoch, er steht unter ungünstigem Einfluss«, begann nun Spinelli und beobachtete dabei Bartolomés Reaktionen genau. »Laurentius von Brindisi[91], der Heiligmäßige, der so sehr um seine Seele sich bemüht, wird von ihm gemieden. Er hat vom Prager Erzbischof Berka verlangt, die Kapuziner wegzuschicken. Warum? Doch nur, weil er nicht verstehen kann, dass

Sünden und Anfechtungen aller Art durch die Disziplin[92] abgetötet werden müssen.«

Das war Bartolomé natürlich bekannt, ganz Prag sprach ja darüber, dass Rudolf sich vor den Kapuzinern fürchtete und die Selbstgeißelung nicht nur für sich ablehnte, sondern aus tiefstem Herzen verachtete. Ein sicheres Zeichen von Besessenheit, hatte der Mönch unzählige Male gedacht, jetzt setzte er abrupt seinen Becher ab und nutzte die günstige Gelegenheit. »Vater, auch wenn der Tratsch nicht immer ernste Ursachen hat, so ist es doch bedenklich, dass der Kaiser die Messe meidet, ja, ich selbst habe es erlebt und auch viele andere, dass er in der Kapelle am ganzen Leib zu zittern begann. Es schien, als fürchte er das Kreuzeszeichen.«

»Das alles ist leider nur zu wahr, ich habe bereits davon gehört und da Ihr es bestätigt, werde ich es nach Rom melden.« Spinelli schaute in seinen mittlerweile leeren Bergkristallbecher und fügte wie ganz nebenbei hinzu: »Aus dem Kaiser spricht der Teufel. Er muss verhext sein.«

Er erreichte mit diesen wenigen Worten das, was er hatte bewirken wollen. Bartolomé strahlte, seine Augen leuchteten wie die Glut des Feuers und er blickte dem Nuntius mit unendlicher Dankbarkeit in die Augen! All die Jahre hatte er es gewusst, er, Bartolomé, Sekretär der Nuntiatur und frommer Dominikaner. Er hatte es schon immer gesehen, der Kaiser war verhext! Der Mönch fühlte sich so erleichtert, als fiele ihm eine unendlich schwere Last von den Schultern, endlich war da jemand, der ihn verstand und seine Ansicht teilte!

»Merkwürdige Menschen umgeben den Kaiser. Er zeigte mir ein jüdisches Amulett, er trägt es stets unter seinen Kleidern. Das ist ungeheuerlich und erklärt, warum er den Juden so geneigt ist! Sein Vizekanzler Zelinsky aber ist ein Protestant und steht bei ihm in hoher Gunst. Und sein vertrautester Freund ist der undurchsichtige Tycho de Brahe, den er bei seiner Ankunft am Prager Hof wie einen König mit entblößtem

Haupt empfangen hat! Solche Ehrfurcht und Zuneigung erweist er den Vertretern der heiligen Kirche nicht. Im Gegenteil, er hindert die ehrwürdigen Brüder der Gesellschaft Jesu, die irrigen Seelen des böhmischen Volkes zurückzuführen zur wahren Mutter Kirche!«, zählte der Nuntius die Fehler Rudolfs auf, um Bartolomés Hass zu schüren.

»Das Amulett, man müsste es in die Hand bekommen und sei es nur für einen Augenblick ...«, sinnierte der Mönch.

»Das könnte möglich sein, ich habe da eine Idee ...«, sagte der Erzbischof und weihte sein Gegenüber ein.

»So geht nun und befehlt – nein, er ist ein Künstler – bittet Ottavio Miseroni zu mir!« Der Dominikaner beeilte sich, unverzüglich den Auftrag seines Herrn zu erfüllen. Und so stand wenig später Ottavio Miseroni vor dem Erzbischof und küsste ihm den Ring. Wohl war ihm nicht in seiner Haut, aber vielleicht wollte der Nuntius ein Gefäß oder eine Kamee bestellen?

»Signor Miseroni, Ihr seid ein treuer Sohn der Kirche und ein großer Künstler, den ich zutiefst bewundere. Niemand beherrscht die Kunst des Steinschleifens so gut wie Ihr, Ihr übertrefft an Fertigkeit selbst Euren Vater und Euren Onkel in Mailand. Der Papst hält große Stücke auf Euch.«

Der junge Künstler war verblüfft und misstrauisch, was sollte diese Einleitung? Er kannte seinen Wert genau und wusste, dass seine Werke bereits überall als begehrte Sammelstücke galten.

»Ich habe gehört, Ihr habt Euch vor noch nicht allzu langer Zeit vermählt?«

»Ja, Vater, so ist es«, sagte der Künstler erstaunt.

»Nun ja, ich weiß nicht, ob Ihr gut gewählt habt, denn der Vater Eurer Frau, Signor Ferrante Castello, hat nicht den besten Ruf.«

Der Steinschleifer erblasste, was wollte der Kirchenfürst damit sagen?

»Ihr, Signor Miseroni, seid ein guter Sohn der Kirche und über jeden Zweifel erhaben, doch gilt das auch für ihn? Euch zuliebe halte ich meine schützende Hand über ihn, damit er nicht dasselbe Schicksal erleidet wie sein Freund Giordano Bruno ...«

Miseroni erblasste und seine Knie begannen zu zittern. Das war eine unmissverständliche Drohung, was wollte Spinelli von ihm?

»Ihr habt im Auftrag der jüdischen Gemeinde einen Onyx für den Kaiser gestaltet, nicht wahr?«, fragte der Erzbischof. »Nun sagt mir, welche Worte auf dem Stein stehen!«

»Vater, es ist ein Segensspruch für den Kaiser, nichts Geheimnisvolles.«

»Nun gut, ich habe eine Bitte an Euch!«

Zuerst droht er mir, nun erteilt er mir einen Befehl, ich habe Angst, dachte Miseroni.

»Ihr werdet einige Buchstaben des Spruches unleserlich machen, und zwar in Anwesenheit meines Sekretärs! Ich verlasse mich auf Euren Gehorsam und verlange Stillschweigen. Wie Ihr den Stein in Eure Hand bekommt, müsst Ihr selbst wissen. Und beeilt Euch!« Spinelli reichte ihm seine Hand zum Kuss und zum Zeichen, dass er entlassen war.

Ottavio Miseroni schwankte benommen zu seiner Werkstatt und stolperte mehrmals im tiefen Schnee. Ihm war übel. Am liebsten hätte er vorhin dem Nuntius ein glattes Nein ins Gesicht geschleudert, doch befand sich sein Schwiegervater gerade in Rom und somit im Machtbereich der römischen Gerichte. Seiner Frau Laura zuliebe musste er tun, was Spinelli befohlen hatte. Die Durchführung war einfach. Noch am selben Abend erzählte Miseroni dem Kammerdiener Ranft, er müsse den Onyx an einer Stelle ausbessern, ein kleiner Fehler daran sei ihm eingefallen, den der Kaiser nicht bemerken dürfe. Ranft ahnte nichts Böses, als er das Amulett zu ihm brachte und es ihm für kurze Zeit überließ. Miseroni entfernte einige Buchstaben aus dem Namen des Engels Zekeliel[93], Bartolomé besprengte das Amulett mit Weihwasser[94] und murmelte eine lateinische Formel und schon bekam der ahnungslose Ranft den Gegenstand zurück. Nun war das Amulett durch die Kirche geweiht, der jüdische Zauber gebrochen. So dachte der Mönch, so dachte auch Spinelli, vom Aberglauben seiner Zeit nicht frei, als der Dominikaner ihm spät in der Nacht den Erfolg meldete.

Nun gut, das kann nur nützen, ganz gewiss nicht schaden, sagte sich der Neapolitaner. Doch gefährlicher scheint mir, dass der Kaiser sich so leicht beeinflussen lässt. Und da gibt es einige Personen in seiner nächsten Umgebung, die der Heiligen Kirche nicht genug ergeben sind. Und vor allem eine Frau, die dafür sorgt, dass der Kaiser sich nicht verheiraten will. Er trommelte mit den Fingern auf den Tisch. Bruder Bartolomé hat sich als williges Werkzeug erwiesen, er wird weiterhin alles tun, was ich verlange. Er wird sich sogar darum drängen!

Nach der Morgenandacht rief Spinelli den Dominikaner wieder zu sich. »Wir haben nun geschickt die Macht des Amuletts gebrochen. Doch sagt, wer behext den Kaiser noch?«

»Katharina Strada, schenkt mir Glauben!«, rief der hagere Mann eifernd. »Katharina Strada ist die Hexe, glaubt mir. Stets weilt sie in des Kaisers Nähe, schon seit nunmehr fünfzehn Jahren und tut getreu, was ihre Freunde, die Juden, ihr auftragen. Sie hat den Kaiser so verzaubert, dass er mit anderen Weibsbildern gar nichts mehr zu tun haben will. Sie legt ihm ihre Haare und andere Zauberdinge ins Bett.«

»Ach! Wie klug Ihr seid, was Ihr nicht alles wisst!«, schmeichelte der Nuntius. »Auch ich habe von diesem kaiserlichen Frauenzimmer gehört, aber meint Ihr denn, der Vorwurf ist gerechtfertigt?« Dabei dachte er: Hexe, er glaubt tatsächlich, sie wäre eine Hexe, der Dummkopf! und erinnerte sich an seinen Auftrag, alle schädlichen Personen um den Kaiser zu entfernen. Die Frau muss sterben! Spielt es denn eine Rolle, ob sie eine Hexe ist oder nicht? Sie stört, sie muss verschwinden und wenn dieser Narr eine Hexe in ihr sieht, dann wird es umso leichter!, lächelte er innerlich über Bartolomés Wahn. Aber er blickte ihm dabei fest in die Augen, beugte sich vor und beantwortete seine eigene Frage mit ernster, ruhiger Stimme: »Ja, sie ist gewiss eine Hexe, zweifellos hat sie unseren Herrscher in ihren Bann gezogen, um ihn und das gesamte Reich zu verderben.«

»Dann muss man doch etwas dagegen tun!«, sagte der Dominikaner energisch und flehend zugleich. »Man muss sie ihrer gerechten Strafe zuführen, seit Jahren denke ich so! Aber vor einem Hexenprozess wird sie der Kaiser schützen! Wie mühsam und langwierig das wäre, nein, nein!«

Beide schwiegen eine Weile, bis sich ein höchst seltsamer Ausdruck auf dem Gesicht des hageren Mannes breit machte. Armer Narr, dachte der Nuntius, während er sich abwandte, um sich den Anblick des verzerrten Gesichtes zu ersparen. Er dachte daran, dass der Papst in Rom den Namen dieses ergebenen Dieners niemals gehört hatte und auch niemals hören würde. Er, Spinelli, hatte genaue Pläne und das Werkzeug, mit dem Katharina getötet werden sollte, war gefunden. Nicht mehr lange, so hoffte der Nuntius, und ich kann Nachricht nach Rom geben, dass wenigstens eine Sache zur Zufriedenheit der Kurie geregelt ist.

Der Zufall wollte es, dass er später bei einem Spaziergang auf Katharina traf, die im Hirschgraben mit ihren Kindern und den jungen Hunden tollte. Er beobachtete sie lange. Eine schöne Frau, schade, sie hätte auch mir gefallen, dachte er, und reizend ihre Art, wie sie mit ihren Kindern spielt! Kein Wunder, dass der Kaiser an ihr hängt! Doch ging es nicht um Sympathie, es ging um Politik und darum würde sie sterben. Es ging um die Gegenreformation, die Nachfolgefrage, die Verheiratung des Kaisers und vieles mehr. Das Gewissen des Erzbischofs war rein, er tat ja nur seine Pflicht.

Der Nuntius beobachtete aus der Ferne, wie ein großgewachsener Lakai den Kindern einen Korb brachte, und trat neugierig etwas näher. Zwei kleine Hunde blickten mit munteren Augen heraus. Auf Matthias' Gesicht machte sich ein Lächeln breit. »Oh!«, rief er entzückt und seine Augen leuchteten vor Begeisterung.

»Was habt Ihr da, ich will es auch sehen!« Carolina stürmte wild und ungestüm herbei, sie drängte sich neben Matthias und kreischte höchst erfreut auf, als sie die Tiere sah.

»Aber Carolina!«, mahnte ihre Mutter, »schrei nicht so laut, benimm dich doch ein wenig besser!«

»Ich nehme den hier«, bestimmte Carolina lautstark, von der mütterlichen Mahnung unbeeindruckt, und packte eines der Hündchen. »Er ist so munter«, fand sie und tatsächlich sprang der Hund nun wie verrückt im Schnee herum und wühlte mit seiner kleinen Schnauze tief hinein.

»Ich mag ohnehin den hier lieber«, behauptete der verträgliche Matthias und nahm den anderen Hund aus dem Korb. Schon wieder war seine Schwester schneller gewesen als er. Daran war er gewöhnt, aber schließlich war ein Hund wie der andere. Also freundete er sich mit dem Übriggebliebenen an. Zufrieden stellte er ihn vorsichtig in den Schnee und betrachtete ihn.

»Komm, Matthias!«, rief Carolina und packte ihren Bruder bei der Hand. »Wir laufen weg und schauen, ob uns die Hündchen nachlaufen!«

Er überlegte kurz und nickte, machte sich von seiner Schwester los und lief, so schnell er konnte, davon.

»He! Das gilt nicht!«, schrie ihm seine Schwester nach, aber diesmal lachte der Junge laut und übermütig und sie hatte das Nachsehen. Die Welpen liefen mit und tollten um die Wette. Schließlich lagen alle vier im Schnee, die Kinder und die Hunde und kullerten vergnügt durcheinander. »Frau Mutter«, fragte der kleine Junge, »gehören die jetzt uns?«

»Aber ja, mein Kind, ihr dürft sie behalten!«, erwiderte Katharina und gab dem Jungen einen Kuss auf die Wange.

»Wie schön ist es bei Euch!«, rief er entzückt.

»Ja, wunderschön!«, sagte Sofonisba und atmete die klare Winterluft ein. »Es ist tatsächlich wundervoll auf dem Hradschin und das Spiel der Kinder macht mich froh und jung.« Und ehe Katharina sich's versah, flog ein Schneeball auf sie zu! »Herrje!«, rief Katharina, »ich werde mich verteidigen!« Und so kam es, dass zwei wohlgesittete Damen eine Schneeballschlacht führten, in die zwei Kinder und zwei junge Hunde mit Freuden einfielen. Ein Schneeball kam dem hochwürdigen Nuntius gefährlich nahe. Katharina hatte zwar bemerkt, dass sie von ihm beobachtet wurden, aber es war üblich, dass Künstler, Kleriker und Gelehrte in den Hirschgraben kamen, um sich ein wenig die Füße zu vertreten. Daher beachtete sie ihn nicht weiter.

Nach dem Spiel war es Zeit, ins Haus zurückzukehren. Alle waren durchnässt und freuten sich auf das warme Kaminfeuer. Zu Katharinas Freude war Frumet zu einem ihrer seltenen Besuche gekommen und erwartete sie. Katharina ließ für alle heiße Milch mit Honig bringen, in die noch frische Eier hineingeschlagen waren. Dazu gab es duftendes, frisches Brot. Heißhungrig fielen die Kinder über diese kleine Mahlzeit her, nicht ohne den Hündchen etwas davon abzugeben. Sofonisba blieb bei den Kindern, während Katharina die Gelegenheit nutzte und sich kurz mit Frumet zurückzog.

In den letzten Jahren war die Freundin immer stiller und trauriger geworden. Sie litt zutiefst unter ihrer Kinderlosigkeit. Zudem hatten ihr die Geburten und Fehlgeburten viel Kraft geraubt. In ihr volles schwarzes Haar hatten sich silberne Strähnen gemischt.

»Wie schön, dass Ihr heute gekommen seid, Frumet!«, meinte Katharina liebevoll.

»Sagt, wie geht es Eurem Mann, Herrn Mordechai?« Katharina wusste, der Primator war alt und schwach geworden, zählte er doch schon über siebzig Jahre.

»Es geht ihm gut, sein Kopf ist so jung wie ehedem, doch der Körper versagt ihm mehr und mehr den Dienst. Er sorgt sich sehr um mich und was aus mir nach seinem Tod werden wird!«

Katharina wandte ein: »Der Kaiser hat ihm doch erlaubt, ein Testament zu machen!«

»Ja, Gunstbeweise haben wir genug erhalten. Doch vergesst nicht, Mordechai hat keine Leibeserben. Wer weiß, ob das Testament nach dem Tod meines Mannes beachtet wird! Wir Juden müssen immer damit rechnen, dass man uns alles nimmt! Verlassen können wir uns auf die Christen nicht.« Sie dachte: Und auf den Kaiser auch nicht!

Katharina umarmte die Freundin tröstend. »Liebste Frumet, Ihr wisst, an mir werdet Ihr immer eine Schwester haben. Lasst uns nun zurückgehen.«

Als Katharina die Tür öffnete, erschrak sie. Carolina fütterte die Hunde mit in Milch getunktem Brot. Ein Teil davon klebte an ihren Kleidern. Zwischendurch steckte sie wieder ein Stück in den eigenen Mund. Sofonisba lachte auf, als sie die entsetzte Miene Katharinas sah. Matthias sah seiner Schwester gebannt zu. Die Malerin hatte sich von ihrer Zofe den Skizzenblock bringen lassen und war eifrig dabei, die beiden Kinder mit gekonnten Strichen zu zeichnen.

Sofonisba Anguissola zu Ehren gab Rudolf am Abend ein Bankett im kleinen Speisesaal der Burg. Katharina saß an seiner Seite wie stets, wenn der Kaiser seine Vertrauten Caesarii eingeladen hatte. Die Runde, die sich da um den mit weißem Damast gedeckten Tisch versammelt hatte, war nicht groß, aber erlesen.

Dem Kaiser gegenüber saß Graf Tycho de Brahe, der erst seit kurzem in Prag weilte und bei weitem nicht von allen geschätzt wurde. Kurz vor dem Mahl hatte er seine künstliche Nase aus Gold und Silber sorgfältig mit der klebrigen Salbe, die er immer in einer Schachtel bei sich zu tragen pflegte, wieder neu befestigt. Die eigene hatte er in seinen Jugendjahren bei einem Duell in Rostock eingebüßt. Er war in Begleitung einer schönen, jungen Frau mit herausforderndem Blick erschienen, die selten sprach. Sie hatte nun aber auch gar nichts zu sagen und, was eine große Tugend war, sie wusste das. Dafür sprach sie dem Wein umso lieber zu, was sie oft zu recht unpassendem Kichern veranlasste. Stolz wie ein Pfau hatte Ottavio Strada seinen Platz am Ende der Tafel eingenommen. Das steht mir zu, dass ich an des Kaisers Tafel sitze!, stand auf seiner Stirn geschrieben. Missbilligend musterte er Brahes Dame und dachte: Die sollte in der Küche essen! Kepler, Miseroni und Spranger waren ebenfalls gekommen sowie die dunkelhaarige, geistreiche Eufemia von Rosental[95], für die der Kaiser seit neuestem eine Schwäche hatte. Am anderen Ende der Tafel saß Wolfgang Rumpf, der Minister, ein alter Freund des Kaisers, der mit ihm in Spanien gewesen war. Es hieß, der Kaiser traue ihm nicht mehr. Rumpf schien das zu spüren und war bedrückt. Und noch jemand war da, über dessen Anwesenheit sich Katharina freute: Hermann Rusworm, der junge Feldherr, der an ihrer anderen Seite Platz genommen hatte. Schneidig sah er aus, der hoch gewachsene schöne Mann, und das von einer schweren Verletzung herrührende Hinken tat seiner anziehenden Wirkung auf die Damen keinen Abbruch. Nachdem die Diener den ersten Gang aufgetragen hatten, zogen sie sich zurück. Es gab köstliche Suppen, Olipatriden[96] und allerhand gekochte Speisen.

»Wie kalt es doch in Böhmen ist! Um diese Jahreszeit ist Palermo sehr viel angenehmer. Ich vermisse meine langen Ausritte dort!«, stellte Sofonisba fest.

»Meine Dame, Ihr solltet einmal im Schnee ausreiten, auch das ist ein Vergnügen! Ich reite aus, sooft es meine Zeit erlaubt. Kommt doch einmal mit!«, lud Rudolf sie ein.

»Nun, Sire, ich weiß nicht, ob Ihr so geduldige Pferde habt, die eine alte Frau ertragen!«, erwiderte die Malerin.

»Ihr seid eine ganz ausgezeichnete Reiterin, Signora. Denkt an die herrlichen Ausritte von Aranjuez! Wie haben wir sie genossen! Die Königin ritt stets voran«, erinnerte sich Rudolf.

»Und hinterher die falsche einäugige Schlange Anna Mendoza!«, meldete sich Rumpf zu Wort. »Mit dem einen Auge brachte sie uns Kavaliere ins Schwitzen, auch Euch, Sire.«

»Sie war unglaublich kokett, diese Prinzessin von Eboli«, bestätigte Sofonisba, »wir Damen liebten sie nicht allzu sehr.«

»Doch umso mehr mein Onkel, der König«, lachte dröhnend und anzüglich der Kaiser und fügte hinzu: »Von allen meinen Verwandten war der noch der Beste, die anderen warten alle nur auf meine Krone.«

Betreten und ratlos blickten die Gäste einander an. Rudolf griff nach Katharinas Pokal und stürzte den Wein hinunter. Seine Stimmung schlug um. »Ihr wisst das doch, Rumpf, ist es so?«, fragte er seinen Minister.

Der wurde blass, was kam jetzt? Er versuchte zu beschwichtigen. »Sire, wir alle sind besorgt um Eure Gesundheit, nichts weiter. Und übel wär's fürs Reich, die Frage der Nachfolge nicht zu lösen.«

Rot vor Zorn sprang Rudolf auf und riss sein Rapier heraus. Er stürzte ans Tischende und setzte dem verdutzten Rumpf die Spitze an die Brust. »Verschwindet aus meinen Augen, verschwindet für immer, Ihr Verräter, verlasst augenblicklich Prag. Matthias und Ferdinand warten schon ...«

Niemand wagte sich zu bewegen, alle saßen starr und reglos da. Geistesgegenwärtig warf nun Katharina ihren leeren Pokal zu Boden. Durch das Geklirre schien Rudolf aufzuwachen, er wandte sich kurz um. Rumpf nützte die Gelegenheit und entfloh. »Der Schurke, der Spitzbub, weg, weg, für immer[97]!«, schrie ihm Rudolf nach und ging ganz ruhig, als ob nichts geschehen wäre, zu seinem Platz zurück. Sein Ausbruch war so schnell vorüber, wie er begonnen hatte. Er setzte sich, griff jetzt auch noch nach dem gefüllten Pokal Sofonisbas und trank ihn auf einen Zug aus. Dann wandte er sich an Kepler: »Ihr seid ja auch ein Opfer meiner Verwandten, Ferdinand spielt den Protestanten übel mit im steirischen Land. Gern habe ich Brahes Wunsch erfüllt, Euch nach Prag zu berufen, wo Ihr in Sicherheit seid!«, sagte er. »Ich möchte wissen, was Ihr aus den Sternen lest.«

Kepler war zwar von der Wirkung planetarer Aspekte überzeugt, aber nicht von ihrer Schicksalshaftigkeit. Der Kaiser ist so leicht zu beeinflussen, dachte er, man sollte ihn ganz von der Astrologie fern halten. Das wagte er allerdings nicht laut zu äußern in Anwesenheit von Brahe, seinem Gönner. Fürsten sind mit Himmelskörpern zu vergleichen, die gute und böse Zeiten verursachen, große Verehrung genießen, aber keine Ruhe haben[98]. Laut sagte er: »Ich stehe Euch jederzeit zu Diensten, Sire!«

Rudolf gab Ranft ein Zeichen, den nächsten Gang, gebratene Vögel und Wildbret, auftragen zu lassen und die Pokale neu zu füllen. Das Gespräch wendete sich dem Essen zu, Rudolf erzählte stolz, dass er das Wildschwein selbst erlegt habe, Eufemia von Rosental sei dabei gewesen. »Und stellt Euch vor, wir hielten das Schwein für tot, doch als mein Leibjäger zu ihm trat, richtete sich der Eber plötzlich auf und hätte ihn um ein Haar verletzt. Zum Glück hatte Frau Eufemia noch ihren

Jagdspieß in der Hand und tötete das Tier mit einem Stoß.« Die Gelobte errötete vor Vergnügen und alle klatschten beifällig. Rudolf blinzelte ihr verstohlen zu und wandte sich an Brahe. »Graf Tycho, sagt, hat der Mathematikus Reimarus schon widerrufen?«

Der Graf, ein ebenso jähzorniger Mensch wie der Kaiser, plusterte seine Wangen auf. Röte stieg ihm ins Gesicht und seine künstliche Nasenspitze schimmerte golden im Kerzenschein. »Sire, dieser Dieb darf noch immer an Eurem Hof leben! Und sich brüsten, mein Weltsystem hätte er erfunden! Er will mir begegnen wie ein Bär, sagt er, dieser nichtsnutzige Schweinehirt. Er hätte bei seinen Schweinen bleiben sollen! Jagt ihn fort, wenn er nicht widerruft!«

Das hatte Rudolf vor, denn er war überzeugt, dass Brahe im Recht war. Katharina aber dachte: »Wer weiß, hier kämpft ein Goliath gegen David!« und irgendwie tat ihr der bescheidene Reimarus Leid. Sie wusste, dass die beiden Dänen schon lange miteinander Streit hatten. Den hochmütigen Grafen Brahe liebte sie nicht, seine dünkelhafte Art war ihr zuwider. »Wer weiß, was er für Rudolf wieder alles aus den Sternen lesen wird, sicher nichts Gutes!«

Der dritte Gang bestand aus Fischen, der vierte aus Pasteten. Man hätte meinen können, lebende Pfauen und Schwäne zu sehen, so geschickt waren sie mit Federn verziert.

Rudolf hob seinen Becher. »Doch, lieber Freund, lasst Euch durch Euren Ärger nicht beim Essen stören! Ich trinke auf Euer Weltbild und auf Euch! Trinkt, Freunde, trinkt!«

Ottavio Strada meldete sich zu Wort. »Ist das dieser vortreffliche Tropfen, von dem Ihr, Sire, sechs Fässer als Gastgeschenk an den französischen Gesandten geschickt habt?«

»Ganz recht, doch nur ein Fass. Die anderen enthielten andere Weine«, antwortete der Kaiser.

»Gewiss ebenso treffliche, Sire, und dazugefügt habt Ihr noch zwei Hirsche, zwei Damhirsche, zwei Rehe, sechs Ochsen, vierzig Hühner und vierzig Kapaune, Fische und Korn. Der Marschall Boisdauphin war gewiss hoch erfreut!«, meinte Ottavio lächelnd.

»Vergesst die schöne Dame Popel nicht, die hier neben unserem Tycho sitzt, sie war ja auch ein Gastgeschenk für den Franzosen!«, warf Spranger anzüglich grinsend ein und wandte sich an diese: »Ich hoffe, Ihr erweist mir die Ehre und kommt bald zu mir. Ich möchte Euch gar zu gern als Nymphe malen.« Die Angesprochene kicherte und auch Katharina musste lachen: »Der gute Spranger, er kann es nicht lassen!«

Der fünfte Gang bestand aus Gartenfrüchten, die teils in silbernen Schüsseln gereicht wurden, teils aber an echten Bäumchen hingen, die man auf die Tafel setzte. Zwischen den Zweigen war Räucherwerk befestigt, das einen wunderbaren Geruch verbreitete.

Als die Teller abgeräumt waren, ließ Rudolf sein neues Spielzeug bringen, einen Automaten aus Augsburg, den er über den Tisch fahren ließ. Das Orgelwerk im Innern spielte immer wieder ein und dieselbe Melodie. Der Wagen wurde von Faunen gezogen, die sich bewegten. Oben aber saß Gott Bacchus auf einem Widder. Der Kaiser hatte sich genau ausgerechnet, dass der Wagen zu Brahe fahren würde, und richtig, so war es. »Nun nehmt den Bacchus ab!«, forderte ihn Rudolf auf. »Und zieht dem Widder den Kopf ab!« Brahe gehorchte, der Widder war mit Wein gefüllt. »Und nun trinkt, mein Freund!« Unter dem Gelächter der Anwesenden kam Brahe der Aufforderung nach. Rudolf wiederholte das Spiel einige Male und Miseroni sah, dass der Däne recht unruhig auf seinem Sessel wurde. Aha, dachte er, nach so viel Wein verspürt der Graf einen gewissen Drang, traut sich aber nicht, wegzugehen, solang der Kaiser bei Tisch sitzt. Manieren bis zum Äußersten! Er wird noch eines Tages platzen[99].

Und noch einmal wiederholte Rudolf das sonderbare Spiel wie ein Kind, das nicht genug bekommen kann. Dann wurde die Tafel abgedeckt, danach mit Tellern und Servietten neu gerichtet und mit allerhand in Zucker eingemachten Blumen bestreut. Es folgte der sechste Gang, bestehend aus Konfekt, Zuckerwerk und Marzipan in zwei großen Schalen[100].

Der Kaiser naschte ein bisschen davon und hob noch einmal seinen Becher: »Ich trinke auf Spinelli und darauf, dass er nicht anwesend ist! Trinkt, Freunde!« Dabei blinzelte er Eufemia wieder zu. Dann erhob er sich und reichte ihr die Hand. »Signor Ottavio, folgt uns in die Kunstkammer und zeigt uns Euren neuesten Entwurf.« Dieser gehorchte, warf einen beruhigenden Blick auf seine Tochter und begleitete die beiden. Brahe sprang erlöst auf und lief mehr, als er ging, zur anderen Tür hinaus. Die anderen Gäste sahen etwas betreten zu Katharina. Hermann nahm beruhigend Katharinas Hand in die seine. Sie bemühte sich, Haltung zu bewahren, lächelte freundlich und wandte sich an die Gäste: »Liebe Freunde, es ist spät geworden, lasst uns nach Hause gehen. Der Kaiser hat uns soeben entlassen.« Sie verließ den Saal am Arm des jungen Feldherrn. Ranft sah ihr nach. Diesmal schüttelte er den Kopf und folgte seinem Herrn.

Am nächsten Morgen erschien der Kaiser unerwartet in Katharinas Haus. Er wartete nicht einmal, bis Ranft ihm die Tür zu ihren Räumen geöffnet hatte, sondern riss sie selbst auf. »Verschwinde!«, herrschte er den Kammerdiener an. Rudolf war totenblass, seine graue Samtkleidung war in Unordnung geraten und voller Flecken. Wie ein Ertrinkender stürzte er auf Katharina zu und riss sie in seine Arme. Der herbe Geruch von zu reichlich genossenem Wein durchströmte den Raum und kitzelte sie in der Nase.

»Werdet Ihr mich auch verraten? Ihr seid mit Rusworm weggegangen! Er macht Euch schöne Augen! Ranft hat es gesehen!«, stammelte er. »Auch Ihr verratet mich! Alle verraten mich, alle.« Katharina war zutiefst erschrocken und wusste gar nicht, was sie sagen sollte. »Jeder denkt nur an sich, nur an seinen eigenen Vorteil, seine Macht und seinen Ruhm, keiner denkt an mich!« Er stieß sie von sich, warf sich in einen Stuhl, krallte die Hände ineinander und starrte vor sich hin. Ein Zucken durchlief seinen Körper.

Katharina tat das einzig Vernünftige, sie sagte kein Wort und begann seine Hände beruhigend zu streicheln. Sie waren eiskalt.

»Sogar Rumpf hat mich an meinen Bruder verraten!«, stöhnte er. »Rumpf, der mich mein Leben lang begleitet hat, der Gefährte meiner Jugend, auf dessen Treue ich alle Eide geschworen hätte! Jetzt also auch Rumpf! Werdet auch Ihr mich verlassen?«

»Sire«, sagte sie ernst und drückte ihm fest die Hand. »Ich kann und will Euch nie verlassen. Ich habe Euch Treue bis zum Tod geschworen.«

»Auch Rumpf hat sie mir geschworen und doch ...«

»Mein liebster Herr, seid Ihr dessen sicher?«

»Ich weiß es von Spinelli«, sagte Rudolf verzweifelt.

Aha, da hat also der Nuntius Unheil angerichtet, das sieht ihm ähnlich, diesem Fuchs, überlegte sie.

»Und von Eufemia Rosental.«

Ein jäher Schmerz durchzuckte Katharinas Herz. Seit Spinelli in Prag war, verbrachte Rudolf sehr viel Zeit mit dieser frommen Dame. Gewiss, sie war schön und gebildet, doch war sie tugendhaft? Weibliche Tugendhaftigkeit ist es nicht gerade, was der Kaiser schätzt!, wusste sie und erkannte ihren Schmerz als Eifersucht. Das würde Spinelli gerade passen! Diese Dame als Geliebte des Kaisers, dann könnte er seinen Einfluss noch steigern! Hier drohte Gefahr! Rudolf war schwach, wenn ihm schöne Augen zufunkelten.

»Spinelli, Sire«, stellte sie fest, »hat nicht Euer Wohl im Sinn, sondern das Wohl der Kirche.«

»Er hat den bösen Blick, er hat den bösen Blick!«, stöhnte Rudolf. »Mein Amulett schützt mich nicht mehr vor dem bösen Blick! Warum, das weiß ich nicht! Du musst mich jetzt schützen, denn du bist mein Schutzgeist!« Er schlang seine Arme so fest um sie, dass sie nur mit Mühe einen Ausruf des Schmerzes unterdrücken konnte.

»Sire, beruhigt Euch, Ihr seid bei mir, in meinem Haus, hier seid Ihr sicher!«

»Ich bin nirgendwo sicher, rundherum Feinde, alle bedrohen mich, alle zwingen mich, Dinge zu tun, die ich nicht tun will! Ich soll dies, ich soll das und alle sind sie unzufrieden! Da habe ich Zelinsky weggeschickt, weil der Nuntius so drängte! Ich dachte, dann hätte ich meine Ruhe! Aber nein, er bringt mich noch um mit seinen Jesuiten! Schon einmal in meiner Jugend hat ein Mönch versucht, mich zu töten! Man will mich töten und meinem Bruder wäre das sehr recht! Das hat mir sogar Brahe gesagt! Es steht in meinen Sternen, ein Verwandter oder ein Mann der Kirche wird mich töten lassen!« Rudolf stammelte und zitterte vor Aufregung und Angst. »Ich verliere den Verstand! Ich verliere den Verstand!« Er sprang auf und lief im Raum hin und her wie ein Löwe im Käfig, auf und ab, vor und zurück, ohne Ruhe und Rast. »Die Kirche bringt mich um den Verstand. Ich habe Angst! In Rom brennen die Scheiterhaufen, ich spüre ihre Flammen, sie verzehren Giordano Bruno und alle großen Männer, sie verzehren mich!«, rief er aus. »Und Spinelli und Aldobrandini stehen grinsend daneben! Zur höheren Ehre Gottes!«

»Sire«, schrie sie und schüttelte ihn. »Ein schrecklicher Traum hat Euch umfangen, wacht auf! Ich bin es, Eure Katharina, Ihr seid bei mir, verbannt die furchtbaren Gedanken!« Sie erkannte, dass er sie nicht hörte. Sie versuchte ihn zu umarmen, aber er schleuderte sie mit einer jähen Bewegung grob zur Seite.

»Nein, auch Ihr werdet mich verraten, ich weiß es ganz gewiss! Mit Rusworm! Kommt nicht näher! Niemand soll mir mehr nahe kommen!«

Tränen des Mitleids liefen über ihre Wangen, wie er sich quälte! Und sie konnte ihm nicht helfen! Sie nahm einen Becher Wasser und reichte ihn dem Kaiser. »Trinkt, Sire, das wird Euch gut tun!«

Er stürzte das Wasser hinunter. »Der Nuntius hat sich für heute angesagt! Nein, ich will nicht!«, stammelte er und erbrach sich.

Katharina öffnete rasch die Tür, hinter der sie Ranft wusste und befahl ihm, bei Hof zu melden, Rudolf sei unpässlich. Dann zog sie den Kaiser in ihr Schlafgemach und auf ihr Bett. Er fiel erschöpft in die Kissen. Sie trocknete seine Stirn, kleidete ihn aus wie ein Kind und wiegte ihn in den Armen, bis er in unruhigen Schlaf fiel. Immer wieder murmelte er: »Spinelli, nein! Rumpf, nein! Matthias!« und warf sich hin und her. Sie hielt ihn fest an sich gedrückt und mit der Zeit wirkte ihr warmer Körper auf seine Seele, er wurde ruhig und schlief tief und fest bis zum späten Abend.

Einige Tage später hörte es auf zu schneien und kurzes Tauwetter setzte ein. Der Schnee auf den Dächern begann langsam nach unten zu wandern, stürzte gleich Brettern auf die verschneiten Wege und Gassen.

Ottavio Strada war im Begriff, nach Italien abzureisen, denn der Kaiser hatte ihm aufgetragen, für ihn in Venedig einige Bilder zu erstehen und für ihren Transport nach Prag zu sorgen. Bilder konnten auf einer langen Reise leicht Schaden nehmen, da war es gut, besondere Vorsicht walten zu lassen.

Nachdem Rudolf, einmal mehr als Kammerdiener verkleidet, seinen Freunden, dem Maler Spranger und dem Steinschleifer Miseroni, in deren Werkstätten einen kurzen Besuch abgestattet hatte, um einen Blick auf ihre Arbeit zu werfen, ging er mit Ranft quer über den Burghof zu Katharina. Er konnte gerade noch sehen, wie die hoch beladene, rüttelnde Kutsche ihres Vaters über den Burghof zum Tor holperte. Die zahlreichen und noch dick vermummten Fußgänger wichen schnell zur Seite, um nicht mit Schneematsch bespritzt zu werden. Die Reise wird nicht leicht sein mitten im Winter!, dachte Rudolf und wünschte Ottavio in Gedanken viel Glück. Er dachte an Dürers Meisterwerk »Das Rosenkranzfest«, das er dringend zu besitzen wünschte. Nun, Ottavio war der richtige Mann dazu, ihm das Bild zu verschaffen. Er würde dafür sorgen, dass es gut in Teppiche und Baumwolle eingewickelt von starken Männern auf Stangen den ganzen Weg über die Alpen bis nach Prag würde getragen werden.

Rudolf fühlte sich wohl im Freien, weil es endlich nicht mehr so kalt war. Da löste sich ein Schneebrett von einem Dach, um ein Haar hätte es ihn getroffen, wäre er nicht schnell zur Seite gesprungen. So landete er mit beiden Beinen recht unkaiserlich in einer Pfütze. »Ranft, seht, meine Majestät wird hier nicht respektiert!«, schmunzelte er, als auch noch ein Hund bellend auf ihn zulief. Schnell betrat er mit nassen Füßen das Haus seiner Freundin, die schon sehnsüchtig auf ihn gewartet hatte und ihm mit ausgebreiteten Armen entgegenlief.

Keiner außer Spinelli wusste, dass Unheil nahte. »Bald schon, sehr bald schon, wird hier einiges anders sein!«, sagte er ganz leise, während er nachdenklich aus dem Fenster zu den schmutzigen Schneehaufen in den Höfen blickte. Dieser Bartolomé ist ein höchst fanatischer Mann, dachte er, er wird ausführen, was ich geplant habe, dieser kleine unbedeutende Mönch, der sich so wichtig nimmt! Er verspürte den plötzlichen Drang zu lachen, erst verzog er nur den Mund zu einem breiten Grinsen, aber dann konnte er nicht länger an sich halten und er lachte, lachte laut und ungehemmt vor sich hin. Er zweifelte nicht im Geringsten, dass der Anschlag gelingen würde. Er freute sich auf den Erfolg und das Lob, das er dafür in Rom ernten würde. Ja, dann wäre der Weg endlich frei für eine katholische Kaiserin! Es musste nur noch das Mordwerkzeug beseitigt werden, dafür wollte er sorgen. Der arme Narr Bartolomé wird an demselben Gift sterben wie die Hexe!, dachte der Kirchenfürst höchst erheitert. Er setzte sich in seinen Lehnstuhl und strich gedankenverloren sein Haar zurück. In Gedanken sah er die schöne Frau wieder vor sich, wie sie mit ihren Kindern gespielt hatte. Hexe oder Hure! Ist das nicht völlig gleichgültig?, überlegte er und läutete seinem Diener. Er hatte Hunger wie immer, wenn er erregt war.

Inzwischen hatte der Kaiser bei Katharina am Feuer Platz genommen, kostete von den bereitgestellten Würstchen und trank den heißen, roten Wein mit der Zimtrinde, den Ranft in einem Tonkrug aus der Küche gebracht hatte. Rudolf wurde davon etwas müde und war schweigsam. Vielleicht würde ihn eine Partie Schach aufmuntern? Aber Katharina hatte selbst wenig Lust darauf. Da fielen ihr die Hunde ein, die Rudolf noch nicht gesehen hatte. Sie läutete nach Wenzel und bat ihn, den Korb mit den Tieren zu holen. Wenig später hob sie die beiden aus dem Korb heraus und schubste sie an, damit sie zu Rudolf laufen sollten. »Sind sie nicht drollig? Gefallen sie Euch? Wir haben sie vom Hufschmied geholt! Seht doch! Die Kinder haben sich sehr über sie gefreut!«

»Ja, sie sind niedlich«, lächelte der Kaiser matt. Er ließ einen Arm herunterhängen und schnalzte mit den Fingern, um die jungen Hunde zu sich zu locken. Einer trottete gleich zu ihm und leckte frech und unerzogen an den kaiserlichen Fingern. Rudolf, der alle Tiere liebte, musste nun trotz seiner Müdigkeit lachen. »Er riecht wohl die heiße Wurst, die wir gegessen haben!«

»Sie!«, verbesserte Katharina, »sie ist eine Hündin und der dicke hier bei mir, der ist ein Rüde!«

»Ja«, scherzte Rudolf, »sie verhalten sich genau wie wir, sie ist munter und er ist faul!« Er zog sie näher an sich heran.

Die Verliebten hörten nicht, wie es an der Haustür klopfte und auch nicht, wie Wenzel das quietschende Tor öffnete. Erst als der Diener mit einem Gast über die Fliesen des Vorraums ging, hörten sie die Schritte und wurden aufmerksam. Sofort ließen sie voneinander ab. Katharina stand auf, denn sie hatte sich auf Rudolfs Sessellehne gesetzt gehabt und auch Rudolf nahm Haltung an, er rückte seine Dienerkleidung zurecht und saß nun ganz aufrecht und steif da, das Lächeln auf seinen Lippen war verschwunden. »Ich hätte doch mit Katharina in den Turm zu den Alchemisten gehen sollen!«, seufzte er und atmete tief durch. War man denn nirgendwo sicher?

Katharina begab sich auf leisen Sohlen hinaus ins Treppenhaus, ließ die Tür zum Wohnraum angelehnt, damit Rudolf hören konnte, wer da gekommen war, und beugte sich über das Geländer.

»Seid gegrüßt, Frau Katharina!«

Katharina hielt den Atem an, als sie die tonlose, heisere Stimme hörte, und starrte auf Bruder Bartolomé, der bleich und starr wie ein Gespenst unten stand. Erst wollte sie ihren Augen nicht trauen, aber es gab keinen Zweifel, der Gast war tatsächlich der unheimliche Dominikaner, den Rudolf so gar nicht leiden konnte!

Wenzel blickte verzweifelt hinter Bartolomé hervor und hob und senkte hilflos seine Schultern, als wolle er sagen: »Ich konnte ihn doch nicht einfach wegschicken!«

»Seid gegrüßt, Frau Katharina«, wiederholte der Mönch mit ausdrucksloser Stimme.

Was will er bloß, fragte sie sich und spürte, wie ihr ein beklemmendes Gefühl den Hals zuschnürte.

Der hagere, bleiche Mann wartete keine Antwort auf seinen Gruß ab und begann zu sprechen: »Ich komme im Auftrag des Nuntius, um Euch ein Geschenk zu überbringen.« Es half nichts, Wenzel musste den Mönch die Treppen heraufführen.

Die kalte Winterluft, die der Mann mit seinem schwarzen Umhang ins Haus gebracht hatte, verteilte sich langsam im Raum. Katharina fröstelte. Sie konnte kaum ihre Abneigung überwinden, aber schließlich reichte sie dem Mönch die Hand zum Gruß. So knöchern und kalt wie der Tod selbst!, schoss es ihr durch den Kopf. Sie musste sich überwinden, um nicht ihr Gesicht vor Abscheu zu verziehen und die Berührung dieser Hand wie Schmutz an ihren Kleidern abzustreifen. Obwohl Bartolomé keinen hohen Rang bekleidete, konnte sie ihn dennoch nicht fortschicken. Immerhin war er der Mann, der durch seine langjährige Erfahrung die rechte Hand des Vertreters des Papstes geworden war. »Tretet ein, Bruder«, sagte sie mit fester Stimme, verwundert über ihre Fassung, die sie so schnell wiedergefunden hatte.

Rudolf saß mit gewohnt starrer Miene am Kamin, er hatte durch die offene Tür alles mitgehört und versuchte nun seine Abneigung gegen den Mann hinter seiner stolzen Haltung zu verbergen. Bartolomé war nun doch ein klein wenig aus der Ruhe gebracht und blieb überrascht stehen, als er den »Kammerdiener« erblickte und sofort erkannte. Er zögerte den Bruchteil einer Sekunde zu lang, bevor er sich tief verneigte. Mit der Anwesenheit des Herrschers hatte er nicht gerechnet, Spinelli hatte ihm versichert, dieser würde den späten Nachmittag und den Abend im Pulverturm verbringen. So einfach hätte alles gehen können, was er sich ausgedacht hatte! Jetzt musste ihm der Kaiser selbst in die Quere kommen! Katharina war also nicht allein. Und Bartolomé wusste wohl, dass vier Augen besser sehen als zwei. Nun gut, dachte Bartolomé, es wird auch so gehen. Der Papst selbst wird meinen Namen voller Respekt und Achtung aussprechen!

Rudolf blickte hochmütig, angewidert und zugleich neugierig auf den Sekretär. Was für eine schreckliche Fratze!, dachte er. In meinen Albträumen kann es nicht schlimmer sein. Seine Arme fühlten sich schwer an, seine Zunge klebte trocken am

Gaumen, in den Schläfen hämmerte das Blut und er fühlte, wie Angstschweiß auf seine Stirn trat. Da erinnerte er sich an Crato, der ihm geraten hatte, sich niemals vor einem Menschen zu fürchten. »Manche Menschen sind wie Bluthunde, sie riechen die Angst und genießen sie!«, hatte der Arzt gesagt. So sagte der Kaiser nun mit strenger Stimme: »Sprecht, wie lautet Euer Auftrag? Was wollt Ihr von Frau Katharina?« Bartolomé verneigte sich tief vor ihm und sah ihn dann an. Rudolf glaubte in seinem sonst so harten Blick ein inneres Feuer zu erkennen und drückte sich unwillkürlich weiter in seinen Stuhl hinein. Der böse Blick, der böse Blick, dachte er und wollte nichts lieber, als Katharina an der Hand nehmen und mit ihr flüchten!

»Seine erzbischöfliche Gnaden, der Nuntius, hat erfahren«, begann Bartolomé mit rauer Stimme, »dass Ihr«, hier blickte er schnell zu Katharina und nickte noch einmal, »dass Ihr guter Hoffnung seid. Zu Eurem und des Kindes Schutz hat er mich beauftragt, Euch diese heilige Reliquie zu überbringen, ein Fußknöchelchen der heiligen Katharina, Eurer Schutzpatronin.« Mit diesen Worten zog Bartolomé ein kleines Kästchen aus seinem schwarzen Mantel und reichte es Katharina, die es erst ohne Worte entgegennahm. »Oh!«, sagte sie endlich und konnte dabei ihr Erstaunen und ihre Verwunderung nicht ganz verbergen. »Welch freundliche Geste!« Dann küsste sie die Reliquie. Bartolomé dachte belustigt daran, dass Spinelli die echte Reliquie durch einen alten Tierknochen ersetzt hatte.

Ranft, wie immer auf alles vorbereitet, brachte Wein und drei Kristallbecher, er wollte die Becher füllen, aber Bartolomé bat darum, dem Kaiser und Fräulein Katharina diesen Dienst selbst erweisen zu dürfen. Der Mann stand wie ein ungebetener Diener vor dem flackernden Feuer und griff schnell nach dem kristallenen Krug, den Ranft noch in der Hand hielt. Der zuckte mit den Schultern, als Bartolomé danach griff, dachte aber nicht daran loszulassen. Unerschrocken zog er eine Braue nach oben. Katharina nickte ihm wortlos zu, da erst ließ er los.

Der Dominikaner schickte sich an, die drei Becher, die Ranft auf das kleine Tischchen an der Wand gestellt hatte, zu füllen. Der Kaiser gab Ranft einen Wink, sich zurückzuziehen. Der Stiefelwischer war trotz seiner Empörung über das seltsame Verhalten des Sekretärs froh, den Raum und damit den unheimlichen Gast schnell verlassen zu können. Als er die Tür geschlossen hatte, schüttelte es ihn, als wäre er hinaus in die Winterkälte getreten.

Bartolomé war zwar steif in seinen Bewegungen, aber deswegen nicht ungeschickt! Schnell hatte er Rudolfs Becher gefüllt und reichte ihn dem Kaiser mit einer tiefen Verneigung. Lieber würde ich aus meinem Einhornbecher trinken, ging Rudolf durch den Kopf, als er zögernd den Trank entgegennahm. Was, wenn der Wein vergiftet ist? Er erinnerte sich an eine Prophezeiung: »Ein Mann der Kirche wird es sein, der Euch den Tod bringt!« Das hatte doch Brahe gesagt.

Langsam griff der Mönch nach Katharinas Pokal. Er war fest entschlossen, ihren Wein zu vergiften. Sein Gift wirkte langsam, dessen war er sicher. Niemand würde ihm die Schuld an ihrem Tod beweisen können, wenn sie Stunden später tot in ihrem Bett läge. Vielleicht stirbt diese Hexe beim Liebesspiel?, dachte er boshaft und verzog sein hageres Gesicht zu einer lächelnden Fratze. Er drückte mit dem Daumen seiner rechten Hand auf eine Verzierung, die an dem Ring an seinem Mittelfinger angebracht war, während er Katharinas Becher füllte. Dadurch verschob sich ein gemugelter[101] Saphir, und das Gift, das sich darunter befand, konnte Tröpfchen für Tröpfchen tödlich und ungesehen in den Trank fließen. Jaaa!, stellte Bartolomé erleichtert fest, als er den vollen Becher auf das kleine Tischchen stellte: Die Hexe hat nichts bemerkt! Dann füllte er den dritten Becher für sich selbst, bedankte sich mit seiner eintönigen heiseren Stimme für die große Ehre, in Gegenwart des Kaisers trinken zu dürfen und wünschte nochmals alles Gute für das Kind. Dabei sah er Katharina mit seinen steinernen Augen völlig ruhig an.

Der Schweiß perlte an Rudolfs Schläfen, aufmerksam und argwöhnisch sah er Bartolomé an. Instinktiv hob er die Hand zur Brust und tastete nach dem Amulett, das er durch die Kleider spüren konnte.

Katharina kannte Rudolf und seine Ängste und wusste, was in diesem Moment in ihm vorging. »Hier, Sire«, sagte sie und reichte ihm mit einem Lächeln ihren Becher. »Euer Becher ist nicht rein! Verzeiht! Ich nehme ihn!«

Sie gibt mir ihren Wein, um mich zu schützen! Ich weiß, ihr kann nichts geschehen, auch wenn sie Gift trinkt, dachte Rudolf und sah seine Liebste an, die nun seinen Pokal hielt. Aber dieser lebende Dämon mir gegenüber kann nichts von ihrer Zauberkraft wissen!, fiel ihm ein. Nur ich und Ranft kennen die Prophezeiung der alten Seherin und nur wir beide wissen, dass Katharina ein Schutzgeist ist! Sein Verdacht erhärtete sich: Und wenn Gift in beiden Bechern ist?

Bartolomé aber war jetzt seinerseits entsetzt: Die Hexe, die sterben soll, dachte er, gibt dem verhexten Herrscher ihr Gift zu trinken! Seine Bestürzung wich einer seltsamen Erregung. Mach schon und trink, Hexenmeister von Prag!, wünschte er sich, verfluchte aber gleichzeitig die Hexe, die sein Vorhaben gestört hatte. Ob man das Feuer ihrer Hexenmagie sehen kann?, fragte er sich und beobachtete voll wahnhafter Neugier erst die Frau und dann den Kaiser. Der würde sterben, durch ihn, Bartolomé! Er würde die Welt von diesem Ungläubigen befreien und ewigen Ruhm dadurch ernten! Was ist das?, schreckte er im nächsten Moment auf, als er hörte und sah, dass Rudolf einen heftigen Hustenanfall vortäuschte und dabei seinen Pokal fallen ließ und auch Katharina den ihren aus der Hand schlug. Nein!, schrie er innerlich auf.

»Sire«, rief Katharina aus und läutete nach Ranft: »Bringt Wasser, aber schnell!«

Rudolf hustete und hustete. »Ach!«, sagte der Kaiser schließlich, »die Wurst ist schuld, die Wir vorhin verzehrt haben, sie war köstlich, aber salzig!« Katharina spürte Rudolfs Erleichterung und teilte sie. Nun trat Ranft mit dem Wasser ein und reichte es Rudolf, der einen kräftigen Zug tat.

Bartolomé war nicht ganz unglücklich über diese Wende, immerhin hatte er den Auftrag gehabt, die Hexe zu töten und nicht den Kaiser. Er würde sich nun möglichst rasch verabschieden, dann Buße tun für sein Versagen und bald einen zweiten Mordversuch an der Dirne planen. Und der würde gelingen. Seit des Dominikaners Erscheinen hatte keiner mehr an die jungen Hunde gedacht, die neben dem Kamin eng aneinander geschmiegt eingeschlafen waren, aber jetzt vernahm man deutlich ein Winseln und Jaulen. »Seht doch«, rief Katharina und zeigte erschrocken auf eines der kleinen Tiere, das sich winselnd neben der Weinpfütze auf dem Boden wälzte.

Durch das Klirren der Becher und den Hustenanfall waren die Hunde aufgewacht und während der kleine Rüde träge und faul liegen geblieben war, hatte die aufgeweckte Hündin begonnen, durch den noch ungewohnten Raum zu schlendern und überall neugierig ihre Nase hineinzustecken. Schließlich hatte sie die Pfütze mit dem vergifteten Wein entdeckt und ihre unerfahrene Zunge in die gefährliche Flüssigkeit getaucht. Kläglich begann sie bald darauf nach Luft zu schnappen und zu jaulen. Katharina stand auf und näherte sich dem Tierchen. »Der Hund stirbt!«, schrie sie außer sich, »er hat vom Wein getrunken!«

Ranft wusste, was er zu tun hatte. Er ging zur Tür und rief nach den Bedienten, die in der Küche bei warmem Bier und Kartenspiel zusammen saßen. Sofort erschien Wenzel mit drei weiteren Dienern. »Sieh doch! Wenzel!«, rief Katharina und zeigte auf den Hund, der sich inzwischen vor Schmerzen auf den Rücken gerollt hatte und schreckliche Laute von sich gab. »Der Hund hat vom Wein getrunken, jetzt geht es ihm schlecht! Er stirbt!«

Das ist doch nicht möglich!, dachte Bartolomé entgeistert, taumelte in jähem Schwindel und wäre fast gestürzt. Spinelli sagte, dieses Gift wirke nur langsam! Der Mann, der sonst die Angst der anderen wie ein erlesenes Gericht genießen konnte, lernte sie nun selbst kennen. Das muss ein schlimmer Traum sein, das kann und darf nicht wahr sein! Gott sei mir gnädig! Die Tür war von fünf Männern blockiert und der Kaiser saß ihm mit finsterer Miene gegenüber.

»Nun«, sagte Rudolf mit kalter Miene, nachdem der Hund seinen letzten Atemzug getan hatte, »was habt Ihr in den Wein getan? Sprecht!«

Bartolomé, sonst immer bleich und ohne sichtbare Gefühlsregung, spürte, wie ihm die Röte nun heiß ins Gesicht stieg, er rang nach Worten. Aber erst, nachdem Rudolf wütend mit der Faust auf das kleine Tischchen gedonnert hatte, begann er abgehackt zu sprechen. »Sire, nichts, seht, nichts ist im Wein«, und er nahm den dritten Becher und leerte ihn auf einen Zug.

»Meint Ihr denn, Ihr könnt uns zum Narren halten!«, brüllte Rudolf nun voller Hass. Sein Abscheu gegen den Mönch verwandelte sich in unbändige Wut, er stand auf, holte mit seiner Rechten aus und schlug ihm den Pokal aus der Hand. »Wir sind kein Narr!«, schrie er ihm ins verzerrte Gesicht und kam ihm dabei so nahe, dass Bartolomé an die Wand zurückwich. »Und lassen Uns nicht zum Narren machen. Also, was habt Ihr in den Wein getan?«

Bartolomé spürte alle Blicke auf sich ruhen, konnte er sich noch retten? Er musste Rudolf von Katharinas gefährlicher Magie überzeugen! »Nicht in Euren Wein, Sire!«, antwortete er mit erstaunlich fester Stimme und kniete nieder. »Es war der Wein dieser Hexe! Den habe ich vergiftet!« Nun geschah etwas völlig Unerwartetes. Durch den Körper des Mönchs schien ein Strom von neuer Kraft zu fließen, schnell stand er auf, blickte den Kaiser an und hob das Kinn. Seine ganze Haltung spiegelte Stärke und Stolz wider, wie er sie einst in Jugendtagen besessen hatte. »Sie ist es«, rief er und richtete den Zeigefinger wie eine Waffe gegen Katharina, »die ich töten wollte!« Sie stand noch immer versteinert und wortlos bei dem toten Hündchen und blickte erschrocken zu Rudolf. Noch nie hatte ihr jemand so abgrundtiefen Hass entgegengebracht wie dieser Mönch. »Diese Hexe hält Euch seit vielen Jahre gefangen«, keuchte dieser und seine Hand schleuderte unsichtbare Dolche auf sie. »Sie hat Euch verhext und Ihr merkt es noch nicht einmal, für Euch und Euer Reich befreie ich Euch von ihr!«

Nun herrschte völlige Stille, alle sahen den Kaiser an. Wenzel ging langsam auf den Mönch zu, aber Rudolf kam ihm zuvor. Seine Augen waren ganz schmal geworden, schnell und kraftvoll packte er Bartolomé an der Kutte, zog ihn nahe zu sich heran und schlug ihm schließlich mit der bloßen Faust fest ins Gesicht. Bartolomé taumelte, rang einige Male nach Luft und stürzte schwer zu Boden. Er griff mit seiner Hand an die Schläfe, wo ihn Rudolfs Ring getroffen hatte und von wo das Blut aus einer Platzwunde über seinen sehnigen Hals in die Kutte und auf den Boden tropfte. Was geschieht hier?, fragte er sich, während er am Boden kauerte und verständnislos auf das Blut starrte. Warum schlägt er nicht diese Hexe? Versteht er nicht? Er krächzte wieder: »Hexe, Hexe!« In seinem Geist tauchte ein Bild auf, das Bild einer jungen Frau, bei deren Folterung er einst so lange zugesehen hatte, bis sie an den Qualen und dem Blutverlust gestorben war. »Nein«, sagte er leise und wiederholte es lauter: »Nein, nicht!« Er spürte ein ihm fremdes Gefühl in sich aufsteigen, Mitleid mit sich selbst. Aber keinen der Anwesenden interessierte Bartolomés Wimmern.

Rudolf hielt sich einen kurzen Moment lang die Hand nach dem festen Schlag, Ranft brachte ihm bereits kalte Tücher und Rosenöl. »Holt den Henkermeister!«, rief der Kaiser den Dienern zu. »Mit seiner Hilfe werden Wir erfahren, was Wir wissen wollen!«, fügte er voller Verachtung hinzu. Wenzel, der ohnehin schon neben Bartolomé stand, packte den geschlagenen

Mann am Arm und zog ihn hoch. Wogen der Angst schlugen über ihm zusammen, pure, nackte, schreckliche Angst, wie er sie in den Augen der jungen Frauen, seiner Opfer, so gern gesehen hatte. Jetzt erlebte er dieses Gefühl selbst. Von draußen hörte er schon die Schritte der Wachen, die mit polternden Schritten und klirrenden Waffen kamen, um ihn abzuholen.

Sofonisba, die den Lärm bis in ihre Kammer gehört hatte und inzwischen herbeigeeilt war, sah gerade noch, wie er abgeführt wurde. Niemand achtete auf Katharina. Plötzlich legte sie ihre Hände auf den Bauch. »Mein Kind«, flüsterte sie. Ein rasender Schmerz durchfuhr sie und sie fühlte ihr warmes Blut aus dem Körper strömen. »Mein Kind«, dachte sie noch einmal und stürzte zu Boden. Rudolf konnte sie gerade noch auffangen, um den Aufprall zu mildern. Sofonisba eilte zu ihr und stützte ihren Kopf. Dabei bemerkte sie, dass der Kaiser und Katharina je einen gleich aussehenden Ring an der linken Hand trugen. Wahrscheinlich ein Freundschaftsring, sagte sie sich, diese beiden Menschen stehen einander sehr nahe! Zu ihrem Erstaunen griff der Kaiser mit einer raschen Bewegung nach einem Kästchen und warf es mit solcher Wucht ins Feuer, dass glühende Funken heraussprangen. »Verfluchte Gabe!«, rief er, während er neben Katharina niederkniete und ihre kalten Hände ergriff.

Schnell schafften die Soldaten den Mönch über den rutschigen Weg zum finsteren Dalibor-Turm unten am Hirschgraben. Die Wachen gingen nicht sehr freundlich mit ihm um, sie kannten ihn als Eiferer und freuten sich, ihm auf dem Weg immer wieder gegen Beine und Rücken schlagen zu können. Als er unterwegs stürzte, zerrten sie ihn so grob hoch, dass sein Gewand zerriss und seine Blöße freigab. Die Vorübergehenden brachen in hämisches Gelächter aus, denn niemand hatte

Grund, den Hexenjäger zu lieben. Ein Mann warf mit einem großen Stein nach ihm und traf ihn mitten ins Gesicht. Zufrieden sah er, dass der verhasste Mönch Blut und einen Zahn ausspuckte.

Bartolomé hatte große Angst vor dem Verhör, das ihm bevorstand, und war zudem niedergeschmettert, weil er versagt hatte. Die Hexe war noch am Leben und würde weiter der Kirche und dem Kaiser schaden. Wäre es nicht eine Todsünde, hätte er sich mit dem Rest des Giftes in seinem Ring selbst das Leben genommen. Ein dem Kaiser ergebener Richter war inzwischen in den Turm gerufen worden. Er saß mit seinem Schreiber auf einem Podest und erwartete den Mönch. Auch Meister Hans, der Henker, hatte sich mit seinen beiden Knechten eingefunden. Kraftvoll öffneten die Soldaten die schwere Eisentür, stießen den vor Kälte und Schmerz zitternden Dominikaner mit Gelächter die wenigen Treppenstufen hinunter. Unsanft schleuderten sie ihn zu Boden. Der Richter befahl dem Gefangenen, sich auf den Schemel zu Füßen des Podests zu setzen. Ein Soldat unterstrich diese Aufforderung noch mit einem heftigen Fußtritt, dann nahmen die Wachen hinter dem Richter und an der Tür Aufstellung.

In seinem Schmerz und seiner Verwirrung hatte der Mönch gar nicht wahrgenommen, dass hinter seinem Schemel die Folterbank stand und ein Feuer brannte. Erst jetzt fühlte er die Wärme der Flammen. Bei vielen solchen Verhören war er der Richter gewesen und wusste daher, dass hinter ihm der Henker und seine beiden Knechte standen. Er wusste, dass sie Masken und dicke Lederschurze trugen und auf einem Tisch ihr grausiges Werkzeug, die Schrauben und Zangen, ausgebreitet hatten.

»Ihr seid Bartolomé de Zuancalde, genannt Fray Bartolomé und Mönch des Ordens des heiligen Dominikus. Bejaht Ihr dies?« Die Frage des Richters hallte durch den Turm. Fast unhörbar kam die Antwort: »Ja, Señor!«

»Ihr seid hier angeklagt des scheußlichsten Verbrechens, des Anschlags gegen das Leben Seiner geheiligten Majestät, des Kaisers. Bekennt Ihr Euch schuldig?«

»Nein«, schrie der Beschuldigte auf, »niemals! Ich gäbe gern mein Leben für den Kaiser ...«

»Ihr lügt«, donnerte der Richter. »Ich frage Euch noch einmal: Bekennt Ihr Euch schuldig, dass Ihr den Kaiser mittels Gift zu töten versucht habt?«

»Nein, nein, erbarmt Euch, Herr, es ist nicht wahr. Ich wollte nur die Hexe ...« Dem Mönch brach die Stimme.

»Ihr lügt. Ich frage Euch zum dritten Mal, wolltet Ihr den Kaiser vergiften?«

»Nein, nein«, wehrte sich der Befragte verzweifelt. »Nicht den Herrn, nicht den Herrn ...«

»Wir sehen, dass Ihr nicht geständig seid. Nun«, wandte sich der Richter zum Henker, »Meister Hans, waltet Eures Amtes.« Der Freimann ließ sich das nicht zweimal sagen, flugs ergriffen seine Knechte den vor Todesangst zitternden Mönch und rissen ihm die Kleider vom Leib. Dann packten sie den Nackten und zeigten ihm die Folterinstrumente.

Der Richter, ein prozesserfahrener Mann, fragte mitleidslos: »Ist dieser Anblick geeignet, Eure Zunge zu lösen? Wollt Ihr gestehen?«

Bartolomé war einer Ohnmacht nahe, er hing mehr an den Armen der Henkersknechte, als dass er auf seinen Beinen stand. Er flüsterte: »Ich wollte dem Kaiser Gutes tun ...«

Da wandte sich der Richter wieder zum Henker: »Meister Hans, helft diesem Herrn, sein Gedächtnis wiederzufinden.« Und zum Angeklagten sagte er: »Ihr habt in einen Becher Wein, der für den Kaiser bestimmt war, Gift getan und wollt nun Euer Verbrechen leugnen? Dem Kaiser wolltet Ihr nur Gutes tun? Wir alle werden sehen, wie Rutenstreiche die Wahrheit ans Licht bringen werden.«

Die Henkersknechte rissen den Spanier auf die Folterbank.

Dann schlugen sie, links und rechts von ihm stehend, ihn abwechselnd heftig mit Ruten, sodass er bald blutüberströmt war. Er stöhnte, winselte und erbrach sich. Auf ein Zeichen des Richters hielten die Knechte ein und brachten den Angeklagten zum Schemel zurück. Dort hing er als ein blutiges Häuflein Mensch, von seiner stolzen Haltung war nichts mehr übrig geblieben und kämpfte um sein Gleichgewicht.

»Gesteht Ihr jetzt?«

»Ja, ja«, sagte er mühsam, »was Ihr wollt, doch wollte ich nicht den Kaiser, sondern seine Metze töten, die Hexe, die seine Sinne verwirrt und ihn der Kirche entfremdet.«

»In wessen Auftrag habt Ihr gehandelt?« Der Gefolterte dachte an den Nuntius, aber er schwieg. Halb ohnmächtig fiel er vom Schemel und vor seinen Richtern auf die Knie.

»In wessen Auftrag?«, dröhnte die Stimme in seinem Ohr. »In wessen Auftrag?«, hallte es aus dem Gewölbe wider.

»Erbarmen, edler Herr, erbarmt Euch meiner!«, jammerte er, aber die dröhnende Stimme wiederholte unerbittlich: »In wessen Auftrag?«

Der Mönch antwortete nicht, fühlte nur mehr den kalten, schmutzigen Boden unter sich und die Kälte seiner Nacktheit. Da wandte sich der Richter wieder an den Freimann.

»Meister Hans, legt dem Beklagten die Daumenschrauben an.«

»Oh, nicht die Schrauben, nicht die Schrauben«, wimmerte der Dominikaner. »Ich werde Euch alles sagen, werde alles gestehen.« Er richtete sich mühsam etwas auf: »Der Auftrag kam mir von Gott, unserm Herrn, und keinem sonst. Ich sollte Böhmen und das Reich erretten vor der Hexe. Ich sollte den Kaiser retten vor dem bösen Weib.«

»Und wer auf Erden teilte Euch den Willen Gottes mit?«

»Niemand, Gott selbst hat zu mir gesprochen, als ich in langen Nächten betend auf den Knien lag.« Flink notierte der Schreiber jedes Wort.

»Hat Euch Rom beauftragt, unseren Herrn zu ermorden?«

»Nein, nein, nein«, brüllte der Mönch fast von Sinnen. Er wusste: Sterben muss ich ohnedies, ich werde nichts verraten. Spinelli wird für mich drei Messen lesen. Im Jenseits ist mir die Belohnung sicher für meine Standhaftigkeit.

»Meister Hans, die Daumenschrauben.«

Der Henker kam der Aufforderung nach, die Knechte hielten den Unseligen. Einer der Henkersknechte bekreuzigte sich schnell, er wusste nicht, ob es recht war, einen Mönch zu foltern. Dann zuckte er die Achseln: Ich werde so rasch wie möglich beichten. Gott wird mir vergeben! und packte den Verhörten fest an. Der schrie und schrie, als seine Finger immer stärker zusammengepresst wurden. Und schrie und schrie, bis ihm die Stimme versagte. Wieder versuchte es der Richter: »Wollt Ihr nun gestehen?«

Bartolomé ließ den Kopf reglos hängen. »Ich wollte im Auftrag Gottes die Hexe ermorden!«, brachte er beinahe unhörbar hervor und begann zu beten.

»Nun gut, ich sehe, Ihr seid nicht geständig. Dann sollt Ihr auf der Folterbank das Reden lernen.«

Bartolomé wimmerte nur noch leise, als ihn die Henkersknechte auf die Bank spannten und begannen, seine Glieder zu dehnen und zu strecken. Noch einmal schrie er auf, dann stand sein Herz für immer still.

»Viel hat er nicht ausgehalten, der Mönch!«, flüsterte der fromme Henkersknecht leise und bekreuzigte sich wieder. Der Schreiber vermerkte Bartolomés Tod unbewegt und hielt fest: »Ein Geständnis erfolgte nicht.« War es möglich, hatte der Spanier tatsächlich aus eigenem Antrieb gehandelt und nicht auf Befehl? Er hatte niemanden beschuldigt, war stark geblieben, doch nicht stark genug, um die Folter lebend zu überstehen. Der Richter war nicht zufrieden mit diesem Ausgang. Ärgerlich unterzeichnete er die Mitschrift, übergab sie der Wache für den Kaiser und entfernte sich mit seinem Helfer von diesem unseligen Ort.

Rudolf war noch immer bei Katharina, als die Wache kam, um Bericht zu erstatten. Er warf nur einen flüchtigen Blick auf das Vernehmungsprotokoll und gab den Soldaten den Befehl, den Leichnam des Mönches dem Nuntius vor die Tür zu legen, was unverzüglich geschah.

Katharina war in ihrem Leben noch nie richtig krank gewesen, auch die Entbindungen hatte sie immer gut überstanden. Rudolf hatte sie daher für unverwundbar gehalten, sein Schutzengel war ihm unbesiegbar erschienen. Doch nun lag sie in ihrem Bett, schmal und blass, blickte Rudolf manchmal voller Schmerz und Angst an. Meistens waren ihre Augen geschlossen. So ist es also, wenn man stirbt, dachte sie. Der Kaiser war verzweifelt. Er hatte Ärzte und Hebammen rufen lassen, doch die hatten nicht helfen können. Auch Pistorius war da gewesen, um Katharina die Sterbesakramente zu spenden, aber auch, um sich als Arzt ein Bild von ihrem Zustand zu machen und Rudolf seelischen Beistand zu leisten.

Sofonisba, die am Fußende des Bettes stand, sagte zum Kaiser: »Die Natur allein kann sie heilen. Wir können nur warten.« Aber Rudolf hörte nicht wirklich zu, er wandte keinen Blick von der Kranken und hoffte auf ein Wunder.

Alles um sie herum war dumpf, selbst der Schmerz fühlte sich dumpf und leer an und schien ihr sogar erträglich zu sein. Sie war müde und öffnete mit letzter Kraft die Augen, um Rudolfs Blicke zu erwidern. Sie dachte an Carolina und Matthias, die längst in ihren Betten schliefen und erst am nächsten Tag erfahren würden, dass ihre Mutter gestorben war. Doch auch dieser Gedanke entglitt ihr bald und sie schlief ein.

Rudolf kniete stundenlang an Katharinas Bett, hielt ihre Hände und beschwor sie immer wieder: »Katharina, Liebste, Engel, sieh mich an! Bleib bei mir!« Aber sie reagierte nicht. Nach bangen Stunden des Wartens fragte er in die Stille hinein: »Ihr kann doch nichts geschehen?« Sofonisba antwortete nicht sofort und mit einem Anflug von Panik in der Stimme wiederholte Rudolf seine Frage noch einmal: »Ihr kann doch nichts geschehen!« »Seht, Sire!«, antwortete die Malerin endlich und versuchte den Kaiser mit sanfter Stimme zu beruhigen. »Sie hat kein Gift zu sich genommen. Aber sie hat viel Blut verloren zusammen mit dem Kind.«

»Katharina, Katharina, kannst du mich hören?« Rudolf wollte Katharina wecken, strich sanft über ihr Haar. Sie öffnete kurz die Augen, versuchte ein zaghaftes Lächeln und sank wieder in tiefen Schlaf. »Sie ist tot! Seht doch! Sie ist tot!«, schrie der Kaiser verzweifelt auf.

Sofonisba trat näher, berührte Katharinas Hand, beugte sich über ihren Mund und wartete einige Sekunden. »Nein, sie lebt«, meinte sie ruhig, »sie schläft. Lasst sie nur schlafen, wenn sie aus diesem tiefen Schlaf erwacht, wird sie wieder gesunden.« Bevor sie einige Schritte zurücktrat, blickte sie noch einmal besorgt zu Rudolf. »Sire«, sagte sie sanft, »bitte, zieht Euch jetzt in den Palast zurück, ich werde bei Doña Katharina wachen, wenn Ihr es gestattet.«

Rudolf wollte noch bleiben, aber er spürte, wie müde und erschöpft er war. Er musste nachdenken, nachdenken über alles, was in den letzten Stunden geschehen war. »Ihr kann doch nichts geschehen?«, fragte er nun seinen Kammerdiener, der an der Tür stand. Dieser verstand, dass der Kaiser mit diesem Satz das Schicksal beschwor! »Es darf ihr nichts geschehen!« Ranft zitterte genauso wie der Kaiser um Katharinas Leben.

Rudolfs Gedanken wanderten viele Jahre zurück, er erinnerte sich an die schönen Nächte im Lustschloss, die langen Spaziergänge, das fröhliche Lachen Katharinas, das unzählige

Male seine vielen Ängste besiegt und seine Sorgen zerstreut hatte. Er hatte sie immer begehrt, vom ersten Augenblick an. Er dachte an den Ausdruck auf ihrem schönen Gesicht, wenn er beim Liebesspiel in sie eindrang, daran, wie wunderbar er sich in ihr fühlte, wenn ihr Atem den Rhythmus seiner Bewegung übernahm und ihre kleinen Lustschreie ihn entzückten. Als er der Frauen schon müde gewesen war, hatte sie ihn neu und anders erregt. Welche Erfahrung! Und nie hatte sie ihn mit Forderungen bedrängt, war immer für ihn da gewesen, hatte ihm Schutz geboten, Schutz vor sich selbst. Und deshalb habe ich geglaubt, sie selbst brauche keinen Schutz, sie sei unbesiegbar!, dachte er und schüttelte über sich selbst den Kopf. »Ranft!«, sagte er plötzlich in die dunkle Stille hinein.

»Ja, Sire!«, antwortete dieser.

»Ranft, sie ist nicht unverwundbar! Sie ist kein überirdisches Wesen.«

»Ja, Sire, auch ich habe darüber nachgedacht und bin ebenfalls zu diesem Schluss gekommen.«

»Wacht über sie, Ranft, bleibt bei ihr!« Nach einem letzten Kuss auf die bleichen Lippen der jungen Frau erhob sich der Kaiser und schickte sich an, langsam zum Palast zurückzukehren. Er öffnete selbst die Tür und fand davor nicht nur Wenzel, sondern die gesamte Dienerschaft des Hauses bangend und betend vor. Alle verneigten sich still und wortlos vor ihm, er aber wandte sich traurig ab und ging langsam, von Wenzel gefolgt, durch den Keller zum Palast.

Sofonisba und Ranft wachten die ganze Nacht am Lager der Kranken. Der Diener wusste, dass Katharina die alte Frau gerne in ihrer Nähe hatte, und auch er selbst war froh über ihre Anwesenheit, da sie trotz ihres Alters noch immer Kraft und besonnene Ruhe ausstrahlte. Wenn unsere Dame nur die nächsten Stunden überlebt …, so hoffte er immer wieder und ganz gegen seine Gewohnheit faltete auch er die Hände und begann zu beten.

Rudolf behielt Wenzel noch bei sich, er wollte nicht allein sein und bat ihn, auf dem Schemel vor seinem Bett zu wachen. Die Kerzen flackerten. In ihrem matten Licht tanzten die Schatten an den Wänden. Schlief der Kaiser? Oder schwiegen nur seine Gedanken? Bald richtete er sich auf und erinnerte sich an alles. »Der Becher mit dem Gift! Es war der ihre!«, so überlegte er klar. »Er war für sie bestimmt, nicht für mich. Aber sie hat ihn mir gegeben und dieser Schurke hätte auch mich das giftige Gesöff trinken lassen.« Rudolf hielt es nicht länger in seinem Bett, er warf die Decke beiseite und Wenzel reichte ihm den Schlafpelz. Langsam trat Rudolf ans Fenster, öffnete es und atmete gierig die kalte Luft ein. »Katharina, Katharina«, flüsterte er in die schwarze Nacht hinaus und griff traurig nach dem Einhornbecher, der seit Stunden gefüllt bereit stand. »All die Jahre habe ich nicht gemerkt, dass sie selbst Schutz und Sicherheit gebraucht hätte.« Rudolf griff sich an sein Kinn und wühlte in seinem Bart. »Immer habe ich nur an mich und meine Ängste gedacht.« Er bemerkte, wie still und kalt die Nacht war. In einem Zug leerte er den Pokal und stellte ihn auf den Tisch neben den Kerzenleuchter. Ich werde dich schützen, wenn du wieder gesund wirst, dann werde ich dich schützen, so wie du mich all die Jahre geschützt hast, schwor er sich, während er ohne den Schlafpelz abzulegen ins Bett zurückstieg, das Fenster noch offen lassend. Er legte sich hin und starrte auf die Decke seines Gemachs. »Keiner von diesen fanatischen Geistlichen wird dir etwas zu Leide tun. Ich werde eine Lösung finden«, flüsterte Rudolf sein Versprechen in die Stille hinein. Dann schloss er langsam die Augen und fühlte, wie ihn endlich der Schlaf übermannte.

Ich will zu meiner Mutter!«, weinte Carolina am nächsten Morgen. Sofonisba hatte den Kindern von Katharinas Zustand erzählen müssen. Carolina war fassungslos und weinte herzzerreißend, Matthias stand ungläubig daneben und griff immer wieder nach der Hand der Schwester, die ihm aber ständig entzogen wurde. Die Malerin hatte die Situation unterschätzt, sie wusste nicht, wie groß Kindersorgen sein können.

»Aber sie wird ja wieder gesund!«, versprach sie beschwichtigend und strich Carolina über die Wange, was sich diese nur widerwillig gefallen ließ. »Nach dem Frühstück sehen wir gemeinsam nach ihr und dann werdet ihr beruhigt sein«, sagte sie und kämpfte gegen ihren eigenen Kummer, denn Katharina war ihr sehr lieb geworden.

Obwohl die Kranke lange geschlafen hatte, hatte sich ihr Zustand noch nicht gebessert. Während die ihren um ihr Leben beteten und bangten, hoffte der päpstliche Nuntius, sie möge bald den letzten Atemzug tun.

In der Nacht des Anschlags hatte er umsonst auf Bartolomé gewartet. Noch nie waren ihm so wenige Stunden so lang erschienen. Gegen Morgen hatte ein Diener heftig an seine Tür geklopft. Er hatte sofort geöffnet. »Euer Gnaden, vor der Tür liegt die Leiche Bruder Bartolomés!« Der Nuntius war erblasst. Was konnte geschehen sein? War Katharina Strada tot? War der Anschlag gescheitert? Er hatte heftigen Zorn in sich aufsteigen gespürt. Hatte der Mönch versagt? Spinelli war schnell vor das Tor getreten. Erschreckt hatte er gesehen, dass Bartolomés Kutte zerfetzt und blutbefleckt war. Die schrecklichen Wunden am Körper des Toten waren nicht zu übersehen. Die Folter! Was hat er gestanden? Der Nuntius war aufs Höchste besorgt gewesen. Hatte er wenigstens Erfolg gehabt? Das würde er herausfinden. An den Toten selbst verschwendete er keinen einzigen mitleidigen Gedanken.

Nachdem er sich angekleidet hatte, war er zum Haus der Strada gegangen. Unschwer hatte er erfahren, dass Katharina am Leben, aber krank war. Also hatte sie das Gift getrunken, ihr Tod war nur mehr eine Frage der Zeit. Jetzt musste er in Erfahrung bringen, was genau vorgefallen war und was der Mönch auf der Folter gestanden hatte. Er überlegte kurz und ging zum Schützengässchen. Es war nicht schwer für ihn, dort in einer Kneipe einen der Henkersknechte zu entdecken und, wie der Zufall es so wollte, war es derjenige, dem die Folterung des Dominikaners schwer auf der Seele lag. Er saß mit bedrückter Miene allein gleich bei der Tür an einem Klapptisch, der ausschließlich den Henkern vorbehalten war und den sonst niemand benützte, um nicht ehrlos wie ein Henker zu werden. Er sprach dem frischen Bier gerade eifrig zu, als er in der Tür einen hohen Geistlichen sah, der ihm einen Wink gab. Ah, dachte er, während er zu ihm hinausging, das trifft sich gut! Da will ein Bischof mit mir sprechen, sonderbar. Aber die Gelegenheit will ich nützen und ihn bitten, mir die Beichte abzunehmen! Der kann mir meine Sünden doch viel besser vergeben als ein gewöhnlicher Priester! »Ich habe dich da sitzen sehen in deiner Henkerstracht und weil die Leute sagen, du bist ein frommer Christ, dachte ich mir, du würdest gerne beichten!«, behauptete Spinelli schlau und setzte fort: »Bleib einige Schritte hinter mir und folge mir zum Dom!«

Das Betreten des Domes war den Henkern verboten, also musste die Beichte in der Eingangshalle stattfinden. Dort erzählte der Knecht dem Nuntius alles, was er wusste: Dass weder Katharina noch der Kaiser vom vergifteten Wein getrunken hatten, wohl aber ein Hund und der war daran krepiert. Der Dominikaner hatte ohne Auftrag, aus eigenen Beweggründen gehandelt. Spinelli erließ dem Mann seine Sünden und befahl ihm, als Buße bis zu Mittag an der Kirchentür zu beten. Nun gut, Bartolomé ist zumindest verschwiegen gewesen. Sein Zorn auf den Sekretär wurde kleiner, er war beruhigt: Der kleine Wichtigtuer ist tot und auf mich fällt kein Verdacht. Nachdenklich ging er wieder über den Burghof und sah, dass vor Katharinas Haus nun Wachen standen. Warum nur ist der kleine Hund sofort gestorben? Ich war der Meinung, das Gift wirke langsam, Bartolomé hätte sich eigentlich rechtzeitig in Sicherheit bringen sollen. Warum war das nicht möglich? Ob es etwas damit zu tun hat, dass der Hund klein war? Bei einem Menschen hätte es wohl länger gedauert? Es ist müßig, darüber weiter nachzudenken. Und warum ist Katharina Strada jetzt krank, wenn sie nicht getrunken hat? Das Gerede lieferte ihm die Antwort: Sie hatte eine Fehlgeburt erlitten.

Nun galt es also abzuwarten. Die Natur selbst würde das schmutzige Geschäft besorgen, das der Sekretär nicht hatte erledigen können. Und wenn nicht? Der Kaiser war nun gewarnt, so einfach wäre es nicht mehr. Kommt Zeit, kommt Rat!, sagte sich Spinelli und beschloss, sich darüber im Augenblick noch keine Gedanken zu machen.

Viele Tage und Nächte wachte Sofonisba abwechselnd mit Rudolf und Ranft an Katharinas Bett. Ihre Wangen waren von der Sorge um die Kranke schmal und blass geworden, das Kinn spitzer. Sie wirkte gealtert, wie sie so dasaß, ihr Haar streng nach hinten gekämmt. Mit ihrem gesunden Menschenverstand, ihrer Erfahrung, ihrem ausgeglichenen Wesen und ihrer Warmherzigkeit war sie die beste Krankenpflegerin, die man sich vorstellen kann. Immer wieder wiegte sie ihre Freundin in den Armen, nannte sie »mein Engelchen« und beruhigte sie, wenn sie von Albträumen geplagt wurde. Aber immer noch ging es Katharina so schlecht, dass sie kaum die Augen offen halten konnte und die Ärzte die Kinder nicht zu ihr ließen.

Als der Kaiser wieder einmal bei ihr weilte, stand er mit Sofonisba am Fenster und sie schauten durch die kleinen bleigefassten Scheiben in den Hof hinunter.

»Sire«, wandte sich die Malerin an Rudolf, »die Soldaten, Sire ...«

»Ja, sprecht, Signora Sofonisba, ich habe sie zu Katharinas Schutz befohlen, damit ihr niemand etwas anhaben kann.«

»Nein, Sire, ich denke, das hilft nichts.« Er blickte der Künstlerin fragend in die Augen, sie wurde unsicher und trat verlegen von einem Fuß auf den anderen.

»Nun gut, sagt, was soll ich tun?«

»Wenn ich es wagen darf, Sire«, sagte sie und nahm all ihren Mut zusammen. »Frau Katharina könnt Ihr so nicht schützen. Auch Soldaten sind bestechlich. Und wenn sie wieder gesund ist, könnt Ihr sie nicht daran hindern, das Haus zu verlassen.«

Rudolf nickte langsam und seufzte schwer: »Was soll ich also tun?«

»Eine Möglichkeit sehe ich, aber sie wird Euch gewiss nicht gefallen, Sire!«

»Alles wird mir gefallen, wenn es sie rettet, alles!«, rief Rudolf aufgebracht, fasste sich aber gleich wieder und sprach leise weiter: »Sprecht!«

»Also, es wäre doch möglich, also«, hier zögerte Sofonisba, aber weil er gespannt wartete, sprach sie schließlich weiter: »Wenn Frau Katharina heiratet, dann hätten weder Rom noch Eure Familie mehr Interesse an ihr. Wäre sie nicht mehr an Eurer Seite, gäbe es keinen sichtbaren Grund mehr für Euch, eine Heirat mit einer katholischen Prinzessin abzulehnen! Wer sollte sie dann noch beseitigen wollen?«

Rudolf taumelte einige Schritte zurück. »Dann gibt es keinen Weg!«, stöhnte er, wandte sich entsetzt ab und kniete wieder an Katharinas Seite nieder. Zärtlich strich er ihr eine verirrte Locke aus der heißen Stirn. Die junge Frau machte eine schwache Bewegung. Hatte sie verstanden, wovon gesprochen worden war?

Rudolf dachte nach. Lange betrachtete er den schlichten Ring an seiner Hand, den er seit vierzehn Jahren trug. Sie kann gar nicht heiraten, überlegte er, sie ist ja schon verheiratet, und zwar mit mir! Sofonisba weiß das nicht, aber sie hat Recht. Mein Engel muss trotzdem heiraten, wie kann das gehen? Immer und immer wieder suchten seine Gedanken einen Ausweg, dabei fiel ihm weder auf, dass die Stunden vergingen, noch dass er Hunger und Durst hatte. Lange und oft streichelte er Hände und Stirn der Kranken. Schließlich wandte er sich wieder der Malerin zu. Der Herrscher war jetzt ruhig und besonnen, nicht verzweifelt und ängstlich wie zuvor. »Ich habe über Eure klugen Worte nachgedacht, meine Freundin«, sagte Rudolf mit ruhiger Stimme, »ich werde mit Pistorius sprechen.«

Zu Rudolfs Freude schlug Katharina wenig später die Augen auf, sie war nicht mehr so blass.

Sie wird wieder gesund werden!, dachte Rudolf beruhigt. Er blieb bei ihr, bis sie wieder eingeschlafen war und ließ sie dann in Sofonisbas Obhut.

Der Kaiser war in seine Räume zurückgekehrt und schickte sofort nach seinem Beichtvater, der rasch zur Stelle war. »Pistorius, mein Freund, nehmt Platz! Ihr sollt mir die Beichte abnehmen ...«, befahl er, weil er sich über die Freundschaft hinaus auch auf das Beichtgeheimnis verlassen wollte. Er kniete kurz nieder, ließ sich von Pistorius segnen und setzte sich dann. Nun, dachte Pistorius, diese Einleitung ist nicht neu. Aber diesmal sollte selbst er überrascht werden. »Sprecht, Sire, Gott hört Euch!«, forderte er Rudolf auf und nickte ihm aufmunternd zu.

»Nun hat man also versucht, Doña Katharina zu töten.«

»Ja«, nickte Pistorius. »Und Gott sei gedankt, dass diesem Versuch kein Erfolg beschieden war.«

»Doña Katharina kostete die Fehlgeburt fast das Leben und

auch jetzt befindet sie sich noch so schlecht, dass niemand weiß, wie es weitergehen wird! Und sollte sie, das wolle Gott, genesen, habe ich Angst, man wird den Anschlag wiederholen.«

Pistorius schwieg und hörte zu, er fragte erst gar nicht, er wusste, wo Katharinas Feinde zu suchen waren.

»Zu ihrem Schutz habe ich einen Plan gefasst und bitte Euch, mir bei der Durchführung zu helfen.«

Pistorius hatte einen Einfall. »Sire, Ihr könnt über mich verfügen, so weit es mein Gewissen zulässt. Doch bevor Ihr weitersprecht, bedenkt, dass ich Euch nach der Beichte eine Buße auferlegen werde.«

Misstrauisch blickte ihn Rudolf an. »Natürlich, jeder will etwas von mir! Sogar Pistorius!«

Dieser kannte seinen Herrn. »Nein, keine Angst, Eure Buße wird nicht schwer sein. Ich will sie Euch, obwohl dies nicht üblich ist, noch vor Ende der Beichte auferlegen.«

»So sprecht!«, forderte Rudolf.

»Ihr werdet zumindest einmal jährlich die Kommunion empfangen.«

Rudolf wartete, es kam nichts mehr. Blitzschnell überlegte er. Johannes Pistorius fordert gar nichts für sich! Aber die Buße gefiel ihm nicht! Doch blieb ihm nichts anderes übrig, als sie anzunehmen. »Nun denn, wenn Ihr darauf besteht, ich stimme zu. Einmal im Jahr, zur Osterzeit, doch müsst Ihr sie mir eigenhändig spenden.« Beide wussten, dass dies politisch zu Rudolfs Bestem war, ein Beweis seiner Gläubigkeit und dass damit so manchem Gerede im Reich und in Rom ein Ende bereitet würde.

»So fahrt fort in Eurer Beichte, Sire.«

»Ja«, sagte Rudolf und rang nach den richtigen Worten: »Man wird wieder versuchen, Katharina zu töten. Und beim nächsten Mal wird man erfolgreich sein. Ich muss sie schützen.«

Pistorius dachte an die junge Frau, die ihm längst lieb geworden war durch ihr freundliches und selbstloses Wesen. Sie liebte den Kaiser aufrichtig. Nie hatte sie sich den zahlreichen Intrigen gegen den Kaiser angeschlossen, obwohl sie wahrlich viele Möglichkeiten dazu gehabt hätte. In politische Angelegenheiten hatte sie sich nicht eingemischt, auch nicht in Dinge des Glaubens. Der Beichtvater sah sie vor sich, wie sie nun krank und blass in ihrem Bett lag. Mitleid empfand er auch mit dem Kaiser. Das Paar keine Ruhe mehr haben!

»Ich werde Frau Katharina mit meinem treuen Diener Ranft verheiraten!«, sagte Rudolf und Pistorius erstarrte. »Sire, das wäre Bigamie!«

»Nein, nein, lieber Freund«, beschwichtigte ihn Rudolf und senkte die Stimme. »Ich selbst werde der Bräutigam sein. Es geht nur darum, dass Ihr uns nochmals trauen sollt.«

»Und wie, Sire, soll das möglich sein?«

»Ich werde Ranfts Kleider tragen bei der Trauung. Ich habe sie schon oft mit ihm getauscht, er ähnelt mir äußerlich und hat sich am Fenster, im Thronsaal oder im Dom als Kaiser gezeigt, niemand hat die Täuschung je bemerkt. Und wenn ich früher mit Doña Katharina ausfahren wollte oder sie besuchen und mit ihr die Nächte unentdeckt verbringen wollte, dann habe ich mich als Ranft verkleidet. Die Menschen sehen, was sie erwarten, nicht, was wirklich ist!«

Der Geistliche nickte zustimmend. »Ja, das könnte gehen ...«, sinnierte er. »Doch nachher? Ranft wird als Ehemann von Doña Katharina gelten, die Fortsetzung Eurer Liebe gälte dann als Ehebruch! Wollt Ihr Eure Gemahlin diesem Vorwurf aussetzen?«

»Nein«, erwiderte Rudolf nun so leise, dass Pistorius es kaum hören konnte. Der Gram auf den schmerzerfüllten Zügen des Kaisers ging dem Beichtvater ans Herz.

»Ich werde mich von ihr zurückziehen, auch wenn ich darunter leide. Ihre Sicherheit, ihr Leben sind mir wichtig, nicht ich.« Und seufzend fügte er hinzu: »Und noch etwas. Ich bitte Euch, den Plan mit Doña Katharina zu besprechen. Ich kann es nicht, es geht über meine Kraft!«

»Geliebter Sohn, Ihr nehmt ein Kreuz auf Euch!« Pistorius war bewegt von Rudolfs Plan. »Ich werde Euch auf Eurem Wege helfen! Denn wer einen Menschen so sehr liebt, der liebt auch Gott! Kniet nieder, damit ich Euch segne!«

Rudolf kniete nieder, Pistorius sah die Tränen in den Augen des Herrschers und erteilte ihm die Absolution. Nachdem er ihn gesegnet hatte, bat er ihn, sich wieder zu erheben. Was für ein Mensch, wie sehr verkennt man ihn!, ging ihm durch den Kopf, als er den Kaiser verließ.

Wenig später zog Rudolf an der Seidenschnur, um Ranft zu rufen. Dieser trat sofort ein. Rudolf sah seinen Diener prüfend an. Ja, er glich ihm selbst in seinem Äußeren verblüffend. Dieselbe Größe und Statur, dieselbe Haltung. Ein leichter, dunkelblonder Bartkranz verdeckte das Kinn, ließ es ausladend wie das seines Herrn erscheinen. Der Schnurrbart mit den sich verjüngenden Spitzen verlieh der Oberlippe mehr Fülle. Die Augenbrauen waren ebenso dicht wie die Rudolfs, das Haar genauso schütter. Es wird gelingen, ja!

Ich weiß nicht, wie ich beginnen soll, überlegte der Kaiser. »Ranft, setzt Euch!« Ranft gehorchte zögernd, er wusste aus Erfahrung, dass die kaiserliche Freundlichkeit für ihn Arbeit bedeutete. »Lieber Ranft«, begann der Kaiser. »Ihr steht seit Eurer frühesten Jugend in meinen Diensten und habt stets Eure Ergebenheit bewiesen. Ich möchte Euch nun belohnen.«

Der Kammerdiener setzte eine undurchdringliche Miene auf und wartete, was da noch kommen würde. Ihm war es schon Belohnung genug, seinem Herrn stets treu zu dienen. Und das

Ansehen, das er bei Hof als Vertrauter seines Herrn genoss, gefiel ihm sehr.

»Es ist an der Zeit, dass Ihr eine höhere Stellung einnehmt. Ich werde Euch in den Adelsstand erheben. Ihr seid ab nun Edler von Wiesental. Und seid Obergarderobier.«

Ranft erblasste. Scherzte der Kaiser? »Sire, welche Ehre!«

»Ich werde die Erhebung unverzüglich veranlassen, Ihr habt dies schon lange verdient.«

Der Kaiser meint das wirklich, es ist ihm ernst! Welch ein Glück, welche Überraschung!, dachte Ranft und sprach: »Sire, ich weiß nicht, wie ich Euch danken soll!«

»Dankt mir nicht, dient mir weiter so treu wie bisher.«

»Sire, Ihr sollt nie an meiner Treue zweifeln! Prüft mich, so viel Ihr wollt, ich werde mich immer als gehorsamer Diener erweisen.«

Rudolf schwieg eine Weile und betrachtete den Diener sinnend. »Als weiteren Beweis meiner Gunst werde ich Euch ein Haus auf dem Hradschin schenken.«

Ranft wurde misstrauisch, das war zu viel der Gunst für einen Tag! »Sire, ich weiß nicht, was ich sagen soll! Meinen Dank, meinen untertänigsten Dank!«

»Und da Ihr dann ein großer Mann seid, habe ich auch daran gedacht, Euch zu vermählen.« O weh, sagte sich der Stiefelwischer, jetzt kommt wohl der Pferdefuß. »Ranft, sagt mir, wie gefällt Euch Katharina Strada?«

»Sire«, stammelte Ranft und glaubte sich verhört zu haben, »doch nicht Signora Katharina! Wie könnte ich ausgerechnet die Dame ehelichen, die Eurem Herzen seit vielen Jahren nahe steht!«

»Doch«, erwiderte der Kaiser. »Ich habe doch bemerkt, dass Ihr sie gern habt und bin auch ganz sicher, dass Ihr schon jetzt für sie ein guter Freund seid.« Er schwieg, ließ dem fassungslosen Diener Zeit, sich zu sammeln. Dann reichte er ihm einen Becher Wein zur Stärkung.

Der Becher zitterte in Ranfts schweißnasser Hand. In den Diensten seines Herrn hatte er schon viel Ungewöhnliches erlebt, war oft überrascht und verblüfft worden, daran war er gewöhnt. Doch das?

»Edler von Wiesental«, sprach der Kaiser. »Ich fordere von Euch nur Euren Namen und Schutz für Katharina Strada, nicht die Erfüllung ehelicher Pflichten.« Aha, sagte sich Ranft, hier geht es offensichtlich nicht um mich. Eine Belohnung? Was auch immer, ich werde annehmen, denn die Rangerhöhung und das Haus schlage ich nicht aus. Die Braut auch nicht. Aber was soll das heißen, nicht die Erfüllung ehelicher Pflichten? »Seht, Ranft, ich fühle mich Frau Katharina sehr verbunden, liebe unsere Kinder. Aber sie hat Feinde, das ist Euch nicht unbekannt. Es gibt Neider, die flüstern, sie habe mich verhext, und anderes mehr. Hat sie einen Ehegatten, wird man glauben, ich habe sie verstoßen. Sie wird sicher sein.«

Das ist richtig, überlegte der Kammerdiener, und sie ist schön und liebenswürdig. Viele werden mich um diese Braut beneiden!

»Aber wisst, Ranft, ich betrachte Frau Katharina als meine eigene Frau. Daher sollt Ihr die Ehe nicht vollziehen.«

Aha, jetzt ist er da, der Pferdefuß!, sagte sich Ranft bedauernd, als Rudolf fortsetzte: »Ihr und ich, wir werden Kleider tauschen, ich selbst werde mit Frau Katharina vor den Altar treten! Niemand wird es merken.«

Nun war Ranft vollkommen sprachlos, er konnte nur noch staunen und rang nach Luft. »Pater Pistorius wird die Trauung vornehmen, ich habe mit ihm gesprochen. Im Eheregister wird Euer Name stehen, als Trauzeuge dann der meine. Ich weiß, dass Ihr mein Vertrauen nicht enttäuschen werdet!«

Was blieb Ranft übrig, als zuzustimmen? »Weiß Frau Katharina schon, was Ihr plant, Sire? Wird sie einverstanden sein?«

»Das lasst meine Sorge sein. Ihr aber bereitet alles vor, besprecht Euch mit Pater Pistorius.«

Der Kammerdiener musste unwillkürlich an die Seherin Magdalena denken. Das also hatte sie mit ihrem Spruch gemeint: »Ihr werdet das Glück des Kaisers teilen!« Und noch etwas ging ihm durch den Kopf: Wer weiß, was die Zukunft bringt. Ist Katharina meine Ehefrau, so bleibt sie es auch. Sie und ich, wir sind viel jünger als der Kaiser ...

»Sire, ich werde Frau Katharina immer beschützen, das gelobe ich!«

»Beschützt auch unsere Kinder wie bisher! Beschützt sie, als ob es Eure eigenen wären!«

Als Ranft entlassen worden war, ging er nicht gleich zu Pater Pistorius, denn er war viel zu aufgewühlt. Er beschloss, einen Spaziergang zu unternehmen, dabei konnte er in Ruhe nachdenken. Vom grauen Himmel wirbelten nur wenige Schneeflocken im Wind herab. Er schlenderte über die hölzerne Brücke, griff in den Schnee, der sich auf dem Geländer angesammelt hatte und formte daraus gedankenverloren ein paar Ballen, die er in den Hirschgraben hinunterwarf. Langsam spazierte er weiter, am Reitplatz vorbei, dessen Sand, durch die Hufe der Pferde mit dem Schnee vermischt, nun eine hellgraue Masse bildete. Die kahlen Bäume rundherum streckten ihre dürren Äste zum Himmel. Einige Nadelbäume, auch sie mit weißen Hauben, brachten ein bisschen Grün in die Anlage. Raben stelzten krächzend umher in der Hoffnung, noch irgendein Krümelchen Nahrung im Pferdedung, der vom Morgen noch auf den Wegen und der Reitbahn lag, zu finden und flogen wieder enttäuscht davon, als die Stallknechte kamen, um den Mist aufzusammeln. Ranft ging weiter zum Löwenkäfig und beobachtete lange die Tiere, die unruhig auf und ab trotteten und die Flocken mit Abneigung betrachteten. Der König der Tiere, im Käfig gefangen läuft er auf und ab. Wie unser König und Kaiser. Ein Leben lang nur beobachtet werden und keine Freiheit haben! Wie schrecklich! Ranft dachte an Katharina. Er war ihr aufrichtig zugetan. Unter anderen

Umständen wäre er glücklich gewesen, ihre Hand zu erringen. Aber so? Mit ihr verheiratet zu sein und doch wieder nicht, das war keine angenehme Rolle. Andererseits: besser dies als gar nichts. Er würde um diese schöne, heitere Ehefrau beneidet werden und auch um seine Rangerhöhung und sein Haus. An eine Weigerung hatte er keine Sekunde lang gedacht. Des Kaisers Wille war ihm Befehl. Und so war er mit der Entwicklung der Dinge letztlich doch recht zufrieden.

Katharina hingegen war entsetzt, als Pistorius sie ein paar Tage später in den Plan einweihte. »Ich habe damals also doch nicht geträumt, als Sofonisba mit Rudolf an meinem Krankenbett über meine Heirat gesprochen hat!«, erinnerte sie sich. Ihr fehlten die Worte. Nach einer Weile fing sie sich wieder und sagte tonlos: »Vor der Welt soll es also so aussehen, als heirate ich den Kammerdiener Ranft.«

Der arme Pater Pistorius war nicht um seine Aufgabe zu beneiden. »Doña Katharina!«, sagte er beschwichtigend, »beruhigt Euch. Ihr sollt ihn ja nicht wirklich heiraten!« Der Beichtvater sprach langsam und eindringlich. Er versuchte ihr die Gedanken Rudolfs zu vermitteln und den Plan genau zu erklären. Er legte ihr dar, dass der Kaiser seinen Entschluss nur aus Liebe gefasst habe. »Seht, der hohe Herr wünscht nichts für sich. Betrübt ihn nicht durch eine Weigerung oder durch Euer Zögern.« Als er ging, ließ er eine tieftraurige, aber gefasste Frau zurück. Wenn sie auch zugeben musste, dass der Plan nicht schlecht war, erfüllte er sie doch mit Besorgnis. Würde das Geheimnis gewahrt bleiben? Und später? Würde der Kaiser sie noch besuchen, wenn sie erst einmal als Gattin Ranfts galt?

Es dauerte lediglich vier Wochen, bis sich Katharina von den Strapazen der Fehlgeburt erholt hatte. »Ihre Natur ist ungewöhnlich stark«, lobten die Ärzte und freuten sich über ihre Patientin, die sich auf dem Weg der Besserung befand. Aber erst wenige Tage vor ihrer Heirat durfte sie endlich aufstehen: »Ihr seid wieder gesund, aber schont Euch in den nächsten Tagen noch!«

Sie lächelte nur. Die Ärzte wissen zum Glück nicht, wie oft ich in den letzten Tagen schon heimlich im Haus umhergegangen bin! Ich fühle mich wieder kräftig!, dachte sie und schickte nach ihren Kleidern.

Spinelli aber brütete seit Tagen über einem zweiten Anschlag, solange aber die Wachen vor ihrer Türe standen, war dies undenkbar. Doch es sollte alles ganz anders kommen. Als er eines Morgens mit einem jungen Jesuitenpater auf dem Weg zur Bibliothek war und dessen fröhlichem Geplauder lauschte, blieb er plötzlich abrupt stehen. »Was erzählt der Pater da? Das kann doch nicht sein?« »Ja«, wiederholte der Pater, erstaunt und erfreut über die Wirkung seiner Worte: »Pater Pistorius hat heute in der Morgenmesse verkündet, dass die Mätresse des Kaisers und sein erster Kammerdiener heiraten werden!« Spinelli, ansonsten ein Mann von großer Selbstbeherrschung und diplomatischer Unerschütterlichkeit, konnte seine Überraschung kaum verbergen und schaute so verblüfft drein, dass ihm keine Spur von seiner sonstigen Würde blieb. Der Kammerdiener Ranft würde die Strada heiraten? Schenkt der Kaiser dem Kammerdiener seine Mätresse? Merkwürdig. Er überlegte, ob diese Heirat wohl in Zusammenhang mit dem Anschlag stand oder schon länger geplant war. Nun würde er also doch nach Rom melden können, dass Katharina Strada nicht mehr im Weg stand. So hatte sich sein Auftrag erledigt. Irgendwie war er erleichtert. Eine Sorge weniger! Die Frau eines Kammerdieners interessiert keinen. Erheitert über diese Entwicklung schenkte er dem Pater ein ungewöhnlich freundliches Lächeln: »Wirklich, eine sonderbare Heirat. Das Leben geht doch unergründliche Wege. Gott allein weiß wohl die Antwort auf alle Fragen.« Dann wechselte er unauffällig das

Thema und begann mit dem jungen Mann über die neuen Fresken in der Bibliothek zu sprechen, die er noch nicht gesehen hatte.

Endlich konnte Katharina wieder ins Wohnzimmer gehen. »Lasst es mich machen, lasst mich!«, hörte sie ihre Tochter rufen, als sie die Tür öffnete. Sofonisba, deren Zofe und Carolina waren gerade dabei, kleine Perlen auf das Brautkleid zu nähen. »Wunderschön ist das Kleid!«, fand Katharina, obwohl sie – wie damals üblich – gerne eine andere Farbe als Weiß dafür gewählt hätte. Aber Rudolf hatte die Anweisungen zum Entwurf gegeben. »Was wird er wohl tragen? Ganz sicher hat er sich etwas Besonderes ausgedacht.« Aber Ranft, der schon etliche Anproben des Hochzeitsgewandes über sich hatte ergehen lassen, wollte ihr nichts verraten.

»Frau Mutter!«, rief Carolina jetzt freudig und stürmte auf Katharina zu, »endlich seid Ihr gesund! Und gerade noch rechtzeitig zu Eurer Hochzeit mit unserem lieben Ranft!«

»Ja«, Katharina strich ihrer Tochter eine widerspenstige Locke aus dem Gesicht. Sie wusste, beide Kinder liebten Ranft, den sie von klein auf öfter gesehen hatten als die eigene Mutter. Ranft hatte eine gute Art, mit Kindern umzugehen und Katharina war froh darüber.

Während sich Carolina und Matthias auf die Hochzeit freuten, stand Rudolf wehmütig am Fenster seines Gemaches und sah hinunter. Er beobachtete Ranft, der den Burghof eben überquerte. Leicht und frei wie ein Sieger geht er einher!, dachte er und blickte auf seine eigenen Hände, die ihm erstmals alt und faltig erschienen. Merkwürdige Gefühle bewegten ihn.

Einerseits kannte er Ranft seit dessen Kindheit und hatte in all den Jahren den eigenwilligen Diener als Freund betrachtet, als Ratgeber geschätzt und über dessen gespielte Überheblichkeit manchmal geschmunzelt. Oft und oft hatte er mit ihm seine Kleider getauscht, Ranft hatte sich an seiner Stelle dem Volk gezeigt, hatte ihn sogar beim Empfang des türkischen Botschafters vertreten. Wie sehr hatten sie gemeinsam darüber gelacht, dass die Türken dem Stiefelwischer die Füße geküsst hatten! Aber seit einigen Tagen erschien ihm Ranft als Konkurrent, als Nebenbuhler, der gerade dabei war, ihn zu besiegen mit Waffen, die er ihm selbst gegeben hatte. Immer mehr fühlte er sich als Verlierer. Er sollte Katharina besser nicht mehr besuchen, aber Ranft, der Bräutigam, konnte, ja musste sie sogar sehen! Ich aber sehe sie nicht! Dem Kaiser graute vor der Zeit, die nun unbarmherzig näher rückte: Bald schon, bald ist sie vor der Welt mit Ranft verheiratet! Er fühlte große Sehnsucht nach Ruhe und Frieden in sich aufsteigen. Ungewohnt klar erschienen ihm seine Gedanken und Gefühle. Er war wehmütig und traurig, aber er wusste auch, dass er nicht tatenlos und müde bei der Ermordung seiner Liebsten zusehen würde. Er glaubte den Verstand zu verlieren. Nie mehr würde Katharina als seine Gefährtin in der Burg weilen. Nie mehr würde sie mit ihm durch seine Sammlungen schlendern, mit ihm den Gelehrten lauschen, mit ihm essen, trinken und lachen. Nie mehr durfte er sich mit ihr zeigen. Und Ranft? Würde der ihm weiter seine Kleider leihen, damit er Katharina heimlich besuchen könnte? Und wenn das bekannt würde? Ihre Dienerschaft plaudern würde? Dann wäre Katharina wieder in Gefahr, die Ehe würde angezweifelt werden, Ranft könnte das Geheimnis verraten …

Rudolf weigerte sich, weiter zu denken, er ließ sich seinen Mantel bringen und ging hinaus. In Gedanken versunken stapfte er durch den tief verschneiten Hirschgraben. Die Kälte würde ihm helfen, alles klar zu sehen. Aber sie machte alles nur noch schlimmer. Er hatte das Gefühl, in einem riesigen eisigen

Rachen zu versinken, der sich über ihm schloss, es war das Gefühl der Hilflosigkeit. Er, der Kaiser eines mächtigen Reiches, war hilflos, wenn es um sein eigenes Glück ging. Das Lufthclen fiel ihm schwer, jeder Atemzug schmerzte in der Lunge und stach in seinem Herzen. Er blieb stehen und betrachtete seine Fußspuren im Schnee. Spuren, wir Menschen hinterlassen nichts als Spuren auf dieser Welt, die bald verwehen oder zugeschneit werden. Was zählt das Glück des Einzelnen für die Welt? Was zählt das Glück des Kaisers? Er würde Katharina nie mehr in Gefahr bringen, das wusste er, er würde auf sie verzichten – aus Liebe.

Die Zeit bis zur Hochzeit verstrich rasend schnell. Am festgelegten Tag saß Katharina mit Sofonisba und deren fingerfertiger Zofe im Wohnzimmer. Frumet, die von Katharinas Heiratsabsicht mehr als überrascht war, war gekommen, um die Braut schmücken zu helfen. Sie dachte, Rudolf hätte Katharina verlassen und wusste nichts von seinem Plan. Katharina hütete sich, ein Wort davon zu sagen. Das Geheimnis konnte für jeden Mitwisser den Tod bedeuten.

Carolina war daneben mit ihrem eigenen Kleidchen beschäftigt, sie durfte einige kleine Perlen aufnähen. Das tat sie gern und stellte sich geschickt dabei an. Ihr Gewand war aus goldgelber Seide gemacht, das Miederchen bestickt und glich im Schnitt dem Kleid der Mutter. Für Matthias lagen Kniehose, Strümpfe und Wams aus der gleichen goldgelben Seide bereit, an der Seite würde er einen kleinen Degen tragen.

Ach ja, erinnerte sich Katharina, schon heute Morgen wollte ich dem Vater schreiben, ich mache es jetzt! Er weiß ja nichts von meiner Vermählung! Sie war froh, den Vater weit weg zu wissen, denn sie kannte den ehrgeizigen Mann, auf dessen immer währende Verschwiegenheit sie nicht bauen konnte.

»Mein Gatte schickt morgen Boten nach Venedig in Geldgeschäften, soll ich ihn bitten, ihnen den Brief mitzugeben?«, bot Frumet ihr an.

»Wie gut sich das trifft! Ja, seid so gut!« Die wenigen Zeilen waren rasch zu Papier gebracht.

Als es draußen dunkel wurde, waren längst alle angekleidet. Frumet legte der Braut einen dunklen Umhang um die Schultern, umarmte sie zum Abschied und wünschte ihr viel Glück. Katharina stieg mit Sofonisba, die wie immer ein schlichtes, schwarzes Kleid trug, und den beiden Kindern, nur von Wenzel begleitet, die Treppe zum unterirdischen Gang hinab. Für die Kinder war das ein Erlebnis, sie waren noch nie hier unten gewesen. Schaurig war es schon, durch die finsteren Winkel und Ecken zu gehen! Sie jauchzten, wenn Wenzel mit seinem sechsarmigen Leuchter auf immer neue Abzweigungen wies. »Gibt es da Gespenster? Sind da Gefangene?«, fragten sie aufgeregt. Die Mutter mahnte sie zur Ruhe. Dann kam endlich der Aufgang zum Wladislawsaal, wo an der Treppe zur Kapelle der Bräutigam, in roten Samt gekleidet, bereits wartete. An seiner Seite stand der Trauzeuge, ganz nach des Kaisers Gewohnheit in Schwarz, mit dem Orden vom Goldenen Vlies auf der Brust. Es war so dunkel, dass man die Gesichter von Rudolf und Ranft nicht erkennen konnte[102].

Der Bräutigam reichte der Braut die Hand und führte sie die wenigen Stufen hinauf zum Eingang, der offen stand. Die schmale Burgkapelle wurde durch einige wenige Kerzen erhellt, die Bilder an den langen, hohen Seitenwänden konnte man nur erahnen, aber nicht sehen. Katharina zitterte, denn es war kalt. Vor dem Altar stand ein Schemel, dahinter zwei Lehnstühle. Auf der Empore sangen acht Knaben das vierstimmige »Ave Maria coelorum« von Orlando di Lasso, als Pistorius feierlich vom Altar zur Kirchentür schritt, um das Brautpaar zu begrüßen: »Gratia Domini nostri Iesu Christi, et caritas Dei, et communicatio Sancti Spiritus sit cum vobis[103].«

Rudolf und Katharina erwiderten. »Et cum spiritu tuo.« Dann verneigte sich der Priester tief, lächelte den beiden aufmunternd zu, wandte sich um und schritt ihnen voran zum Altar, wo sie auf dem Schemel niederknieten.

Die gelb gekleideten Kinder waren dem Brautpaar gefolgt. Matthias, der mit Carolina Hand in Hand gegangen war, stolperte. Er war noch nicht daran gewöhnt, einen Degen zu tragen. Und es war so düster, er hatte den Teppich auf dem Boden übersehen. Die beiden blieben hinter dem Brautpaar stehen. Die Trauzeugen, Sofonisba und Ranft, setzten sich auf die vorbereiteten Stühle. Die Ähnlichkeit Ranfts mit seinem Herrn war so groß, dass schwer jemand die Täuschung in der Dunkelheit bemerken konnte. Einer durchschaute die List aber sehr wohl, und das war Wenzel. Die Bewegungen der beiden Männer hatten sie verraten.

Der alte Diener war an der Tür stehen geblieben, um ungebetene Gäste und Neugierige abzuhalten. Meine Katharina, dachte er stolz, meine Katharina heiratet also den Kaiser. Er wandte keinen Blick von ihr. Nun war ihm klar, weshalb keine Gäste geladen worden waren. Niemand durfte je etwas von dieser Vermählung erfahren und um das gefährliche Geheimnis zu wahren, war man klug vorgegangen. Er verstand, weshalb die Kapelle so schwach beleuchtet und eine so späte Stunde gewählt worden war. Auch die Wahl der Trauzeugin war klug gewesen. Sofonisba war eine Fremde und genoss höchstes Ansehen, niemand würde sie zwingen können, das Geheimnis zu verraten. Sie unterstand weder der Kirche noch der Krone. Die Kinder hatten nichts bemerkt, sie sahen, auf was man sie vorbereitet hatte, würden sich an das erinnern, was Katharina ihnen vorsagte. Er selbst, Wenzel, war ein Mann ohne Zunge und hätte auch unter der Folter ein Geheimnis nicht verraten können. Pistorius war geschützt. Katharina und Ranft hingegen würden mit ihrem Leben bezahlen, käme die Sache heraus. Und was würde mit dem Kaiser geschehen, der heimlich eine

Frau von ihrer Herkunft geheiratet hatte? Wenzel wollte sich das lieber gar nicht ausmalen und wandte seine Aufmerksamkeit dem Priester zu.

Rudolf betrachtete sinnend die Farben der Kleider, die er so sorgfältig ausgewählt hatte und dachte: Hier vereinen sich die vier Farben der Transmutatio, schwarz, weiß, gelb und rot. Schwarz ist die Materia prima, Weiß das Silber, Gelb sind die Stufen der Vollendung bis hin zum Rot, dem Stein der Weisen, der Läuterung unserer Seelen. Er war ganz ruhig und seine Zuversicht gab der Frau an seiner Seite Kraft.

Nun wandte sich Pistorius an das Brautpaar: »Ihr, Katharina Strada und Ihr, Christoph Ranft, seid aus freiem Willen vor den Altar getreten, um einander das Sakrament der Ehe zu spenden. Ist dies Euer Wunsch?«

Rudolf und Katharina sahen einander lächelnd an und bejahten. Wie anders war es doch heute als damals im Birkenhain! Wie glücklich waren sie dort gewesen!

Dann wandte sich Pistorius an die Zeugen und die wenigen Anwesenden: »Wenn jemand einen Grund kennt, warum dieses Paar nicht vereint werden soll, so trete er vor oder schweige für immer.«

Außer dem Husten des kleinen Matthias war nichts zu hören und so sah Pistorius zu Ranft, der als Trauzeuge für die Ringe verantwortlich war. Er übergab dem Priester die Ringe, die er gut kannte, denn es waren diejenigen, die Rudolf und Katharina seit dem Tag des heimlichen Versprechens stets getragen hatten: zwei einfache Holzreifen, die mit einem Goldmantel geschützt waren, sodass man das Holz nur an der Innenseite sehen konnte[104]. Sie zeigten schon deutliche Spuren der Abnutzung. Der Priester segnete die Ringe und reichte das Kirchenregister zuerst den Trauzeugen. Ranft setzte seinen Namen an die Stelle, die für den Bräutigam vorgesehen war. Dann unterzeichnete Sofonisba in ihrer zierlichen Schrift. Pistorius nahm das Buch entgegen und gab es an Katharina weiter, die mit zitternder Hand ihren Namen schrieb. Rudolf setzte ein schwungvolles, schnörkeliges R an die Stelle, die für den Zeugen vorgesehen war. Somit waren alle Unterschriften am richtigen Platz, die Urkunde würde jeder Überprüfung standhalten.

Pistorius bat das Paar, nun das Gelübde abzulegen.

Rudolf sagte leise und voller Liebe: »Katharina, ich gebe dir meinen Körper und meine Seele.«

Katharina antwortete mit ihrer hellen Stimme: »Ich empfange sie und gelobe dir Gehorsam und Treue bis zum Tod. Empfange auch du von mir meine Seele und meinen Körper.«

»Volo et ita committo«, gelobte Rudolf.

Jetzt forderte Pistorius sie auf, einander die Ringe anzustecken, umhüllte ihre vereinten Hände mit der Stola und gab ihnen den Segen. Zuletzt drehte er sich den Anwesenden zu, um abwechselnd mit ihnen die entlassenden Worte zu sprechen.

Nach dem Segen verließ das Brautpaar Hand in Hand die Kirche, neu verbunden und doch schon seit langer Zeit, verbunden auch durch ihre Kleidung, die Conjunctio von roter Sonne und von weißem Mond. Katharina sah Rudolf zwar zärtlich lächeln, fühlte aber, dass er traurig war. Seltsam, auch ich bin niedergeschlagen, dachte sie, heute ist es kalt und grau in meiner Seele, obwohl wir unseren Bund erneuert haben. Damals war mir so leicht ums Herz!

Wenzel und Sofonisba gingen rasch mit den Kindern im unterirdischen Gang voran. Diese sollten sofort zu Bett gebracht werden, könnten sie sonst doch noch das Spiel durchschauen. Rudolf griff selbst nach einer Kerze, um sich und Katharina zu leuchten. Er legte seinen Arm um sie und drückte sie fest an sich. »Mein geliebtes Weib! Wir bleiben auf ewig miteinander vereint!« Aber er fühlte Hoffnungslosigkeit in sich aufsteigen: Für unsere Liebe gibt es keine Zukunft. Alles war zwar gut gegangen, aber Rudolf fühlte sich müde und erschöpft von der Anspannung, er wollte sich nun von seiner Liebsten trösten lassen. Aber das so vertraute Haus Katharinas erschien ihm plötzlich fremd. War es, weil es nun Christoph Ranft gehörte, dem Ehemann? War es, weil er wusste, er würde in Zukunft nie mehr hierher kommen? Katharina würde mit dem Kammerdiener in diesem Haus wohnen, an einem Tisch sitzen. Er wollte nicht weiterdenken. Noch ist sie meine Liebste und mehr noch, sie ist mein Weib! Mag kommen, was will!

Nach einem kleinen Imbiss im Esszimmer begleiteten die Zeugen und Pistorius das Brautpaar ins Schlafgemach und warteten, bis die beiden sich hingelegt hatten. So wollte es der Brauch, damit sie jederzeit den Vollzug der Ehe bezeugen konnten, denn damit war diese erst gültig. Als die beiden Liebenden allein waren, setzte sich Katharina auf und sagte zu Rudolf, der in Gedanken versunken liegen geblieben war: »Hört«, sie drückte ihm einen zärtlichen Kuss auf die Wangen. »hört, was die Welt denkt, das ist nicht von Bedeutung. Wir beide, wir haben unseren Eid heute erneuert und kennen die Wahrheit.«

Rudolf nickte und sprach mit leiser Stimme: »Die Wahrheit ist gefährlich und ich will dich nicht in Gefahr wissen.« Er wollte noch weitersprechen, seiner Liebsten erklären, dass sie einander nicht mehr treffen dürften, weil seine Verkleidung als Ranft eines Tages durchschaut werden könnte und Katharina dann sicher sterben müsste.

»Nein!«, unterbrach sie. »Nicht heute, nicht jetzt! Sieh doch, wir haben noch einmal geheiratet und das soll kein Trauertag sein! Lass uns fröhlich sein!« Sie küsste ihn noch einmal und er dachte traurig: Es ist die letzte Nacht, die wir zusammen verbringen werden. Meine Liebste hat Recht, ich will sie nicht mit Trübsinn verderben. Er fühlte ihre kalten Fingerspitzen an seinem Hals. »Dir ist kalt«, sagte er und stand dabei auf. »Komm, ich werde dich wärmen!« Als er sie nun hochzog, konnte er schon wieder lächeln. Der goldene Schleier wollüstigen Vergessens senkte sich über seine Pein.

Ranft hatte indessen seine Rolle gut gespielt. Gleich nach der Hochzeit war er als Rudolf durch die Keller in die kaiserlichen Räume geeilt. Betont langsam begab er sich von dort in die Kunstkammer. Einige Soldaten und Diener sahen ihn und verneigten sich tief vor ihm. Keiner blickte ihm ins Gesicht, denn das wagten sie nicht. Nach einer guten Stunde begab er sich ins kaiserliche Schlafgemach, entließ die dort wartenden Pagen, tauschte die kaiserlichen Kleider gegen den Schlafpelz und legte sich ins Bett seines Herrn. Seltsam, dachte er, bevor er auf dem ungewohnten Lager in tiefen Schlaf fiel, obwohl ich mich schon oft als Kaiser ausgeben musste, so gut wie heute habe ich meine Rolle noch nie gespielt! Wie froh bin ich, dass ich nicht wirklich Kaiser bin!

Am frühen Morgen erhob sich Rudolf, schlüpfte in Alltagskleider seines Kammerdieners, die vorsorglich für ihn bereitgelegt worden waren und forderte Wenzel auf, ihn zu begleiten. Sie nahmen nicht den unterirdischen Weg, sondern gingen mit voller Absicht quer über den Burghof. Denn Ranft sollte gesehen werden, wenn er nach seiner Hochzeitsnacht Katharinas Haus verließ und sich mit ihrem Diener auf den Weg zu seinem Herrn begab. Die wenigen Leute, die so früh schon unterwegs waren, sahen, was sie sehen sollten: Ranft und Wenzel und grüßten sie freundlich. Sie würden weitererzählen, dass der Kammerdiener bei Katharina geschlafen habe, und ihre Feinde würden es erfahren.

Als Rudolf seine Kammer betrat, lag Ranft in tiefem Schlaf. Der Kaiser rüttelte ihn und rief seinen Namen. Mit Wenzels Hilfe legte er rasch die Kleider ab. Ranft sprang schlaftrunken aus dem Bett und schlüpfte hinein. Dann versicherte er, dass der Rollentausch keinem aufgefallen war, verbeugte sich tief und begab sich über den Hof zu Katharina. Verbittert und eifersüchtig sah ihm der Kaiser nach: »Er geht zu MEINER Frau!« Dann wies er Wenzel an, vor der kaiserlichen Kammer Wache zu halten.

Als Wenzel vor der Tür stand, bemächtigte sich seiner ein Gefühl starker Unruhe, denn er hörte den Kaiser drinnen stöhnen und zu sich selbst sprechen. Rudolf war müde und meinte noch, Katharinas Wärme zu spüren. »Ranft«, seufzte er, als er nach dem Einhornbecher griff, »Ranft ist zu ihr gegangen.« Er legte seine Hände ineinander und versuchte sich selbst zu beruhigen. Katharina, Katharina, hämmerte es immer wieder in seinem Kopf. In Gedanken sah er Ranft vor sich, Ranft mit Katharina. »Nein«, sagte er leise, »nein!« Rudolf ging auf und ab und fühlte, wie heiße und unbarmherzige Wut in ihm aufstieg. »Nein!«, rief er nun laut und schlug mit der Faust an die Wand. Er fühlte keinen Schmerz. »Nein!«, schrie er wieder, »nicht mit mir, ich bin kein Narr!« Der Kaiser war eifersüchtig, traurig, wütend und verzweifelt zugleich. Er konnte mit diesen Gefühlen nicht umgehen. Eine halbe Stunde lang schritt er wild auf und ab, schlug immer wieder mit der Faust gegen die Wand und wurde dabei nicht ruhiger, sondern immer verzweifelter. Alles drehte sich um ihn, Blut tropfte von seiner Faust und Tränen des Zorns und des Kummers rannen ihm unaufhörlich über die Wangen und entfachten seine Wut noch mehr. »Ich ertrage es nicht!«, sagte er laut und wusste doch, dass er es ertragen musste. Sein Kopf schmerzte, seine Gedanken waren wirr. Schließlich warf er sich erschöpft und verschwitzt auf sein Bett und weinte. »Ich bin der Kaiser«, sagte er fast schluchzend. »Ich bin der Kaiser und ich will es nicht! Ich will nicht erleben, wie Ranft mir mein Glück nimmt, auch nicht erleben, dass Katharina ermordet wird, wenn ich sie weiterhin besuche. Ich habe keine Wahl!« Rudolf sprang auf und wischte sich mit dem Ärmel die Tränen aus dem Gesicht. »Ich habe keine Wahl außer einer!«, rief er verzweifelt und schleppte sich mit letzter Kraft zum Wandschrank. Langsam öffnete er eine Lade und zog einen Dolch heraus. Er betrachtete ihn lange. Schließlich atmete er kräftig durch, hob den Dolch und schloss die Augen. Eine Sekunde noch zögerte er, aber dann schwang er mit aller Kraft die scharfe Klinge gegen seine Brust.

Wenzel, der durch die plötzliche Stille noch unruhiger geworden war als durch den vorhergehenden Lärm, hatte einen Entschluss gefasst. Ungerufen öffnete er sachte die Tür und spähte in die dunkle Kammer. Er bemerkte sofort das Funkeln des Dolches im Kerzenschein. Mit seiner ganzen Kraft sprang er vorwärts und warf sich auf seinen Herrscher, der den Dolch gegen sich gerichtet hielt. Einige Augenblicke war es still und Wenzel starrte entsetzt auf Rudolf, den er zu Boden geworfen hatte. Er lebt!, dachte er erleichtert und sah, dass Rudolf ihn erschrocken anstarrte, der Dolch lag wenige Zentimeter neben ihm. Schnell griff Wenzel nach dem Dolch und schleuderte ihn zur Tür hinaus.

Rudolfs rechter Mundwinkel zuckte, er blickte wie irr um sich und ehe sich der alte Diener versah, sprang er auf und schrie mit aller Kraft: »Ich bin der Kaiser! Ich bin der Kaiser!« Er suchte den Dolch, sah ihn und stürzte sich auf ihn. Er bekam ihn zu fassen, aber Wenzel, obwohl schon alt geworden, hatte noch immer die Kraft eines Bären. Er schlug ihm die Waffe gleich wieder aus der Hand und steckte sie in seinen eigenen Gürtel. »Nein!«, schrie Rudolf völlig aufgelöst, biss seine Zähne zuerst fest aufeinander, öffnete dann den Mund und brüllte: »Lass mich in Ruhe, lasst mich doch alle in Ruhe!«

Unwillkürlich trat Wenzel einen Schritt zurück, doch das war ein Fehler. Rudolf drehte sich um, lief zum Fenster und schlug es mit der bloßen Hand ein. Das Blut rann über seine Arme, es rann die zerbrochene Scheibe entlang und tropfte auf den Boden, aber das kümmerte ihn nicht. Er griff in die scharfen Scherben und brach ein Stück heraus. Schnell und entschlossen hob er die blutüberströmte Hand und setzte sich den

Splitter an den Hals. Sein Blut pulsierte heftig. Noch einmal zog er den Atem ein, dann wurde alles schwarz.

Erschrocken stand Wenzel einen Augenblick lang untätig neben dem Kaiser. Schuldbewusst blickte er auf seine alte Faust, mit der er den Kaiser gerade noch rechtzeitig auf den Hinterkopf geschlagen hatte. Einige Soldaten, die vor den kaiserlichen Räumen Wache gehalten hatten, waren inzwischen durch den Lärm aufmerksam geworden und kamen angerannt. »Was ist hier los?«, riefen sie durcheinander, aber sie bekamen keine Antwort. »Die Ärzte!«, hörte Wenzel sie rufen und fühlte sich leer und ausgebrannt.

Zu seinem und des Kaisers Glück hatte Pistorius in den Vorzimmern gewartet und kam sofort herein. Der Geistliche, der ja ein erfahrener Arzt war, stellte schnell fest, dass der Kaiser am Leben war. »Er ist nur bewusstlos!«, sagte er und Wenzel atmete erleichtert auf. Auf ein Zeichen des Paters zogen sich die Wachen, nachdem sie Wasser, Scharpie, Puder, Salben und Branntwein geholt hatten, zurück. Wenzel schloss die Tür und Pistorius versorgte zuerst die Wunde, die sich Rudolf mit dem Scherben am Hals zugefügt hatte. Sie schien nicht schlimm zu sein. Eine lange Schramme zog sich über den Hals, aber nur die Haut war aufgeritzt. Dann schnitt er die blutverkrusteten Spitzen an den Hemdärmeln ab, tupfte dem Kaiser das Blut von den Händen und legte ihm Verbände an. Mithilfe Wenzels bettete er Rudolf auf sein Lager und säuberte ihn. Schließlich deckte er ihn zu und setzte sich auf einen Schemel, den er ans Bett rückte. »Wer kann ahnen, was der Kaiser in seiner Verwirrung spricht oder tut, ich muss auf ihn aufpassen!«, sagte er zu Wenzel. »Geh jetzt nach Hause und schick Ranft rasch her, er wird mir helfen, den Kaiser zu beruhigen. Er wird wissen, was nun zu geschehen hat, damit niemand von der Sache erfährt. «

Während sich im Palast der Pater um den bewusstlosen Rudolf kümmerte, herrschte im Haus Katharinas eine seltsame Stimmung. Ranft fühlte sich nicht sonderlich wohl in seiner neuen Rolle als Hausherr und als Ehemann, der er nicht wirklich war. Er beschloss, mit Katharina zu sprechen und klopfte an die Tür ihrer Kammer, bekam jedoch keine Antwort. Da öffnete er leise. »Doña Katharina«, sprach er sie an.

Sie zuckte zusammen, sie hatte ihn nicht kommen hören. »Verneigt Euch doch nicht vor mir!«, bat sie, als er eine tiefe Verbeugung machte. »Wenn Euch jemand sieht!«

Schnell richtete sich Ranft wieder auf und blickte verlegen zu Boden. »Für die Welt sind wir jetzt Eheleute, also nennt mich Katharina. Ich werde Euch Christoph nennen, so heißt Ihr doch?«

Ranft nickte und sagte nach einer kurzen Pause leise: »Ja, ja, so heiße ich.« Sie schenkte ihm ein kleines, rührendes Lächeln: »Christoph, wir wollen das Beste aus unserer Lage machen und Freunde sein! Wollt Ihr?«

Noch immer stand er verlegen da und wusste nicht so recht, wie er sich verhalten sollte. Als Diener hatte er sich wohl gefühlt in diesem Haus, aber als Herr? Als Ehemann der heimlichen Kaiserin?

»Aber nun kommt doch!«, befreite sie ihn aus seiner Beklemmung. »Seht, ich packe alle Geschenke ein, die Ihre Majestät mir je hat zukommen lassen!« Sie versuchte ihre Stimme stark und fest klingen zu lassen, aber eine verräterische Träne lief dabei über ihre Wange. »Ich werde dem Kaiser alle seine Geschenke zurückgeben«, erklärte sie und blickte auf die vielen Gegenstände, die sie schon zusammengetragen hatte. Und dabei war das alles in einem einzigen Raum gewesen! Das ganze Haus war voll von Bildern, Uhren, Schränken, Büchern, Edelsteinen und Schmuck. »Niemand soll in Zukunft glauben, dass ich beim Kaiser in Gunst stehe. Und als Eure Gattin kann ich solche Werte nicht besitzen.«

»Es ist eine kluge Entscheidung«, sagte er langsam.

»Ja«, sagte Katharina, »mein Herz hängt nicht an Dingen und wären sie noch so schön!« Sie wandte sich ab und setzte ihre Arbeit fort. Sie nahm einen Stapel Briefe, die ihr Rudolf im Laufe der Jahre geschrieben hatte, und legte ihn in eine Truhe. Sie würde sie alle noch einmal lesen und dann zur Sicherheit verbrennen.

Ranft stand untätig da, aber schließlich nahm er seinen ganzen Mut zusammen: »Darf ich Euch behilflich sein, Katharina?«

»Ja«, sagte sie, ohne aufzublicken. »Diese Truhe hier kann man bereits schließen!«

Nachdem sie in der Kammer alles geordnet hatten, gingen sie ins Wohnzimmer, um ihr Werk dort fortzusetzen. Sie wurden bald von Wenzel gestört, der Ranft bedeutete, rasch zum Kaiser zu gehen. Zum ersten Mal in seinem Leben war der alte Diener froh, nicht sprechen zu können. So war er nicht gezwungen, Katharina von Rudolfs Verzweiflung zu erzählen. Er hoffte, auch Pistorius und Ranft würden das niemals tun.

Kaum war Ranft gegangen, erschien Sofonisba im Wohnzimmer, an einer Hand Carolina, in der anderen eine Skizze. »Guten Morgen, meine Liebe. Dieses kleine Teufelchen hier ist schon früh am Morgen in meine Kammer gekommen und hat mich geweckt. Da habe ich gleich an der Skizze weitergearbeitet, seht, sie ist fast fertig!«

Katharina unterbrach kurz ihre Tätigkeit, um die Skizze zu bewundern. Sie freute sich schon auf das Bild! »Habt Ihr mit der Skizze von Matthias auch schon begonnen?«

»Nein, aber ich werde es jetzt tun, ich gehe gleich zu ihm und lasse Euch Eure Tochter hier!«, erwiderte die Malerin und verließ sie.

Carolina betrachtete staunend die überall herumliegenden Kunstwerke und Juwelen. »Frau Mutter, was macht Ihr da mit Eurem Schmuck und Euren Bildern?«, fragte sie.

»Das alles gehört dem Kaiser, ich werde es ihm heute noch schicken!«

»Alles?«, fragte das Kind und zeigte auf den goldenen Apfel, den Katharina auf einen Tisch gelegt hatte.

»Nein, den Apfel nicht, den behalte ich und auch das Medaillon, das daneben liegt.« Katharina wiegte ihren Kopf nachdenklich hin und her und wies auf das Medaillon mit Rudolfs Bild. Nur diese beiden Geschenke und den Ring wollte sie behalten.

Carolina schenkte der Kamee keinen Blick, aber sie griff nach dem Apfel. »Oh, wie schön, was ist das für ein Apfel, ist er aus Gold? Woher habt Ihr ihn? Was ist das für ein Apfel?«

Katharina wusste, ihre Tochter würde nicht aufhören zu fragen, bevor sie ihr nicht die Geschichte erzählt hatte. »Komm, wir setzen uns vor den Kamin, ich erzähle dir seine Geschichte.«

»Ja!«, freute sich das Mädchen und lief geschwind zu den Lehnstühlen.

»Also«, begann Katharina und nahm ihrer Tochter den Apfel aus der Hand, während sie sich neben sie setzte. »Es war einmal eine schöne Bauersfrau, die sehr arm war. Eines Abends saß sie unter einem Baum am Rand eines großen Waldes und wurde von einer Baumfee beobachtet.«

»Oh! Eine wirkliche Baumfee?«, fragte Carolina und Katharina nickte. »Hör weiter zu! Ein Prinz ritt an der Bauersfrau vorbei. Sie war aber so in ihre Gedanken vertieft, dass sie ihn nicht bemerkte. Der Prinz jedoch sah die schöne Frau und verliebte sich sofort in sie. Er musste aber leider zurück zum Schloss und konnte nicht anhalten. Später fing es an zu regnen. Die Frau lief tief in den Wald hinein, um unter einer mächtigen Eiche Schutz vor dem Regen zu suchen. Nach einiger Zeit kam sie an eine Hütte, aus deren Schornstein grün-roter Rauch aufstieg. Die Bauersfrau hörte eine schaurige Stimme aus der Hütte. Sie schlich sich an ein Fenster und schaute hinein. Da sah sie eine bucklige Frau an einem großen Kessel in der Hütte stehen.«

»Eine richtige Hexe?« Carolina war aufs Höchste gespannt.

Katharina nickte mit viel sagendem Augenzwinkern. »Die Frau bemerkte, dass es eine Hexe war, und erschrak fürchterlich. Sie schrie so laut, dass die Hexe es hörte. Diese wollte nicht von den Menschen entdeckt werden und verzauberte die Bauersfrau deshalb in eine Eule.«

»Oh, wie schrecklich, die arme Frau!«, schüttelte sich Carolina. »Und dann?«

»Als die verzauberte Frau mit einem kläglichen ›Uhu‹ davonflog, rief ihr die Hexe nach: ›Haha, jetzt kannst du nur noch durch den goldenen Apfel wieder zu einem Menschen werden. Aber nur ich weiß, dass er in einer Drachenhöhle zu finden ist‹.«

Carolina unterbrach sie mit verschmitztem Lächeln: »Aber Drachen gibt es doch gar nicht!«

»Damals gab es sie noch. Die Baumfee war die ganze Zeit bei der Frau geblieben und hatte alles mit angesehen und mit angehört. Die Frau und die Hexe hatten die Baumfee jedoch nicht bemerkt. Und so konnte die Baumfee schnell zu dem Prinzen fliegen, der sich in die schöne Frau verliebt hatte. Sie erzählte ihm alles und bat ihn um seine Hilfe. ›Wir müssen schleunigst den goldenen Apfel finden‹, rief der Prinz aufgeregt. Er packte sofort sein Schwert und die Suche konnte losgehen.

Zum Glück wusste die Fee, wo ein Drache hauste und konnte den Prinzen hinführen. Sie ritten zwei Tage, bis sie zu der Drachenhöhle kamen. Sie gingen vorsichtig in den Drachenbau hinein. Da sahen sie ganz hinten in der Höhle eine goldene Kugel glänzen. Das musste der goldene Apfel sein. Plötzlich hörten sie ein lautes Brüllen. Vor dem Apfel ging ein Drache auf und ab. Die Fee flüsterte dem Prinzen zu: ›Ich lenke den Drachen ab, während du den goldenen Apfel holst.‹ ›Sei bloß vorsichtig‹, antwortete der Prinz. ›Keine Sorge‹, wisperte die Fee, ›ich kenne einen Spruch, wodurch ich schneller werde: Geschwind, geschwind wie der hurtige Wind‹.«

»Geschwind, geschwind wie der hurtige Wind«, wiederholte Carolina, während sie vor Begeisterung zitterte.

»Wie ein Wirbelwind flog die Fee dem Drachen um seine große Nase. Der Drache schnappte zwar nach der Fee, konnte sie aber nicht fassen. Der Prinz nutzte die Zeit und rannte blitzschnell in den hintersten Teil der Höhle. Da war tatsächlich der goldene Apfel. Er blitzte und funkelte. Der Prinz nahm den Apfel und lief schnell wieder aus der Höhle hinaus. Dann gab er der Baumfee ein Zeichen, dass er den Apfel hatte. Die Fee flog sofort zu dem Prinzen und meinte atemlos: ›Das war aber knapp. Fast hätte mich der Drache doch erwischt.‹ Sie drehte sich um und sah nach, ob ihr der Drache etwa gefolgt war. Dieser lag aber laut schnarchend in seiner Höhle. Der Verlust des goldenen Apfels hatte ihn in einen tiefen Schlaf sinken lassen.«

»Und dann?«, fragte das Kind.

»Dann«, antwortete Katharina, »dann ritten der Prinz und die Fee zurück in den großen Wald, um die verwandelte Frau zu suchen. Es gab aber viele Eulen in dem Wald, sodass sie die Richtige nicht finden konnten. Da kam dem Prinzen eine Idee. Er ließ Boten durch den Wald streifen und ständig rufen: ›Die Eulen-Bauersfrau komme zum Prinzen!‹ Da flog plötzlich eine besonders schöne Eule auf die Schulter eines Boten. Da die Eule nicht wieder wegflog, hielt der Bote sie für die gesuchte Frau und rannte geschwind zum Schloss des Prinzen. Der Prinz nahm die Eule glücklich in seine Arme und hielt ihr den goldenen Apfel hin. Aber nichts tat sich.«

»Gar nichts?«

»Nein. ›Wir brauchen bestimmt noch einen Zauberspruch‹,

jammerte der Prinz, ›liebe Fee, hilf mir!‹ Diese holte ein uraltes Buch aus ihrem Gewand hervor und blätterte darin, bis sie einen passenden Spruch gefunden hatte. ›Das könnte der richtige Spruch sein.‹ Sie flüsterte dem Prinzen die Zauberformel ins Ohr. Der Prinz nahm den goldenen Apfel, richtete ihn auf die Eule und sagte: ›Der Zauber sei gebrochen, ein Mensch sollst du wieder sein.‹ Mit einem lauten Knall verwandelte sich die Eule wieder in die schöne Frau zurück. Als sie nun den Prinzen erblickte, verliebte sich auch die Frau sofort in ihn. Sie heirateten schon bald und waren ihr ganzes Leben ein glückliches Paar.«

»Oh!«, sagte Carolina mit glänzenden Augen, »das war aber eine schöne Geschichte!«

»Was für eine Geschichte?«, wollte Matthias wissen, der gerade mit seinem Hündchen das Zimmer betrat.

»Ach, nichts«, antwortete Carolina schelmisch. »Du bist zu spät gekommen! Und du musst nicht alles wissen!«

Versonnen lächelnd legte Katharina den Apfel zurück auf den Tisch.

Anmerkungen

[1] = sein Wahlspruch: Fulget caesaris astrum.

[2] Zur Einrichtung einer Gemäldegalerie in der damaligen Zeit siehe Gemälde von David Teniers d.J., Erzherzog Leopold Wilhelm in seiner Galerie in Brüssel, Wien KHM, Gemäldegalerie Inv. Nr. 739, darauf u.a. erkennbar auch das Porträt von Jacopo Strada.

[3] Mandragora officinarum, auch Galgenmännchen, Menschenwurzel, Springwurz genannt. Die Wurzel lässt recht deutlich eine menschliche Gestalt erkennen, daher galt sie schon im Altertum als wichtigste der Zauberpflanzen. Die schmerzstillende Substanz Scopolanum, die zur Narkosevorbereitung eingesetzt wird, wird aus der Wurzel gewonnen. Als Rauchwerk verwendete Blätter sind stark enthemmend. Im vorliegenden Text sind nur einige der überlieferten Legenden verarbeitet.

[4] Kinderfrau.

[5] Rudolf spricht im Majestätsplural, wenn er förmlich ist oder den Abstand betonen will, hingegen in der Ich-Form, wenn er sich vertraulich äußert.

[6] Auch ein solches Objekt befindet sich in der Kunstkammer des KHM Wien, allerdings aus einer etwas späteren Zeit und aus amerikanischem Bezoar, der sich vom persischen chemisch geringfügig unterscheidet.

[7] Rudolf I. von Habsburg, 1218–1291, das Emblem ist abgebildet in »Prag um 1600«, 1. Bd., S. 400, das Original befindet sich in Budapest, Museum der Bildenden Künste.

[8] Rauchen (um 1600 genannt »Tabak Trinken«) war damals noch nicht weit verbreitet, anfänglich wurde der Tabak in Europa als Heilmittel verwendet und als Tee zubereitet.

[9] Scherzgedicht in der Ausgabe der »Teutschen Lieder mit dreyen Stimmen nach art der Neapolitanen oder Welschen Vilanellen: Zuvor unterschiedlichen ursachen in ein Opus zusammengedruckt, München, Anna Berg 1611. In Wien, ÖNB Signatur SA 78 C 33. Das Gedicht weist darauf hin, dass es sich hier um kein sehr kunstvolles Werk handelt, sondern um etwas Vergnügliches.

[10] Jakob Regnart, 1540–1599, Komponist am Prager Hof, Unterhaltungsmusik.

[11] Was zerrüttet ihr trügerischen Sorgen meine Sinne? / Mehr gelte nicht das lockende Fleisch durch seine Antriebe. / Keineswegs ist es verständig; was der Stumpfsinn der albernen Masse liebt, / fälschlich für das höchste Gut hält. / Ich wünsche gelöst zu werden durch

die Liebe nach einem besseren Leben; / Denn genug ist es gut zu wollen und es vermocht zu haben.

12 = Name.

13 Todbringende Liebe, Dualismus Werden und Vergehen. B. Spranger: Herkules, Dejanira und der Kentaur Nessus, Wien, KHM Gemäldegalerie Inv. Nr. 2613, ein böser kleiner Amor plant den Tod des größten Helden.

14 Kindliche Liebe, auch fromme Liebe zu den Göttern.

15 Nächstenliebe.

16 Alter Name für die Karlsbrücke.

17 Beschwörungsformel aus dem Elsass, 17. Jahrhundert.

18 Die erst seit 1400 in Mitteleuropa ansässigen Sinti und Roma (»Zigeuner«) waren so gekleidet und hatten silberne Becher. Die Grenzen zwischen Hexen- und Zigeunerverfolgungen sind fließend.

19 Durch bestimmte Kräuter hervorgerufene Visionen machen eben nicht satt.

20 Zitiert in »Geschichte der Hexenprozesse«von E. König.

21 Zitat: Agrippa von Nettesheim.

22 Die hier angeführten Hexengeschichten und Sprüche wurden der »Geschichte der Hexenprozesse« von König entnommen.

23 Wörtliches Zitat: Agrippa von Nettesheim.

24 Wörtliches Zitat: Osiander, Gesamtausgabe, Bd.V, S.210

25 Tatsächliche Begebenheit.

26 Neapel war damals führend auf dem Gebiet der Pferdedressur.

27 Rudolf ließ oft Pferde vor seinen Fenstern auf und ab führen, um sie in aller Ruhe bewundern zu können.

28 »Vor kurzem erging durch den Fürsten Bertier ein Befehl des Kaisers Rudolf an Mordechai Maisl und Isaak Weisl, dass mein Schwiegervater Rabbi Löw in die Burg und zwar in die Wohnung des genannten Fürsten sich einzufinden hatte. Diesem Befehl gemäß begab er sich dahin, von seinem Bruder und mir begleitet. Der Fürst Bertier erschien bald nach unserer Ankunft, er begrüßte uns mit viel Freundlichkeit, reichte jedem von uns die Hand, geleitete uns sodann in einen anderen Saal, woselbst er uns zum Sitzen einlud und es nicht zuließ, dass wir unsere Kopfbedeckung ablegten. Hierauf führte er meinen Schwiegervater in ein anderes Gemach, wo er ihm einen Ehrensitz anwies, während er selbst ihm gegenüber Platz nahm. Der Fürst unterredete sich mit ihm über geheimnisvolle Dinge, sprach aber so laut, dass wir alles hören konnten. Das laute Sprechen hatte seinen guten Grund, es geschah deswegen, weil der Kaiser hinter dem Vorhang stand.« Schriftliche Mitteilung des Isaak Kohen, veröffentlicht in der hebräischen Zeitschrift Hamagid, Jahrgang 1872, Nr. 14

[29] Die Kabbala ist die mystische Religion der Juden, die auf visionären Schriften beruht, die aus dem Spanien des 13. Jahrhunderts stammen. Sie beschäftigen sich mit der Erschaffung der Welt, der Lehre der Sefiroth (Urzahlen) oder göttlichen Emanationen, mit der Mystik der Zahlen und Buchstaben, aber auch ganz praktisch mit dem Schutz der Menschen durch Amulette und mit magischer Heilung, ferner mit dem Glauben an die Wiederkehr des Messias.

[30] Nach dem Beitrag über das Amulett in Prag um 1600, Bd. 1, Seite 603. Der Name des Engels Sekeliel wurde hier frei ergänzt.

[31] Menorah.

[32] ›Der Herr ist König, des freue sich das Erdreich und seien fröhlich die Inseln, soviel ihrer sind. Wolken und Dunkel sind um ihn her, Gerechtigkeit und Gericht sind seines Thrones Stütze. Feuer geht vor ihm her und verzehrt ringsum seine Feinde‹

[33] Zeigt der Kopf nach unten, wird es zum Todessymbol und findet sich auf Gräbern.

[34] Der dreimal mächtige Hermes, Gott der hermetischen, der geheimen Wissenschaften, gleichzusetzen mit Toth.

[35] Offenbarung 4.2: Und siehe, ein Thron stand im Himmel und auf dem Thron saß einer. 4.3: Und der da saß, war anzusehen wie der Stein Jaspis und Sarder und ein Regenbogen war um den Thron, anzusehen wie ein Smaragd.

[36] Offenbarung 12,3.9

[37] Solche Festzüge waren in der Renaissance üblich, im Allgemeinen gingen ihnen Turniere voran. Für diese Schilderung wurden u.a. die Berichte über den Festzug anlässlich der Vermählung von Karl II. von Innerösterreich mit Maria von Bayern im Jahr 1571 herangezogen. Bedeutende Künstler wurden mit der Gestaltung der »lebenden Bilder« beauftragt, wie z.B. Giuseppe Arcimboldo.

[38] Aus den Hussiten hervorgegangene religiöse Gemeinschaft, die sich 1467 von der römischen Kirche trennte.

[39] Dominikaner tragen eine weiße, gegürtete Tunika mit weißem Skapulier und schwarzem Mantel mit Kapuzenkragen.

[40] Tochter von Philipp II. und Isabella von Valois.

[41] Das hier erwähnte ungeborene Kind wurde später die Gemahlin von Kaiser Matthias, Anna von Tirol.

[42] Zweite Gemahlin von Ferdinand II. von Tirol.

[43] Gerechtigkeit, Tapferkeit, Weisheit, Mäßigkeit

[44] Fürstliche Gärten der Renaissance wurden häufig so genannt. Mit Paradeis ist Paradies gemeint.

[45] Kammerdrechsler Hans Wecker war der Sohn des Dresdener Hofdrechslers Georg Wecker.

[46] Die ständigen Flohbisse stellten ein echtes Gesundheitsproblem dar.
[47] Nikolaus Pfaff und sein Bruder Paul aus Nürnberg waren bei Rudolf in Prag als Bildschnitzer und Kammertischler angestellt.
[48] Ist von vielen Habsburgern des 16. Jh. überliefert (palpitazione di cuore che è infirmità peculiare di questa casa serenissima), erwähnt u.a. bei Schwarzenfeld S.87.
[49] Rosenroman, 13336-40
[50] Hohe Lied 4,16.
[51] Hohe Lied 5,2.
[52] Hohe Lied 4,14.
[53] Ars Armatoria II, 721-728
[54] Zitat nach Pietro Aretino, Kurtisanengespräche 1.Tag
[55] Beschreibung von Bett und Kissen nach Dirk de Quade van Ravesteyn, Ruhende Venus, KHM Wien, Gemäldegalerie Inv. Nr. 1104
[56] Beschreibung der Kleidung nach Dirk de Quade van Ravesteyn, Die Flötenspielerin, KHM Wien, Gemäldegalerie Inv. Nr. 3080
[57] Frei nach Andreas Capellanus (Frankreich um 1200), Traktat De amore.
[58] Pietro Bembo, Degli Asolani, in Il Cinquecento minore, ed. Riccardo Scrivano, Zanichelli Bologna 1966, S. 54
Liebe, deine Kraft wird nicht von der Welt und den Menschen verstanden. / Wirst du beleidigt, stiftest du Schaden und zerstörst die Gesundheit. / Aber wenn du erkannt wirst und wo dein reiner Lichtstrahl leuchtet, / würde unser Leben einen geraden und sicheren Weg nehmen, / und es würden mit der Schönheit die glücklichen Jahre des goldenen Zeitalters zurückkehren.
[59] Domenico da Prato, Cantando un giorno..., in Il Quattrocento, ed. Giovanni Ponte, Zanichelli Bologna 1966, S. 207
Als ich eines Tages von der blonden Isolde sang, / dachte ich an meine fröhliche Herrin, die ich immer im Herzen trage. / Mit höchstem Glanz ist ihr Antlitz geschmückt und Venus verlässt sie nie. / Amor krönt die goldenen Haare mit Blumen, Lilien und grünem Laub.
[60] Ausspruch Rudolfs bez. Geistlichkeit.
[61] Pistorius rettete u.a. ein vierzehnjähriges Mädchen in Freiburg, das der Hexerei angeklagt war, vor dem Feuertod.
[62] Den Harten muss man mit größerer Härte bekämpfen.
[63] Anzeichen von Gicht.
[64] Zitat aus einer Ansprache des Mosellanus, Rektor der Leipziger Universität, an seine Studenten, 1518. GM II/848.
[65] Zitat nach Andreas Osiander, Reformator, der im 16. Jh. gegen die Ritualmordlüge auftrat.

[66] Zitat nach Theophrastus Bombastus von Hohenheim, genannt Paracelsus (1493–1541), in GM II/979.
[67] Zitat nach Arnold von Villanova, 14. Jh., in GM II/979.
[68] Siehe Fußnote 69)
[69] Diese ergreifende Schilderung stellt zugleich eines der seltenen Dokumente dar, aus denen wir entnehmen können, welche Szenen sich bei den damaligen Amputationen ohne Anästhesie abspielen mochten. GM 2, 849.
[70] Paulus van Vianen war Gold- und Silberschmied, aber auch ein hervorragender Zeichner.
[71] 1.Mose 1,29
[72] 1.Mose 9,3 und 4
[73] Karlovo namesti 40,41. Bekannt als Faust-Haus. In der Neustadt.
[74] Vorzimmer
[75] Abgedruckt bei Hans Biedermann, Handlexikon der magischen Künste, Graz 1986, S. 473
[76] = Schlachtung, Bestimmungen des jüdischen Gesetzes (Schulchan Aruch, Jore Dea 1- 28)
[77] 1.Mose 32,33
[78] 3.Mose 3,16
[79] Diese berühmte Pariser Hebamme bildete Generationen von Hebammen im Hotel – Dieux aus. Sie war Geburtshelferin der Maria von Medici, 2. Gemahlin von Heinrich IV. von Frankreich.
[80] Im Schützengässchen hat tatsächlich einmal eine Wahrsagerin gewohnt, sie hieß Frau Prusova, mit Künstlernamen Madame de Thébes. Sie starb gegen Ende des 2. Weltkriegs. An ihrem Häuschen befindet sich das Bild einer schwarzen Katze mit Kristallkugel.
[81] Die Stadt erhielt von Kaiser Karl V. das Privileg der Hexenwaage.
[82] Joseph Heintz der Ältere, 1564–1609, malte einige Porträts von Mitgliedern des Patriziats und des Großbürgertums, von denen bisher allerdings nur vier bekannt geworden sind.
[83] Aus seinem Nachlass erhielt Rudolf u.a. Bilder von Breughel und Valckenborch, heute größtenteils im KHM Wien, Gemäldegalerie.
[84] Sigismund III., politischer Gegner Erzherzog Maximilians, König von Polen und Schweden.
[85] David Gans, 1541–1613, gab 1592 als erster Jude eine Chronik der nichtjüdischen Geschichte heraus.
[86] Diese und die folgenden Erziehungsmethoden entnommen aus »Gli ordini di cavalcare« von Federico Grisone, 1550
[87] Eigentlich Brustschild des jüdischen Hohepriesters. Hier Bezeichnung für das Amulett.

[88] Chrysotherapie.
[89] Schritte der Transmutation, vereinfacht.
[90] Zitat aus einem Brief der S. Anguissola an Papst Pius IV., in Giorgio Vasari: Die Lebensbeschreibungen der berühmtesten Architekten, Bildhauer und Maler, 5. Bd.: Die oberitalienischen Maler. Straßburg 1908, S. 389.
[91] Er gründete das Kapuzinerkloster in Prag.
[92] Geißelung.
[93] Auf dem Amulett liest man nur mehr ...liel. Welche Buchstaben dort gestanden haben und warum sie fehlen, ist unbekannt, die obige Deutung ist freie Erfindung. Zekeliel ist einer der unzähligen Gottes- bzw. Engelsnamen.
[94] Der Weihwasser-Segen hat nach kirchlicher Lehre die Kraft Teufel und Dämonen fern zu halten.
[95] Geliebte Rudolfs, nichts Näheres bekannt.
[96] Mischgericht aus verschiedenen Fleischsorten und Gemüsearten.
[97] Überlieferte Worte Rudolfs.
[98] Überlieferte Worte Keplers.
[99] Nach der Überlieferung starb Brahe an Blasensprung.
[100] Angaben über die Speisefolge von 1649, Kaiserl. Tafel S.35
[101] Cabochon.
[102] Zur Farbwahl der Kleider: Der Transmutationsprozess vollzog sich nach einem einheitlichen Plan. Das Erreichen der vier aufeinander folgenden Stufen sollte durch das Auftreten bestimmter Farben angezeigt werden: schwarz, weiß, gelb, rot. Diese Färbungen hatten sowohl praktische wie symbolische Bedeutung: Schwarz stand für die »materia prima«, in die unedle Metalle (Blei oder Eisen) überführt wurden, Weiß stand für die Stufe des Silbers, das durch Hinzufügen bestimmter Qualitäten (in Form von Stoffen) erreicht werden sollte, Gelb und Rot standen für die Stufen der Vollendung hin zum Gold. Das so erzeugte Gold galt später als Elixier oder als Stein der Weisen; es sollte als Keim wirken, um andere unedle Metalle zu verwandeln, Krankheiten zu heilen und schließlich die Läuterung der Seele zu fördern.
[103] Die Gnade unseres Herrn Jesus Christus, die Liebe Gottes des Vaters und die Gemeinschaft des Heiligen Geistes sei mit euch. – *Und mit deinem Geiste.*
[104] In Rudolfs Sarg wurde ein solcher Ring gefunden. Prag, Sammlungen der Prager Burg, Inv. Nr. PHA 27/15.

Rudolf II. machte aus seinem Palast auf dem Hradschin in Prag durch seine »Sammlung« von bedeutenden Menschen und Gegenständen einen Mikrokosmos, ein echt kaiserliches – mit anderen Worten göttliches – Regierungsmittel, welches Macht über den Makrokosmos, das Weltall, verleiht. Somit erklären sich die Ansprüche des Kaisers, die ganze Welt im Allgemeinen und das Reich insbesondere zu beherrschen, ohne seine Residenz zu verlassen. Diese oft als Zeichen eines gestörten Geistes gedeutete Vorstellung steht ganz in der Logik einer okkultistischen Weltanschauung. Der Kaiser sah sich als Hermes Trismegistos[1], als dreimal mächtiger Hermes, Schutzpatron der hermetischen Wissenschaften[2] und als Mittler zwischen »Gut« und »Böse«.

Was bewegte unseren Herrscher? Nun, eigentlich nichts anderes, als was uns heute bewegt. Sorge um die Gesundheit und die Potenz, um die Nachkommenschaft, um Geld und Macht, um Krieg und Frieden. Auch Kaiser waren Menschen mit Wünschen, Sorgen und Leidenschaften. Man kann vieles davon an den Objekten aus ihren Sammlungen, die sich erhalten haben, ablesen.

Als Inhaber der Macht hatten die Fürsten Neider, selbst unter ihren Verwandten, die liebend gerne möglichst früh Macht und Reichtum geerbt hätten. Das »Erbschaftspulver« Arsen, ein hinterhältiges Gift, verhalf dazu.

Auch für die Steigerung der Potenz gab es viele Mittel. Halfen sie nicht – was war Schuld daran? Natürlich ausschließlich Zauber, Magie, der böse Blick. Um sich gegen Gifte und Krankheiten aller Art zu schützen, verwendete man Edelsteine (als Amulette oder pulverisiert zum Einnehmen) oder Metalle wie Gold, ferner tierische Produkte wie Perlen, Kellerasseln und Schlangengift, aber auch Frauenmilch.

Die Heilkraft der Priester und Ärzte in alten Zeiten war keineswegs nur Schwindel. Schon vor fünfhundert Jahren wusste Agrippa von Nettesheim um die Bedeutung der Suggestion bei der Behandlung. Durch den Stein der Weisen wollte man neues Leben schaffen, ein Thema, das heute durch das Klonen bedrückende Realität gewinnt. Die Alchemisten der frühen Neuzeit suchten nach dem Elixier des ewigen Lebens ebenso wie nach Gold, das die Fürsten dringend benötigten für Hofhaltung und Kriegsführung. Immer schon wollten die Menschen auch ihr zukünftiges Schicksal erfahren, sei es als Hilfe im Alltag, sei es als Grundlage für politische Entscheidungen. Die Gestirne bestimmten oft den Tag einer Schlacht und beeinflussten so das Schicksal ganzer Völker. Rudolfs Beschäftigung mit der Magie war nichts anderes als die Beschäftigung mit den damaligen Grundlagen der Wissenschaften. Diese »Magia naturalis« entspricht den heutigen Naturwissenschaften und vieles, was früher als Aberglaube galt, wird durch den wissenschaftlichen Fortschritt beweisbar. Nicht anders als schon vor fünfhundert Jahren teilen wir auch heute noch gern die Welt in gut und böse ein. Die »Guten« sind immer wir, die »Schurken« sind immer die anderen, je nachdem, auf welcher Seite wir uns befinden. Die Inquisition, die Protestanten oder die Katholiken, die Türken oder die Juden – alle waren daher »gut« oder eben »böse«. Aber immer schon gab es kritische Köpfe, die dieses starre Denken hinterfragten. Rudolf II. war einer davon, obwohl er häufig als schwache Persönlichkeit hingestellt wurde.

1 Giovanni da Bologna, Fliegender Merkur, KHM Kunstkammer Inv. Nr. 5898, stellt diesen Hermes besonders eindrucksvoll dar, wie er das oben mit dem unten verbindet.

2 Tabula Smaragdina: Wahr ist es, ohne Lüge und sicher: Was oben ist, ist gleich dem, was unten ist, und was unten ist, ist gleich dem, was

oben ist – fähig die Wunder des Einen auszuführen. Und wie alles aus Einem stammt, durch das Denken des Einen, rührt auch alles Gewordene durch Angleichung aus diesem Einen. Die Sonne ist sein Vater, der Mond seine Mutter, der Wind hat es in seinem Leibe getragen, die Erde ist seine Nährmutter. Dies ist der Vater aller Vollkommenheit oder Vollendung aller Welt. Grenzenlos ist seine Kraft, wenn sie sich der Erde zuwendet.

Trenne die Erde vom Feuer, das Feine vom Groben, sanft und voll Sorgfalt. Von der Erde steigt es zum Himmel empor und steigt wieder herab auf die Erde, um die Kraft des Oberen und des Unteren in sich aufzunehmen. So wirst du die Herrlichkeit der ganzen Welt erlangen, alle Dunkelheit soll von dir weichen. Hier ist die Kraft der Kräfte, die alles Feine überwindet und in alles Grobe eindringt. So wurde die Welt erschaffen. Davon kommen die wunderbaren Angleichungen, deren Wesen hier mitgeteilt ist. Darum nennt man mich den dreimal großen Hermes, der ich die drei Teile der Weltphilosophie besitze. Es hat sich erfüllt, was ich über das Wirken der Sonne ausgesagt habe.

Die Personen

Hauptpersonen

Rudolf II. Geboren 1552 in Wien, gestorben 1612 in Prag, ab 1572 König von Ungarn, ab 1575 König von Böhmen, ab 1576 Kaiser; Sohn von Kaiser Maximilian II. 1563–1571 am spanischen Hof erzogen, residierte ab 1583 fast nur in Prag, wohin er auch die Reichsverwaltung verlegte. Seine Interessen galten vor allem den Künsten, der Wissenschaft und der Magie (Alchemie, Astrologie). Rudolf war der größte Kunstsammler seiner Zeit und ließ u.a. die habsburgische Hauskrone herstellen, die 1804 die Reichskrone des Kaisertums Österreich werden sollte. In Österreich wurde in seinem Namen die Gegenreformation durchgeführt. Weil er als Herrscher tatenlos war und die Türkenabwehr (Türkenkriege) vernachlässigte, verschworen sich ab 1600 die anderen Erzherzöge (»Bruderzwist«) und zwangen ihn 1608 zum Verzicht auf Österreich, Ungarn und Mähren, 1611 auch auf Böhmen zu Gunsten seines Bruders Matthias.
Quelle: http://www.aeiou.at/aeiou.encyclop.r/r922145.htm

Katharina Strada 1579–1629. Der Name Katharina scheint in vielen Unterlagen auf, jedoch hieß sie in Wirklichkeit Anna Maria und war eine uneheliche Tochter von Ottavio Strada und Maria Anna Hofmeister, wurde vom Vater, der ihr zugeneigt war, legitimiert und führte den Namen »eingeborene Strada von Rossberg, Bürgerin zu Rom«. Sie gebar dem Kaiser einige Kinder, gesichert scheinen Matthias und Karl. Feinde sagten ihr nach, den Kaiser behext zu haben. Nach mehrjährigem Verhältnis (mindestens dreizehn Jahre) verheiratete sie dieser an seinen langjährigen Kammerdiener Christoph Ranft, dem sie ebenfalls mehrere Kinder gebar. Sie wohnte mit ihrem Mann in einem Haus auf dem Hradschin. Dort verstarb sie im Alter von fünfzig Jahren nach dreißig Wochen Krankheit und wurde in Viecherwald in der Grabstätte der Ranfts begraben.
Quelle: Mitteilungen des Österreichischen Staatsarchivs 47/1999, Christian Sapper: Kinder des Geblüts – Die Bastarde Kaiser Rudolfs II.

Christoph Ranft 1561–1642. Sein gleichnamiger Vater war böhmischer Kammerfußbote. Ranft trat schon im Alter von dreizehn Jahren in den Hofdienst ein und erfreute sich der besonderen Gunst des Kaisers. Er bekleidete zahlreiche Hofstellen, diente dem Kaiser auch als persönlicher

Diener und erhielt hohe finanzielle Zuwendungen. Im Laufe der Zeit bekleidete er folgende Stellen: Stiefelwischer ab 1590, Untergarderobier 1599, Kammerdiener und Obergarderobier 1600. In diese Zeit fiel auch seine Erhebung in den Adelsstand. Im Wappen führte er ein weißes Windspiel. Durch die Machenschaften des Kammerdieners Langs fiel er 1606 in Ungnade, wurde aber 1608 voll rehabilitiert. 1609 wurde er zum Hofdiener ernannt.

Nach dem Tod Rudolfs bekleidete er die Stelle eines Hofdieners bei Erzherzog Maximilian. Er scheint ein treuer, redlicher und verschwiegener Mann gewesen zu sein und sich auch um die Kinder, die Anna Maria (Katharina) dem Kaiser geboren hatte gekümmert zu haben. In einem Brief an seinen Schwager unterzeichnete er als Christoph Ranft von Viesenthal, Ihrer kaiserlichen Majestät und des gesamten Hauses Österreich Staatsminister, was hier wohl als Staatsdiener zu verstehen ist. Zurzeit Kaiser Rudolfs unterschied man am Kaiserhof noch nicht scharf zwischen Dienern und Beamten.

Die Figur des Ranft ist romanhaft ausgeschmückt. Vieles, was über andere Kammerdiener überliefert ist, wurde im Roman einfach ihm zugeschrieben. Natürlich gab es neben ihm andere Kammerdiener. Manch einer übte großen Einfluss auf den Kaiser aus, z.B. Lang, Matowsky und Nelle (»Kammerdienerregime«). Unter den Kammerdienern befanden sich Calvinisten, Lutheraner und getaufte Juden, Ranft wurde im Roman zu einem solchen gemacht, obwohl er in Wirklichkeit keiner war.
Quelle: Mitteilungen des Österreichischen Staatsarchivs 47/1999, Christian Sapper: Kinder des Geblüts – Die Bastarde Kaiser Rudolfs II.

Magdalena Ist frei erfunden, die Geschichte von der Hexenwaage ist Tatsache. Im »Goldenen Gässchen« gibt es ein kleines Häuschen, in dem in späterer Zeit tatsächlich eine Wahrsagerin gewohnt hat. Eine Katze mit Kristallkugel ist an der Mauer erkennbar. Die Wahrsagerin hieß Frau Prosova, nannte sich Madame des Thébes, verstarb gegen Ende des Zweiten Weltkriegs.

Wichtige Personen

Die Strada

Jacopo Strada Anna Marias (Katharinas) Großvater. Geboren 1507 in Mantua, gestorben in Prag? im November 1588. Die Familie dürfte niederländischen Ursprungs (de Straet, van der Straet) gewesen sein. Er

war Baumeister und Erfinder, Maler, Zeichner für Goldschmiedearbeiten, Antiquar, Münzforscher, Schriftsteller, Verleger und Kunstsammler. Seine Aufenthalte in Nürnberg, Lyon, Rom und Wien erlaubten ihm, mit den bedeutendsten Menschen seiner Zeit in Kontakt zu treten. Ab 1556 stand er im Dienst Kaiser Maximilians II. In Wien wohnte er in der Schengkstraße 507, heute Löwelstraße 12. Vermutlich stammt der Entwurf der Stallburg in Wien von ihm, sicher war er einer der Baumeister des Neugebäudes, des Lustschlosses des Kaisers. Ferner war er in München bei Herzog Albrecht V. und als Agent der Fugger in Kunstsachen tätig. 1574 wurde seine Familie vom Kaiser geadelt. 1579 schied er aus dem Hofdienst. 1583 hielt sich Strada in Mähren auf und dort auch auf Schloss Butschowitz, dessen Gestaltung er beeinflusste. Er war verheiratet mit Ottilie Baronesse Schenk von Rossberg und hatte einige Kinder aus dieser Ehe, darunter den ungeliebten Ottavio, ferner auch zahlreiche uneheliche Nachkommen.
Quelle: http://www.art-platform.com/aia/strada.htm

Ottavio Strada 1550–1610. Katharinas Vater. Bürger zu Rom, Kaiserlicher Majestät Hofdiener und Antiquarius. Er entwarf für Rudolf Embleme und verfasste lateinische Sinnsprüche, leitete die Sammlungen, beriet die Künstler in mythologischen und archäologischen Fragen. Mit seinem Vater verstand er sich nicht gut, dieser warf ihm Veruntreuung, Diebstahl, Mord und Unzucht vor. Später söhnte er sich mit ihm aus. Er heiratete in Prag Barbara von Luxenburg, die Witwe von Dr. Adam Luxenburg. Er wurde sehr wohlhabend, das väterliche Wappen wurde gemehrt und verbessert.
Quelle: Mitteilungen des Österreichischen Staatsarchivs 47/1999, Christian Sapper: Kinder des Geblüts – Die Bastarde Kaiser Rudolfs II.

Diener Katharinas
Frei erfunden:
Maria, die Amme
Wenzel, der stumme Diener, auch »Bär« genannt
Pawel, junger Diener
Treinl, jüdische Magd
Berta, Amme von Don Julius

Doña Elisabeth eigentlich Anna Dorothea, 1580–1624. Mutter unbekannt. Gegen den Willen des Vaters trat sie in Wien ins Königinkloster ein, das von ihrer Tante Elisabeth von Frankreich gegründet worden war.

Don Julius Cäsar 1585–1609, Mutter möglicherweise Anna Maria (Katharina) Strada. Er war der Lieblingssohn Rudolfs, aber schwer erziehbar. Er führte ein Leben in »Untugend und Laster« und wurde zur Besserung ins Kloster Gaming geschickt, von wo er ausbrach. Dann erhielt er die Herrschaft Krumau. Er wurde immer gewalttätiger und verübte schließlich einen entsetzlichen Lustmord. Der Wahnsinn war voll ausgebrochen. Er beschädigte Menschen und Gegenstände in seiner Umgebung, verwahrloste vollkommen und zeigte sich nackt am Fenster. Sein Zerstörungsdrang richtete sich schließlich auch gegen sich selbst. Er starb an einer eiternden Geschwulst im Hals. Von manchen Feinden Rudolfs wird behauptet, er habe seinen Sohn vergiften lassen.

Doña Carolina (Charlotte) 1591–1662. Mutter möglicherweise Anna Maria (Katharina) Strada (oder Eufemia von Rosenthal, Lucia von Neuhaus?). Carolina, Matthias und Karl bezeichneten einander als Geschwister und wurden auch als solche betrachtet. Sie heiratete 1607 Franz Thomas Graf Cantecroy de Perrenet – Granvelle (durch die Heirat wollte Rudolf an die Kunstschätze der Familie Granvelle herankommen), lebte lange in Besançon. Sie hatte Söhne, von denen keine Nachkommen bekannt sind.

Don Matthias 1594–1626. Mutter Anna Maria (Katharina) Strada. Nach Rudolfs Tod lebte er mit seinem Bruder Karl in Graz, sie studierten dort bei den Jesuiten. Testamentarisch waren die beiden Söhne von Rudolf nicht bedacht worden, daher waren sie auf die Unterstützung der anderen Habsburger angewiesen. Zum Missfallen seines Onkels Kaiser Matthias schlug Matthias nicht die geistliche Laufbahn ein, sondern zog eine militärisch-weltliche Karriere vor. Er verteidigte Gradisca im Venezianerkrieg, kämpfte später unter Oberfeldmarschall Boucquoi vor Budweis. Matthias war ein gut aussehender, einnehmender Mann. Er spielte mit Begeisterung Tennis. Er trieb einen hohen Lebensaufwand, den er durch seine Kontakte mit den anderen Habsburgern einigermaßen finanzieren konnte. Allerdings war er seiner Abstammung den hohen Aufwand schuldig. Er starb in Wien im Laurenzerhof unter Hinterlassung hoher Schulden, wurde im Franziskanerkloster beigesetzt.

Don Karl 1603–1628. Mutter Anna Maria (Katharina) Strada, er taucht im Roman nicht auf, wird hier nur der Vollständigkeit halber angeführt. Er war wilder als Matthias, verwickelte sich in Raufhändel und trank. Er genoss nicht dasselbe Ansehen wie Matthias bei den anderen Habsburgern. Auch er versuchte die militärische Laufbahn einzuschlagen. Seine Geliebte Margareta Villa folgte ihm aus Mailand nach Wien, die beiden wohnten in der Rotenturmstraße. Karl scheint an Malaria gelitten zu haben. Er lebte nicht auf so großem Fuß wie sein Bruder, hatte jedoch auch nicht dessen Begabung, Geld aufzutreiben. Seine Einnahmen verpfändete er im Voraus. Er wird beschrieben als energisch, gewalttätig und jähzornig, er hatte wenig Freunde. Über seinen Tod ist nichts gesichert bekannt außer dem Datum, er dürfte bei einem Raufhandel ums Leben gekommen sein.

Doña Dorothea 1612–1694. Mutter wahrscheinlich nicht Anna Maria (Katharina) Strada, sie taucht im Roman nicht auf, wird hier nur der Vollständigkeit halber angeführt. Sie lebte als Nonne in Madrid.

Die Habsburger

Philipp II. von Spanien 1527–1598, Onkel von Rudolf, an dessen Hof er erzogen wurde. Er war in mancher Hinsicht Vorbild für Rudolf: Einhaltung des Hofzeremoniells, persönliche Einfachkeit, Bevorzugung von Sekretären einfacher Herkunft, Kontaktarmut, Liebe zu Kunst und Natur. Philipp behandelte seine jungen Familienmitglieder und vor allem seine Töchter mit viel Zuneigung. Philipps Religiosität stieß Rudolf jedoch ab, daher konnte ihn der Onkel in Religionsfragen nicht beeinflussen.

Isabella (Elisabeth) von Valois 1545–1568, dritte Gemahlin Philipps II., Tochter Heinrichs II. von Frankreich (der bei dem Turnier anlässlich der Hochzeit den Tod fand) und der Katharina de Medici. Sie gebar zwei Töchter, darunter Isabella Clara Eugenia, die »ewige Verlobte« Rudolfs. Eine weitere Schwangerschaft führte zu ihrem Tod.

Don Carlos 1545–1568, Infant, Sohn Philipps aus der ersten Ehe mit Maria von Portugal, war zurückgeblieben und kränklich, litt an Malaria, hatte (als er einem Mädchen nachstieg) einen schweren Unfall mit Schädelverletzung und anschließender Trepanation, blieb gehbehindert. Er misshandelte seine Diener, ging auf die Minister seines Vaters mit dem Messer los, ritt Pferde zu Schanden, verletzte das Lieblingspferd seines

Vaters, sodass es geschlachtet werden musste. Er war vollkommen unberechenbar und hatte Heißhungerattacken (durch einen Bandwurm verursacht?). Als er in die Niederlande fliehen wollte, ließ ihn sein Vater festnehmen. Er starb bald danach.

Elisabeth von Frankreich 1554–1592, Schwester Rudolfs. Mit ihrer älteren Schwester Anna , die die vierte Gattin Philipps II. von Spanien werden sollte, war sie streng religiös erzogen worden. 1570 wurde sie mit dem vier Jahre älteren Karl IX. dem König von Frankreich, verheiratet. Aber obwohl Elisabeth als eine der schönsten Prinzessinnen Europas galt und von ihren Zeitgenossen als sehr klug, sehr freundlich, sehr tugendhaft, sehr gütig, sehr zurückhaltend und sanft beschrieben wurde, verstand sie es nicht, das Herz ihres Gatten zu erobern.

Karl IX., ein Sohn Katharina de' Medicis und Heinrich II., war laut Zeitgenossen ein sportlicher, fröhlicher, zuweilen sehr cholerischer, hochmütiger, schöner und sehr intelligenter Mann, der jedoch in jungen Jahren völlig von seiner Mutter beherrscht wurde. Er gab auch nach der Heirat seine langjährige Geliebte Marie Touchet nicht auf, die ihm im Jahre 1573 seinen einzigen Sohn gebar, der als »Graf von Auvergne« zu den bekanntesten Persönlichkeiten am Hofe des Sonnenkönigs Ludwig XIV. zählen sollte. Elisabeth schenkte ihrem Mann dagegen »nur« eine Tochter, die auf den Namen Elisabeth Marie (oder Marie Elisabeth) getauft wurde.

Nach der berüchtigten Bartholomäusnacht im Jahre 1572 plagten Karl IX. immer häufiger Schwächeanfälle und schwere Depressionen. Er verstarb bereits 1574 im Alter von noch nicht einmal vierundzwanzig Jahren. Seine Witwe kehrte nach Österreich zurück. Ihre Tochter hatte sie jedoch nicht mitnehmen dürfen. Die kleine Elisabeth Marie, die im Äußeren ihrem Vater geglichen haben soll, starb, ohne ihre Mutter wieder gesehen zu haben, bereits im Alter von nur fünf Jahren im Schloss Amboise.

Um die Zeit des Todes ihres Kindes erwarb Elisabeth Grundstücke in Wien und gründete auf diesen das Königinkloster (Maria, Königin der Engel), für das sie fleißig Reliquien sammelte. Hier widmete sie sich auch ihrer großen Leidenschaft, die mit dem Tod ihres geliebten Gatten begann, nämlich dem Lesen religiöser Werke. In dieses Kloster trat dann später Rudolfs Tochter Doña Anna Dorothea ein, die sich als Nonne Elisabeth Constantia nannte. Sie wurde von Königin Elisabeth wie eine Tochter behandelt. Als die Königin 1592 in Wien an einer Rippenfellentzündung starb, hinterließ sie Rudolf ihre beachtliche Bibliothek.
Quelle: http://www.asn-ibk.ac.at/bildung/faecher/geschichte/maike/treffpunkt/buch2-92.htm von Maike Vogt-Lüerssen

Erzherzog Matthias 1557–1619, Bruder Rudolfs. Die Erbregelung nach des Vaters Tod, bei der er relativ bescheiden abgefunden wurde (er hatte auf eine Länderteilung gehofft), enttäuschte ihn zutiefst und kränkte seinen Ehrgeiz. Als Einundzwanzigjähriger ließ sich Matthias eigenmächtig in ein politisches Abenteuer in den Niederlanden ein, das mit seiner Gefangennahme endete und dem Prestige Rudolfs schadete. Matthias bewarb sich erfolglos um die Statthalterschaft in Innerösterreich (Ferdinand von Innerösterreich, der spätere Kaiser Ferdinand II., war minderjährig) und um die Krone Polens. Erst als Erzherzog Ernst als Statthalter König Philipps in die Niederlande ging, wurde Matthias Statthalter im Erzherzogtum ob und unter der Enns. Er hatte dann in Wien ziemlich freie Hand. Die Protestanten wurden (vor allem durch seinen allmächtigen Berater Kardinal Khlesl) zurückgedrängt, der Bauernaufstand in Oberösterreich grausam niedergeschlagen.

Matthias drängte Rudolf zur Regelung der Nachfolge, ein Problem, das nach dem Tod von Erzherzog Ernst gelöst werden musste. Die politischen und kriegerischen Ereignisse nach 1604 bestärkten Matthias in der Absicht, seine eigene Nachfolge zu beschleunigen. 1606 anerkannten ihn die Erzherzöge als neues Haupt des Hauses. Den protestantischen Ständen machte Matthias Zugeständnisse, da er auf ihre Hilfe angewiesen war. Es kam zum offenen Krieg, im Vertrag von Lieben musste ihm Rudolf die ungarische Königskrone überlassen, ferner die Herrschaft in Ober- und Niederösterreich und in Mähren. Rudolfs Gegenwehr führte schließlich auch zu dessen Sturz in Böhmen, Matthias ließ sich 1611 in Prag krönen. Kurz vorher hatte er Anna von Tirol geheiratet, eine Tochter seines Onkels Ferdinand II. von Tirol. Da auch er keine Leibeserben hatte, wiederholte sich das Spiel, das er zuvor mit Rudolf gespielt hatte: Seine Verwandten verschworen sich nun gegen ihn: Sein Bruder Erzherzog Maximilian und sein Vetter Erzherzog Ferdinand von Innerösterreich, den er zum Nachfolger bestimmt hatte, setzten Kardinal Khlesl ab. Matthias erlebte noch den Ausbruch des großen Religionskrieges, der dreißig Jahre dauern sollte.

Erzherzog Ernst 1553–1595. Bruder Rudolfs, der mit ihm zusammen in Spanien erzogen wurde. Er verhielt sich Rudolf gegenüber stets loyal, obwohl er der katholischen Kirche (vor allem den Jesuiten) sehr nahe stand. Nach der Übersiedlung Rudolfs nach Prag war er Statthalter in Wien, später Statthalter Philipps in den Niederlanden, wo er politisch glücklos war. Mit dem Kaiser teilte er die Vorliebe für die schönen Künste. Er blieb unverheiratet.

Erzherzog Maximilian 1558–1618. Bruder Rudolfs, der mit Matthias zusammen in Wien aufwuchs. Er war streng katholisch und für den geistlichen Stand bestimmt. 1585 wurde er Koadjutor des Deutschen Ordens. 1587 wurde er zum König von Polen gewählt, allerdings von einer Minderheit, was ihm eine eineinhalbjährige Gefangenschaft einbrachte. Nach dem Verzichtseid wurde er freigelassen. 1590 wurde er Hochmeister des Deutschen Ordens. Er war Statthalter für Ferdinand von Innerösterreich, schließlich 1596/97 erfolgloser Oberbefehlshaber des kaiserlichen Heeres gegen die Türken. Als Hochmeister knüpfte er zahlreiche Kontakte in Deutschland, genoss das Vertrauen aller Konfessionsparteien, verzichtete aber auf die deutsche Königswürde, die ihm von einigen Kurfürsten angetragen worden war. Zuletzt war er Statthalter von Tirol und residierte in Innsbruck.

Erzherzog Ferdinand von Innerösterreich 1578–1637, Sohn von Karl II. von Innerösterreich (Bruder von Maximilian II.), Vetter Rudolfs, vertrat zeitlebens die nachtridentinische, katholische Position und war stets ein Freund der Jesuiten. Mit achtzehn wurde er volljährig und nahm die »Religionsreformation« energisch in Angriff. Unzählige Menschen mussten Steiermark, Kärnten und Krain verlassen. Als Kaiser Ferdinand II. ging er diesen Weg der Zwangsbekehrungen und Vertreibungen konsequent weiter.

Karl von Österreich 1560–1618, Markgraf von Burgau, Graf von Nellenburg und Hohenberg, Sohn von Ferdinand (II.) von Tirol (Bruder von Maximilian II.) und der Philippine Welser. Er versuchte sich als Truppenführer, wird als hitziger, misstrauischer Mensch geschildert. Seine Gemahlin war Sibylle von Jülich-Cleve-Berg (Tochter Herzog Wilhelms IV.). Günzbach war die markgräfliche Residenz. Er hatte einige uneheliche Nachkommen, die das Prädikat »von Hohenberg« führten. Sein Bruder war Andreas von Österreich, Bischof von Konstanz, Fürstbischof von Brixen.

Erzherzog Ferdinand (II.) von Tirol 1529–1595, Bruder von Maximilian II., Onkel Rudolfs, heiratete 1557 Philippine Welser (Söhne Karl und Andreas), die Ehe blieb bis 1576 geheim, bis dahin galt Philippine als »Beywohnerin«, die Kinder als »Findelkinder«. Nach Philippines Tod ehelichte er Anna Katharina von Gonzaga-Mantua (ihre Tochter war Anna von Tirol, Gemahlin von Kaiser Matthias). Berühmt war seine Kunstkammer auf Schluss Ambras, vor allem die Sammlung der Rüstungen.

Johannes Pistorius 1546–1608, Humanist, Arzt, Historiker, Politiker und katholischer Theologe. Sohn eines lutherischen Pfarrers und Superintendenten, Studium der Medizin, Theologie und Jurisprudenz in Wittenberg; hier Promotion zum Doktor der Medizin. 1575 wird er Leibarzt und Hofhistoriograph des Markgrafen Karl II. von Baden-Durlach. In diesen Jahren trat er zum Kalvinismus über. 1587 gab er in Basel ein Kompendium kabbalistischer Texte heraus (im Alter widerrief er seine Beschäftigung mit der Kabbala offiziell).

Nach dem Tod seiner Frau konvertierte Pistorius in Speyer zum katholischen Glauben (1588) und entschloss sich zu einer geistlichen Karriere. Er trat in den Dienst des Bischofs von Konstanz, Andreas von Österreich. Nach dessen Tod erhielt er dessen Propsteien Ölenberg und Surburg im Elsass sowie eine Pension auf die Propstei Pairis (ebenfalls im Elsass). Er wurde 1601 kaiserlicher Rat und Beichtvater Rudolfs II., der ihm besonderes Vertrauen schenkte. Sein aufgeklärtes Denken zeigte Pistorius darin, dass er 1604 in Freiburg ein vierzehnjähriges Mädchen in einem Hexenprozess vor dem Tod rettete.

Mit dem Reformator Luther setzte er sich in seinem Werk »Anatomiae Lutheri« (Köln 1595–1598) in gehässiger Weise auseinander. Er schilderte die sieben bösen Geister, die Luther seit seiner Jugend beherrschten (u. a. »Fleischlichgeist«, »Lestergeist«, »Lottergeist«, »Irrthumsgeist«). Mit Kepler führte er zahlreiche inhaltlich scharfe Streitgespräche, aber in freundschaftlichem Geist.

Quelle: Bautz, Band VII 1994, Spalten 649-651, Autor Rudolf Reinhardt

Fray Bartolomé de Zuancalde Ein Dominikanermönch, frei erfunden. Im Zentrum der Tätigkeit der Dominikaner standen die Predigt und die Bekehrung der »Ketzer«. Die Kurie beauftragte die Dominikaner 1231 mit der Leitung der Inquisition, die sich während des ausgehenden Mittelalters mehr und mehr zum Instrument der politischen Machtentfaltung der katholischen Kirche (vor allem in Spanien) entwickelte. Wegen dieser Tätigkeit wurden sie in einem Wortspiel »Domini canes«, die Spürhunde des Herrn, genannt. Wegen ihrer weißen Tracht wurden sie auch »Müller« genannt. Große Verbreitung fand der »Hexenhammer«, ein Werk der beiden Dominikaner Institoris und Sprenger, im Zuge der Hexenverfolgungen.

Filippo Spinelli Kardinal und Apostolischer Nuntius am Hofe Rudolfs II., geboren 1566 in Neapel, gestorben 1616 in Neapel. – Er stammte aus der berühmten Familie der Herzöge von Seminara und der Fürsten von Cariati. Am 22.4.1592 wurde er zum Erzbischof von Kolossae erwählt. Papst Clemens VIII. sandte ihn im August 1598 als Nuntius zu Kaiser Rudolf II. Erst im Jahre 1599 erreichte er Prag und blieb dort als Nuntius bis 1603. Spinelli unterstützte in Prag sehr das Wirken des Erzbischofs Berka von Duba und Liepa, das stark vom Geist des Konzils von Trient getragen war.

Squicciarini berichtet: »Der Nuntius kämpfte gegen die in Prag gegenwärtigen Hussiten und ließ strenge Maßnahmen gegen die Böhmischen Brüder anwenden. (Kaiserliches Dekret vom 2.9.1602.) Er wollte auch die protestantischen Pastoren in den verschiedenen Teilen des Reiches ausweisen lassen.« (Die Apostolischen Nuntien in Wien, S. 108.) Auch die Frage der Nachfolge Rudolfs II., die den Papst »sehr beschäftigte« (D. Squicciarini), war in die diplomatische Obhut von Spinelli gelegt: Doch war hier dem Nuntius keinerlei Erfolg beschieden, denn Rudolf II. verstand diese Sorge falsch und empfing den Nuntius einfach nicht mehr.

Der Papst berief ihn auf eigenen Wunsch 1603 nach Italien zurück und er übernahm die Leitung der Diözese von Policastro, später von Aversa.
Quelle: Biografisch-Bibliografisches Kirchenlexikon, Verlag Traugott Bautz, www.bautz.de/bbkl

Papst Klemens VIII. 1536–1605, letzter Papst (1592–1605) der Gegenreformation. Er wurde als Ippolito Aldobrandini in Fano (Italien) geboren und in Padua, Perugia und Bologna erzogen. 1585 wurde er zum Kardinalpriester ernannt und 1592 zum Papst gewählt. Klemens befreite die Kirche von der Vorherrschaft Spaniens und gewann Frankreich zum Verbündeten durch den Übertritt Heinrichs IV. von Frankreich vom Protestantismus zum Katholizismus. 1597 gelang es ihm mit französischer Unterstützung, das italienische Herzogtum Ferrara, auf das auch Spanien Anspruch erhob, mit dem Kirchenstaat wiederzuvereinigen. Im darauf folgenden Jahr vermittelte er den Frieden zwischen Frankreich und Spanien. Während seines Pontifikats veranlasste Klemens die Neuausgabe der Vulgata, der lateinischen Standardbibel sowie anderer liturgischer Bücher. Seine Amtszeit stand im Zeichen der Bemühungen, die katholische Kirche in ganz Europa wieder aufzubauen.
Quelle: »Klemens VIII.«, Microsoft® Encarta® Online-Enzyklopädie 2002
http://encarta.msn.de © 1997-2002 Microsoft Corporation.

Germanico Malaspina Apostolischer Nuntius am Wiener (Prager) Hof, geboren wahrscheinlich 1550 in Parma, gestorben 1603 in San Severo. Er wurde als Nuntius in Graz eingesetzt und erreichte diese Stadt am 28.9.1580. Mit ihm erreichte Graz den Status einer ständigen Nuntiatur bis 1622. Zunächst musste er bei Erzherzog Karl vorstellig werden, der nach der Ansicht Roms den Protestanten zu viele Freiheiten und Vergünstigungen gewährt hatte. Auch hatte er darauf zu sehen, dass die Bischöfe das Reformwerk endlich in Angriff nahmen. Auch die Erneuerung des Klerus lag ihm sehr am Herzen, wobei er die Jesuiten für dieses Anliegen gewinnen konnte. Immer wieder bemühte er sich, den Erzherzog auf einen »antiprotestantischen Kurs« (D. Squiciarini) zu bringen. 1584 wurde er zum Nuntius beim Kaiser erwählt.

Malaspina erreichte Prag am 13.12.1584. D. Squicciarini meint zur Aufgabe von Malaspina in Prag: »Als Nuntius beim Kaiser war es Malaspinas Aufgabe, die katholischen Länder des Reichs zu erhalten und in ihnen das Werk der Reform voranzutreiben. Dabei war die wenig eifrige Haltung vieler Bischöfe, aber auch die des Kaisers selbst hinderlich. (...) Malaspina unterließ es keineswegs, den Kaiser auf die Gefahr aufmerksam zu machen, dass die protestantischen Länder sich seiner Autorität entzögen.« (Die Apostolischen Nuntien in Wien ... S. 89). – Vor allem im Hinblick auf Böhmen versuchte Malaspina gegen den sich ausbreitenden Protestantismus einzuschreiten. Rudolf II. vertraute Malaspina sehr. Er gewann ihn auch als Kommissär für die Reform des Königreiches Böhmen. Sixtus V., der Malaspina nicht sehr vertraute, berief ihn nach Rom zurück und zwar 1586. Unter Clemens VIII. wurde Malaspina 1592–1598 Nuntius in Polen. Nach seiner Rückkehr in seine Diözese von San Severo starb er dort und wurde in der dortigen Kathedrale beerdigt.
Werke: Dialogo sopra lo stato spirituale e politico dell'Impero e delle Provincie infette di heresia.
Quelle: http://www.bautz.de/bbkl/m/malaspina_g.shtml

Zbynek Berka von Dubá 1593 Erzbischof, 1606 Kardinal von Prag. Starrer Karrierekatholik und Verbündeter Roms, unrühmlich bekannt als Hexenjäger. Setzte sich bei Rudolf für den Verbleib der Kapuziner in Prag ein. War beteiligt am Sturz von Zelinsky.

Bartholomäus Spranger Maler und Radierer, geboren 1546 in Antwerpen, gestorben 1611 in Prag; Sein Weg führte ihn von Antwerpen über Paris nach Mailand, dann nach Rom, wo er zum päpstlichen Maler ernannt wurde. In dieser Zeit malte er großformatige Altarbilder, die jedoch mit Ausnahme eines einzigen nicht erhalten sind. Kaiser Maximilian II. holte Spranger 1575 an den Wiener Hof. Seit 1.1. 1581 arbeitete Spranger, dessen Einfluss nunmehr besonders an den zahlreichen Nachstichen seiner Zeichnungen offenbar wird, am kaiserlichen Hof in Prag. Im dortigen Künstlerkreis um Rudolf II. findet man ihn, u. a. zusammen mit Guiseppe Arcimboldo, seit 1582. Künstler wie Cornelis van Haarlem oder Goltzius (Haarlemer Akademie), später auch Hans von Aachen und Joseph Heintz, gerieten für einige Zeit in Sprangers Bann. 1582 ehelichte Spranger in Prag Christine Müller, die Tochter eines Goldschmiedes.

Vom Kaiser wurde Spranger 1595 zusammen mit seinen beiden Brüdern in den erblichen Adelsstand erhoben. Seine Reise in die Niederlande im Jahre 1602 glich einem Triumphzug. Inzwischen war er zu einem wohlhabenden Mann geworden.

Spranger gilt als der Hauptmeister des Romanismus. Er schuf allegorische und mythologische Bilder, besonders erotische Szenen im manieristischen Stil. An seiner Kunst fällt die gelungene Rezeption und Verschmelzung italienischer sowie niederländischer Vorbilder auf.
Quelle: Biografisch-Bibliografisches Kirchenlexikon, Verlag Traugott Bautz, www.bautz.de/bbkl

Tycho de Brahe Geboren 1546 Schloss Knudstrup/Dänemark – gestorben 1601 Prag. Er studierte Rhetorik und Philosophie in Kopenhagen, beschäftigte sich mit Medizin, wandte sich erst nach einer Sonnenfinsternis der Astronomie zu. Er war der bedeutendste Astronom vor Erfindung des Fernrohrs, bediente sich zahlreicher, von ihm selbst erfundener Geräte, katalogisierte über achthundert Fixsterne, entdeckte einen neuen Stern (eine Nova). Er baute die Sternwarte Uranienborg auf der Insel Ven zwischen Dänemark und Schweden. Die Insel wurde als Hochburg der Wissenschaften schnell in ganz Europa bekannt. Brahe stand hoch in der Gunst von König Frederik II. von Dänemark. Unter dessen Nachfolger Kristian verließ er Dänemark, ging über Hamburg nach Dresden und Wittenberg, wo er sich bei Melanchthon aufhielt.

Dann wurde er von Rudolf nach Prag berufen und wie ein Fürst empfangen. Er holte Johannes Kepler als seinen Gehilfen nach Prag, seine jahr-

zehntelangen Aufzeichnungen waren die Grundlage für Keplers Arbeiten. Er wurde als hochfahrend und adelsstolz bezeichnet. In seinen Arzneien fanden sich hauptsächlich Kräuter aus dem eigenen Garten, animalische und mineralische Stoffe. Eines seiner Mittel gegen Fieber lautet: »Vieles wird schon dadurch vertrieben, lebende große Spinnen in einer Nussschale verschlossen um den Hals zu tragen, bis diese sterben.« Brahes Pestelixier: Die Hauptingredienzien sind Venezianischer Theriak (ein Produkt mit variierender Zusammensetzung, Opium und getrocknete Schlangen waren oft enthalten), unter anderem soll zerriebenes Horn vom Einhorn enthalten sein. Das Einhorn ist ein Fabeltier. Zu Brahes Zeit verwendete man Narwalzähne, Schwefel- oder Eisenverbindungen, Aloe, Myrrhe, Safran, Wacholderbeeröl und Bernsteinöl. Wollte man die Wirkung der Medizin verstärken, konnte man eine Tinktur aus Korallen, Perlen, Saphiren und flüssigem Gold zusetzen. Manchmal wurde auch Opium zugefügt. Quecksilber war ein üblicher pharmazeutischer Bestandteil. Scheinbar hat Tycho Brahe knapp vor seinem Tod seine eigenen Mittel, die auch Quecksilber enthielten, bei sich eingesetzt. Brahe verstarb angeblich an einem Blasenriss, weil er nicht vor dem Kaiser vom Tisch aufstehen wollte. Eine Quecksilbervergiftung ist eher wahrscheinlich.
Quelle: KDG Wittenberg, http://www.wittenberg.de/seiten/personen/brahe.html, http://www.landskrona.se/kultur/tychobrahe/tysk_tychobrahe/

Johannes Kepler 1571–1630, Astronom und Mathematiker aus Württemberg. Wurde in Tübingen mit der Lehre des Kopernikus vertraut, wonach nicht die Erde, sondern die Sonne die Mitte des Weltalls bildet. Dann studierte er drei Jahre lang Theologie. Der streng lutherischen Theologie Tübingens stand Kepler distanziert gegenüber. Die Verdammung der Calvinisten wollte er nicht mittragen. Vielleicht nicht zuletzt deswegen vermittelte ihm der Tübinger Senat die Stelle eines Landschaftsmathematikers der Steiermark und eines Professors für Mathematik und Astronomie an der evangelischen Stiftsschule in Graz. Als Landschaftsmathematiker gab er jährlich Kalender und astrologische Prognosen für das jeweils kommende Jahr heraus.

Sein Abschied von der Theologie und der Aussicht, ein kirchliches Amt zu übernehmen, wurde endgültig. Seine Berufung sah er nun in der Astronomie und der Gotteserkenntnis im Buch der Natur. 1597 heiratete er Barbara Müller, die Tochter eines Mühlenbesitzers. Als im Zuge der Gegenreformation die Versuche des Erzherzogs Ferdinand II. von Innerösterreich begannen, die Steiermark zu rekatholisieren, musste Kepler 1598 Graz erstmals für einen Monat verlassen. Eine Einladung des kaiserlichen Hofmathematikers Tycho Brahe in Prag kam ihm in seinen unsicheren Lebensumständen gelegen. Fünf Monate lang arbeitete er im Jahre 1600 mit Brahe an der Aufgabe einer Erneuerung der Astronomie. Die Zusammenarbeit wurde aber gestört, weil Brahe schwierig im Umgang war und zudem am geozentrischen Weltbild festhielt. Bald nach seiner Rückkehr aus Prag wurde Kepler endgültig aus der Steiermark ausgewiesen, da er zu denen gehörte, die sich weigerten, zum römisch-katholischen Glauben überzutreten, und ging wieder nach Prag. Kaiser Rudolf II. beauftragte Kepler und Brahe mit der Herstellung der Planetentafeln auf der Grundlage ihrer astronomischen Forschungen (Rudolfinische Tafeln). Nach dem überraschenden Tod Brahes 1601 wurde Kepler zu dessen Nachfolger als Hofmathematiker bestellt.

Kepler baute auf Brahes astronomischen Beobachtungen auf, ohne sein Bild vom Aufbau des Planetensystems zu übernehmen. Er folgte Kopernikus, ging aber noch über ihn hinaus: Die Planeten bewegen sich nicht in Kreisen, sondern in Ellipsen, in deren einem Brennpunkt die Sonne steht; und zwar bewegen sie sich so, dass die Verbindungslinie zwischen Sonne und Planet in gleichen Zeiten gleiche Flächen bestreicht. Damit waren die beiden ersten Keplerschen Gesetze der Planetenbewegung formuliert (1609). 1611 starben Keplers Frau und eines seiner Kinder.

Nach dem Tod Rudolfs hielt sich Kepler einige Jahre in Linz auf, weigerte sich aber zu konvertieren. Vom Nachfolger des verstorbenen Kaisers Matthias, Ferdinand II., erhielt er dennoch Rückendeckung. 1626 verließ er mit seiner Familie das von Aufständischen eingeschlossene Linz, um in Ulm den Druck der Rudolfinischen Tafeln voranzutreiben. Anfang 1628 überreichte er das vollendete Werk in Prag dem Kaiser. Eine weitere Beschäftigung im kaiserlichen Dienst scheiterte aber an Keplers beharrlicher Weigerung, zum Katholizismus überzutreten.

1628 siedelte die Familie Kepler nach Sagan in Oberschlesien über, wo Kepler sich als Mathematiker im Dienste des Feldherrn Wallenstein dem Druck und der Herausgabe von Ephemeriden und anderen Werken widmete. Er starb in Regensburg auf einer Reise, auf der er noch ausstehende Zahlungen einzutreiben gedachte, an einem Fieber.

Quelle: Biografisch-Bibliografisches Kirchenlexikon, Verlag Traugott Bautz, www.bautz.de/bbkl
Band III, Spalten 1366–1379, Autor Frank Reiniger

Michael Sendiwoj (Sendivogius) 1566 (?)–1636 (?), katholischer Aristokrat aus Polen (Krakau). Er zählte zur polnischen Habsburgerpartei und musste vermutlich aus politischen Gründen Polen vorübergehend verlassen. Rudolf diente er zunächst als Kurier und Diplomat, er bekam den Titel »Rat seiner Majestät«. Gemeinsam mit Rudolf nahm er eine

Transmutatio vor, zur Erinnerung daran ließ Rudolf in dem betreffenden Raum eine Marmortafel anbringen mit der Inschrift: »Möge jeder das vollbringen, was der Pole Sendivogius vollbracht hat.«

1599 verließ er Prag, nachdem er wegen des ungeklärten Todes seines Gönners, des reichen Kaufmanns Ludwig Koralek von Teschin, dem er eine große Geldsumme schuldete, eingekerkert gewesen war, da er von Rudolf enttäuscht war (der sich nicht für ihn eingesetzt hatte), und arbeitete für König Sigismund III. von Polen, der sich um seine Freilassung bemüht hatte. 1602 wurde er nach Prag zurückberufen. Er stand in dem Ruf, den Stein der Weisen zu besitzen. Auf einer Reise im Auftrag Rudolfs wurde er von Herzog Friedrich von Württemberg, der sich den Stein verschaffen wollte, gefangen genommen. Da Rudolf, Sigismund und andere Fürsten darüber erzürnt waren, ließ der Herzog Sendivogius entkommen und machte für seine Flucht einen Alchemisten verantwortlich, den er hinrichten ließ. 1607 kehrte Sendiwoj nach Polen zurück, arbeitete als Alchemist und Metallurge in Schlesien und wurde schwerreich. Bei Kaiser Ferdinand II. stand er hoch in Gunst. Heute würde man ihn als Doppelagenten bezeichnen.

Quelle: http://es.rice.edu/ES/humsoc/Galileo/Catalog/Files/sendivog.html *Copyright ©1995 Albert Van Helden*

Edward Kelley 1565–1594, Alchemist. Er stammte aus England, wo er als Apothekergehilfe und Gemeindeschreiber wirkte. Wegen mancher Urkundenfälschungen wurde er seines Amtes enthoben und der Henker schnitt ihm beide Ohren ab. Um eine gesicherte Existenz zu haben, wählte er die Alchemie, änderte seinen Namen und fing an, seine Schande unter den langen Haaren zu verbergen. Auf seinen Reisen durch Europa lernte er den Mathematiker und Astronom John Dee, der auf dem Hofe des Kaisers Rudolf II. festen Fuß fasste, kennen. John Dee wurde aus seiner Stellung am Kaiserhof verdrängt und Edward Kelley nahm seinen Platz ein. Dieser trat nach 1584 in den Dienst von Wilhelm von Rosenberg, der ihn mit Geschenken von beweglichen und unbeweglichen Gütern überhäufte. Kelley gewann die Burg Liberice, das Gut Nová Liben und neun Dörfer. Der glänzende Aufstieg wurde mit einem steilen Falle gekrönt. Er tötete einen Kontrahenten im Zweikampf und ergriff die Flucht in Richtung Krumlov. Er wurde aber erwischt und auf der Burg Krivoklát eingekerkert. Der Alchemist verbrachte hier zweieinhalb Jahre und keine Fürsprachen halfen ihm – weder der Königin Elisabeth I. von England noch Wilhelms von Rosenberg. In Anwesenheit seiner Frau und seiner Tochter beging er Selbstmord.

Quelle: Sdružení Oficiálního informačního systému Český Krumlov, 1999, http://www.ckrumlov.cz/de/osobno/t_edwkel.htm

Johannes Crato von Crafftheim 1519–1585, Breslau. Während seines Studiums in Wittenberg war Crato sechs Jahre Martin Luthers Tischgenosse und Nachschreiber seiner Tischreden und stand auch Philipp Melanchthon nahe. Auf Luthers Rat entschloss sich Crato zum Studium der Medizin, das er 1543 in Leipzig begann, wo er mit Joachim Camerarius Freundschaft schloss, und in Padua als Schüler des berühmten Johannes Baptista Montanus fortsetzte. Crato wurde 1550 Stadtarzt in Breslau und diente seit 1560 als kaiserlicher Leibarzt nacheinander Ferdinand I., Maximilian II. und Rudolf II. Maximilian II. ernannte ihn zum kaiserlichen Rat und erhob ihn in den Adelsstand. Crato besaß in hohem Maß das Vertrauen des Kaisers, das er zu Gunsten seiner Glaubensgenossen nützte. Darum gelang es auch den Hofjesuiten nicht, Maximilian II. für die Bekämpfung des Protestantismus zu gewinnen. Infolge der Intrigen seiner Gegner wurde Crato im Herbst 1576 nach dem Tod Maximilians II. aus dem Hofdienst entlassen und kehrte nach Breslau zurück, wurde aber, da er ein sehr tüchtiger Arzt war, 1578 von Rudolf II. wieder an seinen Hof berufen.
Quelle: Bautz, Band I (1990), Spalten 1155–1156, Autor Friedrich Wilhelm Bautz

Sofonisba Anguissola 1530–1625, aus Cremona, sie und ihre Schwestern erhielten eine gute Ausbildung. Ihr Beispiel machte Schule: Bis heute sind die Namen von etwa vierzig Frauen bekannt, die zu dieser Zeit in Italien im Bereich der bildenden Künste gearbeitet haben. Amilcare Anguissola war Förderer und »Manager« seiner Tochter, er korrespondierte mit potenziellen Auftraggebern und Künstlern, zu denen auch Michelangelo gehörte. Sofonisba spezialisierte sich auf Porträtmalerei, aber auch ihre Gruppenbilder und Alltagsszenen wurden von den Zeitgenossen wegen ihrer Lebendigkeit und ihres Einfallsreichtums bewundert. Ihr bekanntestes Gruppenbild ist das Gemälde »Drei Schwestern beim Schachspiel«. Anguissolas Werke hatten bereits Eingang in die Sammlungen des Papstes und der führenden Adelsfamilien Italiens gefunden, als sie 1559 einer Einladung an den spanischen Hof folgte, wo sie Hofdame und Vertraute der Königin Isabella wurde. Sie malte die Porträts der königlichen Familie und als höchste Auszeichnung Philipp II. selbst. Etwa zehn Jahre blieb sie in Spanien und wurde mit Aufträgen überhäuft. Nach dem Tod der jungen Königin verließ sie das Land. Zuvor hatte der König ihr, wozu er sich verpflichtet hatte, einen Ehemann vermittelt. Der Hof richtete ihr eine festliche Hochzeit aus und versah sie mit einer angemessenen Mitgift. Sie lebte einige Jahre in Sizilien und erhielt nach dem Tod ihres Mannes erneut einen Ruf nach Spanien. Auf dem Weg dorthin verliebte sie sich aber in den Kapitän des Schiffes, heiratete ihn und lebte

und malte in den folgenden fünfunddreißig Jahren in Genua. In dieser Zeit wandte sie sich mehr religiösen Motiven zu. Ihr Lebensende verbrachte sie in Palermo, wo der junge flämische Maler van Dyck seine berühmte Kollegin besuchte. Er skizzierte sie und notierte ihre Ratschläge zur Malerei. Anguissola starb fast erblindet mit fünfundneunzig Jahren.
Quelle: http://www.weiber.net/herstory/herway/suhrkamp/sofonisba_anguissola.htm

Ottavio Miseroni Geboren 1567 in Mailand – gestorben 1624 in Prag. Steinschneider. Am 22.01.1588 ließ Kaiser Rudolf II. den Sohn Gasparo Miseronis, Graveur Ottavio Miseroni, nach Prag kommen, um des Kaisers Hofwerkstatt zu führen. Ottavio heiratete 1590 in Prag Laura di Castello, Tochter des kaiserlichen Hutmachers Ferrante Castello aus Mailand. Er hatte mit ihr neun Kinder. Ottavio zog mindestens drei weitere Brüder nach Prag, von denen sich Alessandro und Giovanni Ambrogio auch mit der Steinschneidekunst befassten. Den Höhepunkt erreicht der »weiche Stil« Ottavios in dem großen Prunkbecken aus Heliotrop des Louvre von 1608, mit dem er seine zwanzigjährige Tätigkeit für den Kaiser feierte und das der Anlass für die Erhebung in den Adelsstand war. Ottavio wurde mit vier Brüdern von Kaiser Rudolf II. als Dank für seine hohe Kunst nicht nur zum Salzmeisteramt, sondern auch in den Reichsadelsstand mit dazu gehörenden stattlichen Herrschaften und Landgütern allergnädigst erhoben. Die Werke aus der Hofwerkstatt Ottavios in Prag erlangten europäische Berühmtheit. Sein Sohn Dionysio Miseroni führte die Hofwerkstatt in Prag weiter.
Quelle: http://www.jurziczek.de/MiseroniGasparo/MiseroniOttavio/miseroniottavio.html

Jan Vermeyen ? Brüssel – 1606 Prag, Goldschmied, Sohn des Malers Jan Cornelisz Vermeyen, der viel für Karl V. gearbeitet hat. Seit 1597 in Prag. Keines seiner Werke ist signiert, es konnte auch für keines seiner Werke eine Rechnung gefunden werden. Das bedeutet, dass die Werke ihm zugeordnet werden müssen, was auf Grund seiner unverwechselbar anspruchsvollen Arbeitsweise möglich ist. Er arbeitete eng mit Ottavio Miseroni zusammen. Sein bedeutendstes Werk ist die Rudolfskrone. Vermeyen machte sich auch einen Namen als Wachspossierer. Er verfertigte erotische Wachsmodellierungen zur Freude des Kaisers (»ein abbraciamento zweyer nacketen bilder auf einem bett; ein futral ... darin ein mann ein weib sforzieren will und sie ihn beim schopf erhascht; in einem kästlin ... fünf nacket figurn beysamen« usw.).
Quelle: Rudolf Distelberger, Die Kunstkammerstücke, in Prag um 1600, S. 449–450

Westonia 1581–1612. Um 1600 verbreitete sich in der gelehrten Welt die Kunde, dass in Prag, der Residenz Kaiser Rudolfs II., ein neues Wunder weiblicher Bildung erschienen sei: Eine junge Adelige englischer Herkunft schreibe formvollendete Briefe und Gedichte in lateinischer Sprache. Wie andere Vertreterinnen der raren Gattung *femina docta* erwarb die 1581 geborene Elizabeth Jane Weston ihre humanistische Bildung, indem sie an den häuslichen Studien ihres Bruders teilnahm. Nach dem Tod des Stiefvaters im Herbst 1597 zogen Mutter und Tochter von Brüx (tschech. Most) nach Prag, um beim Hofgericht die Herausgabe ihres Erbteils, auf das die Gläubiger des Verstorbenen ihre Hand gelegt hatten, zu betreiben. In Prag fand Elizabeth gelehrte Gesprächspartner. Mit ihren lateinischen Schriften und ihrem feinen Anstand gewann sie in Hofkreisen einflussreiche Gönner, die der Klage auf Herausgabe des Erbteils schließlich (1603) zum Erfolg verhalfen.
Quelle: http://www.uni-mannheim.de/mateo/desbillons/west.html

Reimarus Ursus Bis zum 18. Lebensjahr hütete Nicolaus Reymers Schweine und lernte dann Lesen und Schreiben und erwarb Kenntnisse der lateinischen und griechischen Sprache. Seine besondere Vorliebe waren Mathematik und Astronomie. Mit 29 Jahren war Reimarus Ursus auf einem Gut von Heinrich Rantzau als Landmesser angestellt. Mit seinem vorgesetzten Dienstherren, dem dänischen Edelmann Erik Lange auf Engelholm in Jütland, besuchte Reimarus im Jahr 1584 Tycho Brahe auf dessen Sternwarte Uraniborg, wobei er offenbar das erste Mal heftig mit Brahe in Streit geriet. Dieses unerfreuliche Treffen hat alle späteren Beziehungen zwischen diesen beiden Männern nachhaltig beeinflusst.

Ein Jahr darauf, 1585, wurde Reimarus Ursus als Hauslehrer in Kassel angestellt, traf dort den Landgrafen Wilhelm IV. und erhielt hier ebenso wie zuvor Brahe starke Impulse für eigene astronomische Ideen. Hier entwarf Reimarus ein eigenes Weltsystem, das das kopernikanische Weltbild aufnahm, zugleich aber Teile des alten geozentrischen Weltbildes zuließ. 1588, als Reimarus in Straßburg beschäftigt war, trug er seine Theorien vor der städtischen Akademie vor, die ihm auch die Möglichkeit verschaffte, seine Ideen drucken zu lassen. Dieses Werk ermöglichte es ihm, 1591 eine Anstellung am Hof des Kaisers Rudolf II. in Prag als kaiserlicher Mathematiker zu erhalten.

Mit der Veröffentlichung seines Planetenmodells brachte Reimarus jedoch Tycho Brahe endgültig gegen sich auf. War es Zufall oder Absicht: Reimarus Ursus' Weltbild war mit dem von Brahe nahezu identisch. Tycho Brahe beschuldigte deshalb Reimarus lautstark, dieser habe ihm während des Besuchs auf Hven die Ideen für sein Weltsystem gestohlen. Standhaft verteidigte sich Reimarus Ursus, »Ich will ihm begegnen wie ein Bär«.

Da Tycho Brahe im Jahr 1600 ebenfalls an den kaiserlichen Hof in Prag berufen wurde, ging der Streit nun richtig weiter. Tycho Brahe, der prominente und mächtige Gelehrte, erwirkte gegen den aufmüpfigen Hofmathematiker eine Verfügung, wonach Reimarus Ursus, der Bär, das gegen Brahe Geschriebene zu widerrufen hätte, die Schriften zu vernichten seien und verlangte, dass sogar der Drucker zu bestrafen sei. Unter diesen Umständen musste Reimarus Ursus aus Prag fliehen und die Professur verfiel. Am 15.8.1600 starb er (wahrscheinlich in Prag) und erlebte den Ausgang des Verfahrens mit Tycho Brahe nicht mehr. Gerüchte kursierten, wonach das Ende Reimarus Ursus' nicht ganz so natürlich erfolgt sei, wie es später dargestellt wurde, und dass Tycho Brahe seine Hand dabei im Spiel gehabt haben könnte. Spätere Chronisten kamen darüber hinaus zu dem Urteil, dass Reimarus Ursus schweres Unrecht geschehen sei und beide, er und Brahe, nahezu gleiche Weltsysteme unabhängig voneinander entwickelt hätten, wenn auch die mathematische Logik der Modelle eindeutig für das Tycho Brahes spricht.
Quelle: http://www.friedensblitz.de/sterne/kometenangst/Reimarus%20Ursus.html

Die Minister

Wolfgang Siegmund Rumpf, Freiherr von Wülroß ?–1606, er stand bis 1600 als Oberstkämmerer, dann Obersthofmeister und Präsident des geheimen Rats an der Spitze des gesamten Hofwesens und war die eigentliche graue Eminenz. Er hatte Rudolf als Stallmeister nach Spanien begleitet. Er unterstützte Rudolfs alchemistische Interessen, indem er aus ganz Europa Alchemisten an den Prager Hof lockte und dafür sorgte, dass der Kaiser sich ungestört seinen Liebhabereien widmen konnte. Der glaubenseifrige Lobkowitz war sein Gegner, obwohl auch Rumpf Katholik war, allerdings gemäßigt. Er hatte Rudolf von der spanischen Heirat abgeraten, als Isabella dann dessen Bruder Albrecht nahm, war der Kaiser auf ihn verstimmt. Außerdem sprach sich Rumpf für die Nachfolgeregelung im Sinne des Matthias aus. Die Trennlinie zwischen Diener und Beamter war damals nicht scharf. Rudolf bestand auf absolutem Gehorsam aller Minister, er duldete keine Halbheiten, konnte wütend werden und seine Diener körperlich züchtigen, er war rachsüchtig.

Christoph Zelinsky Böhmischer Vizekanzler seit 1590. Er stammte aus ärmlichen Verhältnissen, war von einem Grafen Pernstein erzogen und an den kaiserlichen Hof gebracht worden, dort wurde er Vizeschreiber und gewann die Gunst Rudolfs. Der Stern Zelinskys begann zu glänzen, als die Gunst für das Haus Lobkowitz verblasste. Er wurde Leiter der Böhmischen Kanzlei und übernahm 1590 das Amt des Vizekanzlers von Böhmen. 1597 erhob ihn der Kaiser in den Herrenstand. Zelinsky hatte zehn Jahre lang fast uneingeschränkte Macht. Die Tatsache, dass Zelinsky Tscheche und Protestant war, trug wesentlich dazu bei, die protestantischen Stände zufrieden zu stellen. Er war der Exponent der nicht-katholischen Mehrheit der Bevölkerung. Spinelli schrieb über ihn nach Rom: »Zelinsky hegt den teuflischen Plan, den Katholizismus in Böhmen zu vernichten« und sorgte für seinen Sturz, indem er den Kaiser Zelinsky gegenüber misstrauisch machte (er äußerte den Verdacht des Hochverrats) und dem Kaiser dafür eine höhere Türkenhilfe aus Rom in Aussicht stellte.

Georg Popel von Lobkowitz ?–1607, er war seit 1585 Oberstlandeshofmeister von Böhmen und Anführer der katholischen Partei, eine Schlüsselfigur bei der Rekatholisierung Böhmens. Er stand in hoher Gunst bei Ferdinand von Tirol (Philippine Welser war die Nichte seiner Frau Katharina von Loksan). Die katholische Adelsclique mit und um ihn hatte die Regierung fest in der Hand.

Lobkowitz förderte systematisch den Jesuitenorden und die Kurie setzte große Hoffnungen auf ihn. Als er das Amt des Oberstburggrafen anstrebte, fand er beim Kaiser kein Gehör. Statt den Antrag des Kaisers an die Stände auf Türkensteuer zu unterstützen, stellte er sich an die Spitze der Opposition. Er überreichte dem Landtag eine Beschwerdeschrift über Missachtung und Verletzung ständischer Freiheiten und Rechte. Bei der Beratung der Steuer verließ er den Saal, der Landtag ging ohne Beschluss auseinander. Als Rudolf die Verschwörung entdeckte, warf er Lobkowitz ins Gefängnis (wo er vierzehn Jahre später verstarb) und zog seine Güter ein. Der Kaiser zeigte sich allen Gnadengesuchen (vor allem von Seiten Georgs Tochter Eva Lobkowitz mithilfe der Jesuiten) gegenüber taub, sie erzürnten ihn nur noch mehr und führten zur Untersuchung gegen die Jesuiten und fast zu deren Ausweisung.

Prager Juden

Judah Löw ben Bezalel 1520–1609. Rabbi Löw wurde in Worms geboren. Da er nie über seine Jugendzeit und Lehrer sprach, liegen seine frühen Jahre im Dunkeln. Belegt sind erst die Jahre 1553–1573, in denen er Rabbi im mährischen Nikolsburg (Mikulov) und später auch Oberrabbiner war. Dort erwarb er sich den Ruf eines umsichtigen Organisators in Verwaltungsfragen und auch als Rechtsexperte. In Prag lebte er erst für längere Zeit, als er schon über sechzig Jahre alt war. Er leitete als Privatmann die Talmudschule »Klaus«, die sein Freund Mordechai

Maisl erbauen ließ und auch finanzierte. Obwohl er bereits seit langer Zeit einen herausragenden Ruf als Schriftgelehrter besaß, wurde er bei der Wahl um die Nachfolge des Oberrabbiners zwei Mal übergangen. Vielleicht auch aus Enttäuschung verließ er 1589 Prag, um wieder nach Polen zu gehen und kehrte erst wieder 1597 nach Prag zurück, wo er endlich als fast Achtzigjähriger zum Oberrabbiner gewählt wurde. Dieses Amt versah er bis zu seinem Tod. Unter großer Anteilnahme der Gemeinde wurde er auf dem alten Friedhof beigesetzt. Sein Grab ist bis heute ein vielbesuchter Anziehungspunkt auf dem Alten Jüdischen Friedhof.
Quelle: http://www.kafkaesk.de/Prag/Seiten/prag_josefov_personen_loew.htm Alexander Schlegel, Mainzer Str. 1a,80803 München

Frumet Maisl Zweite Frau des Primators der Judenstadt, Mordechai Maisl, Tochter des Arztes Katzin Rabbi Isaak Rofe, historisch, aber romanhaft verfremdet. Sie wurde von Zeitgenossen als eine der Geliebten Rudolf II. bezeichnet, die Gerüchte entbehrten vermutlich jeder Grundlage.

Mordechai Maisl 1528–1601. Mordechai Maisl wurde im Jahre 1528 im Prager Getto geboren. Da schon seine Eltern, Samuel und Dubra Maisl, durch Handelsgeschäfte zu erheblichem Wohlstand kamen, waren die Voraussetzungen für ein angenehmes Leben dem Sohn schon in die Wiege gelegt. Doch Mordechai Maisl ruhte sich nicht auf dem Wohlstand aus, sondern entwickelte selber schon bald ein außerordentliches Finanztalent und feines Gespür im Umgang mit Menschen. Vor allem seine erstklassigen Kontakte zum kaiserlichen Hof ermöglichten ihm eine privilegierte Stellung, die ihm für seine Unternehmungen die nötige Freiheit und auch Rechtssicherheit gaben. Maisl war ein maßgeblicher Finanzier des Königs im Kampf gegen die Türken. Als Dank wurde er zum Hofjuden ernannt und vor allem von Rudolf II. mit weit reichenden Sonderprivilegien ausgestattet. Beispielsweise hatte niemand das Recht, sein Haus zu betreten, ihn zu kontrollieren oder in seinen Geschäften zu behindern. Maisl, der auch in zweiter Ehe kinderlos geblieben war, bekam sogar das Recht zugesprochen, seine Erben zu bestimmen. Doch hierbei führte die Krone und insbesondere Rudolf II. ein Schurkenstück auf, das seinesgleichen suchte. Kaum nachdem Maisl sein Testament geschrieben hatte, ließ der Kaiser seinen Majestätsbrief, in dem die Privilegien festgehalten waren, aus den Amtsbüchern des Oberstgrafenamtes entfernen. Um dem Ganzen einen rechtmäßigen Charakter zu verleihen, gab er vorher ein Gutachten bei der kaiserlichen Prokuratur in Auftrag, das die Gültigkeit seines eigenen Majestätsbrie-

fes überprüfen sollte. Natürlich kam man zu dem Ergebnis, dass der Majestätsbrief gegen die Verfassungsgesetze verstoße, da nur Angehörigen des Herren- und Ritterstandes sowie in seltenen Fällen auch ein Angehöriger des Bürgerstandes in den Genuss dieser Privilegien kommen dürfe. Auf keinen Fall ein Jude. Damit erteilte sich die Krone den Freifahrtsschein, um ungehinderten Zugriff auf das Vermögen Maisls zu erhalten. Darum erschienen Beauftragte der Stadt und des Kaisers nur vier Tage nach dem Tod des Juden, dem 17.3.1601 und beschlagnahmten sein Vermögen.
Quelle: http://www.kafkaesk.de/Prag/Seiten/prag_josefov_personen_maisl.htm

Sonstige Figuren, frei erfunden

Vaclaw, ein christlicher Fleischer. Tatsächlich kauften viele Prager ihr Fleisch in der Judenstadt.
Meister Hans, der **Henker**, und seine Knechte.
Der **Stallmeister**

Weitere historische Gestalten, die erwähnt werden

Hermann Rusworm, der Page »Ohr« (freie Erfindung, über seine Kindheit und Jugend ist nichts bekannt), 1565–1605. Er stammte aus dem Sächsischen, ergriff die militärische Laufbahn und stand ab 1585 bei verschiedenen Herren im Kriegsdienst. Schon bald hatte er sich einen Namen als unerschrockener und begabter Heerführer gemacht. Die große Karriere gelang ihm im kaiserlichen Dienst. Unter dem Oberbefehl von Adolf von Schwarzenberg hatte er wesentlichen Anteil an den Anfangserfolgen der kaiserlichen Truppen im Türkenkrieg. Er war persönlich unerschrocken und daher beliebt bei der Mannschaft, erlitt mehrere schwere Verwundungen. Dass er Missstände im Heer zu kritisieren pflegte und dabei auch vor seinen Vorgesetzten nicht Halt machte, war der Grund für die Gegnerschaft Schwarzenbergs und auch des Erzherzogs Matthias. Rudolf bewunderte ihn und ernannte ihn zum kaiserlichen Generalfeldwachtmeister.

1599 wurde Rusworm auf Veranlassung von Erzherzog Matthias verhaftet und in Wien unter Anklage gestellt, der Prozess endete mit seinem Freispruch und seiner Rehabilitierung. 1602 übernahm er den Oberbefehl über die kaiserlichen Truppen in Ungarn und errang 1603 mit der Eroberung von Pest seinen größten militärischen Sieg. 1605 wurde er vom Kaiser in den Reichsgrafenstand erhoben. Seine radikale Heeresreform brachte ihm weitere Gegner ein. Die Ermordung des kaiserlichen Marschalls Giovanni Belgiojoso durch seinen Diener (nach anderen Unterlagen im Duell durch Rusworm selbst) führte zu seiner neuerlichen Verhaftung (da Duelle bei Todesstrafe verboten waren) und Verurteilung. Das Todesurteil wurde sofort vollstreckt, er wurde in der Halle des Altstädter Rathauses enthauptet, die Begnadigung durch Rudolf kam ganz knapp zu spät. Sie war durch den Kammerdiener Philipp Lang aufgehalten worden.

Rudolf war über Rusworms Ende verzweifelt und bereute es zutiefst, denn er hatte mit ihm nicht nur den fähigsten General, sondern auch einen ergebenen Freund verloren. Dass Rudolf nicht früher einschritt, wurde von Zeitgenossen mit seiner Eifersucht erklärt. Angeblich soll Rusworm den »kaiserlichen Frauenzimmern« zu nahe getreten sein. Außerdem gab es ein Gerücht, Rusworm hätte Erzherzog Maximilian aufgehetzt, den Kaiser zu entthronen.
Quelle: Prag um 1600, 1.Band, S. 110.

Giordano Bruno 1548 Nola – 1600 Rom. Giordano Bruno von Nola, nach seiner italienischen Heimatstadt lateinisch Nolanus genannt, wurde 1548 geboren. Mit fünfzehn Jahren wurde er Dominikanermönch. Schon als junger Philosoph geriet er mit dem Klosterleben, mit der eingeengten Lehrweise in Konflikt. Er entwarf ein großartiges Weltbild, nachdem das Universum unendlich, erfüllt von der göttlichen Weltseele, war. Gott war für ihn nicht außerhalb, sondern in der Welt als deren größte Ursache. Diese Anschauung war für das 16. Jahrhundert viel zu kühn. Seine Gedankengänge waren in der damaligen Zeit um Jahrhunderte voraus. Nach dreizehn Jahren musste er das Kloster verlassen. Er begann nun ein Wanderleben, das ihn zuerst nach Schweinitz führte, wo er sich dem Calvinismus anschloss. Bald sagte er sich von Calvin los, durchstreifte Frankreich und England, machte sich durch sein unstetes Wesen überall unbeliebt und fand nirgends Ruhe. Er war ein Anhänger der kopernikanischen Lehre, die in Wittenberg durch Rhaeticus publiziert worden war. 1586 traf er dort ein und erwartete von dieser damals modernsten Universität Unterstützung seiner Ideen und Entfaltungsmöglichkeit. Volle zwei Jahre verblieb er in Wittenberg und lehrte die Philosophie des Aristoteles. Von Bruno ist eine sehr interessante Schilderung über die Bedeutung der Wittenberger Universität in Form einer Lobrede auf die »Leukorea« enthalten. An die Wittenberger Zeit schlossen wieder ruhelose Wanderjahre an – Prag –, bis er dem Drange, seine Heimat wiederzusehen, nicht widerstehen konnte und 1592 in sein Vaterland zurückkehrte. Hier geriet er durch Verrat in die Hände der Inquisition (Ketzergericht) und wurde an

Rom ausgeliefert. Er erlitt nach siebenjähriger Gefangenschaft am 17.2.1600 auf dem Campo di Fiore in Rom den Feuertod. Auf demselben Platze wurde 1889 sein Denkmal enthüllt.
Quelle: http://www.wittenberg.de/seiten/personen/bruno.html

Bianca Capello 1543–1587. Als Tochter eines wohlhabenden venezianischen Patriziers in Venedig geboren, lief sie mit einem Bankangestellten davon, den sie heiratete. In ärmlichen Verhältnissen mit ihm in Florenz lebend, fiel sie wegen ihrer großen Schönheit **Francesco I. Medici**, dem Sohn von Herzog Cosimo I. von Toskana, auf. Ihr Ehemann machte keine Schwierigkeiten, bekam dafür die Stellung eines Garderobenkämmerers. Ein Jahr später heiratete Francesco Erzherzogin Johanna, eine Schwester von Kaiser Maximilian II., die nicht nach seinem Geschmack war. Francesco, der älteste Sohn von Cosimo I., mittlerweile 25 Jahre alt, wurde von seinen Zeitgenossen als hässlich, arrogant, tyrannisch, misstrauisch, schweigsam, verschlossen, grüblerisch und haltlos beschrieben. Er hatte jedoch großes Interesse an den Wissenschaften, förderte die Literatur und war als leidenschaftlicher Chemiker oft in seinem Labor im Schloss zu finden. Er gründete die Gemäldegalerie der Uffizien. Bereits kurz nach der Hochzeit Francescos bezog Bianca eine prächtige Wohnung in unmittelbarer Nähe des herzoglichen Palastes. Gerüchte sagen, dass sie dem Herzog ein fremdes Kind als eigenen Sohn untergeschoben hätte. Nach dem Tod Johannas (Bianca war inzwischen ebenfalls Witwe geworden) heiratete Francesco sie und legitimierte diesen Sohn. Unmittelbar nach dem Tod Francescos soll sie von seinem Bruder Ferdinand ermordet worden sein. Sie wurde in einem Massengrab bestattet. Viele Zeitgenossen hielten sie für eine Hexe.
Quelle: http://www.asn-ibk.ac.at/bildung/faecher/geschichte/maike/frauen/ren38.htm

Bibliografie

Adel im Wandel, Ausstellung Rosenburg 1990, Katalog des niederöst. Landesmuseums NF 251, Wien 1990
Andics, Hellmut: Die Frauen der Habsburger, Wien-München 1986
Aretino, Pietro: Gespräche, übers. H. Conrad, 1999
Arlen, Charles u.a.: Menschen in ihrer Zeit, Stuttgart-Zürich-Wien 1993
Auer, Alfred & Eva Trblich: Natur und Kunst, 1995
Bartz, Gabriele, hg.: Liebesfreuden im Mittelalter, 2001
Bastl, Beatrix: Tugend, Liebe, Ehre, Wien 2000
Bauer, Wolfgang: Lexikon der Symbole, Wiesbaden 1992
Bischoff, Erich: Die Elemente der Kabbalah, Berlin 1913
Blaschka, Anton: Das Schicksal des Don Julius de Austria. Mitt. d. Ver. f. d. Geschichte der Deutschen in Böhmen 70, Prag 1932
Boschke, Friedrich L.: Ritter, Burgen, Waffen, Stuttgart 1985
Brier, Robert: Zauber und Magie im alten Ägypten, 1991
Cetrangolo, Enzio: La lirica Latina, 1983
Chenevix Trench, Charles: Geschichte der Reitkunst, München 1970
Corvin, Otto von: Die Geissler, München 1973
Das große Lexikon der Heilsteine, Düfte und Kräuter, Neu-Ulm 1994
Das große Lexikon der Malerei, Braunschweig 1982
Deschner, Karlheinz: Das Kreuz mit der Kirche, München 1974
Die kaiserliche Tafel, Ausstellungskatalog, Museum für Kunsthandwerk, Frankfurt 1991
Evans, R.J.W.: Rudolf II, Graz 1980
Fink, Gerhard: Who's who in der antiken Mythologie, 1993
Franzen, August & Remigius Bäumer: Papstgeschichte, Freiburg i. Breisgau 1974
Freud, Sigmund: Schriften über Träume und Traumdeutungen, Frankfurt/Main 1994
Gies McGuigan, Dorothy: Familie Habsburg, 1988
Grillparzer, Franz: Ein Bruderzwist in Habsburg, Stuttgart 1982
Größing, Sigrid-Maria: Amor im Hause Habsburg, Wien 1990
Grunfeld, Frederic V.: Die Könige von Spanien, München 1983
Guhr, Andreas: Mythos der Steine, Hamburg 1995
Hamann, Brigitte: Die Habsburger. Ein biografisches Lexikon, Wien 1988
Hansen, Walter: Die Ritter, 1978

Herderlexikon christlicher Kunst, Bd. 1364, Freiburg-Basel-Wien 2002
Herderlexikon Symbole, Bd.4891, Freiburg-Basel-Wien 1978
Hildegard von Bingen: Heilkraft der Edelsteine, Wiesbaden 1992
Kesten, Hermann: Ich, der König. Philipp II., München 1974
KHM Wien: Katalog der Leibrüstkammer, 2 Bde., 1990
KHM Wien: Eros und Mythos, Begleitheft zur Ausstellung, Wien 1995
KHM Wien: Führer durch die Sammlungen, Wien 1988
KHM Wien: Schatzkammer, 1992
Klauner, Friederike: Die Gemäldegalerie des KHM in Wien, 1978
König, B. Emil: Geschichte der Hexenprozesse, Wiesbaden 1990
Levack, Brian P.: Hexenjagd. Die Geschichte der Hexenverfolgungen in Europa, München 1999
Luxenburger, Hans: Psychiatrisch-erbbiologisches Gutachten über Don Julio Cesare de Austria, Mitt. d. Ver. f. d. Geschichte der Deutschen in Böhmen 70, Prag 1932
Mandiargues, André Pieyre de: Das Wunder Arcimboldo, Köln 1978
Mayer, Reinhold: Der Talmud, München 1963
Miers, Horst E.: Lexikon des Geheimwissens, München 1976.
Otte, Michaela: Geschichte des Reitens, Warendorf 1994
Pernoud, Regine: Die Heiligen im Mittelalter, 1988
Petiska, Eduard, Jan M. Dolan: Sagen und Legenden aus dem alten Prag, Prag 1992
Prag um 1600. Kunst und Kultur am Hofe Rudolfs II., 2 Bände, Essen 1988
Prag, München 1995, Aufl. 2001
Rausch, Ulrich: Die verborgene Welt der Geheimbünde, München 1999
Richter, Gert: Lexikon der Kunstmotive, München, 1993
Ruiz Alcon, Teresa: Königliches Kloster von El Escorial, Barcelona 1989
Rybár, Ctibor: Das jüdische Prag, München 1991
Sapper, Christian: Kinder des Geblüts – die Bastarde Rudolfs II, Mitteilungen d. öst. Staatsarchivs 47/1999
Schuster, Martin: Wodurch Bilder wirken, Köln 1992
Schwarzenfeld, Gertrud von: Rudolf II, der saturnische Kaiser, München 1961
Sokop, Brigitte: Stammtafeln europäischer Herrscherhäuser. Wien 1989.
Squicciarini, D.: Die Apostolischen Nuntien in Wien, Città del Vaticano 1999
Staatlich-Mathematisch-Physikalischer Salon im Dresdner Zwinger, 1993
Technikgeschichte: Propyläenverlag 1997, 5 Bände

Toellner, Richard: Illustrierte Geschichte der Medizin, 6 Bde., Vaduz 1992
Vacha, Brigitte: Die Habsburger, eine europäische Familiengeschichte, Graz 1992
Vries, S. Ph. de: Jüdische Riten und Symbole, Wiesbaden 1984
Waffen und Rüstungen, Reihe Sehen-Staunen-Wissen, Hildesheim 1988
Weber-Kellermann, Ingeborg: Die Kindheit, Frankfurt 1979
Weiss, Sabine: Die Österreicherin, Graz 1996
Weltzien, Diane von hg.: Das große Praxisbuch der Esoterik, München 1992
Werdav, O. u.a.: Die Kunst am Hofe Rudolfs II., Prag 1988
Zöllner, Erich: Geschichte Österreichs, Wien 1961

Quellen

Fuggerzeitungen
Internet: Biografien: heiligenlexikon.de, uni-mannheim.de, bautz.de, latein-pagina.de, artnet.com, kafkaesk.de, biografien-im-netz.de
Internet: Diverses: humboldtgesellschaft.de, gutenberg2000.de, denkmal-nach.de, encarta.msn.de, hexen-online.org
Internet: Genealogie augusta.de
Internet: Quellendownload allgaeu-web.de
Internet: Themenkreis Alchemie und Geheimwissenschaften: zauberpflanzen.de, hrz.uni-kassel.de, seilnacht.tuttlingen.com, sphinxsuche.de
Kataloge des Kunsthistorischen Museums
Mitteilungen des Österreichischen Staatsarchivs
Mitteilungen des Vereins für die Geschichte der Deutschen in Böhmen
Nuntiaturberichte: G. Malaspina hg. R.Reichenberger, Paderborn 1895.
Wien, Haus-, Hof- und Staatsarchiv: Familienkorrespondenz und Familienakten der Habsburger
Wien, Österreichische Nationalbibliothek, Handschriftensammlung

Sandra Gulland
Joséphine
Roman
Aus dem Amerikanischen von Sigrid Gent
Band 14880

»Du wirst unglücklich verheiratet sein. Du wirst Witwe sein. Du wirst eine Kaiserin sein.« Als die Wahrsagerin der jungen Rose, Tochter eines verarmten Plantagenbesitzers auf Martinique, die Zukunft voraussagt, ahnt niemand, daß sie tatsächlich die Wahrheit spricht.

Sandra Gullands ergreifender Roman erzählt von Liebe und Verlust, von politischer Intrige und Revolution und vom Wandel eines jungen Mädchens zu einer der beeindruckendsten Frauen der Geschichte – Napoléons Kaiserin Joséphine Bonaparte.

»Die Amerikanerin Sandra Gulland hat sorgfältig recherchiert. Ihr fantasievoller Roman erzählt im Tagebuchstil den ersten Teil des märchenhaften Aufstiegs eines kleinen Inselmädchens zu einer klugen, schönen Aristokratin.«
Brigitte

Fischer Taschenbuch Verlag

fi 14880 / 1